한 권으로 끝내는 산업단지 입주기업 지방세 감면실무

한 권으로 끝내는 산업단지 입주기업 지방세 감면실무

발행일   2020년 12월 10일

지은이   장상록
펴낸이   손형국
펴낸곳   (주)북랩
편집인   선일영   편집   정두철, 윤성아, 최승헌, 배진용, 이예지
디자인   이현수, 한수희, 김민하, 김윤주, 허지혜   제작   박기성, 황동현, 구성우, 권태련
마케팅   김회란, 박진관, 장은별
출판등록   2004. 12. 1(제2012-000051호)
주소   서울특별시 금천구 가산디지털 1로 168, 우림라이온스밸리 B동 B113~114호, C동 B101호
홈페이지   www.book.co.kr
전화번호   (02)2026-5777   팩스   (02)2026-5747

ISBN   979-11-6539-513-1 13320 (종이책)   979-11-6539-514-8 15320 (전자책)

이 도서의 국립중앙도서관 출판예정도서목록(CIP)은 서지정보유통지원시스템 홈페이지(http://seoji.nl.go.kr)와
국가자료공동목록시스템(http://www.nl.go.kr/kolisnet)에서 이용하실 수 있습니다.

(주)북랩의 발행 도서는 올바른 정보와 해설을 제공하는 데 최선을 다하고 있습니다. 그러나 항상 그 정확성이
보장되는 것이 아니기 때문에 적용 결과에 당사는 책임지지 아니합니다. 따라서 책 내용을 실무에 반영할 경우에
는 주의 깊게 검토하여 저자 또는 전문가에게 상의하여 주십시오.

(CIP제어번호: 2020052022)

(주)북랩 성공출판의 파트너

북랩 홈페이지와 패밀리 사이트에서 다양한 출판 솔루션을 만나 보세요!
홈페이지 book.co.kr   • **블로그** blog.naver.com/essaybook   • **출판문의** book@book.co.kr

지방세 감면의 쟁점을 입법연혁과 해석사례로 완전분석!

한 권으로 끝내는

산업단지 입주기업 지방세 감면실무

장상록 지음

- 경리실무자가 알아야 하는 현행 지방세 감면규정 수록
- 지방세감면 조문별 입법연혁(개정이유, 개정내용, 적용요령 등)
- 조문별 주요 해석사례 및 실무 해설

북랩 book Lab

머리말

　조세환경의 급격한 변호로 인하여 조세법령은 그 적용대상과 거래나 요건이 복잡·다양하고 고도의 가변성으로 법령상의 문언만으로는 그 해석에 대한 적용결과를 쉽게 가늠할 수 없는 것이 현실입니다

　특히 지방세는 취득세, 재산세 등을 세목으로 하는데 시중에 수많은 지방세 실무 서적들이 방대한 판례와 해석사례를 담고 있음에도 아이러니하게도 경리실무자는 물론 국세 경력 20년 이상의 세무전문가들조차 지방세 조문의 난해성으로 인하여 취득세 세율조차 알지 못하는 것이 현실이다.

　국세나 지방세를 불문하고 납세자 입장에서 비과세 감면에 대하여 관심이 많으나 산업단지 입주기업에 대한 지방세 감면실무를 전체적으로 이해하는 데 많은 한계가 있는 것이 현실이라　저자는 산업단지 입주기업에 대하여 지방세 감면을 중심으로 경리 실무자들은 물론 지방세 전문가들에게 지방세를 쉽게 이해하는 데 도움이 되었으면 하는 바람으로 "한 권으로 끝내는 산업단지 입주기업 지방세 감면실무서"를 집필하게 되었습니다.

　본 교재는 다음과 같은 특징이 있다.
　* 산업단지 입주기업 경리실무자 알아야 하는 현행 지방세 감면규정 수록
　* 지방세감면 조문별 입법연혁(개정이유, 개정내용, 적용요령 등)
　* 조문별 주요 해석사례 및 실무 해설

　아무쪼록 이 책자가 독자 여러분의 법률소양을 제고하고, 급격하게 변화하는 지방세 환경 등에서 자신의 권리를 보호하는 데 도움이 되기를 기대합니다.

　이 책자가 발간하는 데 아낌없이 성원해주신 ㈜북랩 손형국 대표이사님과 도움을 주신 관계 직원분들게도 고마움을 전하고 언제나 든든한 버팀목이 되어 주는 동료들과 가족에게 감사의 인사를 드린다.

2020. 12.
여의도 작은 연구실에서
장상록

목 / 차

PART

01

연구개발 지원을 위한 감면(제46조)

PART 01

연구개발 지원을 위한 감면(제46조)

1 현행규정

법 **제46조(연구개발 지원을 위한 감면)**

① 기업이 대통령령으로 정하는 기업부설연구소(이하 이 조에서 "기업부설연구소"라 한다)에 직접 사용하기 위하여 취득하는 부동산(부속토지는 건축물 바닥면적의 7배 이내인 것으로 한정한다. 이하 이 조에서 같다)에 대해서는 취득세의 100분의 35[대통령령으로 정하는 신성장동력 또는 원천기술 분야를 연구하기 위한 기업부설연구소(이하 이 조에서 "신성장동력·원천기술 관련 기업부설연구소"라 한다)의 경우에는 100분의 45]를, 과세기준일 현재 기업부설연구소에 직접 사용하는 부동산에 대해서는 재산세의 100분의 35(신성장동력·원천기술 관련 기업부설연구소의 경우에는 100분의 45)를 각각 2022년 12월 31일까지 경감한다. (2020. 1. 15. 개정)

② 제1항에도 불구하고 「독점규제 및 공정거래에 관한 법률」 제14조 제1항에 따른 상호출자제한기업집단 등이 「수도권정비계획법」 제6조 제1항 제1호에 따른 과밀억제권역 외에 설치하는 기업부설연구소에 직접 사용하기 위하여 취득하는 부동산에 대해서는 취득세의 100분의 35(신성장동력·원천기술 관련 기업부설연구소의 경우에는 100분의 45)를, 과세기준일 현재 기업부설연구소에 직접 사용하는 부동산에 대해서는 재산세의 100분의 35(신성장동력·원천기술 관련 기업부설연구소의 경우에는 100분의 45)를 각각 2022년 12월 31일까지 경감한다. (2020. 1. 15. 개정)

③ 제1항에도 불구하고 「중소기업기본법」 제2조 제1항에 따른 중소기업(이하 이 장에서 "중소기업"이라 한다)이 기업부설연구소에 직접 사용하기 위하여 취득하는 부동산에 대해서는 취득세의 100분의 60(신성장동력·원천기술 관련 기업부설연구소의 경우에는 100분의 70)을, 과세기준일 현재 기업부설연구소에 직접 사용하는 부동산에 대해서는 재산세의 100분의 50(신성장동력·원천기술 관련 기업부설연구소의 경우에는 100분의 60)을 각각 2022년 12월 31일까지 경감한다. (2020. 1. 15. 개정)

④ 제1항부터 제3항까지의 규정을 적용할 때 다음 각 호의 어느 하나에 해당하는 경우 그 해당 부분에

대해서는 경감된 취득세 및 재산세를 추징한다. (2017. 12. 26. 개정)

1. 토지 또는 건축물을 취득한 후 1년(「건축법」에 따른 신축·증축 또는 대수선을 하는 경우에는 2년) 이내에 「기초연구진흥 및 기술개발지원에 관한 법률」 제14조의2에 따른 기업부설연구소로 인정받지 못한 경우 (2017. 12. 26. 신설)

2. 기업부설연구소로 인정받은 날부터 3년 이내에 「조세특례제한법 시행령」 제9조 제11항에 따른 신성장동력·원천기술심의위원회로부터 해당 기업이 지출한 신성장동력·원천기술연구개발비의 연구개발 대상 기술이 같은 영 별표 7에 해당된다는 심의 결과를 받지 못한 경우(신성장동력·원천기술 분야 기업부설연구소로 추가 감면된 부분에 한정한다) (2020. 1. 15. 신설)

3. 기업부설연구소 설치 후 4년 이내에 정당한 사유 없이 연구소를 폐쇄하거나 다른 용도로 사용하는 경우 (2020. 1. 15. 호번개정)

영 제23조(기업부설연구소)

① 법 제46조 제1항에서 "대통령령으로 정하는 기업부설연구소"란 「기초연구진흥 및 기술개발지원에 관한 법률」 제14조의 2 제1항에 따라 인정받은 기업부설연구소를 말한다. 다만, 「독점규제 및 공정거래에 관한 법률」 제14조 제1항에 따른 상호출자제한기업집단등이 「수도권정비계획법」 제6조 제1항 제1호에 따른 과밀억제권역 내에 설치하는 기업부설연구소는 제외한다. (2017. 12. 29. 개정)

② 법 제46조 제1항에서 "대통령령으로 정하는 신성장동력 또는 원천기술 분야를 연구하기 위한 기업부설연구소"란 제1항에 따른 기업부설연구소로서 다음 각 호의 요건을 모두 갖춘 기업의 부설 연구소를 말한다. (2020. 1. 15. 신설)

1. 「국가과학기술 경쟁력 강화를 위한 이공계지원 특별법」 제2조 제4호에 따른 연구개발서비스업을 영위하는 국내 소재 기업으로서 「조세특례제한법 시행령」 제9조 제1항 제1호가목에 따른 신성장동력·원천기술연구개발업무(이하 이 조에서 "신성장동력·원천기술연구개발업무"라 한다)를 수행(신성장동력·원천기술연구개발업무와 그 밖의 연구개발을 모두 수행하는 경우를 포함한다) 하는 기업일 것 (2020. 1. 15. 신설)

2. 「기초연구진흥 및 기술개발지원에 관한 법률」 제14조의2 제1항에 따라 기업부설연구소로 인정받은 날부터 3년 이내에 「조세특례제한법 시행령」 제9조 제11항에 따른 신성장동력·원천기술심의위원회로부터 해당 기업이 지출한 신성장동력·원천기술연구개발비의 연구개발 대상 기술이 같은 영 별표 7에 해당된다는 심의 결과를 통지받은 기업일 것 (2020. 1. 15. 신설)

2 개정연혁

1 2015년 개정 내용

□ 교육·과학기술분야 감면정비

개정 전	개정 후
〈②기업부설연구소, 제46조〉 • (감면율) 취득세, 재산세 100% • (일몰기한) 2014. 12. 31.	☞ **감면축소, 2년 연장** • (감면율) - 중소기업: 취득세, 재산세 75% - 중견·대기업: 취득세, 재산세 50% - 과밀억제권역내 대기업: 취득세, 재산세 25% ※ 단, 2014년 이전 부동산 취득자가 2016년 12월 31일까지 기업부설연구소로 인정받는 경우는 법률 제12955호 부칙 제24조에 따라 취득세, 재산세 75% • (일몰기한) 2016.12.31

개정내용 ▶

● 기업활동의 일환으로 장기 감면(32년), 담세력 충분하나, R&D투자의 중요성을 고려하여 지원하되 감면폭은 축소

  - 다만, 중소기업 지원 강화 및 지역균형발전 차원에서 감면율 차등화

    (중소기업 VS 중견·대기업 VS 과밀억제권역내 대기업 연구소)

    * 감면액이 수도권, 대기업에 편중: 수도권 89%, 수원 영통구(삼성전자 소재) 38.5%

적용요령 ▶

● 기업부설연구소에 대한 취득세·재산세 감면은 2014년 이전까지는 일괄하여 적용하였으나, 2015년부터는 중소기업, 중견기업 및 대기업을 구분하여 차등감면 (중소기업 75%, 중견·대기업 50%)

  - 특히, 과밀억제권역내 대기업의 경우는 감면율이 25%이므로 대기업 여부를 반드시 확인후 감면 적용

    ※ 기업별 구분은 별첨1자료, 대기업 현황은 별첨2 각각 참고

● 한편, 2014년까지 기업부설연구소 설치를 위해 취득한 부동산에 대해서는 이 법 개정에도 불구하고 2016년 12월 31일까지 기업부설연구소로 인증받는 경우에는 취득세 및 재산세 75% 감면

  - 부칙 규정의 감면특례 효력이 2016년 12월 31일까지로 한정하고 있어 동 기간까지 연구소로 인정 (신축·증축 등)받지 못하는 경우는 추징조치

【법률 제12955호 부칙 제24조】 제24조(기업부설연구소 감면에 관한 경감세율 특례) 이 법 시행 전에 기업부설연구소로 직접 사용하기 위하여 부동산을 취득한 자가 2016년 12월 31일까지 「기초연구진흥 및 기술개발지원에 관한 법률」 제14조 제1항 제2호에 따라 미래창조과학부장관에게 기업부설연구소로 신고하여 인정을 받는 경우에는 제46조의 개정규정에도 불구하고 2016년 12월 31일까지 취득세 및 재산세의 100분의 75를 각각 경감한다.

☐ 기업부설연구소 감면 시행령 개정: 기업부설연구소 인정기간 조정 (제23①)

개정조문 ▶▶

개정 전	개정 후
제23조(기업부설연구소) ① 법 제46조제1항 본문에서 "대통령령으로 정하는 기업부설연구소"란 토지 또는 건축물을 취득한 후 4년 이내에 「기초연구진흥 및 기술개발지원에 관한 법률」 제14조제1항제2호에 따른 기준을 갖춘 연구소로서 같은 법 시행령 제16조에 따라 미래창조과학부장관에게 신고하여 인정을 받은 것을 말한다.	제23조(기업부설연구소) ① 법 제46조제1항--- 1년(「건축법」에 따른 신축·증축 또는 대수선을 하는 경우에는 2년) ---.

개정이유 ▶▶

● 기업부설연구소의 경우, 연구소 인정 기한요건이 불합리하여 조세형평성 저해

　- 부동산 취득 후 4년 이내 부설 연구소로 인정받도록 하여 과도한 기한 부여

　　* 통상 미래창조과학부 장관에게 신고하여 인정받는 기간이 2주 정도 소요

적용요령 ▶▶

● 기업부설연구소로 사용하기 위해 2015년 1월 1일부터 취득하는 부동산에 대해서는 다음 기준에 따라 감면 적용

　- (토지 취득) 조성공사를 거쳐 기업부설연구소를 신축하고 2년 이내에 기업부설연구소로 인정받지 못하는 경우는 감면 제외(추징)

　- (①건축물 취득) 추가로 기업부설연구소 사용을 위해 증축·대수선을 하는 경우 그 증축·대수선분에 대해 2년 이내에 기업부설연구소로 인정받지 못하는 경우는 감면 제외(추징)

　- (②건축물 취득) 승계취득의 방법으로 건축물을 취득하는 경우에는 1년 이내에 기업부설연구소로 인정받지 못하는 경우는 감면 제외(추징)

● 2014년 12월 31일 이전에 부동산을 취득한 경우에는 법률 제25958호 부칙 제2조 규정에 따라 종전 규정(4년)을 적용

【법률 제259585호】 부칙 제2조(기업부설연구소의 인정 기한 단축에 관한 경과조치) 이 영 시행 전에 토지 또는 건축물을 취득한 기업부설연구소의 경우에는 제23조제1항의 개정규정에도 불구하고 종전의 규정에 따른다.

2 2017년 개정 내용

☐ 기업부설연구소 감면 추징규정 개선 등

개정 전	개정 후
〈①기업부설연구소(중소기업) 직접사용 부동산, 제46③〉 • (감면율) 취득·재산세 75%	☞ **3년 연장(감면축소)** • (감면율) 취득세 60%, 재산세 50% • (일몰기한) 2019. 12. 31.
〈②기업부설연구소(중견기업, 과밀억제 권역 외 대기업) 직접사용 부동산, 제46①〉 • (감면율) 취득·재산세 50%	☞ **3년 연장(감면축소)** • (감면율) 취득·재산세 35% • (일몰기한) 2019. 12. 31.
〈③기업부설연구소(과밀억제권역 내 대기업) 직접사용 부동산, 제46②〉 • (감면율) 취득·재산세 25%	☞ **감면 종료** • (감면율) 취득·재산세(종료) • (일몰기한) 2016. 12. 31.

개정내용 ▶

● (축소) 기업부설연구소(①, ②) 및 지식산업센터(④)의 경우, 투자 유인 및 기업활동 지원을 위하여 감면율을 일부조정하여 연장

  − 지식산업센터 사업시행자의 경우, 산업단지 사업시행자 등과의 형평을 고려하여 일부 조정하되, 조정된 취득세 감면율 시행시기 1년 유예

● (종료) 대기업 기업부설연구소(③)는 충분한 담세력이 있는 것으로 판단되어 감면 종료

☐ 기업부설연구소 감면 시행령 개정

개정조문 ▶

개정 전	개정 후
제23조(기업부설연구소) ① 법 제46조 제1항에서 "대통령령으로 정하는 기업부설연구소"란 토지 또는 건축물을 취득한 후 1년(「건축법」에 따른 신축·증축 또는 대수선을 하는 경우에는 2년) 이내에 「기초연구진흥 및 기술개발지원에 관한 법률」 제14조의2 제1항에 따라 인정받은 기업부설연구소를 말한다. 〈단서 신설〉 ② (생략)	제23조(기업부설연구소) ① ───. 다만, 「독점규제 및 공정거래에 관한 법률」 제14조 제1항에 따른 상호출자제한기업집단 등이 「수도권정비계획법」 제6조 제1항 제1호에 따른 과밀억제권역 내에 설치하는 기업부설연구소는 제외한다. ② (현행과 같음)

개정이유 및 내용 ▶

● 법 개정사항* 반영을 위하여 감면대상 기업부설연구소 범위에서 "과밀억제권역 내 대기업의 기업부설연구소를 제외"하도록 개정

  * '16년 일몰도래 시 기업R&D 지원을 위해 기업부설연구소에 대한 감면은 연장되었으나, 대기업(과밀억제권역 내)의 경우는 감면 종료

적용요령 ▶

● 이 영 시행일('17. 1. 1.) 이후 납세의무가 성립하는 분부터 적용

3 2018년 개정 내용

☐ 기업부설연구소 감면 추징규정 개선 등

개정 전	개정 후
제46조(연구개발 지원을 위한 감면) ① 대통령령으로 정하는 기업부설연구소에 직접 사용하기 위하여 취득하는 부동산(부속토지는 건축물 바닥면적의 7배 이내인 것으로 한정한다. 이하 이 조에서 같다)에 대해서는 취득세의 100분의 35를, 과세기준일 현재 기업부설연구소에 직접 사용하는 부동산에 대해서는 재산세의 100분의 35를 각각 2019년 12월 31일까지 경감한다.	제46조(연구개발 지원을 위한 감면) ① 대통령령으로 정하는 기업부설연구소(이하 이 조에서 "기업부설연구소"라 한다)------ -- -- --.
②·③ (생략)	②·③ (현행과 같음)
④ 제1항부터 제3항까지의 규정을 적용할 때 연구소 설치 후 4년 이내에 정당한 사유 없이 연구소를 폐쇄하거나 다른 용도로 사용하는 경우 그 해당 부분에 대해서는 경감된 취득세 및 재산세를 추징한다.	④ ------------------------------ 다음 각 호의 어느 하나에 해당하는 -- ----------------------------------.
〈신설〉	1. 토지 또는 건축물을 취득한 후 1년(「건축법」에 따른 신축·증축 또는 대수선을 하는 경우에는 2년) 이내에 「기초연구진흥 및 기술개발지원에 관한 법률」 제14조의2에 따른 기업부설연구소로 인정받지 못한 경우
〈신설〉	2. 기업부설연구소 설치 후 4년 이내에 정당한 사유 없이 연구소를 폐쇄하거나 다른 용도로 사용하는 경우

개정 전	개정 후
제23조(기업부설연구소) ① 법 제46조 제1항에서 "대통령령으로 정하는 기업부설연구소"란 토지 또는 건축물을 취득한 후 1년(「건축법」에 따른 신축·증축 또는 대수선을 하는 경우에는 2년) 이내에 「기초연구진흥 및 기술개발지원에 관한 법률」 제14조의2 제1항에 따라 인정받은 기업부설연구소를 말한다. 다만, 「독점규제 및 공정거래에 관한 법률」 제14조 제1항에 따른 상호출자제한기업집단등이 「수도권정비계획법」 제6조 제1항 제1호에 따른 과밀억제권역 내에 설치하는 기업부설연구소는 제외한다.	제23조(기업부설연구소) ① -- ------- 「기초연구진흥 및 기술개발지원에 관한 법률」 제14조의2 제1항-- --. -- -- -- -- ----------------------.
② 삭제	

개정이유 ▶

● 현재 시행령으로 위임하여 규정한 "기업부설연구소"의 정의 규정은 기업부설연구소 감면 규정에 적용되어야 하나

  - 해당 조문에서 동일하게 적용되도록 하는 명확한 규정이 없어 제1항에만 적용되는 것으로 해석될 여지

● 현재 "기업부설연구소" 정의를 시행령에 위임하고, 시행령에서는

- '부동산 취득일부터 1년(신축·증축 또는 대수선은 2년) 이내에 기업부설연구소로 인정받은 것'으로 규정

- 취득일부터 기간 이내에 기업부설연구소로 인정받지 못하는 경우 감면 대상인 기업부설연구소에 해당되지 않게 되어

- 1년(또는 2년) 이후 기업부설연구소로 인정을 받고 해당 목적으로 직접 사용하는 경우에도 재산세 감면에서 제외되는 문제

개정내용 ▶

● 기업부설연구소 정의 규정을 「지방세특례제한법」 제46조에서 모두 적용할 수 있도록 명확히 규정

● 시행령에 규정된 기업부설연구소 정의에서 1년 이내(신축·증축 또는 대수선은 2년)에 인정받도록 하는 내용을 삭제하여

- 감면 대상 기업부설연구소를 「기초연구진흥 및 기술개발지원에 관한 법률」 제14조의2 제1항에 따라 인정받은 것으로 규정

> ※ 부동산 취득일부터 1년(또는 2년) 경과 후 기업부설연구소로 인정받고
> → 기업부설연구소로 직접 사용 시, 인정 이후 발생하는 재산세는 감면

- 다만, 1년(신축·증축 또는 대수선 2년) 이내에 기업부설연구소로 인정받지 못한 경우, 해당 부분에 대해 경감된 취득세·재산세 추징하도록 함

적용요령 ▶

● 이 법 시행('18. 1. 1.) 이후 납세의무가 성립하는 분부터 적용

4 2020년 개정 내용

☐ 기업부설연구소에 대한 감면 연장 및 확대 (법 제46조, 영 제23조)

개정 전	개정 후
■ **기업부설연구소 감면** • 대기업, 중견기업 - 취득세 35%, 재산세 35% 　* 과밀억제권역 제외 • 중소기업 - 취득세 60%, 재산세 50%	■ **감면 연장 및 확대** • (개정 전과 같음) • (개정 전과 같음)

개정 전	개정 후
〈신설〉	• 신성장동력·원천기술분야[*] - 현행 감면율 + 10%p 추가 * 조세특례제한법 제10(시행령 별표7)
■ **기업부설연구소 감면 추징** • 토지 또는 건축물 취득 후 1년(신·증축 또는 대수선 2년) 이내에 기업부설연구소로 인정받지 못한 경우	■ **추징규정 신설** • (개정 전과 같음)
〈신설〉	• 기업부설연구소 인정일부터 3년 이내에 신성장동력·원천기술심의위원회로부터 신성장동력·원천기술에 해당된다는 심의 결과를 통보받지 못한 경우
〈신설〉	■ **신성장동력·원천기술 관련 기업 부설연구소 정의 규정 신설** • 아래 두 가지 요건 모두 충족 ① 신성장동력·원천기술연구개발업무를 수행할 것(일반연구개발을 함께 수행하는 경우도 포함) ② 기업부설연구소로 인정받은 날부터 3년 이내에 신성장동력·원천기술심의위원회로부터 신성장동력·원천기술에 해당한다는 심의결과를 받을 것

개정내용 ▶

● 연구개발을 통한 기업의 자생력 강화 지원을 위해 현행 감면 3년 연장

● 일본 수출규제로 애로를 겪고 있는 기업의 지원을 위해 소재·부품·장비 산업을 포함한 신성장동력·원천기술 분야[*] 10%p 감면 추가 확대

　*「조세특례제한법 시행령」별표7에 따른 신성장동력·원천기술 분야

● 기업부설연구소 인정일부터 3년 이내에 신성장동력·원천기술심의위원회로부터 해당 기술에 대한 심의 결과를 통보받지 못한 경우 감면액 추징

　※ 신성장동력·원천기술 분야 기업부설연구소로 추가 감면(10%)된 부분만 추징

적용요령 ▶

● 이 법 시행 이후 납세의무가 성립하는 경우부터 적용하되, 개정 법률 부칙 제2조에 따라 '20년 1월 1일부터 소급 적용

 - '20년 1월 1일 이후부터 이 법 시행 전에 납세의무가 성립하여 일반과세 한 경우 해당 세액은 감액 또는 환급 조치

● 신성장동력·원천기술 관련 기업부설연구소 해당 여부는 우선 기업부설연구소 신청서와 연구개발활동 개요서[*] 등으로 우선 판단하고,

 - 기업부설연구소 인정일부터 3년 이내에 신성장동력·원천기술심의위원회(조특법 시행령 제11⑪)에 의한 심의 결과로 최종 판단

　* 기초연구법 시행규칙 별지 제1호(기업부설연구소 신청서) 및 제2호(연구개발활동 개요서) 서식

● 기업부설연구소 인정일부터 3년을 초과하여 신성장동력·원천기술심의위원회에 의해 감면대상 기술이라는 심의 결과를 받은 경우,

- 신성장동력·원천기술 관련 기업부설연구소로서 추가 감면(10%)받은 취득세액 및 재산세액에 대해서만 추징하되,

- 감면대상 기술에 해당한다는 심의 결과를 받은 이후 납세의무가 성립하는 재산세는 신성장동력·원천기술 관련 기업부설연구소로 감면

개정조문 ▶ ▶

(지방세특례제한법)

개정 전	개정 후
제46조(연구개발 지원을 위한 감면) ① 대통령령으로 정하는 기업부설연구소(이하 이 조에서 "기업부설연구소"라 한다)에 직접 사용하기 위하여 취득하는 부동산(부속토지는 건축물 바닥면적의 7배 이내인 것으로 한정한다. 이하 이 조에서 같다)에 대해서는 취득세의 100분의 35를, 과세기준일 현재 기업부설연구소에 직접 사용하는 부동산에 대해서는 재산세의 100분의 35를 각각 2019년 12월 31일까지 경감한다.	제46조(연구개발 지원을 위한 감면) ① 기업이 대통령령으로 ------------------------------------ ------------------------------------ -------------- 취득세의 100분의 35[대통령령으로 정하는 신성장동력 또는 원천기술 분야를 연구하기 위한 기업부설연구소(이하 이 조에서 "신성장동력·원천기술 관련 기업부설연구소"라 한다)의 경우에는 100분의 45를, 과세기준일 현재 기업부설연구소에 직접 사용하는 부동산에 대해서는 재산세의 100분의 35(신성장동력·원천기술 관련 기업부설연구소의 경우에는 100분의 45)를 각각 2022년 12월 31일까지 경감한다.
② 제1항에도 불구하고 「독점규제 및 공정거래에 관한 법률」 제14조 제1항에 따른 상호출자제한기업집단등이 「수도권정비계획법」 제6조 제1항 제1호에 따른 과밀억제권역 외에 설치하는 기업부설연구소에 직접 사용하기 위하여 취득하는 부동산에 대해서는 취득세의 100분의 35를, 과세기준일 현재 기업부설연구소에 직접 사용하는 부동산에 대해서는 재산세의 100분의 35를 각각 2019년 12월 31일까지 경감한다.	② ------------------------------------ ------------------------------------ 취득세의 100분의 35(신성장동력·원천기술 관련 기업부설연구소의 경우에는 100분의 45)를, 과세기준일 현재 기업부설연구소에 직접 사용하는 부동산에 대해서는 재산세의 100분의 35(신성장동력·원천기술 관련 기업부설연구소의 경우에는 100분의 45)를 각각 2022년 12월 31일까지 경감한다.
③ 제1항에도 불구하고 「중소기업기본법」 제2조제1항에 따른 중소기업(이하 이 장에서 "중소기업"이라 한다)이 기업부설연구소에 직접 사용하기 위하여 취득하는 부동산에 대해서는 취득세의 100분의 60을, 과세기준일 현재 기업부설연구소에 직접 사용하는 부동산에 대해서는 재산세의 100분의 50을 각각 2019년 12월 31일까지 경감한다.	③ ------------------------------------ ------------------------------------ -------- 취득세의 100분의 60(신성장동력·원천기술 관련 기업부설연구소의 경우에는 100분의 70)을, 과세기준일 현재 기업부설연구소에 직접 사용하는 부동산에 대해서는 재산세의 100분의 50(신성장동력·원천기술 관련 기업부설연구소의 경우에는 100분의 60)을 각각 2022년 12월 31일까지 경감한다.
④ 제1항부터 제3항까지의 규정을 적용할 때 다음 각 호의 어느 하나에 해당하는 경우 그 해당 부분에 대해서는 경감된 취득세 및 재산세를 추징한다. ·	④ (현행 각호 외의 부분과 같음)
1. (생략)	1. (현행과 같음)
〈신설〉	2. 기업부설연구소로 인정받은 날부터 3년 이내에 「조세특

개정 전	개정 후
	례제한법 시행령」 제9조제11항에 따른 신성장동력·원천기술심의위원회로부터 해당 기업이 지출한 신성장동력·원천기술연구개발비의 연구개발 대상 기술이 같은 영 별표 7에 해당된다는 심의 결과를 받지 못한 경우(신성장동력·원천기술 분야 기업부설연구소로 추가 감면된 부분에 한한다)
2. (생략)	3. (현행 제2호와 같음)

(지방세특례제한법 시행령)

개정 전	개정 후
제23조(기업부설연구소) ① (생략) 〈신설〉	제23조(기업부설연구소) ① (현행과 같음) ② 법 제46조제1항에서 "대통령령으로 정하는 신성장동력 또는 원천기술 분야를 연구하기 위한 기업부설연구소"란 제1항에 따른 기업부설연구소로서 다음 각 호의 요건을 모두 갖춘 기업의 부설 연구소를 말한다. 1. 「국가과학기술 경쟁력 강화를 위한 이공계지원 특별법」 제2조 제4호에 따른 연구개발서비스업을 영위하는 국내 소재 기업으로서 「조세특례제한법 시행령」 제9조 제1항 제1호 가목에 따른 신성장동력·원천기술연구개발업무(이하 이 조에서 "신성장동력·원천기술연구개발업무"라 한다)를 수행(신성장동력·원천기술연구개발업무와 그 밖의 연구개발을 모두 수행하는 경우를 포함한다)하는 기업일 것 2. 「기초연구진흥 및 기술개발지원에 관한 법률」 제14조의2 제1항에 따라 기업부설연구소로 인정받은 날부터 3년 이내에 「조세특례제한법 시행령」 제9조 제11항에 따른 신성장동력·원천기술심의위원회로부터 해당 기업이 지출한 신성장동력·원천기술연구개발비의 연구개발 대상 기술이 같은 영 별표 7에 해당된다는 심의 결과를 통지받은 기업일 것

▶ 개정 연혁 요약[1]

2015. 1. 1. 시행, 지방세특례제한법 개정으로 기업부설연구소에 대하여는 R&D투자의 중요성 등을 고려하여 감면기한을 2년간 연장하고 담세력 등을 고려하여 감면폭을 축소하였다. 또한, 부동산 취득 후 기업부설연구소로 인정받는 기한이 대폭 축소(4년→1년, 건축법에 따른 신축·증축 또는 대수선의 경우는 2년)되었다. 다만, 2014. 12. 31. 이전에 부동산을 취득한 경우에는 종전규정(4년)을 적용(대통령령 제25958호 부칙 제2조)받는다.

2017. 1. 1. 시행, 지방세특례제한법 개정으로 기업부설연구소에 대한 취득세 및 재산세의 감면기한을 2019. 12. 31.까지 3년간 연장하되, 감면율을 일부 축소하였다(법①,③). 다만, 대기업의 과밀억제권역 내 기업부설연구소는 감면을 종료하였고, 과밀억제권역 외 기업부설연구소는 감면율을 축소하였다(법②).

2018. 1. 1. 시행, 지방세특례제한법 개정으로 기업부설연구소에 대한 정의규정 및 인정기준을 명확히 하여, 부동산 취득일로부터 1년(2년) 경과 후 기업부설연구소로 인정받더라도 인정받은 이후 직접 사용

---

1) 오정의 외 2, 지방세 4법 해설과 실무사례, 삼일인포마인, 2020, 1728~1729쪽

되는 부동산에 대한 재산세는 감면을 적용받도록 개선하였다.

2020. 1. 1. 시행, 지방세특례제한법 개정으로 기업부설연구소용 부동산[중견기업, 대기업(과밀억제권역 제외), 중소기업에 대한 감면을 확대(신성장동력·원천기술 분야 10%p 추가)하고 일몰을 3년 연장(2022. 12. 31.)하였다(제46①·②·③).

3 해석사례 및 실무해설

1 해석사례

(1) 기업부설연구소의 범위

기업 등이 기업부설연구소 용도로 부동산을 취득한 후 1년(건축법에 따른 신축·증축·대수선을 하는 경우에는 2년) 이내에 "기초연구진흥 및 기술개발지원에 관한 법률" 제14조의2에 따라 과학기술정보통신부장관으로부터 인정받은 것을 말한다. 여기서 인정을 받는다는 의미는 관련 법률상 시설기준에 따라 연구전담요원이 전용으로 사용하는 경우만을 의미(대법원2010두19750, 2008. 11. 27.)한다. 따라서 과학기술정보통신부장관에게 기업부설연구소로서 인정을 받지 못한 면적은 감면대상 부동산에 해당하지 않는다(조심 2013지640, 2014. 1. 22.).

> **기초연구진흥 및 기술개발지원에 관한 법률 시행령 제16조의2(기업부설연구소 또는 연구개발전담부서의 인정기준)**
>
> ① 법 제14조의2 제1항에서 "연구인력 및 시설 등 대통령령으로 정하는 기준을 충족하는 기업부설 연구기관"이란 다음 각 호의 구분에 따라 해당 연구기관에서 근무하는 연구전담요원을 상시 확보하고, 과학기술정보통신부령으로 정하는 기준에 적합한 연구시설을 갖춘 기관을 말한다. 이 경우 과학기술정보통신부장관은 연구과제의 특수성 또는 기업의 규모를 고려하여 필요하다고 인정하는 경우에는 연구전담요원의 수를 조정할 수 있다.
>
> 1. 「중소기업기본법」 제2조에 따른 중소기업자가 설립한 기업부설 연구기관: 5명 이상. 다만, 「중소기업기본법 시행령」 제8조 제1항에 따른 소기업자가 설립한 기업부설 연구기관은 3명 이상으로 하되, 해당 기업의 창업일부터 3년까지는 2명 이상으로 한다.
> 2. 국외에 있는 기업부설 연구기관: 5명 이상
> 3. 제1호에도 불구하고 과학기술정보통신부령으로 정하는 과학기술 분야 연구기관의 연구원 및 대학의 교원이 창업한 연구개발형 중소기업 또는 「벤처기업육성에 관한 특별조치법」 제2조에 따른 벤처기업이 설립한 기업부설 연구기관: 2명 이상
> 4. 「중견기업 성장촉진 및 경쟁력 강화에 관한 특별법」 제2조 제1호에 따른 중견기업이 설립한 기업부설 연구기관: 7명 이상
> 5. 그 밖의 기업부설 연구기관: 10명 이상

① 본점 사용 용도로 토지 취득 후 기업부설연구소로 계획을 변경하는 경우

㉮ 기업부설연구소 감면의 경우는 일정기간 이내에 기업부설연구소를 설립하면 감면하겠다는 것이므로(대법원 2006두19570, 2008. 11. 27. 참조) 해당 토지 취득 이후 사정변경 등으로 인하여 본점사업용이 아닌 기업부설연구소를 설립하였다고 하여 달리 볼 수 없을 것이다(세정 13430-223, 1996. 5. 28.).

㉯ 본점사업용 건축물 신축을 위해 토지 취득 후 건축물 준공 전에 일부 이용계획을 기업부설연구소 용도로 변경하여 해당 토지 취득 후 4년 이내 기업부설연구소를 설립하여 그 용도대로 사용한 경우라면 감면대상 부동산에 해당된다. 이는 토지 취득 이후 사정변경 등으로 당초 목적인 본점 사업용이 아닌 기업부설 연구소를 설립하였다고 하여 달리 볼 수는 없기 때문이다(행안부 지방세운영과-2335, 2010. 6. 3.).

② 기업부설연구소를 이전 후 계속 연구소 용도로 사용하는 경우

당해 건축물이 기업부설연구소로 인정을 받았으나 이후에 다른 장소로 이전하여 기업부설연구소를 설치·운영하기 위해서는 미래창조과학부 장관에게 인적·물적 시설기준 변경신고·등록을 다시 하여야 하는 것이므로 이전하는 건축물 기준에서 볼 때는 변경신고·등록하는 시점에서 기업부설연구소로 새로 인정을 받아야 하는 것이다. 따라서 기업부설연구소로 인정을 받았다고 해서 항상 감면대상에 해당되는 것이 아니라 재산세 과세기준일 시점에서 이전하는 건축물에 대해 기업부설연구소로 인정(변경신고·등록)되면 그때부터는 다시 재산세가 감면되는 것이다.

③ 기업부설연구소 설치이전에 사무실 등 다른 용도로 일시 사용하는 경우 추징대상 아님

유예기간 4년은 "감면적용 범위"와 "직접사용"에 대한 감면세액 추징규정으로 "감면적용 범위"에 대한 유예기간은 위 시행령 제23조에서 취득일부터 4년 이내에 기업부설연구소의 요건을 갖추어 교육과학기술부 장관으로부터 인정을 받은 것을 한도로 규정하고 있는 바(2013년도 지방세관계법 기본통칙 46-2 참조), 기업부설연구소로 인정을 받기까지 4년 이내는 추징대상에서 배제됨이 타당하다고 할 것인 점, "직접사용"에 대한 유예기간은 위 제46조 제1항 본문 단서에서 "연구소 설치 후 4년"으로 규정하고 있는 바, 여기서 "설치"란 "인정받은 날"을 의미하므로(2013 지방세관계법 기본통칙 46-1 참조) 유예기간 4년의 기산점은 "인정받은 날"의 다음 날이라고 할 것인 점 등을 종합적으로 고려해 볼 때, 기업부설연구소 설치 후와 달리 설치 이전에 사무실 등 다른 용도로 일시적 사용은 취득세 감면세액 추징대상에 해당되지 않는다고 판단됨(지방세운영과-2426, 2013. 9. 29.).

④ 4년 이내 기업부설연구소용으로 추가 인정부분도 감면대상에 해당됨

A법인이 연구소용에 직접 사용할 목적으로 취득한 부대시설 중 사실상 연구소 전용으로 사용하던 시설(연구기자재 보관 창고 등)과 사실상 연구소 인원이 주로 사용하던 시설(일부 주차장, 회의실 등)을

연구소 전용으로 명확히 구분하여 당해 부동산 취득일부터 4년 이내에 교육과학기술부장관으로부터 추가로 인정을 받은 경우라면, 조세법규 엄격해석의 원칙에 따라 그 추가로 인정받은 부분도 취득세 등 면제대상에 해당된다고 할 것임(지방세운영과-1311, 2012. 4. 30.).

⑤ 연구소의 효용과 편익을 위하여 사용되고 있는 운동장

㉮ 이 사건 운동장 부지 및 도시계획시설(도로) 부지를 기업부설연구소 설립목적으로 처분청으로부터 토지거래허가를 받아 취득한 후, 운동장 부지의 경우 이 사건 연구소 단지 내에 위치하여 연구단지의 정문을 통해야만 출입이 가능하고 연구소 건물과는 연구단지 내 차량용 통행도로를 사이에 두고 있으면서 연구원의 복지후생 증진을 위한 전용체육시설로 사용되고 있으며, 도시계획시설(도로) 부지의 경우 연구단지와 연접해 있는 「도로법」상 도로와의 경계를 구획하는 옹벽 및 조경시설로 사용되고 있다. 이와 같은 이 사건 운동장 부지(3,983㎡) 및 도시계획시설(도로) 부지(610㎡)의 취득 목적과 실제 이용현황 등을 볼 때 이 사건 연구소의 효용과 편익을 위하여 사용되고 있으므로 위 부지는 이 사건 연구소 건물의 부속토지로 보아야 할 것이다(감심2011-0147, 2011. 7. 29.).

㉯ 쟁점토지 중 운동장 부지는 계열사의 공동 연구소 단지 내에 위치하면서 연구원의 복리후생 증진 등을 위한 체육시설로 이용하고 있고, 도시계획상 도로예정부지의 경우도 공동 연구단지와 연접한 토지로서 도로시설이 아닌 옹벽(법면) 및 조경시설로 이용하고 있는 사실이 확인되는 이상 쟁점토지는 연구소의 부속토지로 보아야 할 것이므로 쟁점토지를 기업부설연구소용에 직접 사용하지 아니하고 다른 용도로 사용하는 것으로 보아 기 감면한 취득세 등을 추징한 것은 잘못임(조심2011지0337, 2012. 2. 9.)

⑥ 기업부설연구소의 공용면적이 감면 대상인지 여부

㉮ 기업부설 연구소로 인정받았다고 하더라도 회의실, 주차장, 구내식당 등 공용사용 면적의 구분이 불분명한 경우에는 기업부설 연구소로 직접 사용하는 전용면적의 비율로 각각 안분하여 취득세를 면제함이 타당하다고 할 것으로 판단됨(행안부 지방세운영과-4080, 2012. 12. 18., 행자부 지방세정-3768. 2007. 9. 14.).

㉯ 취득세 등을 면제받은 면적은 기업부설연구소의 전용 부분에 해당되고 부동산의 전용 부분의 정상적인 이용을 위해서는 주차장 등 공용부분의 이용은 필수적이라고 보이므로 처분청이 부동산을 기업부설연구소용 부동산이 아니라고 보아 취득세 등을 부과한 처분은 부당함(조심 2015지0206, 2015. 12. 29.)

㉰ 기업부설연구소로 인정받은 전용부분의 정상적인 이용을 위해 공용부분의 이용이 필수적으로 보이므로 "건축물의 전체 전용면적에서 기업부설연구소용으로 인정받은 전용면적이 차지하는 비율"에 해당하는 면적은 기업부설연구소용으로 직접 사용되고 있다고 보는 것이 타당하다고 하였다(서울고등법원2014누50189, 2015. 1. 29. (대법원2015두39477, 2015. 6. 23. 상고기각).

㉰ 기업부설연구소로 인정받은 당해 건물의 전용면적만 인정받은 경우라면 전용면적을 기준으로 기업부설연구소가 직접 사용하는 부분을 한정하여 공용면적 비율을 산정하여 감면하는 것이 타당하다고 하였다(지방세특례제도과-4001, 2016. 12. 29.).

㉱ 「지방세법」 제282조에서 기업부설연구소를 취득세 등 의 면제대상로 규정하면서 면제대상의 전제요건인 기업부설연구소의 범위에 대하여는 그 시행령 제228조에 위임하고 있다고 할 것이므로 취득세 등 면제대상 기업부설연구소의 범위에 대하여는 이 법 시행령 규정에 따라야 할 것이고, 여기서 "교육과학기술부장관의 인정을 받은 것"의 의미는 「기술개발촉진법」상 기업부설연구소의 인적·물적 시설의 기준을 의미한다고 할 것(대법원 2008. 11. 27. 선고, 2006두19570 판결 참조)이므로 취득세 면제대상이 되는 기업부설연구소의 범위는 교육과학기술부장관에게 인정을 받은 것을 한도로 봄이 타당하다고 할 것인 바, 인정받은 범위를 초과하여 본점과 공용으로 사용하는 회의실, 구내식당 및 지하 주차장 등은 취득세 면제대상에 해당되지 아니한다고 할 것입니다만, 이에 해당 여부는 당해 과세권자가 관련 자료 및 사실조사를 통하여 최종 판단할 사안임(지방세운영과-5828, 2011. 12. 26.).

(2) 기업부설연구소 직접사용의 범위

"직접사용"이란 소유자 입장에서 자신의 사업목적에 배타적으로 사용하는 경우를 의미하므로 기업부설연구소 부동산의 소유자가 다른 사람에게 유·무상으로 임대하는 경우에는 직접사용으로 볼 수 없다 하겠다. 따라서, 부동산소유자가 특수관계에 있는 회사 등에게 유·무상으로 임대하여 기업부설연구소로 사용한다고 하더라도, 이는 별개의 법인이 각자의 사업목적에 따라 기업부설연구소용으로 사용하고 있는 것에 불과한 것이므로 기업부설연구소용에 직접 사용하는 부동산으로 보기는 어렵다 할 것이다.(행안부 지방세운영과-357, 2011. 1. 20.).

① 4년을 경과하여 기업부설연구소 인증을 받은 경우

기업부설연구소에 대한 취득세 감면요건은 부동산 취득 후 4년 이내 기업부설연구소를 설치하는 경우로 한정하고 있어 이 유예기간 이내에 기업부설연구소를 설치·사용하여야 된다는 것으로 그 4년을 경과하여 기업부설연구소로 인정받아 직접 사용하고 있더라도 취득세는 감면대상에 해당되지 않는다(조심 2010지0256, 2010. 12. 29.). 다만, 재산세의 경우 부동산 취득 후 4년 이후에 기업부설연구소로 인증을 받더라도 매년 과세기준일 현재 직접 사용 여부에 따라 감면을 받을 수 있었다.

다만, 2015년부터는 기업부설연구소의 토지 또는 건축물을 취득한 후 1년(건축법에 따른 신축·증축·대수선을 하는 경우에는 2년) 이내에 '기초연구진흥 및 기술개발지원에 관한 법률」 제14조의2에 따른 기업부설연구소로 인정받지 못한 경우에는 취득세와 재산세를 모두 추징함에 따라 감면대상에서 배제하도록 하였다.

② 기업부설연구소를 건축 중인 경우

지특법 시행령 제123조에서 "토지에 대한 감면규정을 적용할 때 직접사용의 범위에 건축물을 건축 중인 경우를 포함한다."고 규정하고 있어 재산세의 경우는 건축물을 건축 중인 경우도 기업부설연구소로 직접 사용하는 것으로 보아야 한다. 다만, 재산세 감면을 위한 직접 사용의 판단기준은 ①기업부설연구소 인적·물적 시설기준 요건, ②취득세에서 판단하는 직접 사용 요건 모두 충족하여야 하는 것으로 기업부설연구소 용도로 건축 중인 경우라도 재산세 과세기준일 현재 기업부설연구소로 인정(미래창조과학부도 이 경우에는 기업부설연구소로 인정하지 않고 있다) 받지 못한 경우라면 직접 사용에 해당되지 않는다 하겠다.

　㉮ 교육과학기술부장관의 인정을 받은 기업부설연구소가 재산세 과세기준일 현재 다른 지역으로 이전하기 위하여 건축 중인 경우에는 재산세 면제대상이 아님(지방세운영과-910, 2008. 9. 1.)

(3) 기업부설연구소 경감세율 특례의 적용 대상

> **부칙 24조(기업부설연구소 감면에 관한 경감세율 특례) (2014. 12. 31. 법률 제12955호)**
> 이 법 시행 전에 기업부설연구소로 직접 사용하기 위하여 부동산을 취득한 자가 2016년 12월 31일까지 「기초연구진흥 및 기술개발지원에 관한 법률」 제14조 제1항 제2호에 따라 미래창조과학부장관에게 기업부설연구소로 신고하여 인정을 받는 경우에는 제46조의 개정규정에도 불구하고 2016년 12월 31일까지 취득세 및 재산세의 100분의 75를 각각 경감한다.

연구개발지원을 위한 감면율이 급격하게 감소하면서, 과도기의 납세자 신뢰보호를 위한 한시적 경과규정을 두었음. 해당 부칙의 적용 방법에 따른 사례 아래와 같음.

① 2014년 이전에 토지를 취득하고 2015년에 건물을 준공한 경우 적용 대상임

2014년 이전에 토지를 취득한 후, 2015년 그 지상에 건축물을 준공하고 기업부설연구소로 인정받은 경우라도 부칙 제24조의 입법취지상 기업부설연구소로 인정받을 예정인 자에게 취득세를 경감하기 위한 것으로 지방세특례제한법 부칙 제24조를 적용할 수 있음(지방세특례제도과2286, 2015. 8. 25.).

② 2014년 이전에 부동산을 취득하고 기업부설연구소로 인증받은 경우 적용 대상임

「지특법」 부칙 제24조는 2014년 12월 31일 이전 부동산을 취득한 자가 기업부설연구소를 설치하는 경우 감면율 축소로 인한 급격한 세부담 완화를 위해 한시적인 감면특례를 규정한 것이며, 비록 2014년 12월 31일 이전 인증된 기업이라 하더라도 부칙 제24조의 감면특례 적용대상(재산세 75% 감면)에 포함되는 것임(지방세특례제도과-1612, 2016. 7. 11.).

③ 일부토지는 취득하고 일부토지는 연부취득 중인 경우 적용 대상임

기업부설연구소로 직접 사용하기 위하여 일부 토지는 취득하고 일부 토지는 연부취득 중에 해당한다 하더라도 부칙 24조 유예기간 이내에 「기술연구진흥 및 기술개발지원에 관한 법률」에 따라 기업부설연구소로 인정받은 경우라면 그 부동산에 대해서는 감면대상에 해당됨(지방세특례제도과-272, 2017. 8. 18.).

(4) 그 외 해석사례

① 기업부설연구소가 아닌 대표이사실 사무실로 사용하는 경우 추징 여부

청구법인이 이 건 부동산의 일부만을 기업부설연구소로 인정받았을 뿐만 아니라, 3차례에 걸친 처분청의 현지확인 결과, 기업부설연구소가 아닌 대표이사실, 영업, 관리팀 등의 사무실로 사용하고 있는 사실이 확인되고 있으므로 이를 기업부설연구소용에 직접 사용하는 부동산으로 보기는 어려움.(조심2011지0948, 2012. 6. 15.(유사사례 행심 2006-150, 2006. 4. 24.))

② 기업부설연구소용으로 직접 사용할 목적으로 취득하여 취득세 등을 감면받은 후, 청구법인의 요청으로 용지매매계약을 해제한 경우 추징 여부

기업부설연구소를 설립하지 않은 상태에서 토지에 대한 소유권이 이전된 사실이 확인됨에 따라 매매계약 해제에 따른 대금정산이 완료된 시점에 토지의 일부가 기업부설연구소 미사용 등을 이유로 과세대상으로 전환되었다고 봄이 타당(조심2009지1070, 2010. 10. 12.)

③ 4년이 경과한 후 인적·물적 요건을 갖춘 경우 추징 여부

기업부설연구소로 인정받기 위해서는 인적요소뿐 아니라 물적시설을 갖춤과 동시에 부동산을 취득한 후 4년 이내에 인정을 받아야 하는데 4년이 되는 날을 경과하고 이업부설연구소로 인정받은 이상 부과처분은 적법함(조심2010지0256, 2010. 12. 29.).

④ 4년 이내 연구소 폐쇄 등이 추징대상에 해당하는지 여부

위 토지 취득시 체결한 ○○○ 등 5개 회사들 간의 "연구소 부지 정산약정서"에 따라 2009. 11. 16. 매수법인들과 쟁점토지에 대한 매매계약을 체결한 후, 2009.11.19. 이를 매각하였고, 그 매수법인들은 2009. 12. 17. 그 토지의 소유권을 각사의 명의로 이전등기를 경료하였는 바, 처분청이 청구법인이 매도한 쟁점토지를 지방세법 제282조의 단서 규정의 "연구소 설치 후 4년 이내에 정당한 사유 없이 다른 용도로 사용하는 경우"로 보아 취득세와 등록세를 추징한 것은 달리 잘못이 없어 보인다(조심2010지0647, 2011. 9. 1.).

⑤ 회생채권인가 결정일 이후 부동산을 매각한 경우 정당한 사유에 해당 여부

법인이 회생채권인가 결정일 이후에 부동산을 매각함으로써 추징사유가 발생하여 취득세 납세의무가 성립한 이상 이는 회생채권에 해당한다고 볼 수 없을 뿐만 아니라, 법인의 파산을 면하기 위하여 부동산을 매각한 것을 유예기간 내에 매각할 수밖에 없는 외부적인 사유(정당한 사유)로 보기는 어려움(조심2012지0630, 2013.2.26.).

⑥ 추징대상인 경우 부과제척기간 기산일

감면 유예기간(4년)까지 기업부설연구소로 인정받을 것이라는 사후 감면요건을 충족하지 못하여 추징대상이 되는 경우의 부과제척기간 기산일은 감면 유예기간이 경료한 그 신고납부기한(30일)의 다음날로 봄이 타당(지방세운영과-279, 2013. 4. 12.)

⑦ 기업부설연구소의 공용면적의 면제대상 제외 여부

기업부설연구소라 함은 토지 또는 건축물을 취득한 후 4년 이내에 기술개발촉진법에 의한 기준을 갖춘 연구소로서 교육과학기술부장관에게 인정을 받은 것을 한도로 봄이 타당하다고 할 것인 바, 인정받은 범위를 초과하는 공용면적은 실제로 기업부설연구소의 공용면적으로 사용된다 하더라도 취득세 등의 면제대상에 해당하기는 어려움(조심 2013지0499, 2013. 10. 17.).

⑧ 기업부설연구소로 인증 받지 않은 면적에 대한 부과 여부

기업부설연구소라 함은 ○○○로부터 기업부설연구소로 인정받을 당시 인증받은 면적에 한정된다고 보아야 할 것으로서(조심 2012지715, 2012. 12. 18. 같은 뜻), 재산세 과세기준일 현재 본관연구소와 ○○○물 중 일부는 기업부설연구소로 인정받지 못한 사실이 관련 증빙자료에서 입증되고 있음. 따라서, 재산세 감면대상에 해당되지 않는 인정받지 못한 면적에 대하여 재산세 등을 부과한 처분은 적법함(조심 2013지0877, 2014. 5. 29.).

⑨ 한국산업기술진흥협회장의 보완요청 제외면적을 기업부설연구소로 인정 가능한지 여부

한국산업기술진흥협회장이 2009. 3. 30.자 변경신고에 대하여 2009. 5. 12.경 현지확인을 거쳐 연구공간 전용면적을 축소하여 신고하도록 보완요청을 하였다는 사정만으로는 협회장이 그 무렵 해당 건물 중 보완요청에서 제외된 800.76㎡ 부분을 기업부설연구소로 확정적으로 인정하였다고 보기 어려움(대법원2014두7275, 2014. 9. 4.).

⑩ 취득일로부터 2년이 경과한 시점에서 목적 외 사용이 확인된 경우 추징 여부

취득일부터 2년이 경과한 시점에서 과세관청이 현지조사를 한 결과 연구소의 일부를 대표이사실 등 연구목적과는 직접 관련 없이 사용하는 면적이 확인되었다면 이에 대한 부분은 감면대상에 해당하지 않으므로 추징하는 것이 타당함(조심2013지1051, 2014. 12. 31.).

⑪ 14년 이전에 토지 취득 후 기업부설연구소 건축물을 신축한 경우

2014년 이전에 토지를 취득한 후 2015년 그 지상에 건축물을 준공하고 기업부설연구소로 인정받는 경우 지방세특례제한법(2014. 12. 31. 법률 제12955호) 부칙 제24조를 적용할 수 있는지 여부에 대하여는, 부칙 지24조의 입법취지는 이 법 시행 전에 기업부설연구소에 직접 사용하기 위하여 부동산을 취득하여 건축물을 신축하거나 기업부설연구소를 설치 및 운영하기 위한 시설을 갖추는 준비 기간을 거쳐

2016. 12. 31.까지 기업부설연구소로 인정받을 예정인 자에게 취득세 75%를 경감하기 위한 것으로 75% 경감 대상인 자의 자격을 규정한 것이라 할 것이므로, 이 법 시행 전에 기업부설연구소용 토지를 취득한 경우라면 "이 법 시행 전에 기업부설연구소에 직접 사용하기 위하여 부동산을 취득한 자"의 요건을 갖춘 것에 해당한다고 볼 수 있음, 따라서 14년 이전에 토지를 취득하고 15년 그 지상에 건축물을 준공하고 기업부설연구소로 인정받는 경우라면, 그 건축물에 대하여 부칙 제24조를 적용하는 것이 타당함(지방세특례제도과-2276, 2015. 8. 25.).

⑫ 기업부설연구소를 확인한 날이 4년이 경과한 경우 추징 여부

기업부설연구소를 연구업무가 아닌 일반 업무에 함께 사용하고 있는 것을 확인한 날은 연구소가 설치되고 4년이 경과된 시점인 점 등에 비추어 기업부설연구소 설치 후 4년 이내에 연구소를 기업부설연구소 용도가 아닌 다른 용도로 사용한 것으로 보아 취득세 등을 과세한 처분은 잘못이 있다고 판단됨(조심2015지1881, 2016. 1. 26.).

⑬ 감면요건 미충족으로 사유발생일로부터 30일 내 추징한 경우 적법 여부

감면요건을 충족하지 못하여 과세된 경우 그 사유발생일로부터 30일 이내에 기 면제받은 취득세를 신고납부하여야 함에도 산업단지 입주계약을 해지함으로써 해당 토지를 기업부설연구소로 직접 사용하지 못하게 되었으나 그 계약해지일로부터 30일을 경과한 기 면제받은 취득세 등을 신고하였으므로 가산세를 포함하여 취득세 등을 부과고지한 처분은 적법함(조심2015지1236, 2016. 2. 22.).

⑭ 기업부설연구소 부동산의 주차장으로 이용되지 않는 경우 감면 여부

주차장 이용현황 등에 비추어 주차장을 법인에서 사용하고 있다고 보기 어려우므로 처분청이 이 건 취득세 등을 부과한 처분은 잘못이 없음(조심2015지1852, 2016. 3. 7.).

⑮ 기업부설연구소로 사용하지 않은 부동산에 대해 농특세 부과 여부

당초 기업부설연구소용 부동산으로 신고하여 토지에 대한 농특세를 면제받았으나, 이후 기업부설연구소용 부동산에 해당하지 아니하게 되었고, 당초 감면요건을 충족하지 못한 경우에 해당한다 할 것이므로 토지 취득일을 기준으로 신고납부불성실가산세를 포함하여 농특세를 부과한 처분은 잘못이 없음(조심2015지1044, 2016. 5. 16.).

⑯ 기업부설연구소 취소되었으나 연구소 용도로 사용하는 경우 감면 여부

기업부설연구소를 사실상 폐쇄한 사실 등이 나타나지 아니한 상황에서 기업부설연구소의 인정이 취소된 사실만으로 추징요건인 연구소를 폐쇄나 연구소 외의 용도로 사용하였다고 보기 어려운 점 등에 비추어 기업부설연구소를 설치한 후 4년 이내에 폐쇄하거나 쟁점부동산을 연구소 외의 용도로 사용한 것으로 보기 어려움(조심2016지0075, 2016. 10. 6. (유사사례 지방세운영과-2504, 2008. 12. 15.)).

⑰ **재산세 과세기준일을 앞두고 착공한 경우 건축 중인 경우에 대한 적용 여부**

기업부설연구소에 직접 사용할 건축물을 건축 중이라 함은 재산세 과세기준일 현재 터파기 공사 등 본격적인 공사에 착수한 경우를 말하고, 착공에 필요한 준비작업을 하고 있는 것까지 포함된다고 볼 수는 없으므로 재산세 과세기준일을 하루 앞두고 건축공사에 착공한 것까지 건축물이 건축 중인 것으로 보기 어려움(조심2016지0564, 2016. 10. 31.).

2 실무해설

(1) 감면 요건

대상자	기업부설연구소(연구개발전담부서는 제외)를 설치·운영하려는 기업(개인기업 포함)
대상물건	기업부설연구소에 직접 사용하기 위하여 취득하는 부동산 (부속토지는 건축물 바닥면적의 7배 이내인 것으로 한정) ※ 「기초연구진흥및기술개발지원에관한법률」 제14조의2 제1항에 따라 과학기술정보통신부장관으로부터 인정받은 기업부설연구소
감면율	(대기업) 취득세 및 재산세 35%(과밀억제권역은 제외) (중견기업) 취득세 및 재산세 35% (중소기업) 취득세 60%, 재산세 50% ※ 2020년부터 신성장동력·원천기술 관련 연구소는 10% 추가 감면('20년~)
감면시한	2022. 12. 31.

(2) 추징 요건

추징	아래의 경우 경감된 취득세 및 재산세 추징 ① 토지 또는 건축물을 취득한 후 1년(「건축법」에 따른 신축·증축 또는 대수선을 하는 경우에는 2년) 이내에 「기초연구진흥 및 기술개발지원에 관한 법률」 제14조의 2에 따른 기업부설연구소로 인정받지 못한 경우 ② 기업부설연구소로 인정받은 날부터 3년 이내에 신성장동력·원천기술심의위원회로부터 신성장동력·원천기술에 해당한다는 심의결과를 받지 못한 경우(신성장동력·원천기술 분야 기업부설연구소로 추가 감면된 부분에 한함) ③ 기업부설연구소 설치 후 4년 이내에 정당한 사유 없이 연구소를 폐쇄하거나 다른 용도로 사용하는 경우

(3) 감면대상자

기업부설연구소를 설치·운영하려는 기업(2017년부터 과밀억제권역 내 대기업 제외)이 이에 해당된다. 이 경우 연구개발 활동을 수행하는 부서를 보유한 개인·법인기업 모두를 포함한다. 기업의 기술개발 활동을 촉진하기 위해 1981년부터 일정요건을 갖춘 기업부설연구소를 신고·인정함으로써 각종 조세, 관세, 자금지원 및 병역특례 등의 혜택을 부여하고 있다. 법적 근거는 기초연구진흥 및 기술개발지원에 관한 법률 제14조 제1항 제2호, 동법 시행령 제16조, 동법 시행규칙 제2조이다. 연구소 인증 등 관리업무는 1991년 2월부터 (사)한국산업기술진흥협회가 과학기술부로부터 이관받아 수행하고 있다(기초연구진흥 및 기술개발지원에 관한 법률 제20조 및 동법 시행령 제27조 제1항). 2012년 현재 전국의 기업부설연구소는 28,771개이며 이 중 중소기업이 27,154개이다.

2015년부터는 기업부설연구소 감면대상자를 세분화하여, 과밀억제권역 지역 내의 대기업 기업부설연구소, 중견기업 기업부설연구소, 그 외 일반 중소기업(개인) 기업부설연구소로 각각 구분하고 있다. 한편, 2014년까지는 중소기업의 범위를 매출액, 자본금, 근로자 수를 기준으로 구분하였으나 2015년부터는 평균 매출액을 기준으로 변경되었다.

지방세특례제한법 제46조 제2항에서는 "독점규제 및 공정거래에 관한 법률" 제14조 제1항에 따른 총 31개의 상호출자제한기업집단 등(상호출자제한기업집단 및 채무보증제한기업집단)이 과밀억제권역 외에 설치하는 경우 취득세 및 재산세 감면규정을 두고 있으며, "독점규제 및 공정거래에 관한 법률" 제14조 제1항의 개정(2017. 4. 18)에 따라 공정거래위원회에서는 2017년 9월 1일부터 자산총액이 5조원 이상인 기업집단을 "공시대상기업집단"으로 지정하고, 그 지정된 공시대상기업집단 중 자산총액이 10조원 이상에 해당하는 기업집단을 상호출자제한기업집단으로 지정하도록 규정되어 있으므로, 2017년 9월 1일부터는 "상호출자제한기업집단등"이라 함은 "공시대상기업집단", 즉 상호출자제한기업 집단과 그 외 공시대상집단 포함하여 감면 여부를 결정하여야 할 것으로 보여진다. 참고로 상호출자제한기업집단 및 공시대상기업집단은 공정거래위원회에서 매년 고시하고 있으므로 이를 토대로 현황을 확인하여야 한다.

〈2020년 기업집단 현황〉

구분	총수 있는 집단(55개)	총수 없는 집단(9개)
상호출자제한 기업집단 (자산 10조원 이상)	삼성, 현대자동차, 에스케이, 엘지, 롯데, 한화, 지에스, 현대중공업, 신세계, 씨제이, 한진, 두산, 엘에스, 부영, 대림, 미래에셋, 금호아시아나, 현대백화점, 카카오, 한국투자금융, 교보생명보험, 효성, 하림, 영풍, 에이치디씨, 케이씨씨, 코오롱	포스코, 농협, 케이티, 에쓰-오일, 대우조선해양, 케이티앤지, 대우건설
공시 대상 기업집단 (자산 10조원 미만 5조원 이상)	오씨아이, 이랜드, 태영, SM, DB, 세아, 네이버, 넥슨, 한국타이어, 호반건설, 셀트리온, 중흥건설, 넷마블, 아모레퍼시픽, 태광, 동원, 한라, 삼천리, 장금상선, IMM인베스트먼트, 동국제강, 다우키움, 금호석유화학, 애경, 하이트진로, 유진, KG, 삼양	에이치엠엠, 한국지엠

(4) 감면대상 부동산

기업부설연구소를 설치·운영하려는 기업이 기업부설연구용으로 직접 사용하기 위하여 취득하는 부동산이 이에 해당된다. 이 경우 그 부속토지는 건축물 바닥면적의 7배 이내인 것으로 한정한다. 또한 감면대상 객체를 부동산으로 하고 있기 때문에 토지 및 건축물도 해당되며 기업부설연구소를 조성하기 위해 나대지(토지)를 취득하여 건축물을 신축하거나 기존 건축물을 승계취득하는 경우 모두 감면대상에 해당된다. 또한, 부동산 이외 차량이나 기업부설연구소 직원들을 위한 후생복리시설인 기숙사, 사원주택 등은 연구소에 직접사용하는 부동산의 범위에 해당되지 않는다. 한편, 기업부설연구소가 연구목적으로 수입하는 자동차에 대해서는 2013년부터 감면이 종료되었다.

(5) 특례내용

① 세목별 감면

해당 기업 등이 기업부설연구소로 취득·보유하는 부동산에 대하여 지방세 및 국세(농어촌특별세)를 2022. 12. 31.까지 각각 감면한다.

> 제1항 기업부설연구소가 직접 사용하는 부동산: 35%(신성장 관련 45%)
> 제2항 상호출자제한기업집단등이 과밀억제권역 외에 설치하는 경우: 35%(신성장 관련 45%)
> 제3항 중소기업의 경우: 취득세 60%, 재산세 50%(신성장 관련은 취득세 70%, 재산세 60%)

② 경과규정 특례

2014년 12월 31일까지는 모든 기업부설연구소에 대해 취득세, 재산세를 면제하였으나 2015년 1월 1일부터는 기업부설연구소 설립운영 주체별로 과밀억제권역 내의 대기업, 중견기업, 그 외 중소기업으로 각각 분류하여 감면율이 축소되었다.

* 부칙에서 일반적 경과조치를 규정하고 있음

③ 지방자치단체 조례를 통한 감면

본 규정에 따른 기업부설연구소 이외에도 각종 연구개발특구 등에 대해서는 그 입주기업 등에 대해 지방자치단체의 조례에 따른 감면을 적용한다.

> 〈자치단체별 취득세 경감률 적용사례〉
> • 부산광역시: 부산연구개발특구 내 입주기업 등에 대해 취득세 100%
> • 대구광역시·경상북도: 연구개발특구 내 입주기업 등에 대해 취득세 100%
> • 광주광역시: 연구개발특구진흥재단 및 연구개발특구 내 입주기업 등에 대해 취득세 100%
> • 대전광역시: 특구개발사업시행자 취득세 100%
> • 전라남도 광주연구개발특구 내 사업시행자: 취득세 100%

④ 지방세특례의제한(추징 규정의 해석)

2014년까지는 기업부설연구소 설치 후 4년 이내에 정당한 사유 없이 연구소를 폐쇄하거나 다른 용도로 사용하는 경우에 그 해당 부분에 대해서는 면제된 취득세를 추징하도록 하였다. 기업부설연구소용으로 부동산을 취득하고 그 취득일로부터 4년 이내까지 기업부설연구소를 설치하였더라도 이 기간 중에 폐쇄하거나 기업부설연구소 이외 타용도로 사용하는 경우에는 면제된 취득세가 추징된다. 기업부설연구소란 기초연구진흥 및 기술개발지원에 관한 법률에 따른 인적 물적 시설의 기준을 충족해야 하는 것으로 그 기준요건을 충족하지 못해 인정이 취소되거나 매각되는 경우라면 이 법 후단에서 규정하는 연구소를 폐쇄하거나 다른 용도에 사용하는 경우에 해당하는 것이다.

2015년부터는 기업부설연구소 설치에 따른 유예기간이 과도함에 따라 취득 후 1년(건축법에 따른 신축·증축·대수선을 하는 경우에는 2년) 이내에 정당한 사유 없이 연구소를 폐쇄하거나 다른 용도로 사용하는 경우에는 해당 부분에 대하여 경감된 취득세 및 재산세를 추징하도록 개정되었다.

4 | 연도별 감면율

1 | 기업부설연구소용 부동산에 대한 지방세 감면(제46조①)

구분	2015	2016	2017	2018	2019	2020
취득세	50%	50%	35%	35%	35%	35%(45%)[2]
농특세	비과세	비과세	비과세	비과세	비과세	비과세
최소납부	미적용	미적용	미적용	미적용	미적용	미적용

구분	2015	2016	2017	2018	2019	2020
재산세	50%	50%	35%	35%	35%	35%(45%)
농특세	비과세	비과세	비과세	비과세	비과세	비과세
최소납부	미적용	미적용	미적용	미적용	미적용	

2 | 상호출자제한기업집단 등의 기업부설연구소용 부동산 지방세 감면(제46조②)

구분	2015	2016	2017	2018	2019	2020
취득세	35%	35%	35%	35%	35%	35%(45%)
농특세	비과세	비과세	비과세	비과세	비과세	비과세
최소납부	미적용	미적용	미적용	미적용	미적용	미적용

구분	2015	2016	2017	2018	2019	2020
재산세	35%	35%	35%	35%	35%	35%(45%)
농특세	비과세	비과세	비과세	비과세	비과세	비과세
최소납부	미적용	미적용	미적용	미적용	미적용	미적용

3 | 중소기업의 기업부설연구소 지방세 감면(제46조③)

구분	2015	2016	2017	2018	2019	2020
취득세	75%	75%	60%	60%	60%	60%(70%)
농특세	비과세	비과세	비과세	비과세	비과세	비과세
최소납부	미적용	미적용	미적용	미적용	미적용	미적용

구분	2015	2016	2017	2018	2019	2020
재산세	75%	75%	50%	50%	50%	50%(60%)
농특세	비과세	비과세	비과세	비과세	비과세	비과세
최소납부	미적용	미적용	미적용	미적용	미적용	미적용

---

2) 2020. 1. 15. 법률 제16865 개정에 의해 신성장동력·원천기술 관련 기업부설연구소의 경우 100분의 10을 추가 경감 (제46조②③의 취득세 및 재산세에서 동일하게 적용)

5   참고자료

1   감면신청서류

기업부설연구소가 본 규정에 따라 지방세를 감면받으려는 경우에는 해당 지방자치단체의 장에게 해당 부동산이 기업부설연구소로 직접 사용하는 용도임을 입증하는 서류를 첨부하여 감면신청을 하여야 한다. 2020년부터는 감면대상 기업부설연구의 범위에 신성장동력·원천기술 관련 기업부설연구소가 추가되었으므로 이에 해당하는지의 판단은 해당 기업의 기초연구법 시행규칙 별지 제1호(기업부설연구소 신청서) 및 제2호(연구개발활동 개요서)의 연구개발활동 개요서 등으로 우선 판단하고, 기업부설연구소 인정일부터 3년 이내에 신성장동력·원천기술심의위원회(조특법 시행령 제11조⑪)에 의한 심의 결과로 최종 판단하여야 할 것이다.

■ 기초연구진흥 및 기술개발지원에 관한 법률 시행규칙 [별지 제1호서식] 〈개정 2020. 3. 3.〉

기업부설연구소 신청서

※ 뒤쪽의 작성방법을 읽고 작성하시기 바라며, [ ]에는 해당되는 곳에 √표를 하시기 바랍니다. (앞쪽)

접수번호		접수일			처리기간	7일

신청인 (기업)	① 기업체명 (홈페이지:)			② 사업자등록번호		
				③ 업종(KSIC)		
				④ 주요 생산품		
	⑤ 대표자명			생년월일	성별	내국인/외국인
	⑥ 주 소			전화번호		
				팩스번호		
	⑦ 매출액(년도) 백만원					
	⑧ 종업원 수(년) 명			⑨ 개업 연월일(년 월 일)		
	⑩ 기업 유형	[ ] 대기업 [ ] 중견기업 [ ] 중기업 [ ] 소기업 [ ] 벤처기업(년 월 일) [ ] 연구원·교원 창업기업 [ ] 그 밖의 유형				

기업 부설 연구 기관	⑪ 기업부설 연구기관명			⑫ 설립 연월일		
	⑬ 기업부설 연구기관장	성명	직위	생년월일	근무 형태 [ ]전임 [ ]겸임	
	⑭ 소재지			전화번호		
				팩스번호		
	⑮ 신청분야	[ ]과학기술		[ ]서비스		
	⑯ 연구분야	[ ]건설 [ ]금속 [ ]기계 [ ]생명과학 [ ]섬유 [ ]소재 [ ]식품 [ ]전기전자 [ ]화학 [ ]환경 [ ]산업디자인 [ ]기타		[ ]하수·폐기물처리, 원료재생 및 환경복원 [ ]출판, 영상, 방송통신 및 정보서비스 [ ]부동산 및 임대 [ ]운수 [ ]교육서비스 [ ]사업시설관리 및 사업지원서비스 [ ]예술, 스포츠 및 여가관련서비스 [ ]도매 및 소매 [ ]숙박 및 음식점 [ ]금융 및 보험 [ ]전문, 과학 및 기술서비스 [ ]보건 및 사회복지서비스 [ ]기타		
	⑰ 주 연구 내용					
	⑱ 연구개발 인력	연구전담요원 명	연구보조원 명	연구관리직원 명	⑲ (연구기관 내 위치한) 연구기자재	종
	⑳ 연구공간	[ ] 건물 전체	[ ] 독립공간	[ ] 분리구역		
		[ ] 소유 [ ] 임대 건물 ㎡	[ ] 소유 [ ] 임대 ㎡	[ ] 소유 [ ] 임대 ㎡		

㉑ 연구개발투자 (년도)	연구개발인력에 대한 인건비	백만원
	연구시설비	백만원
	그 밖의 연구개발투자액	백만원

「기초연구진흥 및 기술개발지원에 관한 법률」 제14조의2제2항 및 같은 법 시행규칙 제3조제1항에 따라 위와 같이 신청합니다.

년 월 일

기업대표 (서명 또는 인)

(사)한국산업기술진흥협회 귀하

(뒤쪽)

첨부 서류	1. 연구개발활동 개요서(별지 제2호서식) 1부 2. 연구기자재 현황(별지 제3호서식) 1부 3. 연구개발인력 현황(별지 제4호서식) 1부 4. 사업자등록증 사본 1부(행정정보 공동이용에 동의하지 않는 경우에만 첨부합니다) 5. 회사 및 기업부설 연구기관 조직도 1부 6. 기업부설 연구기관이 위치한 층의 전체 도면 및 기업부설 연구기관 내부 도면(전용 출입구 현판 및 내부 사진을 포함합니다) 1부 7. 「연구실 안전환경 조성에 관한 법률」 제13조제2항에 따른 안전 및 유지관리비 명세서 1부(연구전담요원 및 연구보조원 총수가 10명 이상인 기업부 　설 연구기관만 해당합니다) 8. 「연구실 안전환경 조성에 관한 법률」 제14조제1항에 따라 가입한 보험의 가입증명서(연구전담요원 및 연구보조원 총수가 10명 이상인 기업부설 　연구기관만 해당합니다) 9. 「법인세법 시행규칙」 별지 제51호서식의 중소기업 등 기준검토표 또는 「부가가치세법 시행규칙」 별지 제21호서식의 일반과세자 부가가치세 예정신 　고서 또는 확정신고서(⑯의 신청분야가 서비스인 기업부설 연구기관만 해당합니다) 10. 「벤처기업육성에 관한 특별조치법」 제25조제2항에 따른 벤처기업확인서(벤처기업자가 설립한 기업부설 연구기관만 해당합니다) 11. 연구원·교원이 창업한 중소기업이 설립한 기업부설 연구기관임을 증명하는 서류(해당 기업만 해당합니다) 12. 「기초연구진흥 및 기술개발지원에 관한 법률 시행령」 제16조의2제1항제4호에 해당하는 중견기업임을 증명하는 서류(해당 기업만 해당합니다) 13. 「기초연구진흥 및 기술개발지원에 관한 법률 시행령」 제16조의2제1항제1호에 해당하는 중소기업임을 증명하는 서류(해당하는 기업만 첨부합니다) 14. 기업부설 연구기관의 직원이 해당 기업의 직원임을 증명하는 서류(국민연금·국민건강보험·고용보험 또는 산업재해보상보험 중 하나의 가입증명 　서 또는 근로소득원천징수부) 1부	수수료 없음

행정정보 공동이용 동의서

본인은 이 건 업무처리와 관련하여 전자정부법 제36조제2항에 따른 행정정보의 공동이용을 통하여 사업자 등록증을 확인하는 것에 동의합니다.

※ 신청인이 동의하지 아니하는 경우에는 해당 서류(사업자등록증 사본 1부)를 신청인이 직접 제출하여야 합니다.

기업대표　　(서명 또는 인)

신청서 작성방법

1. ③의 "업종"란에는 해당 기업의 주 업종을 한국표준산업분류 기준(KSIC코드)에 따라 해당 코드를 적습니다.
2. ④의 "주요 생산품"란에는 해당 기업에서 생산하거나 제공하는 대표적인 제품, 서비스를 적습니다(예, 자동차 타이어, 핸드폰, 온라인게임, 조경설계 등).
3. ⑥의 "주소액"란에는 해당 기업이 위치하고 있는 주소재지의 번지수와 빌딩명, 빌딩 호수까지 적습니다.
4. ⑦의 "매출액"란은 신청일 기준 최종 결산자료를 기준으로 작성하고 기준연도를 적습니다.
5. ⑧의 "종업원 수"란에는 가장 최근의 상시 종업원 수를 적습니다(일용직은 제외합니다).
6. ⑨의 "개업 연월일"란에는 사업자등록증에 적힌 개업 연월일을 적습니다.
7. ⑩의 "기업 유형"란의 구분은 「중소기업기본법」 제2조, 같은 법 시행령 제3조 및 제8조, 「중견기업 성장촉진 및 경쟁력 강화에 관한 특별법」 제2조를 기준으로 선택하고,
　「벤처기업육성에 관한 특별조치법」에 따른 벤처기업일 경우 유효기간을 적습니다.
8. ⑫의 "설립 연월일"란에는 해당 기업에서 자체적으로 기업부설 연구기관을 설립한 날짜를 적습니다.
9. ⑭의 "소재지"란에는 기업부설 연구기관이 위치하고 있는 주소의 번지수와 빌딩명, 빌딩 호수까지 적습니다.
10. ⑮의 "신청분야"란은 기업부설 연구기관의 연구개발활동에 따라 해당 분야를 선택합니다.
11. ⑯의 "연구분야"란은 ⑮의 신청분야에 따라 기업부설 연구기관에서 수행하는 연구개발 분야를 선택합니다(신청분야 내 복수 선택 가능). 다만, ⑮에서 "서비스"를 선택한
　기업은 해당 기업의 주 업종과 관련한 연구 분야를 선택합니다.
12. ⑰의 "주 연구 내용"란에는 구체적인 연구 내용의 대표적인 활동을 적습니다.
13. ⑱의 "연구개발인력"란에는 연구개발인력 현황(별지 제4호서식)의 직원 수를 적습니다.
14. ⑲의 "연구기자재"란에는 연구기자재 현황(별지 제3호서식)의 연구기자재 수를 적습니다.
15. ⑳의 "연구공간"란에는 기업부설 연구기관의 아래 형태에 따라 "건물 전체", "독립공간", "분리구역"을 선택하고, 자사 소유 건물일 경우에는 "소유", 임대건물일 경우에는
　"임대"를 선택합니다.
　- 건물 전체: 건물 전체를 기업부설 연구기관으로 사용하는 경우(건물의 전체 연면적 기재)
　- 독립공간: 별도의 출입문을 갖추고 사방이 고정된 벽체로 천장까지 구분한 공간
　- 분리구역: 칸막이 등으로 연구공간을 구분한 경우
　　※ 다만, 분리구역의 경우에는 「중소기업기본법」제2조에 따른 중소기업자가 설립한 기업부설 연구기관으로서 50제곱미터를 초과하는 면적을 연구공간으로 확보할
　　수 없는 경우만 선택합니다.
16. ㉑의 "연구개발투자"란에는 신청한 해부터 향후 1년간의 기업부설 연구기관의 투자계획을 "연구개발인력에 대한 인건비", "연구시설비", "그 밖의 연구개발투자액"의
　구분에 따라 적습니다.

신청서류 처리절차

신청서 작성	→	접수	→	검토 (필요 시 현지 확인)	→	결재	→	인정	→	인정서 발급
신청인		한국산업기술 진흥협회		한국산업기술 진흥협회		한국산업기술 진흥협회		한국산업기술 진흥협회		

210mm×297mm(백상지 80g/㎡)

■ 기초연구진흥 및 기술개발지원에 관한 법률 시행규칙 [별지 제2호서식] 〈개정 2020. 3. 3.〉

연구개발활동 개요서

① 주요 업무

② 전문 분야

③ 신청일부터 1년간 직접 수행할 대표적인 연구과제	연 도	년도 월 ~ 년도 월		
	연구과제명			
	연구 내용			
	연구개발비 (백만원)			

위의 사실이 틀림없음을 확인합니다.

년   월   일

기업대표   (서명 또는 인)

연구개발활동 개요서 작성방법

◇ ①의 "주요 업무"란에는 기업부설 연구기관(기업부설연구소) 또는 기업의 연구개발부서(연구개발전담부서)가 수행할 업무를 구체적으로 적습니다.

◇ ②의 "전문 분야"란에는 신고하는 기업부설 연구기관(기업부설연구소) 또는 기업의 연구개발부서(연구개발전담부서)가 연구개발활동을 수행할 때 요구되는 전문적인 기술 분야 및 그 기술 분야의 연구개발 목표를 간략히 적습니다.

◇ ③의 "신청일부터 1년간 직접 수행할 대표적인 연구과제"란에는 신청일부터 향후 1년 동안 수행할 연구과제를 연구과제명, 연구 내용, 연구개발비 항목으로 나누어 일목요연하게 적습니다.

210mm×297mm(백상지 80g/㎡)

PART

02

기업합병·분할 등에 대한 감면
(제57조의2)

PART 02

기업합병·분할 등에 대한 감면(제57조의2)

1 현행규정

법 제57조의2(기업합병·분할 등에 대한 감면)

① 「법인세법」 제44조 제2항 또는 제3항에 해당하는 합병으로서 대통령령으로 정하는 합병에 따라 양수 (讓受)하는 사업용 재산을 2021년 12월 31일까지 취득하는 경우에는 「지방세법」 제15조 제1항에 따라 산출한 취득세의 100분의 50(법인으로서 「중소기업기본법」에 따른 중소기업 간 합병 및 법인이 대통령령으로 정하는 기술혁신형사업법인과의 합병을 하는 경우에는 취득세의 100분의 60)을 경감하되, 해당 재산이 「지방세법」 제15조 제1항 제3호단서에 해당하는 경우에는 다음 각 호에서 정하는 금액을 빼고 산출한 취득세를 경감한다. 다만, 합병등기일부터 3년 이내에 「법인세법」 제44조의3 제3항 각 호의 어느 하나에 해당하는 사유가 발생하는 경우(같은 항 각 호 외의 부분 단서에 해당하는 경우는 제외한다)에는 경감된 취득세를 추징한다.

  1. 「지방세법」 제13조 제1항에 따른 취득 재산에 대해서는 같은 조에 따른 중과기준세율(이하 "중과기준세율"이라 한다)의 100분의 300을 적용하여 산정한 금액

  2. 「지방세법」 제13조 제5항에 따른 취득 재산에 대해서는 중과기준세율의 100분의 500을 적용하여 산정한 금액

② 다음 각 호에서 정하는 법인이 「법인세법」 제44조 제2항에 따른 합병으로 양수받은 재산에 대해서는 취득세를 2021년 12월 31일까지 면제하고, 합병으로 양수받아 3년 이내에 등기하는 재산에 대해서는 2021년 12월 31일까지 등록면허세의 100분의 50을 경감한다. 다만, 합병등기일부터 3년 이내에 「법인세법」 제44조의3 제3항 각 호의 어느 하나에 해당하는 사유가 발생하는 경우(같은 항 각 호 외의 부분 단서에 해당하는 경우는 제외한다)에는 면제된 취득세를 추징한다.

  1. 「농업협동조합법」, 「수산업협동조합법」 및 「산림조합법」에 따라 설립된 조합 간의 합병

  2. 「새마을금고법」에 따라 설립된 새마을금고 간의 합병

3. 「신용협동조합법」에 따라 설립된 신용협동조합 간의 합병

4. 삭제

③ 다음 각 호의 어느 하나에 해당하는 재산을 2021년 12월 31일까지 취득하는 경우에는 취득세의 100분의 75를 경감한다. 다만, 제1호의 경우 2019년 12월 31일까지는 취득세의 100분의 75를, 2020년 12월 31일까지는 취득세의 100분의 50을, 2021년 12월 31일까지는 취득세의 100분의 25를 각각 경감하고, 제7호의 경우에는 취득세를 면제한다.

1. 「국유재산법」에 따라 현물출자한 재산

2. 「법인세법」 제46조제2항 각 호(물적분할의 경우에는 같은 법 제47조제1항을 말한다)의 요건을 갖춘 분할로 인하여 취득하는 재산. 다만, 분할등기일부터 3년 이내에 같은 법 제46조의3 제3항(물적분할의 경우에는 같은 법 제47조 제3항을 말한다) 각 호의 어느 하나에 해당하는 사유가 발생하는 경우(같은 항 각 호 외의 부분 단서에 해당하는 경우는 제외한다)에는 경감받은 취득세를 추징한다.

3. 「법인세법」 제47조의2에 따른 현물출자에 따라 취득하는 재산. 다만, 취득일부터 3년 이내에 같은 법 제47조의2 제3항 각 호의 어느 하나에 해당하는 사유가 발생하는 경우(같은 항 각 호 외의 부분 단서에 해당하는 경우는 제외한다)에는 경감받은 취득세를 추징한다.

4. 「법인세법」 제50조에 따른 자산교환에 따라 취득하는 재산

5. 「조세특례제한법」 제31조에 따른 중소기업 간의 통합에 따라 설립되거나 존속하는 법인이 양수하는 해당 사업용 재산 다만, 사업용 재산을 취득한 날부터 5년 이내에 같은 조 제7항 각 호의 어느 하나에 해당하는 사유가 발생하는 경우에는 경감받은 취득세를 추징한다.

6. 삭제

7. 특별법에 따라 설립된 법인 중 「공공기관의 운영에 관한 법률」 제2조 제1항에 따른 공공기관이 그 특별법의 개정 또는 폐지로 인하여 「상법」상의 회사로 조직 변경됨에 따라 취득하는 사업용 재산

④ 「조세특례제한법」 제32조에 따른 현물출자 또는 사업 양도·양수에 따라 2021년 12월 31일까지 취득하는 사업용 고정자산에 대해서는 취득세의 100분의 75를 경감한다. 다만, 취득일부터 5년 이내에 대통령령으로 정하는 정당한 사유 없이 해당 사업을 폐업하거나 해당 재산을 처분(임대를 포함한다) 또는 주식을 처분하는 경우에는 경감받은 취득세를 추징한다.

⑤ 다음 각 호의 어느 하나에 해당하는 경우에는 「지방세법」 제7조 제5항에 따라 과점주주가 해당 법인의 부동산등(같은 조 제1항에 따른 부동산등을 말한다)을 취득한 것으로 보아 부과하는 취득세를 2021년 12월 31일까지 면제한다.

1. 「금융산업의 구조개선에 관한 법률」 제10조에 따른 제3자의 인수, 계약이전에 관한 명령 또는 같은 법 제14조 제2항에 따른 계약이전결정을 받은 부실금융기관으로부터 주식 또는 지분을 취득하는 경우

2. 금융기관이 법인에 대한 대출금을 출자로 전환함에 따라 해당 법인의 주식 또는 지분을 취득하는 경우

3. 「독점규제 및 공정거래에 관한 법률」에 따른 지주회사(「금융지주회사법」에 따른 금융지주회사를 포함하되, 지주회사가 「독점규제 및 공정거래에 관한 법률」 제2조제3호에 따른 동일한 기업집단 내

계열회사가 아닌 회사의 과점주주인 경우를 제외한다. 이하 이 조에서 "지주회사"라 한다)가 되거나 지주회사가 같은 법 또는 「금융지주회사법」에 따른 자회사의 주식을 취득하는 경우. 다만, 해당 지주회사의 설립·전환일부터 3년 이내에 「독점규제 및 공정거래에 관한 법률」에 따른 지주회사의 요건을 상실하게 되는 경우에는 면제받은 취득세를 추징한다.

4. 「예금자보호법」 제3조에 따른 예금보험공사 또는 같은 법 제36조의3에 따른 정리금융회사가 같은 법 제36조의5 제1항 및 제38조에 따라 주식 또는 지분을 취득하는 경우

5. 한국자산관리공사가 「한국자산관리공사 설립 등에 관한 법률」 제26조 제1항 제1호에 따라 인수한 채권을 출자전환함에 따라 주식 또는 지분을 취득하는 경우

6. 「농업협동조합의 구조개선에 관한 법률」에 따른 농업협동조합자산관리회사가 같은 법 제30조제3호 다목에 따라 인수한 부실자산을 출자전환함에 따라 주식 또는 지분을 취득하는 경우

7. 「조세특례제한법」 제38조 제1항 각 호의 요건을 모두 갖춘 주식의 포괄적 교환·이전으로 완전자회사의 주식을 취득하는 경우. 다만, 같은 법 제38조 제2항에 해당하는 경우(같은 조 제3항에 해당하는 경우는 제외한다)에는 면제받은 취득세를 추징한다.

8. 「자본시장과 금융투자업에 관한 법률」에 따른 증권시장으로서 대통령령으로 정하는 증권시장에 상장한 법인의 주식을 취득한 경우

⑥ 「농업협동조합법」에 따라 설립된 농업협동조합중앙회(이하 이 조에서 "중앙회"라 한다)가 같은 법에 따라 사업구조를 개편하는 경우 제1호 및 제2호의 구분에 따른 등기에 대해서는 2017년 12월 31일까지 등록면허세를 면제하고, 제3호의 경우에는 취득세를 면제한다.

1. 법률 제10522호 농업협동조합법 일부개정법률 부칙 제3조에 따라 자본지원이 이루어지는 경우 그 자본증가에 관한 등기

2. 법률 제10522호 농업협동조합법 일부개정법률 부칙 제6조에 따라 경제사업을 이관하는 경우 다음 각 목의 어느 하나에 해당하는 등기

가. 중앙회에서 분리되는 경제자회사의 법인설립등기

나. 「농업협동조합법」 제161조의2에 따라 설립된 농협경제지주회사가 중앙회로부터 경제사업을 이관(「상법」 제360조의2에 따른 주식의 포괄적 교환을 포함한다)받아 자본이 증가하는 경우 그 자본증가에 관한 등기

3. 「농업협동조합법」 제134조의2에 따라 설립된 농협경제지주회사가 이 조 제3항제3호에 따라 중앙회로부터 경제사업을 이관받아 취득하는 재산

⑦ 법률 제12663호 한국산업은행법 전부개정법률 부칙 제3조 제1항에 따라 한국산업은행이 산은금융지주주식회사 및 「한국정책금융공사법」에 따른 한국정책금융공사와 합병하는 경우 그 자본증가에 관한 등기에 대해서는 2015년 12월 31일까지 등록면허세의 100분의 90을 경감한다.

⑧ 「기업 활력 제고를 위한 특별법」 제4조 제1호에 해당하는 내국법인이 산업 내 과잉공급 해소와 해당 법인의 생산성 향상을 위하여 같은 법 제10조 또는 제12조에 따라 주무부처의 장이 승인 또는 변경승

인한 사업재편계획에 의해 합병 등 사업재편을 추진하는 경우 해당 법인에 대한 법인등기에 대하여 등록면허세의 100분의 50을 2021년 12월 31일까지 경감한다. 다만, 같은 법 제13조에 따라 사업재편 계획 승인이 취소된 경우에는 경감된 등록면허세를 추징한다.

⑨ 「수산업협동조합법」에 따라 설립된 수산업협동조합중앙회(이하 이 항에서 "중앙회"라 한다)가 대통령 령으로 정하는 바에 따라 분할한 경우에는 다음 각 호에서 정하는 바에 따라 지방세를 면제한다.

1. 대통령령으로 정하는 바에 따른 분할로 신설된 자회사(이하 이 항에서 "수협은행"이라 한다)가 그 분리로 인하여 취득하는 재산에 대해서는 취득세를 2016년 12월 31일까지 면제한다.

2. 수협은행의 법인설립등기에 대해서는 등록면허세를 2016년 12월 31일까지 면제한다.

⑩ 「금융산업의 구조개선에 관한 법률」 제4조에 따른 금융위원회의 인가를 받고 「법인세법」 제44조 제2 항에 해당하는 금융회사 간의 합병을 하는 경우 금융기관이 합병으로 양수받은 재산에 대해서는 취득 세의 100분의 50을 2021년 12월 31일까지 경감하고, 합병으로 양수받아 3년 이내에 등기하는 재산에 대해서는 2021년 12월 31일까지 등록면허세의 100분의 50을 경감한다. 다만, 합병등기일부터 3년 이 내에 「법인세법」 제44조의3 제3항 각 호의 어느 하나에 해당하는 사유가 발생하는 경우(같은 항 각 호 외의 부분 단서에 해당하는 경우는 제외한다)에는 경감된 취득세를 추징한다.

2 개정연혁

1 2016년 개정 내용

□ 기업합병 감면요건 강화

개정 전	개정 후
제57조의2(기업합병·분할 등에 대한 감면) ① 대통령령으로 정하는 합병에 따라 양수(讓受)하는 재산을 2015년 12월 31일까지 취득하는 경우에는 「지방세법」 제15조 제1항에 따라 산출한 취득세를 면제한다. 다만, 해당 재산이 「지방세법」 제15조 제1항 제3호 단서에 해당하는 경우에는 다음 각 호에서 정하는 금액을 빼고 산출한 취득세를 면제한다.	제57조의2(기업합병·분할 등에 대한 감면) ① 「법인세법」 제44조 제2항 또는 제3항에 해당하는 합병으로서 대통령령으로 정하는 합병에 따라 양수(讓受)하는 재산을 2018년 12월 31일까지 취득하는 경우에는 「지방세법」 제15조 제1항에 따라 산출한 취득세를 면제하되, 해당 재산이 「지방세법」 제15조 제1항 제3호 단서에 해당하는 경우에는 다음 각 호에서 정하는 금액을 빼고 산출한 취득세를 면제한다. 다만, 합병등기일부터 3년 이내에 「법인세법」 제44조의3 제3항 각 호의 어느 하나에 해당하는 사유가 발생하는 경우(같은 항 각 호 외의 부분 단서에 해당하는 경우는 제외한다)에는 경감된 취득세를 추징한다.

개정이유 및 개정내용 ▶

● 법인세법상 적격합병의 요건과 사후관리 규정을 인용하여, 취득세 과세특례 요건 및 사후관리 규정 신설

‒ 법인세법 제44조②·③의 적격합병 규정 및 같은 법 제44조의3③의 사후관리 규정을 인용하여, 감 면요건에 적격합병 요건을 갖추도록 하고 사후관리 요건 불비시 추징규정 신설

● 이 법 시행('16. 1. 1.) 후부터 적용

□ 현물출자, 사업양도·양수시 감면 범위 조정

개정 전	개정 후
제57조의2(기업합병·분할 등에 대한 감면) ④「조세특례제한법」제32조에 따른 현물출자 또는 사업 양도·양수에 따라 <u>2015년 12월 31일</u>까지 취득하는 <u>사업용 재산</u>에 대해서는 취득세를 면제한다. 다만, 취득일부터 2년 이내에 대통령으로 정하는 정당한 사유 없이 해당 사업을 폐업하거나 해당 재산을 처분(임대를 포함한다)하는 경우에는 면제받은 취득세를 추징한다.	제57조의2(기업합병·분할 등에 대한 감면) ④ ─────────────────── <u>2018</u> <u>년 12월 31일</u>────── <u>사업용 고정자산</u>──── ────────────────────── ───── . ────────────────────── ────────────────────── ────────────────────── ──────────────────── .

● 인용규정인 조세특례제한법상 감면대상을 "사업용 고정자산"으로 규정하고 있어 감면 범위 일치 필요

● 조세특례제한법 제32조에 따른 현물출자 또는 사업양수도에 따라 취득하는 사업용 재산에 대한 감면을 사업용 고정자산으로 변경

● 이 법 시행('16. 1. 1.) 후부터 적용

□ 사업재편 기업 등록면허세 감면 신설

개정 전	개정 후
제57조의2(기업합병·분할 등에 대한 감면) <u>〈신설〉</u>	제57조의2(기업합병·분할 등에 대한 감면) ⑧ 내국법인이 산업 내 과잉공급 해소와 해당 법인의 생산성 향상을 위하여 대통령령에 따라 주무부처의 장이 승인한 사업재편계획에 의해 합병 등 사업재편을 추진하는 경우 해당 법인에 대한 법인등기에 대하여 등록면허세의 100분의 50을 2018년 12월 31일까지 경감한다.

● 정부의 사업재편 촉진을 통한 경제 활성화 정책 지원을 위해 사업재편기업에 대해 등록면허세 감면 필요

●「기업 활력 제고를 위한 특별법」제9조 및 제10조에 따라 사업재편계획을 추진하는 경우, 그 해당 법인에 대한 법인등기에 대하여 등록면허세의 100분의 50을 2018년 12월 31일까지 감면 신설

적용요령 ▶

● 이 법 시행('16. 1. 1.) 후부터 적용

□ 수협은행 세제지원 신설

개정 전	개정 후
제57조의2(기업합병·분할 등에 대한 감면) 〈신설〉	제57조의2(기업합병·분할 등에 대한 감면) ⑨「수산업협동조합법」에 따라 설립된 수산업협동조합중앙회(이하 이 항에서 "중앙회"라 한다)가 같은 법에 따라 분할한 경우에는 다음 각 호에서 정하는 바에 따라 지방세를 면제한다. 1. 같은 법 제141조의4에 따라 중앙회에서 분리하여 설립되는 수협은행(이하 "수협은행"이라 한다)이 그 분리로 인하여 취득하는 재산에 대해서는 취득세를 2016년 12월 31일까지 면제한다. 2. 수협은행의 법인설립등기에 대해서는 등록면허세를 2016년 12월 31일까지 면제한다.

개정이유 ▶

● 수산업 협동조합의 운영구조 개선, 어업인 지원 강화 및 금융규제 환경 변화에 대응하기 위한 지원 필요

개정내용 ▶

● 수산업협동조합중앙회에서 분리되어 설립되는 수협은행에 대해서는 취득세 및 등록면허세의 100분의 100을 각각 2016년 12월 31일까지 감면

적용요령 ▶

● 이 법 시행('16. 1. 1.) 후부터 적용

2 ▶ 2017년 개정 내용

□ 법인합병 감면규정 명확화 및 추징규정 신설 (제57조의2 제2항)

개정 전	개정 후
제57조의2(기업합병·분할 등에 대한 감면) ① (생략) ② 다음 각 호에서 정하는 법인의 합병으로 양수받은 재산의 취득에 대해서는 취득세를 2018년 12월 31일까지 면제하고, 합병한 날부터 3년 이내에 양수받은 재산의 등기에 대해서는 2018년 12월 31일까지 등록면허세의 <u>100분의 75</u>을 경감한다. 〈단서 신설〉 1. ~ 4. (생략)	제57조의2(기업합병·분할 등에 대한 감면) ① (현행과 같음) ② -- ------------------------ 합병으로 양수받아 3년 이내에 등기하는 재산------------------------------100분의 75를 --------. 다만, 합병등기일부터 3년 이내에 「법인세법」 제44조의3 제3항 각 호의 어느 하나에 해당하는 사유가 발생하는 경우(같은 항 각 호 외의 부분 단서에 해당하는 경우는 제외한다)에는 면제된 취득세를 추징한다. 1. ~ 4. (현행과 같음)

● 현행 규정은 합병하여 양수받은 재산을 3년 이내에 등기하는 경우 등록면허세가 감면되는 규정으로 이를 더욱 명확히 규정할 필요

● 합병에 따른 추징규정을 신설하여 조세탈루 방지 등 사후관리 철저

개정내용 ▶ ▶

● 합병으로 양수받아 3년 이내에 등기하는 재산에 대해 감면

● 「법인세법」 제44조의3 제3항 각호의 사유가 발생하는 경우 추징

> 1호 : 합병법인이 피합병법인으로부터 승계받은 사업을 폐지하는 경우
> 2호 : 대통령령으로 정하는 피합병법인의 주주등이 합병법인으로부터 받은 주식등을 처분하는 경우

적용요령 ▶ ▶

● 법 규정을 명확히 하는 것으로, 이 법 개정일 전·후 적용

● 다만, 제2항 단서에 따라 감면된 취득세 등의 추징은 이 법 시행 일('17. 1. 1.) 이후 감면받는 분부터 적용함(부칙 제3조)

❑ 법인분할·현물출자 추징유예기간 신설 (제57조의2 제3항 제2호, 제3호)

개정 전	개정 후
제57조의2(기업합병·분할 등에 대한 감면) ③ (생략)	제57조의2(기업합병·분할 등에 대한 감면) ③ (현행과 같음)
1. (생략)	1. (현행과 같음)
2. 「법인세법」 제46조 제2항 각 호(물적분할의 경우에는 같은 법 제47조제1항을 말한다)의 요건을 갖춘 분할로 인하여 취득하는 재산. 다만, 「법인세법」 제46조의3 제3항(물적분할의 경우에는 같은 법 제47조 제3항을 말한다) 각 호의 사유가 발생하는 경우(같은 항 각 호 외의 부분 단서에 해당하는 경우는 제외한다)에는 면제받은 취득세를 추징한다.	2. --. ---- 분할등기일부터 3년 이내에 같은 법 제46조의3 제3항----------- --- 각 호의 어느 하나에 해당하는 사유------------------------ --------------------------------------.
3. 「법인세법」 제47조의2에 따른 현물출자에 따라 취득하는 재산. 다만, 「법인세법」 제47조의2 제3항 각 호의 사유가 발생하는 경우(같은 항 각 호 외의 부분 단서에 해당하는 경우는 제외한다)에는 면제받은 취득세를 추징한다.	3. --. ---- 취득일부터 3년 이내에 같은 법 제47조의2 제3항 각 호의 어느 하나에 해당하는 사유 -------------------------------------.

개정이유 ▶ ▶

● 법인의 물적분할 및 현물출자의 경우, 추징사유에 대한 유예기간이 별도로 규정하고 있지 않아 국세 수준으로 사후관리 기간 설정 필요

● 분할등기일(제3항 제2호) 또는 취득일(제3항 제3호)부터 3년 이내에 추징사유에 해당하는 경우 취득
  세를 추징하도록 보완

● 이 법 시행일('17. 1. 1.) 이후 납세의무 성립하는 분부터 적용

☐ 중소기업 간 통합 추징규정 신설 (제57조의2 제3항 제5호)

개정 전	개정 후
제57조의2(기업합병·분할 등에 대한 감면) ③ (생략)	제57조의2(기업합병·분할 등에 대한 감면) ③ (현행과 같음)
5. 「조세특례제한법」 제31조에 따른 중소기업 간의 통합에 따라 설립되거나 존속하는 법인이 양수하는 해당 사업용 재산 〈단서 신설〉	5. ―――――――――――――――――――――――――――――. 다만, 사업용 재산을 취득한 날부터 5년 이내에 같은 조 제7항 각 호의 어느 하나에 해당하는 사유가 발생하는 경우에는 면제받은 취득세를 추징한다.

● 중소기업 간의 통합에 대한 감면의 경우, 국세수준으로 사후관리 규정을 신설하여 미이행시 경감된
  세액을 추징할 수 있도록 보완

● 사업용 재산을 취득한 날부터 5년 이내에 「조세특례제한법」 제31조 제7항 각 호의 사유가 발생하는
  경우 면제받은 취득세 추징

> 1호 : 통합법인이 소멸되는 중소기업으로부터 승계받은 사업을 폐지하는 경우
> 2호 : 내국인이 통합으로 취득한 통합법인의 주식 또는 출자지분의 100분의 50 이상을 처분하는 경우

● 제5호 단서의 개정규정은 이 법 시행일('17. 1. 1.) 이후 후 감면받는 분부터 적용(부칙 제3조)

☐ 자산의 포괄적 양도 추징유예기간 신설 (제57조의2 제3항 제6호)

개정 전	개정 후
제57조의2(기업합병·분할 등에 대한 감면) ③ (생략)	제57조의2(기업합병·분할 등에 대한 감면) ③ (현행과 같음)
6. 「조세특례제한법」 제37조 제1항 각 호의 요건을 모두 갖춘	6. ―――――――――――――――――――――――――――

개정 전	개정 후
자산의 포괄적 양도(讓渡)로 인하여 취득하는 재산. 다만, 같은 법 제37조 제6항 각 호의 사유가 발생하는 경우(같은 조 제7항에 해당하는 경우는 제외한다)에는 면제받은 취득세를 추징한다.	----------------. ---- 취득일부터 3년 이내에 같은 법 제37조 제6항 각 호의 어느 하나에 해당하는 사유------------------------------.

개정이유 ▶

● 자산의 포괄적 양도로 인해 취득하는 재산의 경우, 추징사유에 대한 유예기간이 없으므로 국세수준으로 사후관리 기간 설정 필요

개정내용 ▶

● 취득일부터 3년 이내에 추징사유에 해당하는 경우 취득세를 추징하도록 보완

적용요령 ▶

● 이 법 시행일('17. 1. 1.) 이후 납세의무 성립하는 분부터 적용

□ 농협경제지주회사 취득세 감면 신설 (제57조의2 제6항 제3호)

개정 전	개정 후
제57조의2(기업합병·분할 등에 대한 감면) ⑥ 「농업협동조합법」에 따라 설립된 농업협동조합중앙회(이하 이 조에서 "중앙회"라 한다)가 같은 법에 따라 사업구조를 개편하는 경우 다음 각 호의 구분에 따른 등기에 대해서는 2017년 12월 31일까지 등록면허세를 면제한다. 1.·2. (생략) 〈신설〉	제57조의2(기업합병·분할 등에 대한 감면) ⑥ -------------------------------- 제1호 및 제2호의 -------------------- 면제하고, 제3호의 경우에는 취득세를 면제한다. 1.·2. (현행과 같음) 3. 「농업협동조합법」 제134조의2에 따라 설립된 농협경제지주회사가 이 조 제3항제3호에 따라 중앙회로부터 경제사업을 이관 받아 취득하는 재산

개정이유 ▶

● '12년부터 추진되어 온 농협 사업구조개편의 마무리 단계로 중앙회 구매사업 등을 '17년 3월 경제지주회사로 현물출자 할 예정

  － 법인의 현물출자의 경우 취득세가 면제되고 있으나, 최소납부세제가 적용되어 농협 경제사업의 활성화 지원을 위해 추가 지원 필요

● 「농업협동조합법」제134조의2에 따라 설립된 농협경제지주회사가 중앙회로부터 경제사업을 이관 받아 취득하는 재산에 대하여 취득세 면제 신설

적용요령 ▶

● 이 법 시행일('17. 1. 1.) 이후 납세의무 성립하는 분부터 적용

☐ 사업재편기업 인용규정 및 추징규정 신설 (제57조의2 제8항)

개정 전	개정 후
제57조의2(기업합병·분할 등에 대한 감면)	제57조의2(기업합병·분할 등에 대한 감면),
⑧ 내국법인이 산업 내 과잉공급 해소와 해당 법인의 생산성 향상을 위하여 대통령령에 따라 주무부처의 장이 승인한 사업재편계획에 의해 합병 등 사업재편을 추진하는 경우 해당 법인에 대한 법인등기에 대하여 등록면허세의 100분의 50을 2018년 12월 31일까지 경감한다. 〈단서 신설〉	⑧ ---------------------------------------「기업 활력 제고를 위한 특별법」제10조 또는 제12조에 따라 주무부처의 장이 승인 또는 변경승인한 ---. 다만, 같은 법 제13조에 따라 사업재편계획 승인이 취소된 경우에는 경감된 등록면허세를 추징한다.

개정이유 ▶

● '15년 말 기업사업재편 촉진을 통한 경제 활성화 정책 지원을 위해 사업재편기업에 대해 등록면허세 감면규정을 신설하였으며,

　－ 관련법(「기업 활력 제고를 위한 특별법」)이 '16년 8월 시행됨에 따라 시행령을 법으로 이관하여 규정

● 사업재편계획에 따른 승인이 취소되는 등 당초 감면 취지에 부합하지 않는 사항이 발생하는 경우 경감된 세액을 추징할 필요

개정내용 ▶

● 「기업 활력 제고를 위한 특별법」에 따라 주무부처의 장이 승인 또는 변경승인한 사업재편 추진하는 경우

● 사업재편계획에 따른 승인이 취소되는 경우 경감액 추징규정 신설

적용요령 ▶

● 이 법 시행일('17. 1. 1.) 이후 납세의무 성립하는 분부터 적용

3 2019년 개정 내용

□ 지주회사 간주취득세 감면 기준 명확화

개정 전	개정 후
▪ 지주회사 과점주주 간주취득세 감면 요건 • 지주회사가 되거나 지주회사가 자회사의 주식을 취득하는 경우 ※ 일반회사의 주식을 취득하여 지주회사가 되는 경우 감면 여부 논란	**▪ 지주회사 간주취득세 감면 요건 명확화** • 계열사인 회사의 주식 취득으로 지주회사가 되는 경우로 한정

개정내용 ▶

● 계열사 간 상호출자 구조에서 지주회사 체제로 전환하는 것을 지원하는 것이 본 감면 규정의 입법 취지인 것을 고려

　－ 지주회사가 동일 기업집단 내 계열회사가 아닌 회사의 주식을 취득하여 과점주주가 되는 경우 감면 제외

● 법 개정을 통하여 당초 입법취지를 명확히 규정하고 우리 부 해석 및 대법원 판결이 상이함에 따른 운영상 혼란을 개선

> • 지주회사가 계열사·자회사가 아닌 일반법인의 주식 취득으로 과점주주가 되는 경우는 간주취득세 면제 대상이 아님(지방세특례제도과-315, 2014. 12. 24.)
> • 지주회사가 계열사의 주식을 취득한 경우 외에도, 계열사 등이 아닌 국내의 일반회사의 주식 취득으로 지주회사가 된 경우에도 취득세 감면 대상으로 판단(대법원 2017. 4. 13. 선고 2016두59713)

적용요령 ▶

● 해당 규정을 명확히 하는 사항으로 종전과 동일하게 적용

개정조문 ▶

개정 전	개정 후
제57조의2(기업합병·분할 등에 대한 감면) ⑤ 다음 각 호의 어느 하나에 해당하는 경우에는 「지방세법」 제7조 제5항에 따라 과점주주가 해당 법인의 부동산등(같은 조 제1항에 따른 부동산등을 말한다)을 취득한 것으로 보아 부과하는 취득세를 <u>2018년 12월 31일까지</u> 면제한다.	제57조의2(기업합병·분할 등에 대한 감면) ⑤ --- <u>2021년 12월 31일</u>--------.
1.·2. (생략)	1.·2. (현행과 같음)
3. 「독점규제 및 공정거래에 관한 법률」에 따른 지주회사(금융지주회사를 포함한다. 이하 이 조에서 "지주회사"라 한다)가 되거나 지주회사가 같은 법 또는 「금융지주회사법」에 따른 자회사의 주식을 취득하는 경우. 다만, 해당 지주회사의 설립·전환일부터 3년 이내에 「독점규제 및 공정거래에 관한 법률」에 따른 지주회사의 요건을 상실하게 되는 경우에는 면제받은 취	3. -------------------------------------「금융지주회사법」에 따른 금융지주회사를 포함하되, 지주회사가 「독점규제 및 공정거래에 관한 법률」 제2조제3호에 따른 동일한 기업집단 내 계열회사가 아닌 회사의 과점주주인 경우를 제외한다----------------. ---------------------------------.

개정 전	개정 후
득세를 추징한다. 4. ~ 8. (생략)	4. ~ 8. (현행과 같음)

□ 개인기업 법인전환 감면 추징규정 강화

개정 전	개정 후
■ **현물출자 사업양도·양수에 따라 법인으로 전환 시 감면한 취득세에 대한 추징 요건** • 취득일부터 <u>2년 이내</u> 폐업하거나 해당 재산을 처분하는 경우 • <u>(신설)</u> • <u>(신설)</u>	■ **추징 유예기간 확대 및 요건 강화** • 취득일부터 <u>5년 이내</u> 폐업하거나 해당 재산을 처분하는 경우 • <u>현물출자의 대가로 받은 주식을 처분하는 경우</u> - 다만, 주식 또는 출자지분을 처분하는 경우에 대한 추징 예외 규정(사망, 파산, 적격합병 등)

개정내용 ▶

● 조특법에 따른 현물출자 또는 사업 양도·양수에 따라 법인으로 전환하는 경우에 대한 취득세 감면과 관련 추징규정 보완

- 해당사업 폐업 및 자산 처분에 대한 사후관리 기간을 국세 수준으로 확대 (2년→5년)

- 거주자가 현물출자 등의 방법으로 법인 전환한 후 해당 주식을 처분하는 등 실질적 법인전환으로 볼 수 없는 경우 추징근거 마련(다만 주식 또는 출자지분을 처분하는 경우에 대해 추징의 예외적 사유를 시행령으로 열거)

적용요령 ▶

● 이 법 시행('19. 1. 1.) 후 추징사유가 발생하는 경우부터 적용

개정조문 ▶

개정 전	개정 후
제57조의2(기업합병·분할 등에 대한 감면) ④ 「조세특례제한법」 제32조에 따른 현물출자 또는 사업 양도·양수에 따라 <u>2018년 12월 31일까지</u> 취득하는 사업용 고정자산에 대해서는 취득세를 면제한다. 다만, 취득일부터 <u>2년</u> 이내에 대통령령으로 정하는 정당한 사유 없이 해당 사업을 폐업하거나 해당 재산을 <u>처분(임대를 포함한다)</u>하는 경우에는 면제받은 취득세를 추징한다.	제57조의2(기업합병·분할 등에 대한 감면) ④ ───────────────────────────── <u>2021년 12월 31일</u>─── ───── <u>취득세의 100분의 75를 경감한다.</u> ─── <u>5년</u> ─────────────────────────── ───── <u>처분(임대를 포함한다) 또는 주식을 처분하는 경우에는 경감받은</u> ───────────────.

4 2020년 개정 내용

□ 사업재편승인기업 감면대상 명확화 (법 제57조의2⑧)

개정 전	개정 후
■ 사업재편승인기업 감면대상 • 등록면허세 50%	■ 감면대상 명확화 • (개정 전과 같음) -「기업 활력제고를 위한 특별법」 개정에 따른 감면요건 명확화

개정내용 ▶▶

● 「기업 활력제고를 위한 특별법」개정('19. 11. 13. 시행)에 따라 감면요건을 명확화하여 운영상 혼란 방지

※ 「기업활력제고를 위한 특별법」 개정 내용

개정 전	개정 후('19. 8. 12. 개정, '19. 11. 13. 시행)
제4조(적용범위) 이 법은 **과잉공급을 해소하기 위하여 사업재편을 하는 국내기업**에 대하여 적용한다. 다만, 다음 각 호의 기업에 대해서는 적용하지 아니한다. 1호 ~ 5호 (생략)	제4조(적용범위) ① 이 법은 다음 각 호의 어느 하나에 해당하는 국내기업에 대하여 적용한다. **1. 과잉공급 해소를 위하여 사업재편을 하는 기업**

적용요령 ▶▶

● 해당 규정을 명확히 규정한 사항이므로 종전과 동일하게 적용

적용조문 ▶▶

개정 전	개정 후
제57조의2(기업합병·분할 등에 대한 감면) ① ~ ⑦ (생략)	제57조의2(기업합병·분할 등에 대한 감면) ① ~ ⑦ (현행과 같음)
⑧ 내국법인이 산업 내 과잉공급 해소와 해당 법인의 생산성 향상을 위하여 「기업 활력 제고를 위한 특별법」 제10조 또는 제12조에 따라 주무부처의 장이 승인 또는 변경승인한 사업재편계획에 의해 합병 등 사업재편을 추진하는 경우 해당 법인에 대한 법인등기에 대하여 등록면허세의 100분의 50을 2021년 12월 31일까지 경감한다. 다만, 같은 법 제13조에 따라 사업재편계획 승인이 취소된 경우에는 경감된 등록면허세를 추징한다.	⑧ 「기업 활력 제고를 위한 특별법」 제4조제1호에 해당하는 내국법인이 산업 내 과잉공급 해소와 해당 법인의 생산성 향상을 위하여 같은 법 제10조 --. ---.

▶ 주요 개정 연혁3)

2016. 1. 1. 시행, 지방세특례제한법 개정으로 중소기업 간 통합(제57조의2 ③ 5호), 공공기관의 조직변경(제57조의2 ③ 7호), 개인사업자 법인전환(제57조의2 ④), 법인합병(제57조의2 ①), 상호금융기관간

---

3) 오정의 외 2, 지방세 4법 해설과 실무사례, 2020, 삼일인포마인, 1690~1712쪽

합병(제57조의2 ②), 금융회사 및 고시 업종 간 합병(제57조의2 ② 4호), 법인분할(제57조의2 ③ 1호), 정부출자기업 현물출자(제57조의2 ③ 1호), 법인 간 현물출자, 자산교환(제57조의2 ③ 3, 4호), 포괄적 양도·양수(제57조의2 ③ 6호) 등에 대하여 기존 감면을 각각 3년 연장하였다. 그리고 한국산업은행과 산은금융지주주식회사, 한국정책금융공사와 합병시 자본증가에 대한 등록면허세 90% 경감은 2014년 합병이 완료됨에 따라 종료하였다(제57조의2 ⑦).

인용규정인 조세특례제한법상 감면대상을 "사업용 고정자산"으로 규정하고 있어 지방세 감면 범위도 "사업용 재산"에서 "사업용 고정자산"으로 일치시켰다.

지방세법 유가증권 시장을 과점주주 과세대상에서 제외하고 있어 관련 조문을 정비하였다.

2017. 1. 1. 시행, 지방세특례제한법 개정으로 법인합병 감면규정 명확화 및 추징규정 신설(제57조의2 ②), 법인분할·현물출자 추징유예기간 신설(제57조의2 ③ 2, 3호), 중소기업 간 통합 추징규정 신설(제57조의2 ③ 5호), 자산의 포괄적 양도 추징유예기간 신설(제57조의2 ③ 6호), 농협경제지주회사 취득세 감면 신설(제57조의2 ⑥ 3호), 사업재편기업 인용규정 및 추징규정 신설(제57조의 2 ⑧), 코스닥상장법인의 주식 취득에 대한 감면기한 연장(제57조의2 ⑤), 수협은행 분리에 따른 재산 및 법인설립등기에 대한 감면 종료 등 전반적으로 개선·보완이 이루어졌다.

국세 수준의 사후관리 강화를 위해 물적분할(제3항 제2호), 현물출자(제3항 제3호), 포괄적 양도(제3항 제6호)의 경우 3년 이내에 추징사유에 해당하는 경우 취득세를 추징하도록 보완하였고, 중소기업간 통합(제3항 제5호)의 경우 사업용 재산을 취득한 날부터 5년 이내에 조세특례제한법 제7항 각 호의 사유가 발생하는 경우 면제받은 취득세를 추징하도록 보완하였다.

2019. 1. 1. 시행, 지방세특례제한법 개정으로 적격합병에 따른 감면율을 축소(100% → 50%) 하되, 중소기업법인 및 기술혁신형사업법인 간 합병의 감면을 우대(60%)하도록 한 법 개정에 대해, 감면대상 기술혁신형사업 범위를 ①벤처기업으로 확인받은 법인, 기술혁신형 중소기업으로 선정된 법인. 연구·인력개발비가 매출액의 5% 이상인 중소기업, ②보건신기술 인증 중소기업, 산업기술혁신 촉진법 신기술 인증 중소기업, 혁신형 제약기업 인증 중소기업, 중견기업 성장촉진 및 경쟁력 강화에 관한 특별법 선정 중견기업으로 한정토록 신설하였다(영 ②)

개인기업 법인전환 등 주식의 처분이 추징사유로 확대됨에 따라 감면 후 주식처분 중 추징을 제외하는 정당한 사유로 보는 규정을 보완하였다(영 ③).

3 해석사례 및 실무해설

1 합병에 대한 취득세 감면(제57조의2①)

① 「법인세법」 제44조 제2항 또는 제3항에 해당하는 합병으로서 대통령령으로 정하는 합병에 따라 양수(讓受)하는 사업용 재산을 2021년 12월 31일까지 취득하는 경우에는 「지방세법」 제15조 제1항에 따라 산출한 취득세의 100분의 50(법인으로서 「중소기업기본법」에 따른 중소기업 간 합병 및 법인이 대통령령으로 정하는 기술혁신형사업법인과의 합병을 하는 경우에는 취득세의 100분의 60)을 경감하되, 해당 재산이 「지방세법」 제15조 제1항 제3호 단서에 해당하는 경우에는 다음 각 호에서 정하는 금액을 빼고 산출한 취득세를 경감한다. 다만, 합병등기일부터 3년 이내에 「법인세법」 제44조의3 제3항 각 호의 어느 하나에 해당하는 사유가 발생하는 경우(같은 항 각 호 외의 부분 단서에 해당하는 경우는 제외한다)에는 경감된 취득세를 추징한다.

1. 「지방세법」 제13조 제1항에 따른 취득 재산에 대해서는 같은 조에 따른 중과기준세율(이하 "중과기준세율"이라 한다)의 100분의 300을 적용하여 산정한 금액

2. 「지방세법」 제13조 제5항에 따른 취득 재산에 대해서는 중과기준세율의 100분의 500을 적용하여 산정한 금액

(1) 해석사례

① 합병등기일로부터 1년 이상 사업을 영위하였는지 판단 기준

피합병법인은 법인설립부터 합병으로 인하여 소멸 시점까지의 기간(2010. 7. 20~2011. 12. 22.) 동안, 외국인투자기업 등록(2010. 7. 26.) → 공장설립사업계획 제출(2010. 8. 16.) → 외국인투자의향서 제출(2010. 10. 9.) → 공장설비 공급계약 체결(2011. 4. 1.) → 산업용지 입주 및 매매계약 체결(2011. 2. 17~2. 21.) → 공장용 건축물 신축(2011. 12. 8.) 등의 대외적인 사업을 지속적으로 수행하여 온 것으로 보이므로 피합병법인이 합병등기일(2011. 12. 22.)부터 소급하여 1년 이상 사업을 영위한 것으로 볼 수 없다고 보아 기 감면한 취득세 등을 추징한 것은 잘못임(조심2013지0011, 2013. 5. 29.).

② 법인합병시 중과세 대상

합병 후 존속법인은 소멸법인에 이미 발생한 등록세 중과와 관련된 법률상의 지위를 승계한다고 봄이 타당하다. 따라서 합병 후 존속법인이 소멸법인의 부동산 취득 등기일로부터 3년 이내에 이를 주택건설사업에 직접 사용하지 아니하거나 다른 업종에 사용 또는 겸용한 경우에는 합병 후 존속법인이 중과세율에 의한 등록세를 추가 납부할 의무를 부담한다고 보아야 하고, 그 흡수합병이 기업의 구조개선 등을 위하여 불가피하였다는 등의 사정은 위와 같은 중과 대상에서 제외되는 "정당한 사유"에 해당하는지 여부의 판단에서 고려될 수 있을 뿐이라 할 것이다(대법원2011두5940, 2013. 12. 26.).

③ 법인합병일 이후에 취득한 부동산의 감면 여부

「조세특례제한법」제120조 제2항 및 같은 법 시행령 제116조 제7항에서 소비성서비스업을 제외한 사업을 1년 이상 계속하여 영위한 법인 간의 합병에 따라 양수하는 재산의 취득에 대하여 취득세를 면제하도록 규정하고 있는바, 위 규정에서 "합병에 따라 양수하는 재산"이라 함은 법인이 합병을 함으로써 해산된 법인의 부동산 등을 취득하는 경우를 의미하는 것으로, 청구법인의 경우 종전법인 간의 합병에 따라 이 사건 토지를 취득한 것이 아니라 종전법인의 합병일(2011. 4. 1.) 이후인 2011. 5. 16. ○○○으로부터 이 사건 토지를 현물출자로 취득하여 증자한 이상, 위 규정의 적용대상이 아니라고 하겠으므로 청구법인의 주장은 받아들일 수 없다고 판단됨(조심2013지0380, 2014. 9. 1.).

④ 법인 합병에 대한 적용 취득세율

「지방세특례제한법」제177조의2에서 최소납부세제 적용에 대하여 "이 법에 따라 취득세 또는 재산세가 면제되는 경우"라고 규정하고 있어, 합병의 경우 같은 법 제57조의2에 의해 산출된 과세표준액에 취득세율(1.5%)을 적용하여 산출한 세액에 대해 100분의 85에 해당하는 감면율을 적용하는 것임(지방세특례제도과-1534, 2016. 7. 5.).

⑤ 주식을 취득한 경우 법인 합병 감면 적용 여부

특수관계에 있는 청구법인들은 2013. 1. 1. 이 건 법인의 주식 66.23%를 취득한 사실이 주식등변동상황명세서에 나타나고, 청구법인들은 쟁점주식을 합병에 의하여 취득한 것이 아니라 합병법인의 주주로서 취득하여 과점주주가 되었으므로 이 건 과점주주 취득세 부과처분은 잘못이 없음(조심2015지0496, 2015. 9. 9.).

⑥ 레저시설 등에 대한 법인합병 이후 추징

일반시설물이 합병 이후 추징사유가 발생하였다 하더라도 합병에 따른 일반시설물의 세율에서중과기준세율을 공제할 경우 과세할 수 있는 세액이 없으므로 법인세법상 추징사유가 발생하였다고 하더라도 추가징수 할 수 없고, 이와 관련하여 「지방세특례제한법」제177조의2에서 규정하고 있는 지방세 감면특례의 제한 적용대상 또한 해당하지 아니함(지방세특례제도과-2261, 2017. 12. 18.).

⑦ 합병으로 인한 취득세 감면시 최소납부세제 적용

적격합병으로 다수 부동산에 대해 동일한 합병계약을 원인으로 하고, 동일한 지방세특례제한법 규정에 따라 취득세가 면제된 것에 따른 것이므로 적격합병에 따라 존속법인이 다수의 재산을 양수 받는 경우라 해도 다수의 재산취득은 1건의 취득 행위로 보아야 할 것이므로 면제되는 취득세 총액을 기준으로 하여 적용 여부를 판단하여야 할 것이고 과세기간이 다수에 걸쳐있거나 과세물건이 다수라는 이유로 과세물건별 또는 과세기간별로 취득세 면제액을 산출하여 최소납부세제 적용 여부를 판단할 사항은 아님(행안부 지방세특례제도과-3617, 2018. 10. 4.).

(2) 실무해설

법인세법 제44조 제2항 또는 제3항의 적격합병 중 소비성서비스업을 제외한 사업을 1년 이상 계속하여 영위한 법인 간의 합병에 따라 양수하는 사업용 재산을 취득하는 경우에는 2021. 12. 31.까지 취득세를 경감한다.

- 지방세법 제15조 제1항에 따라 산출한 취득세의 100분의 50 감면
- 중소기업기본법에 따른 중소기업 간 합병 및 법인이 기술혁신형사업법인과 합병을 하는 경우에는 100분의 60 감면
- 지방세법 제13조에 따른 중과세 대상에 대해서는, 다음에서 산정한 금액을 빼고 산출한 취득세를 경감함

  * 다음: 제1항에 따른 취득 재산(본점사업용 부동산)은 100분의 300을 적용하여 산정한 금액, 제5항에 따른 취득 재산(사치정 재산)은 100분의 500을 적용하여 산정한 금액

법 | 법인세법 제44조

② 제1항을 적용할 때 다음 각 호의 요건을 모두 갖춘 합병(이하 "적격합병"이라 한다)의 경우에는 제1항 제1호의 가액을 피합병법인의 합병등기일 현재의 순자산 장부가액으로 보아 양도손익이 없는 것으로 할 수 있다. 다만, 대통령령으로 정하는 부득이한 사유가 있는 경우에는 제2호·제3호 또는 제4호의 요건을 갖추지 못한 경우에도 적격합병으로 보아 대통령령으로 정하는 바에 따라 양도손익이 없는 것으로 할 수 있다. (2018. 12. 24. 개정)

1. 합병등기일 현재 1년 이상 사업을 계속하던 내국법인 간의 합병일 것. 다만, 다른 법인과 합병하는 것을 유일한 목적으로 하는 법인으로서 대통령령으로 정하는 법인의 경우는 제외한다.
2. 피합병법인의 주주등이 합병으로 인하여 받은 합병대가의 총합계액 중 합병법인의 주식등의 가액이 100분의 80 이상이거나 합병법인의 모회사(합병등기일 현재 합병법인의 발행주식총수 또는 출자총액을 소유하고 있는 내국법인을 말한다)의 주식등의 가액이 100분의 80 이상인 경우로서 그 주식등이 대통령령으로 정하는 바에 따라 배정되고, 대통령령으로 정하는 피합병법인의 주주등이 합병등기일이 속하는 사업연도의 종료일까지 그 주식등을 보유할 것
3. 합병법인이 합병등기일이 속하는 사업연도의 종료일까지 피합병법인으로부터 승계받은 사업을 계속할 것
4. 합병등기일 1개월 전 당시 피합병법인에 종사하는 대통령령으로 정하는 근로자 중 합병법인이 승계한 근로자의 비율이 100분의 80 이상이고, 합병등기일이 속하는 사업연도의 종료일까지 그 비율을 유지할 것

③ 다음 각 호의 어느 하나에 해당하는 경우에는 제2항에도 불구하고 적격합병으로 보아 양도손익이 없

> 는 것으로 할 수 있다.
> 1. 내국법인이 발행주식총수 또는 출자총액을 소유하고 있는 다른 법인을 합병하거나 그 다른 법인에 합병되는 경우
> 2. 동일한 내국법인이 발행주식총수 또는 출자총액을 소유하고 있는 서로 다른 법인 간에 합병하는 경우

본 규정은 2018. 12. 24. 개정 이전 합병에 따라 양수하는 재산으로 규정되어 있었으나, 사업용 재산을 적용요건으로 하도록 개정되었다. 또한 지방세법 제15조의 세율특례는 법인의 합병으로 인한 취득을 요건으로 하고 사업용 재산으로 한정하지 않는다.

- 직원교육 및 세미나용 콘도미니엄 회원권: 영위하는 사업에 필수불가결한 재산으로 보기 어려워 사업용 재산에 포함되지 않는다는 해석, 지방세특례제도과-1046, 2019. 10. 24.
- 피합병법인이 신탁 중인 부동산: 신탁재산에 대한 위탁자의 지위 이전의 결과로 취득하는 부동산에 대한 취득세는 감면 대상, 지방세특례제도과-1168, 2019. 3. 27.
- 회원제 골프장: 회원제 골프장을 취득하는 경우는 제177조에 따라 지방세 감면 제외 대상에 해당된다는 취지, 지방세특례제도과-3813, 2018. 10. 16.

> **소비성서비스업의 범위**
> 1. 호텔업 및 여관업(관광진흥법에 의한 관광숙박업을 제외)
> 2. 주점업(일반유흥주점업, 무도유흥주점업 및 식품위생법 시행령 제21조의 규정에 따른 단란주점 영업만 해당하되, 관광진흥법에 의한 외국인전용유흥음식점업 및 관광유흥음식점업을 제외)
> 3. 그 밖에 오락 유흥 등을 목적으로 하는 사업으로서 기획재정부령으로 정하는 사업

- 법인세법 제44조의3 제3항(적격합병)의 요건을 미이행한 경우 추징

합병법인이 피합병법인으로부터 승계받은 사업을 폐지하는 경우, 피합병법인 주주 등이 합병법인으로부터 받은 주식을 처분하는 경우에는 기 감면 세액을 추징한다.

① 합병으로 인한 취득의 세율[4]

법인 간 적격합병에 대하여, 2016년 이전에는 지방세특례제한법에 따라 취득세가 전액감면 되었으나, 2016년 말부터 최소납부세제가 적용되었고 2019년부터는 감면율이 50~60%로 축소되었음. 이에 따라 적격합병의 과세표준, 세율 등의 적용방법이 문제된다.

● **합병에 따라 양수하는 부동산: 무상취득에 따른 세율적용 3.5%(비영리법인 2.8%)[5]**

합병 또는 분할으로 인한 취득은 형식적인 취득으로 보아 대가성이 없으므로 무상취득으로 보고 과

---

4) 서정훈 외 2, 지방세 비과세·감면 100선, 조세통람, 2020, 186~194쪽
5) 지방세법 운영예규 법11-1
　　2. 법인의 흡수합병으로 인하여 피합병법인의 부동산을 합병법인의 명의로 하는 소유권이전은 「지방세법」 제11조 제1항 제2호의 규정에 따라 1,000분의 35의 세율이 적용된다.

세표준 및 세율을 결정한다. 다만 물적분할의 경우에는 분할전회사가 그 재산 중 일부를 포괄승계의 방법으로 기존 또는 신설되는 분할 후 회사에 양도하고 그 대가로 분할후회사의 주식을 분할전회사가 부여받는 구조이므로 유상취득의 과세표준과 세율을 적용한다.

구분		유·무상 판단	과표	표준세율
합병	흡수	무상	시가표준액	3.5
	신설	무상	시가표준액	3.5
분할	인적분할	무상	시가표준액	3.5
	물적분할	유상	법인장부가액	4.0

● **적격합병으로 취득하는 사업용 재산: 2% 세율경감(지법 제15조①) 후 지특법 감면**

적격합병으로 인한 취득은 지방세법 제15조 제1항에 따라서 중과기준세율(2%)을 뺀 세율을 적용하여 취득세를 산출하며, 그 이후 지특법 제57조의2에 따른 감면 50~60%를 적용한다.

법 **지방세법 제15조【세율의 특례】**

① 다음 각 호의 어느 하나에 해당하는 취득에 대한 취득세는 제11조 및 제12조에 따른 세율에서 중과기준세율을 뺀 세율로 산출한 금액을 그 세액으로 하되, 제11조 제1항 제8호에 따른 주택의 취득에 대한 취득세는 해당 세율에 100분의 50을 곱한 세율을 적용하여 산출한 금액을 그 세액으로 한다. 다만, 취득물건이 제13조 제2항에 해당하는 경우에는 이 항 각 호 외의 부분 본문의 계산방법으로 산출한 세율의 100분의 300을 적용한다.

3. 「법인세법」 제44조 제2항 또는 제3항에 해당하는 법인의 합병으로 인한 취득. 다만, 법인의 합병으로 인하여 취득한 과세물건이 합병 후에 제16조에 따른 과세물건에 해당하게 되는 경우 또는 합병등기일부터 3년 이내에 「법인세법」 제44조의 3 제3항 각 호의 어느 하나에 해당하는 사유가 발생하는 경우(같은 항 각 호 외의 부분 단서에 해당하는 경우는 제외한다)에는 그러하지 아니하다.

법 **지방세법 제16조【세율 적용】**

① 토지나 건축물을 취득한 후 5년 이내에 해당 토지나 건축물이 다음 각 호의 어느 하나에 해당하게 된 경우에는 해당 각 호에서 인용한 조항에 규정된 세율을 적용하여 취득세를 추징한다.

1. 제13조 제1항에 따른 본점이나 주사무소의 사업용 부동산(본점 또는 주사무소용 건축물을 신축하거나 증축하는 경우와 그 부속토지만 해당한다)
2. 제13조 제1항에 따른 공장의 신설용 또는 증설용 부동산
3. 제13조 제5항에 따른 별장, 골프장, 고급주택 또는 고급오락장

② 적격합병으로 중과세 대상 부동산 취득

적격합병으로 대도시내 본점용 부동산 신·증축 등 지방세법 제13조의 중과세 요건에 해당하는 경우의 세율 및 감면여부가 문제됨. 이 경우에 지특법 제57조의2조 제1항은 동항 각호에서 정하는 금액을 빼고 산출한 취득세를 감면율을 적용하도록 규정하고 있다.

– 지방세법 제13조에 따른 중과대상의 분류

조항	중과대상	세율
지법 제13조①	과밀억제권역 내 본점 또는 주사무소의 사업용으로 신축 또는 증축하는 건물 과밀억제권역(산단 또는 공업지역은 제외) 내 공장 신설 또는 증설하기 위하여 사업용 과세물건 취득	표준세율(3.5%) + 중과기준세율(2%) × 2
지법 제13조②	대도시(과밀억제권역에서 산업단지 제외) 내 법인, 지점, 분사무소 설치 및 전입 후 취득하는 모든 부동산 대도시(공업지역 등 제외)에서 공장을 신설, 증설함에 따라 취득하는 부동산	표준세율(3.5) × 3 - 중과기준세율(2%) × 2
지법 제13조③	고급주택, 별장, 회원제 골프장, 고급오락장, 고급선박	표준세율(3.5%) + 중과기준세율(2%) × 4

– 합병 이후 중과세 대상이 되는 경우, 지방세법 제15조 제1항 3호 단서에 따라서 부동산 취득 후 5년 이내에 상기 중과대상 1항과 3항이 되는 경우에는 세율특례가 배제되는 반면, 지특법 제57조의2 제1항에서는 각호의 금액을 차감한 후 감면율을 적용한다.

조항	지법 제13조 중과세율	지법 제15조①의 특례	지특법 감면
지법 제13조①	3.5% + 2% × 2 = 7.5%	미적용	[중과기준세율(2%) × 3]을 차감한 후 감면(50~60%)
지법 제13조②	(3.5% × 3) - (2% × 2) = 6.5%	3.5% - 2% × 3	감면율 적용(50~60%)
지법 제13조③	3.5% + 2% × 4 = 11.5%	미적용	[중과기준세율(2%) × 5]을 차감한 후 감면(50~60%)

– 합병 이전부터 중과세 대상인 경우, 지방세법 제15조의 세율특례는 적용되고 지특법 제57조의2 감면 적용(지특법 제177조에 따라서 사치성 재산은 배제)

조항	지법 제13조 중과세율	지법 제15조①의 특례	지특법 감면
지법 제13조①	3.5% + 2% × 2 = 7.5%	△2%	감면
지법 제13조②	(3.5% × 3) - (2% × 2) = 6.5%	△2%	감면
지법 제13조③	3.5% + 2% × 4 = 11.5%	△2%	감면배제

● 2018. 12. 24. 개정 이전까지는 본 감면규정으로 취득세액의 100%가 면제되어 지특법 제177조의2 제1항의 2016~2018년간 최소납부세제의 적용을 받는다. 반면, 2019년부터는 감면율이 50%이므로 최소납부세제 적용받지 않는다.

2 ▶ 농협 등 법인의 합병으로 양수한 재산(제57조의2②)

② 다음 각 호에서 정하는 법인이 「법인세법」 제44조 제2항에 따른 합병으로 양수받은 재산에 대해서는 취득세를 2021년 12월 31일까지 면제하고, 합병으로 양수받아 3년 이내에 등기하는 재산에 대해서는 2021년 12월 31일까지 등록면허세의 100분의 50을 경감한다. 다만, 합병등기일부터 3년 이내에 「법인세법」 제44조의3 제3항 각 호의 어느 하나에 해당하는 사유가 발생하는 경우(같은 항 각 호 외의 부분 단서에 해당하는 경우는 제외한다)에는 면제된 취득세를 추징한다.

1. 「농업협동조합법」, 「수산업협동조합법」 및 「산림조합법」에 따라 설립된 조합 간의 합병
2. 「새마을금고법」에 따라 설립된 새마을금고 간의 합병
3. 「신용협동조합법」에 따라 설립된 신용협동조합 간의 합병
4. 삭제

다음 법인이 법인세법 제44조 제2항에 따른 합병으로 양수받는 경우 취득세를 2021년 12월 31일까지 면제하고, 합병으로 양수받아 3년 이내에 등기하는 재산에 대해서는 2021년 12월 31일까지 등록면허세의 100분의 50을 경감한다. 단, 법인세법 제44조의3 각호에 해당하는 사유(사업폐지, 주식처분, 근로자 감소 등)는 추징

* 다음: 1. 농업협동조합법, 수산업협동조합법 및 산림조합법에 따라 설립된 조합
　　　 2. 새마을금고법에 다라 설립된 새마을금고 간의 합병
　　　 3. 신용협동조합법에 따라 설립된 신용협동조합 간의 합병

3 ▶ 기업구조 조정지원 감면(제57조의2③)

③ 다음 각 호의 어느 하나에 해당하는 재산을 2021년 12월 31일까지 취득하는 경우에는 취득세의 100분의 75를 경감한다. 다만, 제1호의 경우 2019년 12월 31일까지는 취득세의 100분의 75를, 2020년 12월 31일까지는 취득세의 100분의 50을, 2021년 12월 31일까지는 취득세의 100분의 25를 각각 경감하고, 제7호의 경우에는 취득세를 면제한다.

1. 「국유재산법」에 따라 현물출자한 재산
2. 「법인세법」 제46조 제2항 각 호(물적분할의 경우에는 같은 법 제47조 제1항을 말한다)의 요건을 갖춘 분할로 인하여 취득하는 재산. 다만, 분할등기일부터 3년 이내에 같은 법 제46조의3 제3항(물적분할의 경우에는 같은 법 제47조 제3항을 말한다) 각 호의 어느 하나에 해당하는 사유가 발생하는 경우(같은 항 각 호 외의 부분 단서에 해당하는 경우는 제외한다)에는 경감받은 취득세를 추징한다.
3. 「법인세법」 제47조의2에 따른 현물출자에 따라 취득하는 재산. 다만, 취득일부터 3년 이내에 같은 법 제47조의2 제3항 각 호의 어느 하나에 해당하는 사유가 발생하는 경우(같은 항 각 호 외의 부분 단서에 해당하는 경우는 제외한다)에는 경감받은 취득세를 추징한다.
4. 「법인세법」 제50조에 따른 자산교환에 따라 취득하는 재산

5. 「조세특례제한법」 제31조에 따른 중소기업 간의 통합에 따라 설립되거나 존속하는 법인이 양수하는 해당 사업용 재산 다만, 사업용 재산을 취득한 날부터 5년 이내에 같은 조 제7항 각 호의 어느 하나에 해당하는 사유가 발생하는 경우에는 경감받은 취득세를 추징한다.

6. 삭제

7. 특별법에 따라 설립된 법인 중 「공공기관의 운영에 관한 법률」 제2조 제1항에 따른 공공기관이 그 특별법의 개정 또는 폐지로 인하여 「상법」상의 회사로 조직 변경됨에 따라 취득하는 사업용 재산

다음 각 호의 어느 하나에 해당하는 재산을 2021년 12월 31일까지 취득하는 경우에는 취득세의 100분 의 75를 경감한다. 다만, 제1호의 경우 2019년 12월 31일까지는 취득세의 100분의 75를, 2020년 12월 31일까지는 취득세의 100분의 50을, 2021년 12월 31일까지는 취득세의 100분의 25를 각각 경감하고, 제7호의 경우에는 취득세를 면제한다.

1) 국유재산법에 따라 현물출자한 재산(동항 제1호)

국유재산법 제60조에 따라 정부출자기업에 현물출자한 재산을 취득하는 경우에 대한 감면으로 정부 출자기업체의 건전 육성을 목적으로 정부출자기업체가 새로 설립하거나, 정부출자기업체의 고유목적사 업을 원활히 수행하기 위하여 자본의 확충이 필요한 경우 및 그 운영체제와 경영구조의 개편을 위하여 취득세를 감면한다.

* 감면대상자인 정부출자기업체는 국유재산법 시행령 별표1에서 규정함

2) 「법인세법」 제46조 제2항 각 호(물적분할의 경우에는 같은 법 제47조 제1항을 말한다)의 요건을 갖춘 분할로 인하여 취득하는 재산(동항 제2호)

(1) 해석사례

① 법인분할에 따른 매각시 감면의 정당한 사유

귀문의 경우 법인이 유통사업을 영위하기 위해 유통사업용 부동산을 취득하여 직접 사용한 후, 법인 세법 제46조 제1항 각호(물적분할의 경우에는 동법 제47조 제1항)의 요건을 갖춘 법인분할로 인하여 분할신설법인이 취득한 유통사업용 부동산이 조세특례제한법 제119조 제1항 제10호 및 제120조 제1항 제9호의 규정에 의한 취득세 및 등록세의 면제요건을 충족하였다면 분할전의 법인이 취득한 유통사업용 부동산을 그 사용일부터 2년 이상 직접 사용하지 아니하고 분할신설법인에게 이전(매각)한 데에는 정당 한 사유가 있다고 하겠으나, 이에 해당되는 지의 여부는 과세권자가 사실조사하여 판단할 사항임(세정 -4730, 2004. 12. 24.).

② 합병시 사업영위기간의 기준

조세특례제한법 제119조 제1항의 합병일은 합병등기일이며 사업자등록증에 기재된 사업개시일(개업

일) 이후에 공장을 신축하였다면 공장신축기간도 사업영위기간에 포함하는 것임(지방세운영과-2287, 2008. 11. 25.).

③ 회원권도 법인분할 감면대상인지 여부

「조세특례제한법」 제120조 제1항 제9호의 규정에 따라 취득세 면제의 대상이 되는 재산은 "토지 및 건축물"에 한정되지 않고 분할로 취득한 모든 재산을 포함하는 것으로 보아야 할 것이다. 그렇다면 위 취득세 면제대상 자산 및 과세이연 대상자산의 범위는 각기 다른 입법 취지와 법적 효과의 내용에 따라 다르게 규정한 것임. 따라서 물적분할로 인하여 취득한 재산인 이 사건 회원권은 구 「조세특례제한법」 제120조 제1항 제9호의 규정에 따라 취득세 면제대상에 해당됨(감심2009-0021, 2009. 3. 12.).

④ 법인분할 이후 사치성 재산에 해당하게 되는 경우 추징

인적분할방식으로 설립되면서 승계취득한 후 이로부터 5년 이내에 건축물을 신축 취득한 다음 그 일부를 고급오락장과 본점 사무소로 사용한다고 하여 그 부속토지에 대하여 면제된 취득세를 추징할 수는 없음. 추징규정에 해당 사유를 규정하고 있지 않으며, 적격분할 감면의 취지 역시 형식적인 취득이므로 취득세 부과의 당위성이 적다는 것에 있기 때문임(조심2009지0291, 2010. 2. 10.).

⑤ 법인분할관련 근저당권 이전시 감면판단

조세특례제한법 제119조에서 법인세법 제46조 제2항 각 호의 요건을 갖춘 분할(적격분할)로 인하여 취득하는 "근저당권 이전등기"의 면제에 관해 규정하고 있지 아니하므로 이는 등록면허세 면제 대상이 아님(지방세운영과-1045, 2011. 3. 7.).

⑥ 법인분할과 감면요건

이 사건 받을 어음 및 매출채권은 합성수지 사업과 관련하여 화학약품 공급대가로 취득한 것이므로 분할 전 0000 주식회사의 자산 중 분할하는 사업부문 자산에 해당하는데 이들 자산이 위 회사에서 분할된 원고 회사에 포괄승계되지 않은 이상 과세특례 요건인 구 법인세법 시행령 제82조 제3항 제2호 본문의 "분할하는 사업부문의 자산 및 부채가 포괄적으로 승계될 것"을 충족하지 못한 한편, 이 사건 받을어음은 배서로, 이 사건 매출채권은 채권양도로 손쉽게 원고 회사에 분할(이전)해 줄 수 있으므로 그 성질상 구 법인세법 시행규칙 제41조의2 소정의 "공동으로 사용하던 자산 등 분할하기 어려운 자산"에 해당하지 않는다는 취지로 판단함. 결국 이 사건 분할은 법인세법 제47조 제1항, 제46조 제1항 각 호가 정한 요건을 갖춘 물적 분할에 해당하지 아니한다(대법원2011두30502, 2012. 4. 12.).

⑦ 법인분할관련 법인세법개정시 소급적용 범위

납세의무는 각 세법이 정한 과세요건이 완성한 때 즉, 각 법령에 정한 바에 따라 과세표준을 계산하고 세율을 적용하여 과세할 수 있는 상태가 되었을 때 성립하고, 세금의 부과는 납세의무의 성립 시 즉,

과세요건의 완성 당시에 유효한 법령의 규정에 의하여야 하며(대법원 1990. 2. 13. 선고, 86누369판결 참조), 세법의 개정이 있을 경우에도 개정 전후의 법령 중에서 납세의무가 성립될 당시의 법령을 적용하여야 함은 당연하다 할 것이다(대법원 1985. 4. 9. 선고, 83누453 참조). 위 사실관계 및 관련법령을 종합하여 보면 이 사건 분할법인의 주주였던 한○○○가 분할신설법인인 청구법인으로부터 받은 주식의 2분의1 이상을 처분하여 추징사유가 발생한 2011. 1. 4.에 과세요건이 완성되어 납세의무가 성립한 것으로 보아야 하고, 이 당시 유효한 구 「법인세법 시행령」(2012. 2. 2. 대통령령 제23589호로 개정되기 전의 것) 제80조의2 제1항 제1호 및 구 「조세특례제한법」 제119조 제1항 제10호와 제120조 제1항 9호의 규정을 각각 적용하여 처분청이 청구법인에 취득세 및 등록세 등을 부과고지 한 처분은 잘못이 없는 것으로 판단된다(조심2012지0705, 2013. 3. 7.).

⑧ 전세권이전등기의 적격분할시 감면 대상

전세권의 설정, 이전에 관한 등록면허세는 취득세에 통합된 "등록세 중 취득을 전제로 하는 부분"에 해당한다고 볼 수 없으므로, 개정 조특법 제120조 제1항 제6호에 의하여 면제되는 취득세에도 이 사건 전세권이전등기에 관한 등록면허세는 포함되지 아니한 것으로 봄이 상당하다(대법원2013두24839, 2014. 3. 14).

⑨ 분할신설법인에 산업단지 재산세 감면 유지 여부

인적분할로 인하여 쟁점부동산을 취득하고, 유예기간(2년) 내인 2012. 6. 20. 쟁점부동산을 매각한 사실이 나타나므로, 이는 청구법인이 유예기간 내에 분할법인으로부터 승계받은 사업을 폐지한 것으로 추징사유에 해당한다(조심2014지0405, 2014. 10. 14.).

* 조세특례제한법」이나 「법인세법」의 위 관련 규정에서 주식 등의 금융상품을 고정자산의 범위에 포함하도록 하거나, 고정자산을 매각하고 대체취득하는 경우에 사업의 폐지로 보지 아니하도록 하는 규정이 달리 마련되어 있지 아니하므로 승계한 매도가능증권이 고정자산에 포함되지 않으므로, 부동산 처분이 2분의1 이상처분에 해당하여 승계사업 폐지로 의제된다.

⑩ 분할신설법인에 산업단지 재산세 감면 유지 여부

재산세 납세의무는 과세기준일 현재 사실상 소유하는 자에게 있다고 규정하고 있으며, 물적분할을 통하여 분할된 신설법인은 기존법인과 법인격을 달리하므로 지방세특례제한법 제78조 제4항에 따른 납세의무자에 해당하지 않아 재산세 감면 대상에서 제외된다(지방세특례제도과-96, 2015. 1. 13.).

⑪ 적격분할시 감면 추징 요건

「법인세법」 제46조의3 제3항 각 호는 분할등기일이 속하는 사업연도의 다음 사업연도 개시일부터 3년 이내에 승계받은 사업을 폐지(승계한 고정자산가액의 2분의 1 이상을 처분하거나 사업에 사용하지 아니한 것을 말한다)하거나 분할법인의 지배주주가 분할신설법인으로부터 받은 주식을 처분하는 경우를 추징사유로 규정하고 있을 뿐 승계한 자산이 비사업용이라는 것을 추징사유로 규정하고 있지 않으며, 청구법인이 승계한 사업을 폐지한 것으로 볼 수 없는 등 위「법인세법」제46조의3 제3항 각 호에서 규정한 취득세 추징사유에 해당하지 아니한다(조심2014지1257, 2015. 9. 14.).

⑫ 물적분할시 양도차익 발생의 경우 감면

분할법인이 물적분할에 의하여 분할신설법인의 주식 등을 취득한 경우로서「법인세법」제46조 제2항 각 호의 요건을 갖춘 경우라면, 물적분할 시 양도손익이 발생할 경우에도「지방세특례제한법」제57조의2 제3항 제2호에 따라 취득세를 면제할 수 있는 것으로 보임. 다만, 지방세 감면에 관한 사항은 과세권자가 구체적인 사실관계를 확인하여 최종 결정할 사항이다(지방세특례제도과-405, 2016. 2. 23.).

⑬ 분할신설법인에 대한 감면추징 건

분할신설법인이 분할등기일이 속하는 사업연도의 종료일 이전에 분할법인으로부터 승계한 사업용 고정자산가액의 2분의 1 이상을 처분하거나 승계한 해당 사업에 "직접 사용"하지 아니하는 경우에는 승계받은 사업을 계속 영위한 것으로 볼 수 없으므로 구 조특법 제119조 및 제120조에 의하여 등록세 및 취득세가 면제되지 아니한다고 할 것이고, 이때 "직접 사용"의 범위는 해당 사업의 내용을 고려하여 그 실제의 사용관계를 기준으로 객관적으로 판단하여야 한다. …(중략)… 분할신설법인인 원고가 분할법인인 ○○으로부터 폐기물처리사업 등을 승계한 이후 분할등기일이 속하는 사업연도의 종료일인 2009. 12. 31.에 이르기까지 주식회사 ○○기술과 이 사건 토지에 관한 토목설계 및 실시계획인가에 관한 용역계약을 체결하고, 해당 관청에 폐기물처리시설 사업시행자 지정 및 실시계획인가신청서만 제출하였을 뿐인 점 등에 비추어 보면, 원고가 2009. 12. 31.까지 이 사건 토지를 폐기물처리사업에 직접 사용하였다고 볼 수 없다는 이유로, 이 사건 토지에 관하여 구 조특법 제119조 및 제120조에서 정한 감면사유가 존재하지 아니한다고 보아 등록세 및 취득세 등을 부과한 이 사건 처분은 적법하다(대법원2014두36235, 2016. 8. 18.).

⑭ 적격분할의 요건과 추징요건

△△상사는 계열사 지배 목적에 따라 오랜 기간 이 사건 주식을 보유하여 왔고, 원고는 그 주식으로 구성된 사업부문을 적격분할의 요건을 갖추어 △△상사로부터 승계받은 것으로 볼 여지가 충분하므로, 승계받은 사업의 폐지 여부를 판단할 때에도 이 사건 주식의 가액을 △△상사로부터 승계한 고정자산가액에 포함시켜 그 2분의 1 이상을 처분하였는지를 살펴보아야 하고, 원고가 임대사업에 사용하던 이 사건 부동산을 처분하였더라도 승계받은 사업 전체가 아닌 임대사업부문이나 그 사업장만을 기준으로 판단할 수는 없다(대법원2016두51535, 2017. 1. 25.).

⑮ 등록면허세 경감규정의 적용 시한에 대한 질의

「지방세특례제한법」제57조의2 제2항은 양수받은 재산의 등기에 대하여 2015. 12. 31까지 등록면허세를 경감하는 것으로 규정하고 있고, 동 규정은 명백히 특혜규정이라 할 것이므로, 금융위원회의 인가를 받은 금융회사 간의 합병으로 합병한 날부터 3년 이내에 양수받은 재산이라 하더라도 그 양수받은 재산 중 2015. 12. 31.까지 등기하는 재산으로서 등록면허세 납세의무가 성립한 재산에 한정하여 등록면허세 를 경감하는 규정으로 해석하는 것이 타당하다(지방세특례제도과-825, 2017. 4. 27.).

⑯ 분할법인에 대한 감면후 역합병시 정당한 사유

사업부문을 물적분할하여 유예기간 내 모회사를 역 합병하여 보유주식을 100분의 50 미만으로 보유 하게 되는 경우에는 취득세 추징대상에 해당된다고 할 것이지만, 유예기간 내 보유주식을 100분의 50 미만으로 보유하였다 하더라도 물적분할 이후에 해당 주주 등이 양도손익이 없는 적격합병에 따라 주식 등을 처분한 경우라면 이는 법령에서 정한 부득이한 사유에 해당되어 취득세 추징 제외대상으로 보는 것이 타당하다(지방세특례제도과-2260, 2017. 12. 18).

⑰ 합병장려업종간의 감면대상

기존법인의 주된 업종이 합병장려 업종에 해당하는 것이라면 그 흡수 합병법인이 신설된 법인인지 또는 운영 실적이 있는지 여부에는 관계없이 취득세 감면대상에 해당하는 것으로 보는 것이다(지방세특 례제도과-2260, 2017. 12. 18).

※ 합병 장려 업종 간의 법인이 대출규제로 인하여 부득이 새로운 법인을 설립 후 기존의 두 법인을 각각 동시에 흡수 합병하더라도 기존법인의 주된 업종이 합병장려 업종에 해당하는 것이라면 그 흡수 합병법인이 신설된 법인인지 또는 운영 실적이 있는지 여부에는 관계없이 감면대상에 해당하는 것으로 보는 것이 타당하다 할 것이다.

⑱ 적격분할과 취득세 감면요건

청구법인은 이 건 토지를 취득한 것이「지방세특례제한법」제57조의2 제3항 제3호에 다른 취득세 감 면대상이라고 주장하나, 청구법인은 설립 당시에 이 건 토지를 포함한 토지만을 현물출자받았을 뿐 이 건 토지에 설정된 광업권을 받지 않은 점 등에 비추어 청구주장을 받아들이기 어려움(조심2018지0825, 2018. 8. 1.).

⑲ 물적 분할요건

이 사건 분할은 아래에서 보듯이 조직형태의 변화가 있을 뿐, 기업의 실질적인 동일성은 계속 유지되 어, 구 법인세법령에 정한 과세이연 요건을 모두 충족한 것으로 봄이 타당함(대법원 2016두45219, 2018. 6. 28.).

- ㉠ 오○아○ 주○회○(이하 "오○아○"라고 한다)의 인천공장 화학제품제조 사업부문과 도시개발 사 업부문은 기존의 다른 사업부문에서 독립하여 사업활동의 영위가 충분히 가능한 사업부문이다. 이 들 사업부문의 내용과 기능적 특성상 기존 사업부문의 종업원들이 일부를 제외하고 분할신설법인 인 원고로 옮겨가지 않았다는 점을 들어 독립된 사업부문의 분할이 아니라고 할 수 없다.
- ㉡ 원고는 폐석회처리공사 관련 채무를 포함하여 분할되는 사업부문에 관련된 권리·의무를 포괄 승계

하였다. 인천공장 부지를 담보로 한 차입금 채무는 오○아○의 다른 사업 부문에도 공통적으로 관련된 것이므로, 그중 회사채 상환, 법인세 납부 등에 사용될 일부를 제외한 나머지만을 물적분할로 신설되는 자회사인 원고에 승계시킨 것을 요건 불비로 보기 어렵다.

ⓒ 원고는 승계한 고정자산을 화학제품제조 사업부문과 도시개발 사업부문에 실제 사용하였고, 그 사용 방식에 있어 업무위탁을 하였다고 하여 달리 볼 수 없다. 또한 원고가 승계한 사업을 계속하면서 금융기관 대출채무를 담보하기 위하여 신탁등기를 설정한 것이, 법인세법령상 승계사업의 폐지로 간주되는 고정자산의 처분에 해당한다고 보기도 어렵다.

⑳ 분할신설법인이 다시 합병한 경우 추징

분할신설법인이 분할등기일이 속하는 사업연도의 종료일 전에 합병법인에 흡수 합병되어 해산하였더라도, 분할신설법인이 분할법인으로부터 승계받은 사업을 합병법인이 다시 승계하여 분할등기일이 속하는 사업연도의 종료일까지 계속 영위한 경우, 구 법인세법 제46조 제1항 제3호에서 과세이연의 요건 중 하나로 규정한 사업의 계속 요건을 충족한 것으로 볼 수 있음(대법원 2018두42184, 2018. 10. 25.).

㉑ 산업단지 감면받은 부동산을 분할신설법인에 소유권 이전한 경우 추징여부

처분청은 청구법인이 쟁점부동산을 매각·증여한 것으로 보아 이 건 취득세 등을 추징하였으나, 청구법인은 법인분할에 따라 쟁점부동산의 소유권을 분할신설법인에게 이전하였지만 분할은 「상법」에 규정된 절차에 따라 분할법인의 권리·의무를 분할신설법인이 포괄승계하는 점에서 상대방에게 대가를 받고 물건 또는 권리 등을 이전하는 특정승계에 해당하는 매각과는 상이하다 할 것이고(조심 2017지438, 2017. 7. 20. 같은 뜻임), 청구법인이 분할의 대가로 분할신설법인의 주식 등을 교부받는 점에서 쟁점부동산을 무상으로 증여한 것으로 보기 어려운 점 등에 비추어 청구법인이 물적분할에 따라 쟁점부동산의 소유권을 분할신설법인에게 이전하였다 하더라도 쟁점부동산을 매각·증여한 것으로 보기는 어려우므로 처분청이 이 건 취득세 등을 추징한 처분은 잘못이 있음(조심2019지2363, 2020. 1. 22.).

㉒ 물적분할로 취득하는 것은 유상취득

「지방세법」 제11조 제1항 제2호에서 규정한 "무상취득"이란 금전, 용역 등 일체의 대가나 반대급부를 제공하지 않고 취득하는 것을 말한다고 보아야 할 것인데, 법인의 물적분할은 분할로 인하여 새로운 법인이 설립되면서 분할전 법인의 일부 분리독립가능한 사업부분을 승계받고 이에 대한 대가로 주식을 분할전 법인에게 교부하는 방식으로 이루어지는 것인바, 청구법인들의 경우와 같이 물적분할로 인하여 승계한 자산에 대한 대가로 주식을 교부하는 경우에는 부동산의 취득과 주식의 교부는 서로 대가관계에 있다고 보아야 할 것이므로 청구법인들이 이 건 부동산을 무상으로 취득한 것으로 보아야 한다는 청구주장은 받아들일 수 없음(조심2019지1769, 2020. 2. 13.).

(2) 실무해설

조세경감을 통하여 기업의 구조조정을 촉진하고 지배구조상 동일하다고 볼 수 있는 분할법인과 분할 신설법인에 대한 이중과세를 방지하기 위하여 인적분할과 물적분할로 인해 취득하는 재산에 대하여 취득세를 면제하고 있다.

- 법인세법 제46조 제2항 및 제47조 1항에 따른(적격분할) 요건

1. 분할등기일 현재 5년 이상 사업을 계속하던 내국법인이 다음 각 목의 요건을 모두 갖추어 분할하는 경우일 것(분할합병의 경우에는 소멸한 분할합병의 상대방법인 및 분할합병의 상대방법인이 분할 등기일 현재 1년 이상 사업을 계속하던 내국법인일 것)

   가. 분리하여 사업이 가능한 독립된 사업부문을 분할하는 것일 것

   나. 분할하는 사업부문의 자산 및 부채가 포괄적으로 승계될 것. 다만, 공동으로 사용하던 자산, 채무자의 변경이 불가능한 부채 등 분할하기 어려운 자산과 부채 등으로서 대통령령으로 정하는 것은 제외한다.

   다. 분할법인등만의 출자에 의하여 분할하는 것일 것

2. 분할법인등의 주주가 분할신설법인등으로부터 받은 분할대가의 전액이 주식인 경우(분할합병의 경우에는 분할대가의 100분의 80 이상이 분할신설법인등의 주식인 경우 또는 분할대가의 100분의 80 이상이 분할합병의 상대방 법인의 발행주식총수 또는 출자총액을 소유하고 있는 내국법인의 주식인 경우를 말한다)로서 그 주식이 분할법인등의 주주가 소유하던 주식의 비율에 따라 배정(분할 합병의 경우에는 대통령령으로 정하는 바에 따라 배정한 것을 말한다)되고 대통령령으로 정하는 분할법인등의 주주가 분할등기일이 속하는 사업연도의 종료일까지 그 주식을 보유할 것

3. 분할신설법인등이 분할등기일이 속하는 사업연도의 종료일까지 분할법인등으로부터 승계받은 사업을 계속할 것

4. 분할등기일 1개월 전 당시 분할하는 사업부문에 종사하는 대통령령으로 정하는 근로자 중 분할신 설법인등이 승계한 근로자의 비율이 100분의 80 이상이고, 분할등기일이 속하는 사업연도의 종료일까지 그 비율을 유지할 것

① 법인세법에 따른 적격분할은 사업의 자산 부채를 포괄적으로 승계할 것을 요건으로 함. 그러나, 다음과 같이 포괄승계의 예외가 있음

- 공동자산, 채무자의 변경이 불가능한 부채등 분할이 어려운 자산과 부채 등을 반드시 포괄승계해 야 하는 것은 아님

- 공동차입금을 분할 신설법인에 승계하더라도 포괄승계 요건을 위반한 것은 아니라는 취지의 사례, 지방세특례제도과-2574, 2015. 9. 23.

- 분할 당시 자산이나 부채로 인식할 수 없는 장래의 우발채무까지 포괄승계해야하는 것은 아니라는

취지의 사례, 지방세운영과-106, 2012. 1. 9.

- 다수의 사업부문을 운영하고 있던 중 일부 사업부문만 물적분할하는 경우에, 분할되지 않는 사업부문의 시설은 승계하지 않아도 된다는 취지의 사례, 법인세과-1092, 2009. 10. 1.

② 사업을 5년 이상 영위할 것을 적격분할의 요건으로 하는 취지는 사업부문으로 구분하여 말하는 것이 아니라 내국법인의 총 사업기간이 5년을 경과하였다면 충족함. 같은 취지의 사례, 지방세운영과-4733, 2010. 10. 7.

가. 법인분할과 취득세와 등록면허세의 중과세 문제

분할설립은 종전에 없는 새로운 법인을 신설하는 것이므로, 분할신설법인이 취득하는 부동산 등기의 경우 지방세법 제13조 제2항에 따른 중과세의 대상이 될 수 있다.

- 다만, 지방세법 시행령 제27조 제4항은 분할등기일 현재 5년 이상 계속하여 사업을 한 대도시의 내국법인이 법인의 분할(「법인세법」 제46조 제2항 제1호 가목부터 다목까지의 요건을 갖춘 경우만 해당한다)로 법인을 설립하는 경우에는 중과세 대상으로 보지 아니한다고 규정함

- 분할합병 또는 신설분할합병 경우 종전에 없던 새로운 사무실을 설치한 것이 아니라 종전부터 존재하고 있던 지점 사무실을 소속만 신설법인의 지점으로 바꾸어 유지·존속시킨 것에 불과하다면 중과세 대상 아니라는 판결, 대법원 92누12742, 1993. 5. 25. 등

나. 추징규정

분할등기일부터 3년 이내에 법인세법 제46조의 3 제3항(물적분할의 경우에는 같은 법 제47조 제3항)의 경우 감면된 세액을 추징한다.

- 분할신설법인이 승계 받은 사업을 폐지하는 경우, 분할법인 등의 주주가 분할신설법인으로부터 받은 주식을 처분하는 경우, 분할신설법인에 종사하는 근로자의 수가 일정 비율 이하 하락하는 경우 등이 추징사유에 해당함

- 2016. 12. 27. 개정되면서 법문언에 "분할등기일부터 3년 이내에"라는 요건이 추가되었으며, 이에 대해서 별도 경과규정을 두고 있지 않음. 이 때문에 어느 시점부터 개정조항을 적용할지 문제됨. 별도 경과규정이 없으므로 일반적 적용례에 따라 이법 시행 후인 2017. 1. 1. 이후 납세의무성립하는 분부터 적용해야 하며, 세액추징은 본래의 부과처분과는 별개의 부과처분이므로, 추징세액의 납세의무는 최초의 원처분과 독립적으로 성립함. 같은 취지의 사례, 지방세특례제도과-2713, 2019. 7. 11.

지방세특례제한법 제78조의 산업단지 감면 관련 사례
지방세특례제도과-96, 2015. 1. 13.: 산업단지 감면을 받은 부동산을 물적분할시 재산세 감면 대상에서 제외됨
조심2019지2363, 2020. 1. 22. 등: 물적분할(적격분할)에 따라 쟁점부동산의 소유권을 분할신설법인에게 이전한 것은 추징규정(제78조 제5항)의 매각으로 볼 수 없음. 감면분 추징하지 않음
조심2017지0844, 2017. 11. 20.: 쟁점법인에 현물출자한 것은 추징규정(제78조 제5항)의 매각으로 보는 것이 타당. 산업단지 감면분 추징
대법원 2018두48908, 2018. 10. 12.: 개인이 산업단지 감면(제78조 제4항)을 받은 토지를 산업집적법에 따라 현물출자하였다 하더라도, 이는 추징사유(제78조 제5항)에 해당

3) 법인세법 제47조의2에 따른 현물출자에 따라 취득하는 재산에 대한 감면사례(동항 제3호)

(1) 해석사례

① 현물출자에 따라 취득하는 재산의 범위

구 법 제38조는 현물출자를 하는 법인에게 적용되는 규정이고, 구 법 제120조 제1항 제6호는 현물출자에 의하여 신설되는 법인에게 적용되는 규정으로서, 신설법인의 설립등기일 현재 5년 이상 계속하여 사업을 영위한 내국법인이 현물출자한 재산 중 양도차익에 대한 과세이연을 적용받을 수 있는 재산과 그 현물출자한 재산의 취득에 따른 취득세를 면제받을 수 있는 재산을 어느 범위로 정할 것인가는 입법정책에 관한 문제이므로 반드시 그 범위가 일치하여야 하는 것은 아니며, 과세이연 규정인 구 법 제38조에서 정한 자산의 범위에 광업권 등의 무형고정자산이 포함되어 있지 않더라도 구 법 제120조 제1항 제6호는 취득세를 면제받을 수 있는 범위를 "재산"이라고만 규정하고 있고, 다만 그 재산의 취득이 구 법 제38조의 규정에 의한 현물출자에 의하여 이루어질 것을 요구하고 있을 뿐이므로, 구 법 제120조 제1항 제6호에서 "제38조의 규정에 의한 현물출자에 따라 취득하는 재산"이라 함은 제38조의 규정에 의하여 "신설법인의 설립등기일 현재 5년 이상 계속하여 사업을 영위한 내국법인이 현물출자하는 경우에 그 신설법인이 취득하는 재산"을 의미하는 것으로 해석함이 상당하고, 이와 달리 현물출자 자산의 양도차익에 대한 과세이연 규정의 적용 대상인 재산에 한정하여 해석할 것은 아니라고 하겠다(대법원2006두12494, 2008. 10. 23.).

(2) 실무해설

법인세법 제47조의2에 따른 현물출자 요건

1. 출자법인이 현물출자일 현재 5년 이상 사업을 계속한 법인일 것
2. 피출자법인이 그 현물출자일이 속하는 사업연도의 종료일까지 출자법인이 현물출자한 자산으로 영위하던 사업을 계속할 것
3. 다른 내국인 또는 외국인과 공동으로 출자하는 경우 공동으로 출자한 자가 출자법인의 특수관계인이 아닐 것
4. 출자법인 및 제3호에 따라 출자법인과 공동으로 출자한 자(이하 이 조에서 "출자법인등"이라 한다)

> 가 현물출자일 다음 날 현재 피출자법인의 발행주식총수 또는 출자총액의 100분의 80 이상의 주식 등을 보유하고, 현물출자일이 속하는 사업연도의 종료일까지 그 주식등을 보유할 것

- 법 제47조의 2 제3항 각 호의 사유(사업폐지 또는 출자법인이 피출자법인에 대한 지분율이 50% 이하로 떨어지는 경우)에는 경감된 취득세를 추징한다.

4) 「법인세법」 제50조에 따른 자산교환에 따라 취득하는 재산(동항 제4호)

소비성서비스업을 제외한 사업을 하는 내국법인이 2년 이상 그 사업에 직접 사용하던 자산으로서 특수관계인 외의 다른 내국법인이 2년 이상 그 사업에 직접 사용하던 동일한 종류의 사업용자산과 교환(3 이상의 법인 간에 하나의 교환계약에 의하여 각 법인이 자산을 교환하는 다수법인 간의 교환을 포함)하는 경우 감면을 적용한다.

5) 조세특례제한법 제31조에 따른 중소기업간의 통합에 따라 설립되거나 존속하는 법인이 양수하는 사업용재산에 대한 감면(동항 제5호)

(1) 해석사례

① 중소기업 통합에 대한 감면의 추징요건

청구법인의 목적사업에 부동산임대업이 등재되어 있지 아니하고, 2009~2011사업연도의 결산서상 임대수익이 발생한 사실이 확인되지 아니하는 점, 청구법인은 2009년 9월에 유휴기계설비를 매각하였다고 하였으나 결산서상 2008년과 2009사업연도 연말 기계장치의 장부상 취득가액이 동일한 점, 청구법인의 매출액을 보면 공장폐쇄 이후에도 지속적으로 일정한 매출이 발생하고 있는 점 등에 비추어 청구법인이 개인사업자인 000의 임대용 부동산을 취득하여 이를 임대업에 사용하였다고 보기 어려우므로 통합 이후에 사업의 동질성이 유지되고 있다고 보기 어려움(조심2014지1357, 2015. 8. 13.).

② 우발채무의 부채인식과 순자산가액의 범위

지방세의 감면 여부는 그 납세의무 성립시기를 기준으로 감면요건을 충족하였는지에 따라 판단하여야 할 것인바, 취득시점 이후에 감면요건을 충족하였다 하여 이를 소급하여 적용하기 어려운 점 등에 비추어 청구주장은 받아들이기 어렵고, 또한 우발부채의 경우 순자산가액에서 제외되는 부채에 해당되지 않으므로 소멸하는 사업장의 중소기업자가 취득한 주식이 소멸하는 사업장의 순자산가액보다 낮아 취득세 면제조건을 충족하지 못한 것으로 보아 이 건 취득세 등을 부과한 처분은 잘못이 없다(조심2015지1081, 2016. 4. 12.).

③ 사업양수도시 전환사업장의 순자산가액 판단시점

취득세 감면요건에 해당하는지 여부는 별다른 규정이 없는 이상 취득일을 기준으로 판단하여야 할 것이고, 청구법인이 사업양수도의 방법으로 쟁점부동산을 취득할 당시에는 그 자본금은 소멸하는 개인기업의 순자산가액 이상이었으므로 「조세특례제한법」 제120조 제5항 등의 감면요건을 충족하였다 할 것이다(조심2015지0733, 2017. 1. 16.).

④ 중소기업통합에 따른 취득주식의 범위

존속기업이 소멸기업으로부터 취득하는 사업용 재산에 관한 취득세를 면제받기 위해서는 소멸기업의 중소기업자가 "당해 통합으로 인하여 취득하는 주식의 가액"이 소멸기업의 순자산가액 이상이어야 한다. 이때 "당해 통합으로 인하여 취득하는 주식"은 이 사건 쟁점조항이 그 취득시점에 아무런 제한을 두지 않고 있으므로 그 문언에 충실하게 사업용 재산 취득 이후라도 "통합의 대가로 취득하는 주식"이기만 하면 이에 포함된다고 봄이 타당하다(대법원2018두40188, 2018. 7. 20.).

⑤ 법인설립 후 현물출자의 감면 여부

2005년도에 합병한 법인의 2004년도 숙박현황 중 30일 이상 숙박관련 수입금액이 전체 숙박관련 수입금액의 80.28%를 차지하는 경우라면, 부동산 임대업(7011)에 따른 수입금액이 숙박업(551)에 따른 수입금액보다 큰 경우에 해당되므로 조세특례제한법 제119조 제1항의 규정에 따라 등록세가 감면된다고 할 것이나, 이에 해당하는지 여부는 지방세징수권자인 해당 지방자치단체의 장이 사실관계를 조사하여 판단할 사항임(조심2018지1427, 2019. 9. 10.).

* 숙박업은 소비성서비스업으로 감면대상에서 제외되나, 레지던스의 경우 부동산임대업으로 보아 감면 적용함

(2) 실무해설

적용요건 (조세특례제한법 제31조 및 동법 시행령 제28조 등)

① 소비성서비스업 영위하는 중소기업자가 아닐 것
② 소멸되는 중소기업의 사업용 고정자산을 통합으로 존속, 설립되는 법인에 양도할 것
  - 당해 기업의 사업장별로 그 사업에 관한 주된 자산을 모두 승계하여 사업의 동일성이 유지되는 것을 말함
③ 통합으로 인하여 소멸되는 사업장의 중소기업자가 통합 후 존속하는 법인 또는 통합으로 인하여 설립되는 법인의 주주 또는 출자자일 것
  - 주주명부나 주식이동명세서 등을 통하여 확인
④ 통합으로 소멸되는 사업장의 중소기업자가 당해 통합으로 인하여 취득하는 주식 또는 지분의 가액이 통합으로 인하여 소멸되는 사업장의 순자산가액(통합일 현재의 시가로 평가한 자산의 합계액에서 충당금을 포함한 부채의 합계액을 공제한 금액을 말한다)이상일 것

‒ 사업용 재산을 취득한 날부터 5년 이내에 같은 조 제7항 각 호의 어느 하나에 해당하는 사유(승계 받은 사업을 폐지, 감면을 적용받은 자가 통합법인의 주식 또는 출자지분의 50%이상을 처분하는 경우)가 발생하는 경우에는 경감 받은 취득세를 추징한다.

6) 특별법에 따라 설립된 법인 중 「공공기관의 운영에 관한 법률」 제2조 제1항에 따른 공공기 관이 그 특별법의 개정 또는 폐지로 인하여 「상법」 상의 회사로 조직 변경됨에 따라 취득하 는 사업용 재산(동항 제7호)

공공기관 운영에 관한 법률 제4조 내지 제6조의 규정에 따라 지정 고시된 공공기관이 상법상의 회사로 조직변경됨에 따라 취득하는 사업용재산에 대해서는 취득세를 면제한다.

4 조세특례제한법 제32조에 따른 현물출자 또는 사업양수도에 따른 사업용 고정자산에 대한 감면(제57조의2④)

> ④「조세특례제한법」 제32조에 따른 현물출자 또는 사업 양도·양수에 따라 2021년 12월 31일까지 취득 하는 사업용 고정자산에 대해서는 취득세의 100분의 75를 경감한다. 다만, 취득일부터 5년 이내에 대통령령으로 정하는 정당한 사유 없이 해당 사업을 폐업하거나 해당 재산을 처분(임대를 포함한다) 또는 주식을 처분하는 경우에는 경감받은 취득세를 추징한다.

(1) 해석사례

① 광업권도 현물출자 자산 감면대상인지 여부

과세이연 규정인 구 법 제38조에서 정한 자산의 범위에 광업권 등의 무형고정자산이 포함되어 있지 않더라도 구 법 제120조 제1항 제6호는 취득세를 면제받을 수 있는 범위를 "재산"이라고만 규정하고 있고, 다만 그 재산의 취득이 구 법 제38조의 규정에 의한 현물출자에 의하여 이루어질 것을 요구하고 있을 뿐이므로, 구 법 제120조 제1항 제6호에서 "제38조의 규정에 의한 현물출자에 따라 취득하는 재산" 이라 함은 제38조의 규정에 의하여 "신설법인의 설립등기일 현재 5년 이상 계속하여 사업을 영위한 내국 법인이 현물출자하는 경우에 그 신설법인이 취득하는 재산"을 의미하는 것으로 해석함이 상당하고, 이와 달리 현물출자 자산의 양도차익에 대한 과세이연 규정의 적용 대상인 재산에 한정하여 해석할 것은 아니 다(대법원2006두12494, 2008. 10. 23.).

② 개인사업의 법인전환 감면시 자본금의 범위

새로이 설립되는 법인의 자본금이 개인사업자의 순자산가액 이상일 것을 감면요건으로 규정한 은 개 인사업을 법인으로 전환하는 과정에서 법인으로 전환한 당초 개인기업의 규모가 축소되는 것은 방지하 기 위한 것이므로, 개인사업자가 법인전환시 투여한 현물출자액 이외 현금출자액도 법인의 자본금에 포함된다고 할 것(지방세운영-2001, 2008. 10. 30. 질의회신 참조)이나, 개인사업자가 직접 투여하지 아니한 다른 주주의 투여지분에 해당하는 출자액은 법인의 자본금에 포함되지 아니한다고 할 것(국심2005중2993, 2005. 11. 1. 결정 참조)임((지방세운영과-344, 2010. 1. 26.).

③ 사업양수도 요건과 감면

조세특례제한법 제119조 제4항 및 제120조 제5항에서 같은 법 제32조의 규정에 따른 현물출자 또는 사업양수도에 따라 취득하는 사업용재산에 대하여는 취득세와 등록세를 면제하되 취득(등기)일부터 2년 이내에 정당한 사유없이 당해 사업을 폐지하거나 당해 재산을 처분 또는 임대하는 경우에는 감면받은 취득세와 등록세를 추징한다고 규정함. 청구법인이 취득할 당시 이미 임대차기간이 4년 이상 남아 있고 임차인 ○○○가 점유하고 있던 쟁점부동산은 청구법인이 피막처리업, 쇼트가공업 등 당해 사업에 사용할 수 없는 재산에 해당된다고 할 것이므로 청구법인이 취득 당시부터 현물출자에 따른 취득세 등의 감면 대상에 해당되지 아니한다고 할 것이므로 처분청이 쟁점부동산에 대하여 면제한 취득세 등을 추징한 것은 적법하다(조심2010지0731, 2011. 4. 1.).

④ 사업양수도에 따른 구외기숙사에 대한 감면범위

개인사업자가 사업의 포괄양수도 방법에 따라 법인으로 전환하는 과정에서 취득하는 사업용 재산이라 함은 사업을 영위하는데 중추적인 기능을 하는 재산(공장 및 사무실)으로서 당해 사업의 본래의 목적을 수행하기 위한 재산을 말하는 것인바, 쟁점부동산과 같이 공장 구외에 위치한 기숙사는 청구인의 사업을 위하여 반드시 필요한 사업용 재산으로 보기 어려움(조심2012지0488, 2012. 10. 10.).

⑤ 사업양수도에 따른 사업용 재산의 범위

사업양수도에 따라 취득하는 사업용 재산에 대하여 등록세와 취득세를 면제하는 취지는, 개인이 권리·의무의 주체가 되어 경영하던 기업을 개인 기업주와 독립된 법인이 권리·의무의 주체가 되어 경영하도록 기업의 조직 형태를 변경하는 경우 실질적으로 동일한 사업주가 사업의 운영 형태만 바꾸는 것에 불과하여 재산 이전에 따르는 등록세, 취득세 등을 부과할 필요가 적다는 데에 있다. 이처럼 실질적으로 동일한 사업주가 사업의 운영 형태만 바꾼 것으로 평가되기 위해서는 사업양수도 대상의 순자산가액이 신설 법인에 그대로 승계되어야 한다. 사업양도인의 출자에 따른 신설 법인의 자본금이 그 순자산가액에 미달하면 신설 법인으로서는 사업양수도 대가를 지급할 재원이 부족하여 그 순자산가액의 일부가 사업양수도 대가 지급을 위해 유출될 수밖에 없어 신설 법인이 사업양수도 대상의 순자산가액을 그대로 승계할 수 없게 되는 점 등을 고려해 보면, 기존 사업장의 자산과 부채 중 일부가 사업양수도 대상에서 제외되는 경우에 시행령 제29조 제4항의 "법인으로 전환하는 사업장의 순자산가액"이란 기존 사업장의 순자산가액이 아니라 같은 조 제2항에 의한 사업양수도 대상에 포함된 것의 순자산가액을 의미한다고 해석함이 타당하다(대법원2014두36990, 2014. 8. 26.).

⑥ 법인전환시 순자산가액 산정 방법

개별 자산의 가액을 평가함에 있어서 자산으로 볼 것인지 아니면 비용으로 처리할 것인지 쟁점이 되는 경우, 소액자산의 경우 법인세법에 따라 자산으로 보지 안하고 당기 비용처리한 경우에는 자산에서 제외한다(대법원2014두36990, 2014. 8. 26.).

⑦ 유동화전문회사의 감면 적용 범위

① 신법 제120조 제1항 제9호는 유동화전문회사가 자산유동화계획에 따라 자산유동화에 관한 법률 제2조 제2호에 따른 자산보유자 또는 다른 유동화전문회사로부터 2012. 12. 31.까지 취득하는 부동산에 관하여만 취득세의 100분의 50을 감면하는 것으로 규정하였는바, 구법에서 감면대상으로 정하고 있던 "양수한 유동화자산을 관리·운용·처분하는 경우로서 취득하는 부동산" 부분이 신법에서 제외되었음은 그 문언상 명백한 점, ② 위와 같이 신법에서 취득세 등 감면 대상을 축소한 것은 과세의 공평과 세수의 확보를 위한 공공의 목적에서 비롯된 점, ③ 신법 제120조 제1항 제9호의 "자산유동화에 관한 법률 제3조에 따라 등록한 자산유동화계획에 따라"라는 문구는 등록된 자산유동화계획과 관계없는 부동산 취득에 대해서는 감면규정이 적용되지 않는다는 것을 의미하는 것으로 보이는 점, ④ 신법 제120조 제1항 제9호의 "자산보유자 또는 다른 유동화전문회사로부터 취득하는 부동산"이라는 문구는 유동화전문회사가 부동산의 전소유자인 자산보유자 또는 다른 유동화전문회사로부터 직접 취득하는 부동산이라고 해석하는 것이 그 문언상 자연스럽고, 만약 원고의 주장처럼 위 문구를 "자산보유자에서 비롯되어 취득하게 된 부동산"을 의미하는 것으로 본다면, "산보유자에서 비롯된다"는 표현 자체가 불명확하여 그 범위를 구체적으로 특정할 수 없게 되는 점, ⑤ 신법의 입법과정에서 유동화전문회사의 취득세 감면 혜택의 축소에 관한 부분이 구체적으로 언급되거나 논의되지 않는 등 그 밖에 원고가 드는 사정들이 있다고 하더라도 법률 문언의 통상적 의미를 벗어난 해석을 할 수는 없는 점 등에 비추어 보면, 신법 제120조 제1항 제9호가 경매취득의 경우를 포함하는 것으로 해석할 수 없고, 유동화전문회사가 자산보유자 또는 다른 유동화전문회사로부터 취득한 부동산에 한정된다고 봄이 타당함(대법원2015두38054, 2015. 4. 3.).

⑧ 법인전환시 감면요건

지방세특례제한법은 법인 전환시 개인사업에 관한 주된 자산을 모두 승계하여 사업의 동일성이 유지되는 것으로서 소멸하는 개인사업의 순자산가액 이상으로 출자하여 법인으로 전환하는 등의 법 소정 요건을 갖춘 경우에 취득세 면제 등의 조세혜택을 부여하도록 규정하고 있는바, 이 건과 같이 법인전환을 위한 현물출자 직전에 개인사업장의 현금성 자산 등을 사업주가 대부분 인출하여 현저하게 축소시킨 순자산가액 상당액을 출자하여 법인을 설립한 경우 개인사업과 관련된 주된 자산이 모두 신설한 법인에게 승계되어 사업의 동일성을 유지하면서 사업을 운영하는 형태만 변경한 것으로 인정하기 어려운 점, 법인전환 전·후에 사업의 동일성에 대한 판단을 배제하고 현물출자일 현재의 개인사업장의 순자산가액 이상을 법인전환시 출자하였다 하여 취득세 면제요건을 충족한 것으로 볼 경우 개인사업과 관련된 주된 자산을 처분·인출하여 축소한 순자산가액 상당액을 출자하여 법인으로 전환하는 경우에도 취득세를 면제하는 불합리한 결론으로 귀결되는 점, 개인사업장을 법인으로 전환한 이후에 매출액 변동이 크지 않았다거나 유동성 위기가 없었다고 하여 사업의 동일성 요건을 충족한다고 보기는 어려운 점 등에 비추어 처분청이 쟁점예금의 인출로 인한 자산의 감소를 배제하여 산정한 개인사업장의 순자산가액 보다 그 개인사업주가 법인전환으로 인하여 취득하는 주식의 가액이 미달하여 청구법인이 쟁점부동산에 대한 취득세 등의 면제요건을 불충족함(조심2014지0937, 2015. 4. 16.).

⑨ 현물출자에 따른 부동산 취득세 감면요건

쟁점부동산은 박○○의 사업에 사용되었던 것으로 보이는 점, 법인의 출자전환에 즈음하여 공동사업자등록을 하였다고 하더라도 이는 그 이전부터 사업용으로 사용되던 현물출자부동산의 소유현황에 맞게 사업자등록을 한 것으로 볼 수 있는 점○○○, 설령, 조세감면요건에 맞게 사업자등록을 하였고, 그에 따라 쟁점부동산이 사업용으로 사용된 사용기간이 짧다고 하더라도 엄격해석의 원칙상 이는 출자전환 당시 쟁점부동산이 ○○○의 사업용 고정자산이므로 이를 현물출자방식으로 취득한 청구법인에게 취득세를 과세할 수 없는 것으로 판단됨(조심2015지0339, 2015. 4. 27.).

⑩ 개인사업자 법인전환시, 법인이전 감면 지속여부

대도시 외의 지역으로 이전하여 부동산을 취득한 개인사업자로부터 법인전환으로 그 부동산을 승계취득한 법인에 대하여도 당연히 재산세 등이 경감되는 것으로 볼 것은 아니라 할 것임
구 조세특례제한법(2013. 1. 1. 법률 제11614호로 개정되기 전의 것) 제31조는 창업중소기업에 대한 세액감면 등에 있어서 감면기간이 지나기 전에 중소기업 간의 통합을 하는 경우 통합법인이 남은 감면기간에 대하여 세액감면을 적용받는 것으로 규정하고 있고, 같은 법 제120조 제5항에서는 개인사업자가 현물출자 또는 사업 양도·양수의 방법에 의하여 법인으로 전환함에 따라 취득하는 사업용 재산에 대해서는 취득세를 면제하도록 정하고 있음, 반면에, 개인사업자가 구 지방세특례제한법 제80조 제1항에 의한 세액감면기간에 있던 중 법인으로 전환하였을 경우 전환한 법인에게 재산세가 감면되는지에 관하여는 별도로 규정하고 있지 아니함(서울고등법원2015누38070, 2015. 8. 19., 대법원2015두51798, 2016. 1. 14. 상고기각으로 확정).

⑪ 현물출자의 유상성

현물출자는 일반적으로 발기인 또는 신주인수인이 회사에 대하여 현물출자를 하면 회사는 이들에게 주식을 발행 교부하게 되는데 현물출자와 주식의 교부는 서로 대가관계에 있는 것으로 볼 것이므로 현물출자의 유상성이 인정된다 할 것인바, 청구인이 쟁점건축물을 취득하고 유예기간(2년) 내에 이 건 법인과 2012.7.31. 현물출자계약을 체결하여 2012.9.6. 쟁점건축물을 이전하고 그 대가로 이 건 법인의 보통주식 ○○○를 교부 받았다면, 이는 감면 추징사유인 매각에 해당한다 할 것이고, 쟁점건축물이 이 건

법인에 현물출자된 이후에도 계속 영농목적으로 사용되고 있다고 하여 이를 달리 보기 어렵다 할 것이므로, 처분청이 청구인에게 이 건 취득세 등을 부과한 처분은 달리 잘못이 없음(조심2015지0417, 2015. 10. 23.).

⑫ 유동화전문회사의 취득시기와 신뢰보호원칙의 적용

유동화전문회사가 구 조특법 규정의 시행 당시 유동화자산인 부동산 담보부채권을 양수한 후 담보부동산의 경매절차에서 매수신청을 하고 매각허가결정을 받아 매수신청인 내지 매수인의 지위를 취득하는 등으로 담보부동산의 취득과 밀접하게 관련된 직접적인 행위로 나아간 경우에는, 비록 개정 조특법이 시행된 후 매각대금을 완납하였더라도 유동화전문회사의 신뢰보호를 위하여 조특법 부칙 제52조에 따라 구 조세특례제한법(2010. 12. 27. 법률 제10406호로 개정되기 전의 것) 제120조 제1항 제12호, 제119조 제1항 제13호가 적용되어 취득세가 감면된다고 할 것임(대법원2014두44403, 2015. 10. 29.).

⑬ 단주처리와 법인전환감면 판단기준

순자산가액 이상을 출자하도록 한 입법취지가 현물출자를 통하여 법인으로 전환하는 경우 사업의 동질성이 유지되도록 하기 위하여 사업장별 순자산가액 이상을 출자하도록 한 것이라고 보아야 할 것이고, 이러한 입법취지에 비추어 볼 때 출자자들이 개인사업장으로 사용하던 사업용 자산과 부채를 포괄적으로 청구법인에게 양도·양수한 사실이 명백한 이상 종전의 3인의 개인사업자가 운영하던 사업장과 청구법인은 사업의 동질성이 유지되고 있다고 보이므로, 이러한 경우까지 단주처리로 인하여 3개 사업장의 순자산가액의 합계액보다 자본금이 미달한다고 하여 취득세 면제대상에서 제외하는 것은 타당하지 아니함(조심2016지0161, 2016. 5. 25.).

* 동일취지 조세심판원 결정례, 조심 2014지1425, 2015. 1. 16. 등

⑭ 현물출자에 다른 출자재산의 범위와 감면요건

쟁점 부동산이 사업용 고정자산에 해당하는지와 쟁점 부동산을 개인기 업 ○○의 자산에 포함시켜 순자산가액을 계산하여야 하는지에 대하여 살펴보아야 하는데, 쟁점 부동산은 종업원의 후생복지 및 공장 등을 지원하는 부대시설로 사업을 영위하는데 필요불가결한 사업용 고정자산이 아니어서 법인 전환 시 현물출자 대상이 아니라 하더라도, 쟁점 부동산은 A 개인의 재산이 아니라 개인기업 ○○의 재산으로 봄이 상당하므로 쟁점 부동산을 포함하여 개인기업 ○○의 순자산가액을 계산하여야 하고, 그렇게 할 경우 개인기업 ○○의 순자산가액은 종전 680,332,632원에 쟁점 부동산의 감정가액 534,662,000원을 더한 2,214,994,632원이 되어 청구법인의 설립 자본금(1,800,000,000원)이 개인기업 ○○의 순자산가액에 미달되므로 구 「조세특례제한법」 제32조 및 제120조 제5항 등의 규정에 의한 취득세 면제요건을 갖추지 못한 것으로 판단된다(감심2015-0528, 2016. 12. 28.).

⑮ 개인이 법인에 현물출자시, 산업단지 감면의 추징여부

개인사업자인 청구인이 현물출자를 통하여 주식회사 ○○○를 설립하고 쟁점부동산을 양도하였다 하더라도 개인과 법인은 별개의 권리 주체인 점, 일반적으로 개인사업자가 현물출자를 하여 법인을 설립하면 법인은 개인사업자에게 주식을 발행·교부하게 되어 현물출자와 주식의 교부는 대가관계에 있는 것이고 청구인도 현물출자로 주식회사 ○○○주식 2,420,000주를 받은 사실이 주주명부에서 확인되는 점, 「지방세특례제한법」 제78조 제5항 제2호에서 해당 용도로 직접 사용한 기간이 2년 미만인 상태에서 매각하는 경우 그 해당 부분에 대해서 감면된 취득세를 추징한다고 규정하고 있을 뿐 개인사업자가 현물출자를 통해 법인으로 전환하여 그 재산을 양도한 경우에 이를 처분으로 보지 아니하거나 정당한 사유에 해당한다는 규정이 없는 점 등에 비추어 청구인이 쟁점부동산을 주식회사 ○○○에게 양도한 것은 해당 용도로 직접 사용한 기간이 2년 미만인 상태에서 매각한 것으로 보는 것이 타당함(대법원2016두62771, 2017. 3. 9.).

* 동일취지 조세심판원 결정례, 조심 2017지0844, 2017. 11. 20.

⑯ 공동담보 장기차입금의 부채성과 법인전환시 감면여부

거주자가 사업용 고정자산을 현물 출자하여 법인전환 할 때 사업과 관련하여 발생한 부채에 해당되는 경우라면 당해 현물출자 부동산이 개인소유 부동산의 공동담보 여부와 관계없이 장기차입금은 부채에 해당하고 현물출자일 현재의 시가로 평가한 자산에서 부채를 공제하여 계산한 금액이 통합으로 인하여 소멸하는 법인의 순자산가액 이상이라면 감면대상이라고 보는 것이 타당하다 할 것임(지방세특례제도과 -846, 2017. 4. 28.).

⑰ 순자산가액의 산정항목의 범위

개인사업자의 재무상태표에 미기재된 자산 등을 자산가액에 반영하여야 하는 등의 특별한 사유가 있는 경우에는 이러한 사정을 반영하여 순자산가액을 산정하는 것이 타당하므로 순자산가액 산정시 누락된 무허가 건축물의 가액과 개인사업자의 종업원에 대해 미지급된 퇴직금은 각각 자산 및 부채로 반영되어야 함(조심2016지1020, 2017. 6. 29.).

⑱ 현물출자에 따른 감면요건 성립 판단

비록 법인전환 직전에 개인사업장의 현금성 자산을 인출하여 순자산가액을 축소시킨 상태였다 하더라도 법인전환 당시 순자산가액 이상 출자하였으므로 취득세 면제 요건을 충족한 것으로 판단됨(조심2017지0500, 2017. 9. 14.).

⑲ 사업용 고정자산의 범위

개인사업자가 이 사건 토지를 취득하여 주택 건축허가만 득하였을 뿐 실질적으로 음식 및 숙박업에 제공한 사실이 없고 청구법인도 취득한 후 분양을 위한 단독주택의 건축·분양사업을 진행 중일 뿐이어서 음식 및 숙박업 등에 제공한 사실이 없는 점 등에 비추어 처분청이 이 사건 토지가 사업용 고정자산에 해당하지 아니하는 것으로 보아 경정청구를 거부한 처분은 잘못이 없다고 판단됨(조심2017지0663, 2017. 10. 27.).

⑳ 개인사업자의 법인전환의 감면요건

법인전환 직전에 인출금이 발생하여 순자산가액이 감소하였다 하더라도 법인전환 기준일(2015. 11. 10.) 현재 개인사업자의 순자산가액(○○○원) 이상으로 출자(○○○원)하여 청구법인을 설립한 이 건은 취득세 면제요건을 충족하였으므로 이 건 취득세 부과처분은 잘못이 있다고 판단됨(조심2017지0300, 2017. 11. 14.).

㉑ 순자산가액의 판단기준일

청구법인은 2012. 12. 26. 자본금 ○○○억원으로 설립된 후 2013. 1. 18. 개인사업자와 사업에 관한 일체의 권리와 의무를 양수하는 내용의 사업 양도·양수계약을 체결하면서 2013. 1. 31.을 기준일로 약정한 점, 기준일 현재 개인사업자의 양도·양수자산명세서에 의하면 자산이 ○○○부채가 ○○○순자산가액이 ○○○으로 기재되어 있고 청구법인의 자본금은 동 순자산가액 이상인 ○○○억원인 사실이 확인되는 점, 사업 양도·양수계약서에 의하면 개인사업자가 사업에 사용하던 부동산, 기계장치, 차량운반구 및 외상매출금 등 자산의 대부분이 계약의 대상이 된 것으로 나타나므로 개인사업자와 청구법인 사이에 사업의 동질성이 유지되었다고 보이는 점 등에 비추어, 청구법인의 자본금이 사업 양도·양수일 현재 개인사업자의 순자산가액 이상인 사실이 확인되므로 「조세특례제한법」제120조 제5항에 따른 취득세 등의 감면요건을 충족함(조심2017지0831, 2017. 12. 20.).

㉒ 법인전환 현물출자와 사업용고정자산의 범위

이 사건 쟁점토지가 법인이 취득할 수 없는 농지로서 이 사건 개인사업자의 장부에도 계상되지 않은 개인적 용도로 취득하여 사업용 자산과 무관하다고 주장하나, 살피건대, ① 인정사실 "(5)항"의 내용과 같이 처분청의 출장복명서에 첨부된 현황사진에서 쟁점토지는 이 사건 부동산과 동일한 공장구획 내에 있으며 법인전환이전부터 아스팔트로 포장되어 진입로 및 주차선이 구획된 차량 주차장으로 사용되고 있던 것으로 보이는 점, ② 인정사실 "(6)항"의 내용과 같이 청구인은 이 사건 쟁점토지를 법인전환 이전(2009~2016년)부터 현황 지목을 공장용지로 하여 부과된 재산세를 납부해 온 점, ③ 개인사업자의 자산가액(657,685,530원)에 이 사건 쟁점토지의 시가표준액(143,445,600원)을 반영할 경우 개인사업자의 순자산가액(801,131,130원)이 청구인의 자본금(657,680,000원)보다 많아 청구인은 「지방세특례제한법」 제57조의2 등에 규정되어 있는 취득세 감면 요건을 갖추지 못한 점 등을 종합적으로 고려할 때 이 사건 쟁점토지는 현물출자 전·후 사업용으로 사용해 왔다고 판단되므로 사업과 관련이 없는 개인용 자산이라고 볼 수 없음(감심2016-916, 2017. 12. 27.).

㉓ 사업장별 현물출자 사업용자산 감면

A동이 임대사업용으로 사용된 기간이 출자전환 당시 사업용 고정자산인지 여부에 영향을 미치지는 아니하는 점 등에 비추어 쟁점병원 중 A동과 C동 및 토지는 출자전환 당시 임대사업용 자산에 해당하고 쟁점건물은 ○○○ 등이 영위하는 병원의 사업용 자산에 해당한다 하겠으므로, 처분청이 현물출자 자산에서 쟁점건물이 누락된 것으로 보아 취득세 감면요건을 충족하지 못하였다 하여 취득세 등을 부과한 이 건 처분은 잘못이 있는 것으로 판단됨(조심2017지0604, 2018. 1. 16.).

㉔ 개인사업자의 법인전환과 순자산 가액범위

청구법인이 개인사업자 ○○○에게서 사업양수도로 승계한 순자산가액은 ○○○(자산총계 ○○○-부채총계 ○○○)이고, 법인의 설립당시 자본금이 ○○○인 것으로 나타나는 점, ○○○이 법인전환을 위하여 사업용 계좌를 정리하면서 일부 금액을 인출하는 것으로 처리하였다 하더라도 ○○○이 2013. 4. 23. 대출받은 단기차입금 ○○○을 청구법인이 부채로 계상하는 등 나머지 사업용 자산·부채 전체를 양도·양수하여 설립되었으므로 사업의 동질성이 없다고 보기는 어려운 점 등에 비추어 청구법인은 「조세특례제한법」 제120조 제5항 및 제32조에 따른 취득세 등의 감면요건을 충족한 것으로 보이므로(조심 2017지500, 2017. 9. 14., 같은 뜻임) 처분청이 이 건 취득세 등을 부과한 처분은 잘못이 있다고 판단됨(조심 2017지0464, 2018. 2. 5.).

㉕ 개인사업자의 법인전환과 순자산가액의 범위

쟁점인출금은 개인사업자 개인 명의로 가입된 정기적금과 생명보험료로 이는 사업용 자산이라기보다는 개인 자산으로 보이며, 청구법인은 개인사업자의 사업과 관련하여 미지급한 2011년 귀속 종합소득세 등 ○○○을 법인 전환시 장부상에 미계상하였고, 개인사업자 직원의 퇴직금을 법인에서 승계하면서 장부상에 충당금을 설정하지 아니한 ○○○을 부채에서 누락한 것으로 보는 것이 타당함(조심2017지0479, 2018. 4. 26.).

㉖ 법인전환과 관련된 순자산가액의 범위

개인사업자가 법인으로 전환하는 경우 취득세를 면제하도록 한 취지는 개인사업자가 보다 투명한 경영이 가능한 법인으로 전환하는 것을 유도하고자 개인사업장의 권리·의무를 포괄적으로 양수도하여 순자산가액 이상을 출자함으로써 개인사업장과 법인의 사업의 동질성이 유지되는 경우에 취득세를 면제하자고 하는데 그 입법취지가 있는 것이므로, 청구법인은 현물출자 법인전환에 의해 현물출자일 현재 현물출자 대상에 포함된 자산○○○과 부채○○○을 포괄승계하여 개인사업자가 출자한 순자산가액 ○○○(자산 ○○○-부채 ○○○)이 현물출자로 승계한 사업장의 순자산가액 ○○○에 미달되지 아니하는 점, ○○○대출금 ○○○은 2008년에 외화대출을 차입하여 원자재 대금과 기계대금을 치르는 과정에서 공장담보만으로는 그 가치가 부족하여 개인대표자의 아파트를 담보로 제공하고 외환위기가 오자 그 외화대출을 2013년에 원화대출로 바꾼 것이고, ○○○대출금 ○○○은 개인사업자의 인출금으로 영업재산이 영업의 동일성을 유지하면서 개인기업주로부터 법인으로 이어지는 것으로서 영업의 유기적 일체로서의 동일성을 해하는 것으로 볼 수 없는 점, 2013. 10. 31. 현재 현물출자 재산명세의 장·단기 차입금 ○○○ 중에서 ○○○차입금 ○○○과 ○○○차입금 ○○○이 청구법인의 사업용계좌 및 기업운전자금으로 대출된 사실이 청구법인의 ○○○통장과 ○○○통장 및 청구법인의 법인전환 전 개인사업자의 분개장, 보통예금원장 등에서 확인되는 점 등에 비추어 처분청이 현물출자로 취득하는 사업용 재산에 대하여 취득세 면제요건을 충족하지 못하는 것으로 보아 이 건 취득세 등을 부과한 처분은 잘못이 있다고 판단됨(조심 2017지0744, 2018. 9. 17.).

㉗ 개인사업자의 법인전환과 추징대상

추징규정에서 "직접 사용"은 취득세를 감면받은 자가 그 부동산의 소유자 또는 사실상 취득자의 지위에서 현실적으로 이를 산업용 건축물 등의 용도로 직접 사용하는 것을 의미하는데, 직접 사용을 불가능하게 하는 사유로서 소유자 지위의 변경을 가져오는 이전행위를 전제하는 "매각"에는 상대방에게 재산을 이전하고 그 대가로 대금을 받는 매매뿐만 아니라 어떠한 형태로든 그 대가를 취득하는 특정승계나 "사업양수도와 같은 포괄승계" 등도 모두 포함하는 것(같은 취지의 판결 대법원 2018. 9. 13. 선고, 2018두 44920 판결)이므로, 지방세특례제한법 제78조 제4항의 감면을 받은 부동산을 법인전환으로 설립된 법인이 양수받는 경우 추징대상이 됨(지방세특례제도과-1914, 2019. 5. 17.).

㉘ 법인전환시 감면요건인 순자산가액의 범위

처분청은 청구법인의 자본금이 사업용고정자산을 현물출자하여 법인으로 전환하는 사업장의 순자산가액에 미달하여 취득세 등의 감면요건을 충족한 것으로 볼 수 없다는 의견이나, 강○○은 임대업 및 주차장업용 부동산 중 대부분에 해당하는 이 건 부동산과 관련한 자산(○○○원) 및 부채(○○○원)의 전체를 현물출자하여 청구법인을 설립하였고, 쟁점토지(○○○원)는 이 건 부동산의 부속토지에 해당하지 아니하고 전체 자산가액 대비 1.12% 수준으로 현물출자시 이를 제외하였다고 하더라도 사업의 동질성이 유지되지 아니한다고 보기 어려운 점, 현물출자계약서 등에 의하면 강○○은 쟁점토지를 제외한 부동산 등 자산 및 부채를 현물출자하여 청구법인을 설립하는 것으로 나타나는 점, "법인으로 전환하는 사업장의 순자산가액"이란 현물출자대상에 포함된 사업용고정자산 등의 순자산가액을 의미한다 할 것(조심 2017지793, 2017. 11. 1., 같은 뜻임)이고, 청구법인의 자본금은 현물출자계약서상 현물출자 대상이 되는 부동산 등의 순자산가액 ○○○원보다 큰 금액인 ○○○원으로 나타나는 점 등에 비추어, 청구법인의 자본금은 현물출자대상에 포함된 사업용 고정자산 등의 순자산가액 이상인 것으로 확인되어 「지방세특례제한법」 제57조의2 제4항에 따른 취득세 감면요건을 충족함(조심2018지1220, 2019. 6. 28.).

㉙ 법인전환시 감면요건인 순자산가액의 범위

사업과 관련한 부채라 하여 소멸 사업장의 자산합계액에서 공제하는 경우라 하더라도 그 부채에 대응한 채권 등으로써 자산으로 계상할 수 있는 것이 있다면 이를 위 부채공제 대상 자산에 더하여 순자산가액을 계산함이 타당하다 할 것임. 다만, 위 제반의 사정에 해당하는지 여부는 과세관청에서 구체적인 사실관계 등을 확인하여 판단하여야 할 것임(지방세특례제도과-2712, 2019. 7. 11.).

㉚ 사업의 포괄양수도에 따른 감면요건

처분청은 쟁점토지가 청구법인이 사업을 영위하는 데 필요한 주된 자산임에도 청구법인은 이를 승계하지 않았으므로 사업의 동일성이 유지된다고 볼 수 없다는 의견이나, 쟁점토지(처분청 평가액 ○○○원)는 전체 자산가액 대비 0.89% 정도에 불과하므로 이 건 사업양수도 당시 이를 제외하였다고 하더라도 사업의 동질성이 유지되지 아니한다고 보기 어려운 점, 쟁점토지는 이 건 공장의 진입로이나 법인전환된 이후에도 청구법인의 대표 ○○○가 계속하여 보유하고 있으므로 이를 양수도자산에서 제외하여도 청구법인이 해당 사업(제조업)을 계속하여 영위하는데 문제가 없어 보이는 점, "법인으로 전환하는 사업장의 순자산가액"이란 사업 포괄양수도대상에 포함된 사업용 고정자산 등의 순자산가액을 의미한다 할 것(조심 2017지793, 2017. 11. 1., 같은 뜻임)이고, 청구법인의 자본금은 사업양수도계약서상 사업양수도 대상이 되는 부동산 등의 순자산가액 ○○○원보다 큰 금액인 ○○○원으로 나타나는 점 등에 비추어, 청구법인의 자본금은 사업양수도대상에 포함된 사업용 고정자산 등의 순자산가액 이상인 것으로 확인되어 「지방세특례제한법」 제57조의2 제4항에 따른 취득세 감면요건을 충족함(조심2018지2270, 2019. 8. 28.).

㉛ 사업양수도 요건과 감면

개인사업장의 현물출자를 위한 검사보고서가 작성될 때부터 사업용 고정자산의 현물출자가 완료될 때까지는 평균 3개월 정도의 시차가 발생하는 것이 일반적이므로「조세특례제한법 시행령」28조 제1항 괄호에서 시가를 평가하기 위한 "통합일"이란 특별한 사정이 없는 한 사업용 고정자산의 현물출자가 완료된 법인설립등기일이 아니라 현물출자기준일로 보아야 하는 점, 청구법인의 현물출자기준일인 2017. 12. 31. 현재 종전사업장의 금융기관 대출금 잔액은 ○○○원이나 이 건 회계법인이 작성한 차입금명세서(검사보고서 부속서류)에는 ○○○원으로 기재되어 있어 ○○○원을 과소 계상한 것으로 보이는 점, 부채를 과소 계상하면 그만큼 순자산가액은 높게 평가될 수밖에 없으므로 쟁점건축물의 평가액 ○○○원을 종전 사업자장의 자산가액에 포함하더라도 종전사업장의 실제 순자산가액은 ○○○원으로 청구법인의 자본금 ○○○원에 미치지 못하는 점, 설령 처분청의 주장과 같이 종전 사업장의 대출금 잔액 등을 그대로 신뢰할 수 없다고 하더라도 전체 사업용 고정자산의 0.3%에 불과한 쟁점건축물의 평가액을 자산가액에서 누락하였다고 하여 청구법인의 설립(법인전환)과정에서 그 규모가 축소되었다거나 종전사업장과의 사업의 동질성이 회복할 수 없을 정도로 훼손되었다고 볼 수는 없는 점 등에 비추어 청구법인이 쟁점건축물을 별도로 평가하여 종전사업장의 자산가액에서 포함하지 않았다는 이유만으로 청구법인의 자본금이 종전사업장의 순자산가액에 미달한다고 보아 이 건 취득세 등을 부과한 처분은 잘못이 있음(조심2019지 2187, 2019. 9. 5.).

㉜ 법인설립 후 현물출자의 감면 여부

○○○은 청구법인을 설립한 지 4개월 이상 경과한 후 청구법인에 쟁점부동산을 현물출자하였으므로 그 거래의 실질은 법인설립 후의 현물출자에 따른 증자로 보이는 점 등에 비추어 쟁점부동산은 거주자가 법인으로 전환하면서 취득한 사업용 고정자산에 해당되지 않는 것으로 보아 감면을 배제하고 취득세 등을 부과한 이 건 처분은 달리 잘못이 없다고 판단됨(조심2018지1427, 2019. 9. 10.).

(2) 실무해설

개인이 권리·의무의 주체가 되어 경영하던 기업을 개인 기업주와 독립된 법인이 권리·의무의 주체가 되어 경영하도록 기업의 조직 형태를 변경하는 경우 실질적으로 동일한 사업주가 사업의 운영 형태만 바꾸는 것에 불과하여 재산 이전에 따르는 취득세를 부과할 필요가 적고, 개인사업자가보다 투명한 경영이 가능한 법인으로 전환하는 것을 유도하고자, 개인사업장의 권리·의무를 포괄적으로 양수도하여 순자산가액 이상을 출자함으로써 개인사업장과 법인의 사업의 동질성이 유지되는 경우에 2021년 12월 31일까지 취득세의 100분의 75를 감면한다.

① 적용요건

㉠ 거주자가 사업용고정자산을 현물출자하거나 대통령령으로 정하는 사업 양도·양수의 방법에 따라 법인(대통령령으로 정하는 소비성서비스업을 경영하는 법인은 제외한다)으로 전환할 것
㉡ 사업양수도의 경우 해당 사업을 영위하던 자가 발기인이 되어 전환하는 사업장의 순자산가액 이상을 출자하여 법인을 설립하고, 그 법인설립일부터 3개월 이내에 해당 법인에게 사업에 관한 모든 권리와 의무를 포괄적으로 양도하는 것을 뜻함
㉢ 설립되는 법인의 자본금이 사업용고정자산을 현물출자하거나 사업양수도하여 법인으로 전환하는 사업장의 순자산가액(통합일 현재의 시가로 평가한 자산의 합계액에서 충당금을 포함한 부채의 합계액을 공제한 금액) 이상일 것
- 순자산가액 산정시 사업과 무관한 부채도 공제하는지 여부 : 사업관련성 있는 부채를 공제해야한다고 해석하여 공제 제외한다는 취지의 사례, 지방세특례제도과-2712, 2019. 7. 11.
  * 개인이 현물출자를 통해 법인으로 전환하는 경우 유상취득으로 보고 취득세 과세표준과 세율을 적용하고 있음 (대법원 92누15895, 1993. 4. 27.)

② 추징규정

취득일로부터 5년 이내에 대통령령으로 정하는 정당한 사유 없이 해당 사업을 폐업하거나 해당 재산

을 처분(임대를 포함) 또는 주식을 처분하는 경우에는 경감 받은 취득세를 추징함.

　종전 "2년 이내"로 규정되어 있었으나, 2018. 12. 24. 법률 제16041호로 개정되었음. 부칙으로 이 법 시행 전에 감면받은 경우는 종전의 추징규정을 적용하도록 함

　㉠ 대통령령으로 정하는 정당한 사유가 있으면 추징의 예외로 함

---

* 정당한 사유

1. 해당 사업용 재산이 「공익사업을 위한 토지 등의 취득 및 보상에 관한 법률」 또는 그 밖의 법률에 따라 수용된 경우
2. 법령에 따른 폐업·이전명령 등에 따라 해당 사업을 폐지하거나 사업용 재산을 처분하는 경우
3. 「조세특례제한법 시행령」 제29조 제7항 각 호의 어느 하나에 해당하는 경우
4. 「조세특례제한법」 제32조 제1항에 따른 법인전환으로 취득한 주식의 100분의 50 미만을 처분하는 경우

　－ 법인전환 취득세 감면 후, 2년 내에 법인합병으로 소멸된 경우: 개별자산의 처분이 아니고 포괄적인 승계이므로 해당사업을 폐지하거나 해당 재산을 처분하는 경우에 해당하지 않는다는 의견이 있으나, 처분에 해당하는 것으로 판단한 판례 대법원 2015두50481, 2015. 12. 10.

　－ 산업집적법에서 현물출자 허용하는 경우: 산업직접법과 지방세특례제한법의 입법목적이 각각 다르므로 산업입지법을 근거로 지특법상 취득세 추징을 배제할 수 없다는 취지의 판례, 대법원 2018두48908, 2018. 10. 12.

5 「지방세법」 제7조 제5항에 따라 과점주주가 해당 법인의 부동산등(같은 조 제1항에 따른 부동산등을 말한다)을 취득한 것으로 보아 부과하는 취득세(제57조의2⑤)

⑤ 다음 각 호의 어느 하나에 해당하는 경우에는 「지방세법」 제7조 제5항에 따라 과점주주가 해당 법인의 부동산등(같은 조 제1항에 따른 부동산등을 말한다)을 취득한 것으로 보아 부과하는 취득세를 2021년 12월 31일까지 면제한다.

1. 「금융산업의 구조개선에 관한 법률」 제10조에 따른 제3자의 인수, 계약이전에 관한 명령 또는 같은 법 제14조 제2항에 따른 계약이전결정을 받은 부실금융기관으로부터 주식 또는 지분을 취득하는 경우
2. 금융기관이 법인에 대한 대출금을 출자로 전환함에 따라 해당 법인의 주식 또는 지분을 취득하는 경우
3. 「독점규제 및 공정거래에 관한 법률」에 따른 지주회사(「금융지주회사법」에 따른 금융지주회사를 포함하되, 지주회사가 「독점규제 및 공정거래에 관한 법률」 제2조 제3호에 따른 동일한 기업집단 내 계열회사가 아닌 회사의 과점주주인 경우를 제외한다. 이하 이 조에서 "지주회사"라 한다)가 되거나 지주회사가 같은 법 또는 「금융지주회사법」에 따른 자회사의 주식을 취득하는 경우. 다만, 해당 지주회사의 설립·전환일부터 3년 이내에 「독점규제 및 공정거래에 관한 법률」에 따른 지주회사의 요건을 상실하게 되는 경우에는 면제받은 취득세를 추징한다.

4. 「예금자보호법」제3조에 따른 예금보험공사 또는 같은 법 제36조의3에 따른 정리금융회사가 같은 법 제36조의5 제1항 및 제38조에 따라 주식 또는 지분을 취득하는 경우

5. 한국자산관리공사가 「한국자산관리공사 설립 등에 관한 법률」 제26조 제1항 제1호에 따라 인수한 채권을 출자전환함에 따라 주식 또는 지분을 취득하는 경우

6. 「농업협동조합의 구조개선에 관한 법률」에 따른 농업협동조합자산관리회사가 같은 법 제30조제3호 다목에 따라 인수한 부실자산을 출자전환함에 따라 주식 또는 지분을 취득하는 경우

7. 「조세특례제한법」제38조 제1항 각 호의 요건을 모두 갖춘 주식의 포괄적 교환·이전으로 완전자회사의 주식을 취득하는 경우. 다만, 같은 법 제38조 제2항에 해당하는 경우(같은 조 제3항에 해당하는 경우는 제외한다)에는 면제받은 취득세를 추징한다.

8. 「자본시장과 금융투자업에 관한 법률」에 따른 증권시장으로서 대통령령으로 정하는 증권시장에 상장한 법인의 주식을 취득한 경우

(1) 해석사례

① 과점주주 지분을 상속취득시 감면여부

간주취득세 납세의무를 부담하는 과점주주에 해당하는지 여부는 과점주주 중 특정 주주 1인의 주식 또는 지분의 증가를 기준으로 판단하는 것이 아니라 일단의 과점주주 전체가 소유한 총주식 또는 지분 비율의 증가를 기준으로 판단하여야 하는 점에 비추어 볼 때, 과점주주 사이에 주식 또는 지분이 이전되거나 기존의 과점주주와 친족 기타 특수관계에 있으나 당해 법인의 주주가 아니었던 자가 기존의 과점주주로부터 그 주식 또는 지분의 일부를 이전받아 새로이 과점주주에 포함되었다고 하더라도 일단의 과점주주 전체가 보유한 총주식 또는 지분의 비율에 변동이 없는 한 간주취득세의 과세대상이 될 수 없고, 기존의 과점주주와 친족 기타 특수관계에 있으나 당해 법인의 주주가 아니었던 자가 기존의 과점주주로부터 그 소유 주식 또는 지분 전부를 이전받았다고 하더라도 달리 볼 것은 아니다(조심2008지0148, 2008. 8. 12., 같은 취지의 대법원판결 2007두6588, 2008. 2. 29. 선고).

② 지주회사 감면요건

「조세특례제한법」제120조 제6항 제3호의 "공정거래법에 따른 지주회사가 되거나 지주회사가 같은 법에 따른 자회사의 주식을 취득하는 경우" 중 전단의 "지주회사가 되거나"의 범위에 이미 공정거래법상의 지주회사인 법인이 공정거래법상 지주회사의 행위제한 규정을 준수하기 위하여 이미 공정거래법상 지배관계에 있는 내국법인의 주식을 취득하여 그 내국법인의 지주회사가 되는 경우를 포함하는 것으로 보는 것이 타당하다 하겠고, 후단의 "지주회사가 자회사의 주식을 취득하는 경우"의 범위에 지주회사가 기존 자회사의 주식을 취득하는 경우와 지주회사가 공정거래법상 이미 지배관계에 있는 내국법인의 주식을 취득함으로써 공정거래법상 자회사가 되는 경우를 포함하는 것으로 보는 것이 타당하다 하겠다(조심 2013지0013, 2014. 12. 19.).

③ 기업구조조정과 과점주주 납세의무

청구법인이 2014. 4. 11. ○○○의 전환사채를 보통주로 전환하는 전환권을 행사하여 발행주식의 67.27%를 보유함에 따라 최초로 과점주주가 된 점, 청구법인이 과점주주가 될 당시 ○○○은 채권금융기관협의회와 경영정상화 이행약정을 맺어 구조조정을 진행하고 있었으나 이는 청구법인, ○○○ 간의 자율적인 협의를 통하여 원활하게 경영정상화가 되도록 하는 절차일 뿐이라 그 이행약정으로 인하여 채권의 내용 또는 주주권의 행사에 일정한 제약이 따른다고 하더라도 과점주주로서의 권리를 상실하거나 주주권의 행사에 직접적인 제한을 받는 등 세법적인 평가까지 당연히 변경된다고 보기는 어려운 점, 위와 같은 협의에 따라 주주권의 행사에 일정한 제한이 가하여진다 하여도 「채무자 회생 및 파산에 관한 법률」의 경우와는 달리 청구법인이 ○○○의 주주권을 행사함에 있어 법적인 제한이 존재하는 것은 아닌 점 등에 비추어 청구법인은 ○○○의 실질적인 과점주주에 해당함(조심2016지0522, 2016. 11. 22.).

④ 자회사편입에 따른 지주회사의 취득세 납세의무

지주회사를 간주취득세 부과대상에서 제외하고 있는 이 사건 감면조항의 입법취지는 지주회사의 설립이나 지주회사로의 전환에 대하여 세제혜택을 줌으로써 소유와 경영의 합리화를 위한 기업의 구조조정을 지원하려는 데에 있다(대법원 2014. 1. 23. 선고, 2011두2781 판결 등 참조). 그렇다면 이미 공정거래법에 따른 지주회사로 설립 내지는 전환되었더라도 국내 회사를 자회사로 새로이 편입하여 그 국내 회사에 대한 지주회사가 되는 기업구조조정이 있는 경우에는 새로 지주회사를 설립하는 경우와 마찬가지로 여전히 이 사건 감면조항에 따른 세제혜택을 부여할 필요가 있음(대법원2016두59713, 2017. 4. 13.).

(2) 실무해설

부실금융기관 지원, 기업회생지원, 지배구조개선, 기업개방성 향상 등의 목적을 위해서 정책적으로 과점주주의 간주취득세를 면제함. 구체적으로 다음에 해당하는 경우에는 2012. 12. 31.까지 지방세법 제7조 제5항에 따라 과점주주가 해당법인의 부동산을 취득한 것으로 보아 부과하는 취득세를 면제함

제57조의2⑤	취지	내용
1호	부실금융기관 지원	「금융산업의 구조개선에 관한 법률」 제10조에 따른 제3자의 인수, 계약이전에 관한 명령 또는 같은 법 제14조 제2항에 따른 계약이전결정을 받은 부실금융기관으로부터 주식 또는 지분을 취득하는 경우
2호	기업회생지원	금융기관이 법인에 대한 대출금을 출자로 전환함에 따라 해당 법인의 주식 또는 지분을 취득하는 경우
3호	지배구조개선	「독점규제 및 공정거래에 관한 법률」에 따른 지주회사(「금융지주회사법」에 따른 금융지주회사를 포함하되, 지주회사가 「독점규제 및 공정거래에 관한 법률」 제2조 제3호에 따른 동일한 기업집단 내 계열회사가 아닌 회사의 과점주주인 경우를 제외한다. 이하 이 조에서 "지주회사"라 한다)가 되거나 지주회사가 같은 법 또는 「금융지주회사법」에 따른 자회사의 주식을 취득하는 경우. 다만, 해당 지주회사의 설립·전환일부터 3년 이내에 「독점규제 및 공정거래에 관한 법률」에 따른 지주회사의 요건을 상실하게 되는 경우에는 면제받은 취득세를 추징한다.
4호	부실금융기관 지원	「예금자보호법」 제3조에 따른 예금보험공사 또는 같은 법 제36조의 3에 따른 정리금융회사가 같은 법 제36조의5 제1항 및 제38조에 따라 주식 또는 지분을 취득하는 경우

제57조의2⑤	취지	내용
5호	기업회생지원	한국자산관리공사가 「한국자산관리공사 설립 등에 관한 법률」 제26조 제1항 제1호에 따라 인수한 채권을 출자전환함에 따라 주식 또는 지분을 취득하는 경우
6호	기업회생지원	「농업협동조합의 구조개선에 관한 법률」에 따른 농업협동조합자산관리회사가 같은 법 제30조 제3호 다목에 따라 인수한 부실자산을 출자전환함에 따라 주식 또는 지분을 취득하는 경우
7호	기업구조 개선	「조세특례제한법」 제38조 제1항 각 호의 요건을 모두 갖춘 주식의 포괄적 교환·이전으로 완전자회사의 주식을 취득하는 경우. 다만, 같은 법 제38조 제2항에 해당하는 경우(같은 조 제3항에 해당하는 경우는 제외한다)에는 면제받은 취득세를 추징한다.
8호	기업 개방성	코스닥증권시장에 상장한 법인의 주식을 취득한 경우

* 이미 지주회사인 법인이 비계열사를 자회사를 편입하는 경우 간주취득세 감면 가능한지?

본 규정 3호는 단순·투명한 출자구조를 가진 지주회사 체제로의 설립 및 전환을 촉진하기 위하여, 지배구조 개선 과정에서 간주취득세 등에 세제혜택을 부여하고 있다. 비계열사 법인은 지주회사의 자회사가 아니므로 법문언 요건에 해당하지 않아 감면 대상에서 제외해야 한다. 그간에 유권해석 사례(지방세특례제도과-315, 2014. 12. 14.)와 달리 대법원 판례(2017. 4. 13. 선고 2016두59713)의 경우 지주회사가 비계열사 주식을 취득하여 지주회사가 된 경우까지 감면대상으로 판시하여 적용에 혼선이 있었다. 이를 해소하기 위해 2018. 12. 24. 개정으로 과점주주 간주취득세가 면제되는 지주회사의 범위에 지주회사가 동일한 기업집단 내 계열회사가 아닌 회사의 과점주주인 경우를 제외한다고 규정하였다. 해당 규정은 2019. 1. 1. 이후 납세의무 성립하는 분부터 적용한다.

---

6 **「농업협동조합법」에 따라 설립된 농업협동조합중앙회(이하 이 조에서 "중앙회"라 한다)가 같은 법에 따라 사업구조를 개편하는 경우 제1호 및 제2호의 구분에 따른 등기(제57조의2⑥)**

⑥ 「농업협동조합법」에 따라 설립된 농업협동조합중앙회(이하 이 조에서 "중앙회"라 한다)가 같은 법에 따라 사업구조를 개편하는 경우 제1호 및 제2호의 구분에 따른 등기에 대해서는 2017년 12월 31일까지 등록면허세를 면제하고, 제3호의 경우에는 취득세를 면제한다.

1. 법률 제10522호 농업협동조합법 일부개정법률 부칙 제3조에 따라 자본지원이 이루어지는 경우 그 자본증가에 관한 등기

2. 법률 제10522호 농업협동조합법 일부개정법률 부칙 제6조에 따라 경제사업을 이관하는 경우 다음 각 목의 어느 하나에 해당하는 등기

가. 중앙회에서 분리되는 경제자회사의 법인설립등기

나. 「농업협동조합법」 제161조의2에 따라 설립된 농협경제지주회사가 중앙회로부터 경제사업을 이관(「상법」 제360조의2에 따른 주식의 포괄적 교환을 포함한다)받아 자본이 증가하는 경우 그 자본증가에 관한 등기

3. 「농업협동조합법」 제134조의2에 따라 설립된 농협경제지주회사가 이 조 제3항제3호에 따라 중앙회로부터 경제사업을 이관받아 취득하는 재산

7 법률 제12663호 한국산업은행법 전부개정법률 부칙 제3조 제1항에 따라 한국산업은행이 산은금융지주주식회사 및 「한국정책금융공사법」에 따른 한국정책금융공사와 합병하는 경우(제57조의2⑦)

⑦ 법률 제12663호 한국산업은행법 전부개정법률 부칙 제3조 제1항에 따라 한국산업은행이 산은금융지주주식회사 및 「한국정책금융공사법」에 따른 한국정책금융공사와 합병하는 경우 그 자본증가에 관한 등기에 대해서는 2015년 12월 31일까지 등록면허세의 100분의 90을 경감한다.

8 「기업 활력 제고를 위한 특별법」 제4조 제1호에 해당하는 내국법인이 산업 내 과잉공급 해소와 해당 법인의 생산성 향상을 위하여 같은 법 제10조 또는 제12조에 따라 주무부처의 장이 승인 또는 변경승인한 사업재편계획에 의해 합병 등 사업재편을 추진하는 경우 해당 법인에 대한 법인등기(제57조의2⑧)

⑧ 「기업 활력 제고를 위한 특별법」 제4조 제1호에 해당하는 내국법인이 산업 내 과잉공급 해소와 해당 법인의 생산성 향상을 위하여 같은 법 제10조 또는 제12조에 따라 주무부처의 장이 승인 또는 변경승인한 사업재편계획에 의해 합병 등 사업재편을 추진하는 경우 해당 법인에 대한 법인등기에 대하여 등록면허세의 100분의 50을 2021년 12월 31일까지 경감한다. 다만, 같은 법 제13조에 따라 사업재편계획 승인이 취소된 경우에는 경감된 등록면허세를 추징한다.

9 「수산업협동조합법」에 따라 설립된 수산업협동조합중앙회(이하 이 항에서 "중앙회"라 한다)가 대통령령으로 정하는 바에 따라 분할한 경우(제57조의2⑨)

⑨ 「수산업협동조합법」에 따라 설립된 수산업협동조합중앙회(이하 이 항에서 "중앙회"라 한다)가 대통령령으로 정하는 바에 따라 분할한 경우에는 다음 각 호에서 정하는 바에 따라 지방세를 면제한다.
 1. 대통령령으로 정하는 바에 따른 분할로 신설된 자회사(이하 이 항에서 "수협은행"이라 한다)가 그 분리로 인하여 취득하는 재산에 대해서는 취득세를 2016년 12월 31일까지 면제한다.
 2. 수협은행의 법인설립등기에 대해서는 등록면허세를 2016년 12월 31일까지 면제한다.

10 「금융산업의 구조개선에 관한 법률」 제4조에 따른 금융위원회의 인가를 받고 「법인세법」 제44조 제2항에 해당하는 금융회사 간의 합병을 하는 경우 금융기관이 합병으로 양수받은 재산(제57조의2⑩)

⑩ 「금융산업의 구조개선에 관한 법률」 제4조에 따른 금융위원회의 인가를 받고 「법인세법」 제44조 제2항에 해당하는 금융회사 간의 합병을 하는 경우 금융기관이 합병으로 양수받은 재산에 대해서는 취

득세의 100분의 50을 2021년 12월 31일까지 경감하고, 합병으로 양수받아 3년 이내에 등기하는 재산에 대해서는 2021년 12월 31일까지 등록면허세의 100분의 50을 경감한다. 다만, 합병등기일부터 3년 이내에 「법인세법」 제44조의3 제3항 각 호의 어느 하나에 해당하는 사유가 발생하는 경우(같은 항 각 호 외의 부분 단서에 해당하는 경우는 제외한다)에는 경감된 취득세를 추징한다.

2. 수협은행의 법인설립등기에 대해서는 등록면허세를 2016년 12월 31일까지 면제한다.

4 연도별 감면율

1 합병에 대한 취득세 감면(제57조의2①)

구분	2015	2016	2017	2018	2019	2020
취득세	100%	100%	100%	100%	50~60%	50~60%
농특세	비과세	비과세	비과세	비과세	비과세	비과세
최소납부	미적용	적용	적용	적용	미적용	미적용

2 기업구조 조정지원 감면(제57조의2③)

구분	2015	2016	2017	2018	2019	2020
취득세	면제	면제	면제	면제	75%	50%
농특세	1~3호 비과세	1~3호 비과세	1~3호 비과세	1~3호 비과세	1~3호 비과세	1~3호 비과세
최소납부	미적용	적용(5호,7호 미적용)	적용(5호,7호 미적용)	적용(5호,7호 미적용)	대상제외	대상제외

3 조세특례제한법 제32조에 따른 현물출자 또는 사업양수도에 따른 사업용 고정자산에 대한 감면(제57조의2④)

구분	2015	2016	2017	2018	2019	2020
취득세	면제	면제	면제	면제	75%	75%
농특세6	과세	과세	과세	과세	과세	과세
최소납부	미적용	미적용	미적용	미적용	대상제외	대상제외

4 「지방세법」 제7조 제5항에 따라 과점주주가 해당 법인의 부동산등(같은 조 제1항에 따른 부동산등을 말한다)을 취득한 것으로 보아 부과하는 취득세(제57조의2⑤)

구분	2015	2016	2017	2018	2019	2020
취득세	-	-	-	-	면제	면제
농특세	과세	과세	과세	과세	과세	과세
최소납부	미적용	미적용	미적용	미적용	미적용	적용

* 농협금융지주회사에 대한 「지방세특례제한법」 제57조의 2 제5항 제3호는 농특세 비과세

1 참조법령

■ 국유재산법 시행령 [별표 1] 〈개정 2019. 9. 10.〉

정부출자기업체의 범위(제2조 관련)

1. 「금융회사부실자산 등의 효율적 처리 및 한국자산관리공사의 설립에 관한 법률」에 따른 한국자산관리공사

2. 「한국농수산식품유통공사법」에 따른 한국농수산식품유통공사

3. 「대한무역투자진흥공사법」에 따른 대한무역투자진흥공사

4. 「대한석탄공사법」에 따른 대한석탄공사

4의2. 「방송광고판매대행 등에 관한 법률」에 따른 한국방송광고진흥공사

5. 「방송법」에 따른 한국방송공사

6. 「인천국제공항공사법」에 따른 인천국제공항공사

7. 주식회사 서울신문사

8. 「한국감정원법」에 따른 한국감정원

9. 「중소기업은행법」에 따른 중소기업은행

10. 「한국가스공사법」에 따른 한국가스공사

11. 「한국공항공사법」에 따른 한국공항공사

12. 「한국관광공사법」에 따른 한국관광공사

13. 「한국광물자원공사법」에 따른 한국광물자원공사

14. 「한국교육방송공사법」에 따른 한국교육방송공사

15. 「한국농어촌공사 및 농지관리기금법」에 따른 한국농어촌공사

16. 「한국도로공사법」에 따른 한국도로공사

17. 삭제 〈2011. 10. 14〉

18. 「한국석유공사법」에 따른 한국석유공사

19. 「한국수자원공사법」에 따른 한국수자원공사

20. 「한국수출입은행법」에 따른 한국수출입은행

21. 「한국전력공사법」에 따른 한국전력공사

22. 「한국산업은행법」에 따른 한국산업은행

23. 「한국조폐공사법」에 따른 한국조폐공사

24. 「한국철도공사법」에 따른 한국철도공사

25. 「한국토지주택공사법」에 따른 한국토지주택공사

26. 「항만공사법」에 따른 항만공사

27. 「한국주택금융공사법」에 따른 한국주택금융공사

28. 「한국해양진흥공사법」에 따른 한국해양진흥공사

29. 「새만금사업 추진 및 지원에 관한 특별법」에 따른 새만금개발공사

30. 「해외건설 촉진법」에 따른 한국해외인프라·도시개발지원공사

PART

03

기업 재무구조 개선 등에 대한 감면(제57조의3)

PART 03

기업 재무구조 개선 등에 대한 감면(제57조의3)

1 현행규정

> **법** **제57조의3(기업 재무구조 개선 등에 대한 감면)**

① 다음 각 호에 해당하는 재산의 취득에 대해서는 취득세를 2021년 12월 31일까지 면제한다. (2018. 12. 24. 개정)

1. 「금융산업의 구조개선에 관한 법률」 제2조 제1호에 따른 금융기관, 한국자산관리공사, 예금보험공사, 정리금융회사가 같은 법 제10조 제2항에 따른 적기시정조치(영업의 양도 또는 계약이전에 관한 명령으로 한정한다) 또는 같은 법 제14조 제2항에 따른 계약이전결정을 받은 부실금융기관으로부터 양수한 재산 (2015. 12. 22. 개정; 예금자보호법 부칙)

2. 「농업협동조합법」에 따른 조합, 「농업협동조합의 구조개선에 관한 법률」에 따른 상호금융예금자보호기금 및 농업협동조합자산관리회사가 같은 법 제4조에 따른 적기시정조치(사업양도 또는 계약이전에 관한 명령으로 한정한다) 또는 같은 법 제6조 제2항에 따른 계약이전결정을 받은 부실조합으로부터 양수한 재산 (2014. 12. 31. 신설)

3. 「수산업협동조합법」에 따른 조합 및 「수산업협동조합의 부실예방 및 구조개선에 관한 법률」에 따른 상호금융예금자보호기금이 같은 법 제4조의 2에 따른 적기시정조치(사업양도 또는 계약이전에 관한 명령으로 한정한다) 또는 같은 법 제10조 제2항에 따른 계약이전결정을 받은 부실조합으로부터 양수한 재산 (2020. 2. 18. 개정; 수산업협동조합의 구조개선에 관한 법률 부칙)

4. 「산림조합법」에 따른 조합 및 「산림조합의 구조개선에 관한 법률」에 따른 상호금융예금자보호기금이 같은 법 제4조에 따른 적기시정조치(사업양도 또는 계약이전에 관한 명령으로 한정한다) 또는 같은 법 제10조 제2항에 따른 계약이전결정을 받은 부실조합으로부터 양수한 재산 (2014. 12. 31. 신설)

5. 「신용협동조합법」에 따른 조합이 같은 법 제86조의 4에 따른 계약이전의 결정을 받은 부실조합으로부터 양수한 재산 (2015. 12. 29. 신설)

6. 「새마을금고법」에 따른 금고가 같은 법 제80조의 2에 따른 계약이전의 결정을 받은 부실금고로부터

양수한 재산 (2015. 12. 29. 신설)

② 한국자산관리공사가 「한국자산관리공사 설립 등에 관한 법률」 제26조 제1항 제9호 및 제10호에 따라 취득하는 재산에 대해서는 취득세를 2021년 12월 31일까지 면제한다. (2019. 11. 26. 개정; 금융회사 부실자산 등의 효율적 처리 및 한국자산관리공사의 설립에 관한 법률 부칙)

③ 한국자산관리공사가 「한국자산관리공사 설립 등에 관한 법률」 제26조 제1항 제7호에 따라 중소기업이 보유한 자산을 취득하는 경우에는 취득세의 100분의 50을 2020년 12월 31일까지 경감한다. (2019. 11. 26. 개정; 금융회사부실자산 등의 효율적 처리 및 한국자산관리공사의 설립에 관한 법률 부칙)

④ 한국자산관리공사가 중소기업의 경영 정상화를 지원하기 위하여 대통령령으로 정하는 요건을 갖추어 중소기업의 자산을 임대조건부로 2020년 12월 31일까지 취득하여 과세기준일 현재 해당 중소기업에 임대중인 자산에 대해서는 해당 자산에 대한 납세의무가 최초로 성립하는 날부터 5년간 재산세의 100분의 50을 경감한다. (2017. 12. 26. 신설)

영 **제28조의3(한국자산관리공사의 자산매입 및 임대 요건)**

법 제57조의 3 제4항에서 "대통령령으로 정하는 요건"이란 다음 각 호의 요건을 모두 갖출 것을 말한다. (2017. 12. 29. 신설)

1. 해당 중소기업으로부터 금융회사 채무내용 및 상환계획이 포함된 재무구조개선계획을 제출받을 것 (2017. 12. 29. 신설)

2. 해당 중소기업의 보유자산을 매입하면서 해당 중소기업이 그 자산을 계속 사용하는 내용의 임대차 계약을 체결할 것 (2017. 12. 29. 신설)

---

2 **개정연혁**

---

1 **2016년 개정 내용**

□ **신협, 새마을금고 양수재산 감면 신설 (제57조의3)**

개정 전	개정 후
제57조의3(기업 재무구조 개선 등에 대한 감면) ① 다음 각 호에 해당하는 재산의 취득에 대해서는 취득세를 2015년 12월 31일까지 면제한다.	제57조의3(기업 재무구조 개선 등에 대한 감면) ① -- 2018년 12월 31일 ----------.
1. ~ 4. (생략)	1. ~ 4. (현행과 같음)
〈신설〉	5. 「신용협동조합법」에 따른 조합이 같은 법 제86조의4에 따른 계약이전의 결정을 받은 부실조합으로부터 양수한 재산
〈신설〉	6. 「새마을금고법」에 따른 금고가 같은 법 제80조의2에 따른 계약이전의 결정을 받은 부실금고로부터 양수한 재산

개정이유 ▶

● 농협·수협 등과의 형평성 고려, 부실조합(금고)로부터 계약이전결정에 따라 양수하는 재산 감면

적용요령 ▶

● 이 법 시행('16. 1. 1.) 후부터 적용

2 ▶ 2018년 개정 내용

□ **자산관리공사의 위기중소기업 지원 관련 감면 (제57조의3 제4항)**

감면목적 ▶

● 한국자산관리공사에서 운영 중인 위기중소기업 경영정상화 프로그램을 지원

감면대상 ▶

● 자산관리공사가 임대조건부로 중소기업 자산을 취득 후, 해당 중소기업 임대 중인 경우

감면내용 ▶

● **재산세 50%(5년간)** (일몰기한: 2020. 12. 31.)

　　※ 취득세는 제57조의3 제3항에 따라 감면(50%) 가능

3 ▶ 2019년 개정 내용

감면내용 ▶

● (한국자산관리공사) 국가정책에 따른 공공기관 이전 시 매각되지 않은 공공기관의 종전 부동산 처분을 위탁받아 관리하는 등 업무의 공공성인정, 최소납부세 적용 중인 점 등을 고려 현행 연장

기존규정 ▶

● (감면율) 취득세 100%

● (일몰기한) 2018. 12. 31.

개정규정 ▶

- (감면율) 취득세 100%
- (일몰기한) 2021. 12. 31.

▶ 개정 연혁 요약[6]

2016. 1. 1. 시행, 농협·수협 등과의 형평성 고려, 부실조합(금고)으로부터 계약이전 결정에 따라 양수하는 재산에 대한 감면규정을 신설하였다(법 제57조의3① 5·6호).

2018. 1. 1. 시행, 지방세특례제한법 개정으로 한국자산관리공사의 위기중소기업 지원 프로그램에 대한 취득세 50% 감면규정을 2020. 12. 31.까지 3년간 연장하였으며, 재산세 감면(50%) 규정도 신설하였다.

2019. 1. 1. 시행, 지방세특례제한법 개정으로 부실 금융기관으로부터 재산 양수 등 취득세 감면(100%)에 대해 부실기관 구조개선 지원 필요성을 인정하여 2021. 12. 31.까지 3년간 연장('19년부터 최소납부세제 적용)하였다(법 ①).

2019. 1. 1. 시행, 지방세특례제한법 개정으로 한국자산관리공사의 이전공공기관 자산 관리 처분 대행 등에 대한 취득세 감면(100%)은 국가정책에 따른 공공기관 이전 시 매각되지 않은 공공기관의 종전 부동산 처분을 위탁받아 관리하는 등 업무의 공공성을 인정하여 2021. 12. 31.까지 3년간 연장하였다(법 ②).

---

3 **해석사례 및 실무해설[7]**

1 **해석사례**

① 등록세 감면분에 대한 농어촌특별세를 부과하는 경우

대도시 내의 신설법인이 계약이전결정을 받은 부실금융기관으로부터 본점으로 사용하던 부동산을 인수하여 그대로 본점으로 사용하였다 할지라도 법인설립 이후 5년 이내 취득하고 같은 해 소유권 이전등기를 마친 이상 구 지방세법 제13조 제1항 제3호 등록세 중과세 대상이라 하겠으며, 등록세는 감면적용되므로 감면분에 대한 농어촌특별세를 부과한 처분은 잘못이 없음(행자부 지방세정팀 2004-0176, 2004. 6. 28.).

② 등록면허세 면제대상이 아닌 경우

한국자산관리공사가 2010년 인수계약 체결 및 인수대금을 지급한 부실채권에 대한 근저당이전등기를 하는 경우에 그 납세의무의 성립시기가 2011년도에 발생되면, 現「지방세법」제23조 제1호의 규정에 따

---

6) 오정의 외 2, 지방세 4법 해설과 실무사례, 삼일인포마인, 2020, 1714쪽
7) 구본풍 외 2, 지방세특례제한법 이론과 실무, 삼일인포마인, 2019, 840~860쪽

른 등록면허세 과세대상에 해당되며, 現「조세특례제한법」제119조에서 면제 등으로 별도로 규정한 것이 없으므로 등록면허세 면제대상이 아니다(지방세운영과-465, 2011. 1. 27.).

2 실무해설

(1) 감면내용

본 규정은 금융산업의 구조개선을 위하여 금융간의 건전한 경쟁을 촉진하고, 금융기관의 일시적 유동성 부족 등에 대한 금융 시장기능의 원활한 수행을 위한 세제지원을 목적으로 한다.

금융기관, 농협 등이 적기시정조치(사업양도 도는 계약이전에 관한 명령으로 한정) 또는 계약이전결정을 받은 기관으로부터 취득하는 재산에 대해서는 2021. 12. 31.까지 취득세를 면제한다. 또한, 한국자산관리공사가 금융회사부실자산 등의 효율적 처리 및 한국자산관리공사의 설립에 관한 법률 제26조 제1항 제9호 및 제10호에 따라 취득하는 재산에 대해서는 2021. 12. 31.까지 면제하고 같은 항 제7호에 따라 한국자산관리공사가 중소기업기본법에 따른 중소기업이 보유한 자산을 취득하는 경우에는 2020. 12. 31.까지 취득세의 100분의 50을 경감한다.

참고로, 제57조의3의 제2항의 경우에는 한국자산관리공사가 국가정책에 따른 공공기관 이전 시에 매각되지 않은 공공기관의 종전 부동산 처분을 위탁받아 효율적으로 관리하고 있으며 업무 목적이 공공성이 높은 점, 최소납부세제가 현재도 적용 중인 점을 고려하여 취득세 면제규정이 지속적으로 연장되어 왔다.

(2) 감면대상자

㉠ 금융위원회의 영업의 양도 또는 계약이전에 관한 명령에 따라 금융산업의 구조개선에 관한 법률에 따른 적기시정조치 및 계약이전결정을 받아 금융기관으로부터 재산을 양수한 제2조 제1호에 따른 금융기관, 한국자산관리공사, 예금보험공사, 정리금융기관(법 제1항 제1호)

㉡ 농림축산식품부장관의 적기시정조치(사업양도 도는 계약이전에 관한 명령으로 한정) 또는 계약이전결정을 받은 부실조합으로부터 재산을 양수한 농업협동조합에 따른 조합, 농업협동조합의 구조개선에 관한 법률에 따른 상호금융예금자보호기금 및 농업협동조합자산 관리회사(법 제1항 제2호)

㉢ 해양수산부장관의 적기시정조치(사업양도 도는 계약이전에 관한 명령으로 한정) 또는 계약이전결정을 받은 부실조합으로부터 재산을 양수한 수산업협동조합법에 다른 조합 및 수산업협동조합의 구조개선에 관한 법률에 따른 상호금융예금자보호기금(법 제1항 제3호)

㉣ 산림청장이 적기시정조치(사업양도 도는 계약이전에 관한 명령으로 한정) 또는 계약이전결정을 받은 부실조합으로부터 재산을 양수한 산림조합법에 따른 조합 및 산림조합의 구조개선에 관한 법률에 따른 상호금융예금자보호기금(법 제1항 제4호)

㉤ 신용협동조합법 제86조의4에 따른 계약이전의 결정을 받아 부실조합으로부터 재산을 양수한 신용협동조합(법 제1항 제5호)

ⓗ 새마을금고법 제80조의2에 따른 계약이전의 결정을 받아 부실금고로부터 재산을 양수한 새마을 금고(법 제1항 제6호)

ⓢ 한국자산관리공사는 다음과 같은 경우 감면대상에 해당한다.

- 금융회사부실자산 등의 효율적 처리 및 한국자산관리공사의 설립에 관한 법률 제26조 및 제1항 제9호 및 제10호에 따라 재산을 취득하는 경우(법 제2항)

- 금융회사부실자산 등의 효율적 처리 및 한국자산관리공사의 설립에 관한 법률 제26조 제1항 제7호 에 따라 중소기업기본법에 따른 중소기업이 보유한 자산을 취득하는 경우(법 제3항)

- 한국자산관리공사의 자산 매입 후 재임대 프로그램은 협업기관으로부터 추천받은 구조개선이 필요한 대상 기업들의 자산을 매입하고 자산을 매각한 양도자로부터 해당 자산을 다시 재임대하는 방식으로 서울회생법원, 중소기업진흥공단, 기술보증기금, 각종 금융기관 등에서 추천받은 기업들이 한국자산관리공사에 자산 매입 신청을 하게 되면 심사를 거쳐 자산매입과 재임대가 이루어지게 되는데, 자산매입에 해당하는 경우 감면대상에 해당함, 다만 이 경우 한국자산관리공사는 해당 중소기업으로부터 금융회사 채무내용 및 상환계획이 포함된 재무구조개선계획을 제출받아야 하며, 중소기업의 보유자산을 매입하면서 해당 중소기업이 그 자산을 계속 사용하는 내용의 임대차계약을 체결하여야 함(법 제4항).

(3) 감면대상 재산

ⓐ 금융기관의 재무상태의 기준미달, 금융사고 및 부실채권 발생 등에 따른 적기시정조치 명령을 받은 부실금융기관과 적기시정조치 명령의 이행이 어렵고 부실금융기관의 합병 등이 이루어지기 어려우며 자금사정이 급격히 악화되어 금융위언회로부터 계약이전 결정을 받은 부실금융기관 등으로부터 금융기관, 한국자산관리공사, 예금보험공사, 정리금융기관이 양수한 재산(법 제1항 제1호)

ⓑ 금융기관의 재무상태의 기준미달, 금융사고 및 부실채권 발생 등에 따른 적기시정조치 명령을 받은 부실금융기관과 적기시정조치 명령의 이행이 어렵고 부실금융기관의 합병 등이 이루어지기 어려우며 자금사정이 급격히 악화되어 금융위원회로부터 계약이전 결정을 받은 부실금융기관 등으로부터 각각의 조합 상호금융예금자보호기금 등이 양수한 재산(법 제1항 제2호)

ⓒ 한국자산관리공사가 법령에 따라 국가기관 등으로부터 대행을 의리받은 압류재산의 매각, 대금 배분 등 사후관리 및 해당 재산의 가치의 보전·증대 등을 위한 관련 재산을 매입하거나, 국가기관 등으로부터 수임받은 재산의 관리·처분, 채권의 보전·추심 및 해당 재산의 가치의 보전·증대 등을 위한 관련 재산의 매입하는 재산에 대하여 취득세를 면제함. 또한, 한국자산관리공사가 구조개선 기업의 비업무용자산과 합병전환 등 구조조정을 도모하기 위해 법인과 그 계열기업의 자산을 관리 매각, 매매의 중개 및 금융회사 등의 건전성 향상을 위해 인수하여 정리하는 자산 중에서 중소기업이 봉한 자산을 취득하는 경우 취득세의 100분의 50을 감면(법 제1항 제3호)

ⓔ 한국자산관리공사에서는 2015년부터 만성적인 적자 등으로 인해 기업운영이 한계에 도달한, 이른 바 "한계중소기업"에 대한 구조개선 필요에 따라 해당 기업의 유동성 지원을 위해 한국자산관리공사에서 기업의 기존 자산을 매입하였다고 경영이 정상화된 후에 다시 재임대하는 "기업회생지원 프로그램"을 운영하는 바, 해당 프로그램을 위해 보유하고 있는 자산에 대하여 재산세 감면(재임대 기업의 임대료 등에 전가될 일부 비용을 지원하고자 하는 취지)(법 제1항 제4호)

(4) 적기시정조치

부실 경영의 소지가 있는 법인에 대하 금융 감독기관이 내리는 경영조치로 적기시정조치라는 제도가 있다. 적기시정조치란 금융기관의 건전성을 자본충실도, 경영실태평가 겨로가 등 경영상태를 기준으로 몇 단계의 등급으로 나누어 경영상태가 악화된 금융기관에 대하여 금융감독당국이 단계적으로 시정조치를 부과해나가는 제도를 말한다. 부실화 징후가 있는 금융회사에 대하여 적기에 경영개선을 유도·강제함으로써 부실화를 예방하고 경영정상화를 도모, 자본적정성 지표수준에 다라 적절한 경영개선 조치를 취하게 되며, 조기에 경영을 정상화하도록 하고 경영정상화의 가능성이 없는 금융기관은 조기에 퇴출시킨다. 산림조합은 산림조합의 구조개선에 관한 법률에 따라 회원조합에 대한 적기시정조치 제도를 시행하고 있으며, 적기시정조치는 상호금융예금자보호기금관리위원회의 심의를 거쳐 산림청장이 결정하되 부실우려조합(경영개선권고, 요구)에 대하여는 관리기관장이 결정하도록 규정하고 있다.

* 구조조정 추진 방법

부실이 우려되는 해당 법인(경영개선권고, 요구) 등에 대하여는 관리기관장이 적기시정조치를 통해 결정한다. 부실조합에 대한 구조조정 방법은 합병, 사업양도, 계약이전의 결정을 통해 시행된다.

- 합병: 2개 이상의 조합 중 1개의 조합이 다른 조합을 흡수하는 것으로서 흡수되는 조합은 청산절차 없이 법인격이 소멸되고 흡수 조합만이 존속한다. 전체 자산·부채를 실사기준으로 평가하고, 합병의 유인책으로 출자금을 보전하여 부채와 출자금이 자산을 초과하는 금액을 손실 보전한다.
- 사업양도: 사업의 전부 또는 일부에 대해 동 사업의 동일성을 유지하면서 양도하는 사업의 자산·부채는 물론 인적·물적자산 등 일체의 사업을 포괄적으로 이전하는 것으로 (신용)사업부문의 자산·부채를 실사기준으로 평가하고, 부채가 자산을 초과하는 금액에 대해서는 손실을 보전한다.
- 계약이전: 예금자 보호 및 계약인수의 프리미엄을 감안하여 직접비용뿐만 아니라 간접비용까지 고려하여 지원하는 것으로 전체 자산·부채를 실사기준으로 평가하고, 부채가 자산을 초과하는 금액을 손실 보전한다

구분	합병	사업양도	계약이전
개념	2개 이상의 조합의 법률적, 경제적으로 독립성을 잃고 계약에 의하여 법적 절차에 따라 1개의 조합으로 통합	특정사업분야의 동질성을 유지할 수 있는 범위 내에서 자산·부채 또는 사업을 할 수 있는 권리를 포괄적으로 양도(인적, 물적, 사업노하우, 거래처 등 함께 이전)	사업이용 거래에 관련된 계약을 선택적으로 이전(자산, 부채 계약관계만 이전) 합병 또는 자체 경영정상화 불가시 예금자 보호 및 금융제도의 안정성 유지를 위한 긴급한 조치로 실시
실제 적용 대상	조합여건이 합병이 가능할 경우 조치	경제사업만으로 존속이 가능할 경우 대상	자본적자 등이 심하여 회생불가능시 파산충격을 줄이기 위해 파산의 준비 절차로 이용
기본 가정	조건부합병명령을 받은 협동조합이 합병법인을 물색하여 합병을 추진하는 것으로 가정함	경영개선명령을 받은 협동조합의 상호금융부문을 사업영도하고 일반 경제사업만 유지하는 것을 가정함	조건부 계약이전명령을 받은 협동조합의 개별 자산 및 부채에 대한 처분과 계약이전을 가정함
이행 주체	합의에 의해 합병 당사자 조합이 이행	합의에 의한 양도·양수조합이 이행	조건부 계약이전명령을 받은 협동조합의 개별 자산 및 부채에 대한 처분과 계약이전을 가정함
고용 승계	법인의 권리·의무의 포괄적 승계이므로 고용승계의무가 있음	사업의 포괄적 승계이므로 고용승계의 무가 있음	사업이용에 관련된 계약의 이전이므로 이에 속하지 않는 고용계약은 이전대상이 아님
조합원 지위	조합원의 권리 및 의무는 포괄적으로 이관됨	조합원의 권리 및 의무는 이관되지 않음	조합원의 권리 및 의무는 이관되지 않음
파산과 관계	파산과 관계없음	파산과 관계없음	통상적으로 파산의 전단계
조치 수단	합병대상: 명령 인수대상: 권고	양도대상: 명령 양수대상: 권고	이전대상: 명령 인수대상: 권고
평가 방법	보유자산에 대하여 실사가치로 평가하고 합병의 유인책으로 출자금을 보전하는 것으로 가정함	양도자산 및 일반경제사업자산에 대하여 실사가치로 평가함	협동조합의 전제자산에 대해 청산가치로 평가하되 자산부족액을 모두 보전하는 것으로 가정함

4 연도별 감면율

1 제57조의3조 제1항

구분	2015	2016	2017	2018	2019	2020
취득세	면제	면제	면제	면제	면제	면제
농특세	2·3호 비과세	2·3호 비과세	2·3호 비과세	2·3호 비과세	2·3호 비과세	2·3호 비과세
최소납부	미적용	미적용	적용	적용	적용	적용

2 제57조의3조 제2항

구분	2015	2016	2017	2018	2019	2020
취득세	면제	면제	면제	면제	면제	면제
농특세	비과세	비과세	비과세	비과세	비과세	비과세
최소납부	미적용	미적용	적용	적용	적용	적용

3 ▶ **제57조의3조 제3항**

구분	2015	2016	2017	2018	2019	2020
취득세	50%	50%	50%	50%	50%	50%
농특세	과세	과세	과세	비과세	과세	과세
최소납부	미적용	미적용	미적용	미적용	미적용	미적용

4 ▶ **제57조의3조 제4항**

구분	2015	2016	2017	2018	2019	2020
재산세	-	-	-	50%	50%	50%
농특세	-	-	-	비과세	비과세	비과세
최소납부	-	-	-	미적용	미적용	미적용

한 권으로 끝내는
산업단지 입주기업
지방세 감면실무

PART
04

벤처기업 등에 대한 과세특례
(제58조)

PART 04

벤처기업 등에 대한 과세특례(제58조)

1. 현행규정

법 제58조 【벤처기업 등에 대한 과세특례】

① 「벤처기업육성에 관한 특별조치법」에 따라 지정된 벤처기업집적시설 또는 신기술창업집적지역을 개발·조성하여 분양 또는 임대할 목적으로 취득(「산업집적활성화 및 공장설립에 관한 법률」 제41조에 따른 환수권의 행사로 인한 취득을 포함한다)하는 부동산에 대해서는 취득세 및 재산세의 100분의 50을 각각 2020년 12월 31일까지 경감한다. 다만, 그 취득일부터 3년 이내에 정당한 사유 없이 벤처기업집적시설 또는 신기술창업집적지역을 개발·조성하지 아니하는 경우 또는 부동산의 취득일부터 5년 이내에 벤처기업집적시설 또는 신기술창업집적지역의 지정이 취소되거나 「벤처기업육성에 관한 특별조치법」 제17조의 3 또는 제18조 제2항에 따른 요건을 갖춘 날부터 5년 이내에 부동산을 다른 용도로 사용하는 경우에 해당 부분에 대해서는 경감된 취득세와 재산세를 추징한다. (2017. 12. 26. 개정)

② 「벤처기업육성에 관한 특별조치법」에 따라 지정된 벤처기업집적시설 또는 「산업기술단지 지원에 관한 특례법」에 따라 조성된 산업기술단지에 입주하는 자(벤처기업집적시설에 입주하는 자 중 벤처기업에 해당되지 아니하는 자는 제외한다)에 대하여 취득세, 등록면허세 및 재산세를 과세할 때에는 2020년 12월 31일까지 「지방세법」 제13조 제1항부터 제4항까지, 제28조 제2항·제3항 및 제111조 제2항의 세율을 적용하지 아니한다. (2018. 12. 24. 개정)

③ 「벤처기업육성에 관한 특별조치법」 제17조의 2에 따라 지정된 신기술창업집적지역에서 산업용 건축물·연구시설 및 시험생산용 건축물로서 대통령령으로 정하는 건축물(이하 이 조에서 "산업용 건축물 등"이라 한다)을 신축하거나 증축하려는 자(대통령령으로 정하는 공장용 부동산을 중소기업자에게 임대하려는 자를 포함한다)가 취득하는 부동산에 대해서는 2020년 12월 31일까지 취득세의 100분의 50을 경감하고, 그 부동산에 대한 재산세의 납세의무가 최초로 성립하는 날부터 3년간 재산세의 100

분의 50을 경감한다. 다만, 다음 각 호의 어느 하나에 해당하는 경우 그 해당 부분에 대해서는 경감된 취득세 및 재산세를 추징한다. (2017. 12. 26. 개정)

1. 정당한 사유 없이 그 취득일부터 3년이 경과할 때까지 해당 용도로 직접 사용하지 아니하는 경우 (2011. 12. 31. 신설)

2. 해당 용도로 직접 사용한 기간이 2년 미만인 상태에서 매각·증여하거나 다른 용도로 사용하는 경우 (2011. 12. 31. 신설)

④ 「벤처기업육성에 관한 특별조치법」에 따른 벤처기업에 대해서는 다음 각 호에서 정하는 바에 따라 지방세를 경감한다. (2016. 12. 27. 개정)

1. 「벤처기업육성에 관한 특별조치법」 제18조의 4에 따른 벤처기업육성촉진지구에서 그 고유업무에 직접 사용하기 위하여 취득하는 부동산에 대해서는 취득세의 1,000분의 375를 2022년 12월 31일까지 경감한다. (2020. 1. 15. 개정)

2. 과세기준일 현재 제1호에 따른 벤처기업육성촉진지구에서 그 고유업무에 직접 사용하는 부동산에 대해서는 재산세의 1,000분의 375를 2022년 12월 31일까지 경감한다. (2020. 1. 15. 개정)

영 　제29조 【산업용 건축물 등의 범위】

① 법 제58조 제3항 각 호 외의 부분 본문에서 "대통령령으로 정하는 건축물"이란 다음 각 호의 어느 하나에 해당하는 건축물을 말한다. (2017. 12. 29. 항번개정)

1. 「도시가스사업법」 제2조 제5호에 따른 가스공급시설용 건축물 (2016. 12. 30. 개정)

2. 「산업기술단지 지원에 관한 특례법」에 따른 연구개발시설 및 시험생산시설용 건축물 (2016. 12. 30. 개정)

3. 「산업입지 및 개발에 관한 법률」 제2조에 따른 공장·지식산업·문화산업·정보통신산업·자원비축시설용 건축물과 이와 직접 관련된 교육·연구·정보처리·유통시설용 건축물 (2016. 12. 30. 개정)

4. 「산업집적활성화 및 공장설립에 관한 법률」 제30조 제2항에 따른 관리기관이 산업단지의 관리, 입주기업체 지원 및 근로자의 후생복지를 위하여 설치하는 건축물(수익사업용으로 사용되는 부분은 제외한다) (2016. 12. 30. 개정)

5. 「집단에너지사업법」 제2조 제6호에 따른 공급시설용 건축물 (2016. 12. 30. 개정)

6. 「산업집적활성화 및 공장설립에 관한 법률 시행령」 제6조 제5항 제1호부터 제5호까지, 제7호 및 제8호에 해당하는 산업용 건축물 (2016. 12. 30. 개정)

② 법 제58조 제3항 각 호 외의 부분 본문에서 "대통령령으로 정하는 공장용 부동산"이란 「산업집적활성화 및 공장설립에 관한 법률」 제2조 제1호에 따른 공장을 말한다. (2017. 12. 29. 신설)

2 개정연혁

1 2016년 개정 내용

개정 전	개정 후
〈벤처기업직접시설 및 산업기술단지 입주 기업, 제58조②〉 • (감면율) 취·재·등(중과제외)	☞ **3년 연장** • (감면율) 취·재·등(중과제외) • (일몰기한) 2018. 12. 31.

2 2017년 개정 내용

개정 전	개정 후
〈②벤처기업육성촉진지구 내 벤처기업의 신·증축용 부동산, 제58조④〉 • (감면율) 취득·재산세 37.5%	☞ **3년 연장** • (감면율) 취득·재산세 37.5% • (일몰기한) 2019. 12. 31

3 2018년 개정 내용

□ 감면규정의 일몰기한 명확화

개정 전	개정 후
제58조(벤처기업 등에 대한 과세특례) ④ 「벤처기업육성에 관한 특별조치법」에 따른 벤처기업에 대해서는 다음 각 호에서 정하는 바에 따라 지방세를 경감한다. 1. (생략) 2. 2019년 12월 31일까지 취득하여 과세기준일 현재 제1호에 따른 벤처기업육성촉진지구에서 그 고유업무에 직접 사용하는 부동산에 대해서는 재산세의 1,000분의 375를 경감한다. 제58조의2(지식산업센터 등에 대한 감면) ① (생 략) ② 「산업집적활성화 및 공장설립에 관한 법률」 제28조의4에 따라 지식산업센터를 신축하거나 증축하여 설립한 자로부터 최초로 해당 지식산업센터를 분양받은 입주자(「중소기업기본법」 제2조에 따른 중소기업을 영위하는 자로 한정한다)에 대해서는 다음 각 호에서 정하는 바에 따라 지방세를 경감한다. 1. (생략) 2. 2019년 12월 31일까지 취득하여 과세기준일 현재 사업시설용으로 직접 사용하는 부동산에 대해서는 재산세의 1,000분의 375를 경감한다.	제58조(벤처기업 등에 대한 과세특례) ④ ---. 1. (현행과 같음) 2. 과세기준일 -- 1,000분의 375를 2019년 12월 31일까지 ------. 제58조의2(지식산업센터 등에 대한 감면) ① (현행과 같음) ② ---. 1. (현행과 같음) 2. 과세기준일 -- 1,000분의 375를 2019년 12월 31일까지 ------.

개정이유 ▶

● 벤처기업육성촉진지구내 벤처기업과 지식산업센터 입주기업에 대한 감면 규정의 일몰기한을 「지방

세특례제한법」상 타 감면 조문과 동일하게 규정할 필요

개정내용 ▶

● '2019년 12월 31일까지 취득하여 과세기준일 현재 고유업무용으로 직접 사용하는 부동 산에 대해 경감'을

➡ '과세기준일 현재 사업시설용으로 직접 사용하는 부동산에 대해서는 2019년 12월 31일까지 경감' 하는 것으로 개정

적용요령 ▶

● 해당 규정을 명확히 규정한 사항이므로 종전과 동일하게 적용

☐ 공장용 부동산 범위 명확화(지특령 제29조)

개정 전	개정 후
제29조(산업용 건축물 등의 범위) (생략)	제29조(산업용 건축물 등의 범위) ① (현행 제목 외의 부분과 같음)
〈신설〉	② 법 제58조제3항 각 호 외의 부분 본문에서 "대통령령으로 정하는 공장용 부동산"이란 「산업집적활성화 및 공장설립에 관한 법률」 제2조 제1호에 따른 공장을 말한다.

개정이유 ▶

● 신기술창업집적지역에서 산업용건축물을 신·증축하여 취득하는 경우 취득세 및 재산세를 감면하고

– 산업용건축물 중 공장용부동산은 신·증축 후 직접 사용하지 않고 중소기업자에게 임대하는 경우에 도 감면을 적용함

● 현재는 공장용 부동산의 의미를 구체화하여 규정하지 않고 있으므로

– 감면기준이 완화된 "공장용 부동산"에 대한 의미를 구체화하기 위해 "공장용 부동산"의 범위를 시 행령 위임하도록 개정('17년 법 개정안)

개정내용 ▶

● 산업용건축물 중 임대를 허용하는 "공장용 부동산"에 대한 범위를 규정

– 「산업입지 및 개발에 관한 법률」 제2조에 따른 공장에 해당하는 건축물

적용요령 ▶

● 입법취지를 명확히 하기 위한 것으로 기존과 동일하게 운영

4 **2019년 개정 내용**

개정 전	개정 후
〈⑨벤처기업집적시설 등, 제58조②〉 • (감면율) 취득세·등록면허세(중과배제) • (일몰기한) 2018. 12. 31.	☞ 3년 연장 • (감면율) 취득세·등록면허세(중과배제) • (일몰기한) 2020. 12. 31.

5 **2020년 개정 내용**

개정 전	개정 후
〈⑳벤처기업 고유업무 부동산(벤처기업육성촉진지구내), 제58조④〉 • (감면율) 취득세·재산세 37.5% • (일몰기한) 2019. 12. 31.	☞ 현행 3년 연장 • (감면율) 취득세·재산세 37.5% • (일몰기한) 2022. 12. 31.

▶ 개정 연혁 요약[8]

2015. 1. 1. 시행, 지방세특례제한법 개정으로 벤처기업집적시설 및 신기술창업집적지역 신증축에 대한 감면기한은 2017. 12. 31.까지 3년간 연장하고 유사성격의 집적시설과 형평성 등을 고려하여 감면폭을 축소(취득세 100% → 50% 등)

2015. 1. 1. 시행, 지방세특례제한법 개정으로 벤처기업집적시설 및 산업기술단지 입주 기업의 취득세·재산세·등록면허세에 대한 중과제외를 3년간 연장하였다.

2017. 1. 1. 시행, 지방세특례제한법 개정으로 벤처기업에 대한 취득세·재산세의 감면을 2019. 12. 31.까지 3년간 연장하였다.

2018. 1. 1. 시행, 지방세특례제한법 개정으로 벤처기업집적시설 또는 신기술창업집적지역을 개발·조성하여 분양·임대하는 부동산 및 신기술창업집적지역 입주기업의 부동산에 대한 취득세·재산세 감면지원을 일자리창출 등을 위해 2020. 12. 31.까지 3년간 연장하였다.

2019. 1. 1. 시행, 지방세특례제한법 개정으로 벤처기업집적시설의 취득세·등록면허세 중과세 배제규정에 대해 '14년 일몰 도래시 감면율을 축소하여 세부담이 증가한 점 등을 고려하여 2020. 12. 31.까지 2년간 연장하였다.

2020. 1. 1. 시행, 지방세특례제한법 개정으로 벤처기업 고유업무 부동산(벤처기업육성촉진지구내)에 대한 감면의 일몰을 연장(2022. 12. 31.)하였다(제58③).

---

8) 오정의 외 2, 지방세 4법 해설과 실무사례, 삼일인포마인, 2020, 1716~1717쪽

3 해석사례 및 실무해설

1 해석사례

(1) 벤처기업집적시설 등의 사업시행자에 대한 감면(제58조①)

「벤처기업육성에 관한 특별조치법」에 따라 지정된 벤처기업집적시설 또는 신기술창업집적지역을 개발·조성하여 분양 또는 임대할 목적으로 취득(「산업집적활성화 및 공장설립에 관한 법률」에 따른 환수권의 행사로 인한 취득을 포함)하는 부동산에 대한 취득세와 재산세를 각각 50% 감면하는 것으로서 "사업시행자"에 대한 감면이다.

하지만 취득일부터 3년 이내에 정당한 사유 없이 벤처기업집적시설 또는 신기술창업집적지역을 개발·조성하지 아니하는 경우나 부동산의 취득일부터 5년 이내에 벤처기업집적시설 또는 신기술창업집적지역의 지정이 취소되는 경우, 또는 「벤처기업육성에 관한 특별조치법」의 요건을 갖춘 날부터 5년 이내에 부동산을 다른 용도로 사용하는 경우에 해당 부분에 대해서는 경감된 취득세와 재산세를 추징한다.

① 벤처기업집적시설 등을 개발·조성하여 직접 사용하는 경우

벤처기업집적시설 또는 신기술창업집적지역에 대한 감면요건을 벤처기업집적시설 등을 개발·조성하는 자가 분양 또는 임대할 목적으로 취득하는 부동산으로 하고 있어 벤처기업집적시설 등을 개발·조성하고 그 시행자가 직접 사용하는 경우 감면 대상으로 볼 수 있는지에 대하여 조세심판례에서는 이를 감면대상으로 보고 있다.

㉮ 처분청은 청구법인이 쟁점부동산을 분양 또는 임대하지 않고 자가로 사용하였으므로 취득세 면제대상이 아니고, 설사 면제대상이라 하더라도 본사를 이전할 당시 벤처기업이 아니었으므로 5년 이내에 쟁점부동산을 다른 용도로 사용하는 경우에 해당한다는 의견이나, 벤처기업집적시설을 개발·조성하여 분양·임대할 목적으로 취득하는 부동산에는 벤처기업인 사업시행자가 자가사용하는 면적도 포함된다고 보는 것이 벤처기업집적시설의 개발·조성을 장려하기 위하여 취득세 등을 감면하는 입법취지 등에 부합한다(조심 2015지682, 2017. 1. 6., 같은 뜻임)고 보이는 점, 「벤처기업육성에 관한 특별조치법」은 기존 기업의 벤처기업으로의 전환과 벤처기업의 창업을 촉진하여 우리 산업의 구조조정을 원활히 하고 경쟁력을 높이는 데에 기여하는 것을 그 목적으로 하고 있는 점...(조심2017지0818, 2018. 10. 31.).

② 벤처기업집적시설로 지정받지 않은 상황에서 토지를 취득했고 이후 그 해당 토지가 벤처기업집적시설로 지정받는 경우[9]

제58조 제1항에서 "벤처기업집적시설로 지정을 받은 후 사업시행자가 부동산을 취득하는 경우"라고

---

9) 구본풍 외 2, 지방세특례제한법 이론과 실무, 삼일인포마인, 2020, 879쪽

규정하고 있음에도 현실적으로 해당 시설로 사용할 목적으로 취득하는 토지에 대해서는 감면 적용에 어려운 점이 있다. 그 이유는 벤처기업집적시설의 지정 및 관리지침(중기청 고시 제2013-37호)에서 신축 예정인 건축물을 해당 시설로 지정받기 위한 절차가 까다롭기 때문이다. 그런데 해당 시설로 지정받지 않는 상황에서 취득하는 토지에 대해 취득세 등을 감면하도록 판결하였다(대법원2014두35942, 2014. 11. 13.). 이는 벤처기업집적시설로 지정되기 전에 취득한 부동산에 대하여 취득세 등을 감면받았다고 하더라도, 그 취득일부터 3년 이내에 정당한 사유 없이 벤처기업집적시설을 개발·조성하지 않는 등의 일정한 사유가 발생하면 과세관청으로서는 감면된 취득세 등을 추징할 수 있으므로, 벤처기업집적시설의 지정 전에 취득한 부동산을 취득세 등의 감면대상에서 제외할 현실적인 필요성이 크지 않은 점, 해당 시설 사업시행자에게 감면혜택을 주는 대신에 임대료를 저렴하게 하여 벤처기업을 많이 입주시키라는 점을 고려할 때 단지 토지 취득시기가 해당 시설로 지정되기 이전이라는 이유만으로 감면을 배제하는 것은 불합리하다는 것이다. 다만, 이 법에서 군이 "해당 시설로 지정을 받은 경우"로 한정한 취지가 당초 이 법이 처음 입법될 당시에는 토지를 취득하고 개발조성을 통한 절차보다는 기존에 완공된 유휴 건축물을 대상으로 벤처기업집적시설의 입법 취지가 있지 않았나 판단된다. 하지만, 판례에서 보듯이 해당 시설 지정 이전과 이후를 차별할 합리적 이유가 크지 않음을 고려할 때 향후에는 이에 대한 제도개선이 필요하다고 본다.

③ 벤처기업집적시설에 입주 부적격 업체가 입주한 경우 추징 여부[10]

벤처기업집적시설을 개발 및 조성하는 시행자는 일정한 요건을 갖추어 해당 시설을 분양 또는 임대하여야 한다. 그리고 그 요건을 갖춘 날부터 5년간은 다른 용도로 사용할 수 없고 다른 용도로 사용하게 되는 경우 감면된 세액을 추징하게 된다.

벤처기업집적시설로 지정을 받고 나서 1년 이내 아래의 요건을 충족하여야 한다.

제18조(벤처기업집적시설의 지정 등)
② 제1항에 따라 지정을 받은 벤처기업집적시설은 지정받은 날(건축 중인 건축물은 「건축법」 제22조에 따른 건축물의 사용승인을 받은 날을 말한다)부터 1년 이내에 다음 각 호의 요건을 갖추어야 한다.
1. 벤처기업 등 대통령령으로 정하는 기업이 입주하게 하되, 입주한 기업 중에서 벤처기업이 4개 이상(「수도권정비계획법」 제2조 제1호에 따른 수도권 외의 지역은 3개 이상)일 것
2. 연면적의 100분의 70(「수도권정비계획법」 제2조 제1호에 따른 수도권 외의 지역은 100분의 50) 이상을 벤처기업 등 대통령령으로 정하는 기업이 사용하게 할 것
3. 제2호에 해당하지 아니하는 지정 면적은 벤처기업집적시설 등 대통령령으로 정하는 시설이 사용하게 할 것

제11조의8 (벤처기업집적시설의 지정 요건 등)
② 법 제18조 제2항 제1호에서 "벤처기업 등 대통령령으로 정하는 기업"이란 다음 각 호의 어느 하나에 해당하는 기업을 말한다. (2014. 3. 24. 개정)
1. 법 제24조 제2항에 따라 계속 입주하고 있는 기업 (2015. 11. 18. 신설)
2. 법 제25조에 따라 벤처기업으로 확인받은 기업 (2015. 11. 18. 호번개정)
3. 「조세특례제한법 시행령」 제6조 제6항에 따른 지식기반산업을 경영하는 중소기업 (2015. 11. 18. 호번개정)
4. 「산업집적활성화 및 공장설립에 관한 법률 시행령」 제6조 제2항에 따른 지식산업 또는 같은 조 제3항에 따른 정보통신산업을 경영하는 중소기업 (2015. 11. 18. 호번개정)
5. 창업보육센터에 3년 이상 입주한 경력이 있는 중소기업 (2015. 11. 18. 호번개정)

---

10) 서정훈 외 2, 지방세 비과세·감면 100선, 조세통람, 2020, 100쪽

그렇다면 벤처기업의 요건을 갖추어 지정을 받았으나, 지방세특례제한법 제58조 제1항 단서에서 정하는 기한(5년) 내에 지정 요건을 다시 충족하지 못하게 되는 경우 감면된 취득세 등의 추징 여부가 문제된다. 현행 규정에서는 다른 용도로 사용하는 경우에 취득세 및 재산세를 추징하도록 규정하고 있으므로 지정 요건이 미충족된 사유만으로 추징 사유에 해당된다고 볼 수 있는지가 쟁점이 되는 것이다.

유권해석에서는 '5년 이내에 다른 용도로 사용하는 경우 취득세와 재산세를 추징'한다는 의미를 지방세특례제한법 제58조 제1항 단서에서 정한 벤처기업집적시설 지정 요건을 충족한 상태에서 임대 등을 이행해야 한다는 것이다. 따라서 5년 이내에 당초 요건을 충족하지 못하게 되는 경우에는 벤처기업집적시설 지정이 취소된 사실이 없다 하여도 벤처기업집적시설의 입주적격요건에 해당되지 않으므로 추징 요건이 성립한다는 입장이다.

㉮ 입주 적격요건을 갖추어 벤처기업집적시설에 입주한 기업 중 일부가 그 규모의 확대로 중소기업에 해당하지 않게 되어, 벤처기업집적시설의 지정요건을 충족하지 못하게 된 경우, 해당 부동산을 다른 용도로 사용하는 경우에 해당한다(행정자치부 지방세특례제도과-768, 2015. 3. 19.).

조세심판례의 경우에는 과거에는 벤처기업집적시설의 지정을 취소한 사실이 없다고 하여도 벤처기업집적시설의 입주적격업체에 해당되지 아니한 법인이 입주하여 있다면 이는 벤처기업집적시설 이외의 다른 용도로 사용하는 경우에 해당한다고 보았다.

그러나 최근에는 벤처기업집적시설의 지정취소를 받은 사실이 없고, 만일 이를 다른 용도로 사용한 것으로 간주한다면 성장하는 벤처기업의 퇴거를 강제하는 조항으로 해석될 수 있어 벤처기업집적시설에 입주한 벤처기업을 지원하기 위한 취지와 배치된다는 이유로 지방세특례제한법 제58조 제1항 단서에서 정한 추징 사유인 다른 용도로 사용한 것에 해당되지 않는다고 보고 있다.

㉯ 법리를 살펴보건대, 「지방세법」 제276조 제3항 단서에 따라, 벤처기업집적시설로 지정받아 지방세를 면제받은 경우 벤처기업집적시설의 입주적격 업체의 70% 미만 사용 등으로 인하여 첫째, 벤처기업집적시설의 지정이 취소되거나 둘째, 그 요건을 갖춘 날부터 5년 이내 다른 용도로 사용하는 경우에 그 해당부분만이 면제된 지방세를 추징하는 법률구성요건이 성립하는 것으로 해석되는 바, 벤처기업집적시설의 지정을 취소한 사실이 없다 하여도, 벤처기업집적시설의 입주적격업체에 해당되지 아니한 법인이 입주하여 있다면 벤처기업집적시설 이외의 다른 용도로 사용하는 경우에 해당하여 면제된 지방세의 추징 요건이 성립하는 것이 타당함(조심2010지0500, 2010. 10. 26.).

㉰ 벤처기업집적시설에 입주하였던 벤처기업이 벤처기업에 해당하지 아니하게 된 경우에도 계속하여 벤처기업집적시설에 입주할 수 있게 한 점, 입주 당시 벤처기업으로 확인받은 기업이 벤처기업에서 벗어나더라도 벤처기업집적시설의 지정이 계속 유지된 경우 벤처기업집적시설에 사용한 것으로 보아야 한다(조심 2015지0682, 2017. 1. 6.).

④ 벤처기업집적시설 부속토지의 감면 대상 여부

지방세특례제한법 제58조제1항에 근거하여 지정된 벤처기업집적시설을 개발·조성하여 분양 또는 임대할 목적으로 취득하는 부동산에는 그 부속토지도 포함된다고 할 것이므로 지정된 이후에 취득하는 부속토지는 취득세 감면대상에 해당된다(안전행정부 지방세운영과-280, 2013. 4. 11.).

⑤ 공동사업시행자로서 사업을 진행하던 중 일부 사업자가 일부 지분을 3년 이내에 다른 공동사업시행자에게 매각한 경우

취득일부터 3년 이내에 정당한 사유없이 벤처기업집적시설을 개발·조성하지 아니하는 경우의 추징규정은 벤처기업집적시설을 개발·조성하여 분양 또는 임대할 목적으로 취득세를 면제받았으면 그 취득일부터 3년 이내에 개발·조성이라는 당초 감면목적에 부합되게 사용하라는 의미라고 할 것이나, 벤처기업집적시설 개발·조성의 주체에 대해서는 명시적으로 규정하고 있지 아니한 점, "매각"에 대해서는 감면세액 추징대상으로 열거하고 있지 아니한 점 등을 고려해 볼 때, 귀문과 같이 당초 사업시행자가 일부지분을 다른 사업시행자에게 매각한 경우라도 취득자가 당초 공동사업시행자로서의 지위를 계속 유지하면서 벤처기업집적시설을 개발·조성한 경우라면, 3년 이내 벤처기업집적시설 개발·조성이라는 당초 감면목적을 상실하였다고 볼 수 없으므로 감면세액 추징대상에 해당되지 아니한다고 판단됨(지방세운영과-2425, 2013. 9. 29.).

⑥ 토지를 취득한 후 벤처기업집적시설로 지정된 경우 감면 여부

토지의 취득 당시 소프트웨어집적시설(소프트웨어진흥시설)로 지정되진 않았지만 벤처기업집적시설용으로 용도를 한정하여 법인에게 매각하였고, 토지를 벤처기업집적시설의 용도밖에 사용할 수 없는 것이 명확하며 추후 실제 사용여부에 의해 취득세를 추징할 수 있는 점 등에 비추어 토지를 취득한 후 벤처기업집적시설로 지정된 경우라도 취득세 면제 대상에 해당됨(조심2014지1429, 2015. 3. 23.).

⑦ 취득세 감면혜택 적용 여부

과밀억제권역외 지역에서 사업을 운영하고 있는 벤처인증을 받은 법인이 과밀억제권역으로 이전하기 위해 사업장을 마련하는 경우, 해당 사업장이 벤처기업확인일로부터 4년 이내에 취득하는 사업용부동산인 경우 취득세 75% 감면혜택을 적용받을 수 있음(서울세제-17438, 2016. 12. 8.).

⑧ 건축물 취득일로부터 5년 내 벤처기업집적시설로 사용하지 아니한 경우 추징 여부

평일에는 건축물을 벤처기업집적시설로 사용하면서 주말에 한하여 고유업무에 지장을 초래하지 않는 범위 내에서 예식장의 연회장 등의 용도로 임대한 것을 벤처기업집적시설로 사용하지 아니한 것으로 보아 기 감면한 취득세 및 재산세 등을 부과한 처분은 잘못이 있다고 판단됨. 다만, 건축물 중 폐백실 등으로 사용되는 부분과 일반 식당, 치과, 문구점, 꽃집 등의 근린생활시설로 이용되고 있고, 그 이용자가 불특정다수인으로 나타나므로 이를 입주기업의 종업원을 위한 업무효율 증진이나 편의를 제공하는 후생복지시설로 보기에는 무리가 있어 부과처분은 타당함(조심2017지0548, 2018. 11. 15.).

(2) 벤처기업집적시설 등에 입주하는 자에 대한 감면(제58조②)

「벤처기업육성에 관한 특별조치법」에 따라 지정된 벤처기업집적시설 또는 「산업기술단지 지원에 관한 특례법」에 따라 조성된 산업기술단지에 "입주하는 자"에 대해서 취득세, 등록면허세 및 재산세를 과세할 때, 과밀억제권역의 취득세 중과세, 대도시의 등록면허세 중과세와 중과세가 제외되지 않는 업종으로의 변경 또는 업종추가에 따른 등록면허세 중과세, 과밀억제권역의 재산세 중과세에 따른 세율을 적용하지 않고 일반세율을 적용한다.

(3) 신기술창업집적지역에서의 산업용 건축물 등에 대한 감면(제58조③)

「벤처기업육성에 관한 특별조치법」 따라 지정된 신기술창업집적지역에서 "산업용 건축물등"을 신축하거나 증축하려는 자(대통령령으로 정하는 "공장용 부동산"을 '중소기업자'에게 임대하려는 자를 포함)가 취득하는 부동산에 대해서는 취득세와 재산세를 감면하는 것이며, 정당한 사유 없이 그 취득일부터 3년이 경과할 때까지 해당 용도로 직접 사용하지 아니하거나 해당 용도로 직접 사용한 기간이 2년 미만인 상태에서 매각·증여하거나 다른 용도로 사용하는 경우에는 추징 대상이 된다. 여기에서도 "직접 사용"에 대해서는 「지방세특례제한법」 제1항 제2조 제8호의 규정을 적용하지만, 중소기업자에게 임대하려는 자를 포함하므로 중소기업자에게 임대하는 경우는 추징대상이 되지 않는다.

다만, 중소기업자에게 임대하는 경우는 "산업용 건축물"등이 아니라 "공장용 부동산"으로 한정하고 있고, 이는 「산업집적활성화 및 공장설립에 관한 법률」 제2조 제1호에 따른 공장(표준산업분류에 따른 제조업)을 말하므로 감면대상의 범위가 산업용 건축물등보다 훨씬 좁다는 것에 유의해야 한다.

(4) 벤처기업에 대한 감면(제58④)

「벤처기업육성에 관한 특별조치법」에 따른 벤처기업에 대한 감면으로 벤처기업육성촉진지구에서 그 고유업무에 직접 사용하기 위하여 취득하는 부동산에 대한 취득세와 재산세를 감면한다.

위 감면들을 적용할 때 "직접 사용"이란 용어와 "부동산"이란 용어에 유의해야 한다. 부동산이라 함은 「지방세법」 제6조 제2호에서 규정한 것을 말한다. 따라서 토지와 건축물만 해당이 된다. 이에 반해 "사업용 고정자산"이나 "사업용 재산"은 여기에서 말하는 "부동산"보다 그 범위가 넓다.

2 ▶ **실무해설**

(1) 감면 요건

대상자	① 벤처기업집적시설, 신기술창업집적지역 조성사업시행자 ② 조성된 벤처기업집적시설, 산업기술단지 등에 입주하는 벤처기업 ③ 신기술창업집적지역에서 산업용 건축물 등을 신증축하는 자(공장용 부동산을 중소기업자에게 임대하려는 자를 포함) ④ 벤처기업
대상물건	① 벤처기업집적시설, 신기술창업집적지역을 개발·조성하여 분양 또는 임대할 목적으로 취득하는 부동산

	② 벤처기업집적시설, 산업기술단지 내 벤처기업이 취득하는 부동산 ③ 신기술창업집적지역에서 신증축한 산업용 건축물 등 ④ 벤처기업육성촉진지구에서 그 고유업무에 직접 사용하기 위하여 취득하는 부동산
감면율	① 취득세 및 재산세의 50% 경감 ② 중과세 배제(대도시 취득세, 등록세, 재산세) ③ 취득세 및 재산세(3년간)의 50% 경감 ④ 취득세 및 재산세의 37.5% 경감)
감면시한	①~③ 2020.12.31. ④ 2022.12.31.

(2) 추징 요건

사용개시 및 최소사용	① 추징요건 • 취득일부터 3년 이내에 정당한 사유 없이 벤처기업집적시설·신기술창업집적지역을 개발·조성하지 아니하는 경우 • 취득일부터 5년 이내에 벤처기업집적시설·신기술창업집적지역 지정이 취소되는 경우 • 관련법에 따른 요건을 갖춘(벤처기업집적시설은 지정받은 날부터 1년 이내)날부터 5년 이내에 다른 용도로 사용하는 경우 ② 추징요건 ③ 추징요건 • 정당한 사유 없이 취득일부터 3년이 경과할 때까지 해당 용도로 직접 사용하지 않는 경우 • 직접 사용한 기간이 2년 미만인 상태에서 매각·증여, 다른 용도로 사용하는 경우 ④ 추징요건 • 정당한 사유 없이 취득일부터 1년이 경과할 때까지 해당 용도로 직접 사용하지 않는 경우 • 직접 사용한 기간이 2년 미만인 상태에서 매각·증여, 다른 용도로 사용하는 경우

민간이나 대학·연구기관의 건물을 활용하여 벤처기업이 저렴한 비용으로 입주를 촉진하여 벤처기업의 경쟁력 강화를 통한 지역경제 활성화를 지원하기 위한 세제지원이다. 2010년까지는 구 지방세법 제276조 제3항, 제280조 제3항, 제276조 제1항 및 감면조례(벤처기업육성촉진지구 감면)에서 규정되었으나 2011년 현재의 지특법 제58조로 이관되었다. 지방재정 확충 계획에 따라 2014년에는 벤처기업육성촉진지구 감면이, 2015년에는 벤처기업집적시설·신기술창업집적지역 감면이 일부 축소되었고 제4항의 2016년 말 벤처기업육성촉진지구 내 벤처기업 감면의 일몰도래시 2019년 12월 31일까지 3년간 연장되었다.

2017년 말에는 제1항의 벤처기업집적시설 및 신기술창업집적지역을 개발·조성하기 위한 분양 임대용 부동산과 제3항의 신기술창업집적지역의 산업용 건축물 등에 대한 감면 규정이 2020년 12월 31일까지 3년간 연장되었으며, 2018년 말에는 벤처기업집적시설 및 「산업기술단지 지원에 관한 특례법」에 따라 조성된 산업기술단지에 입주하는 자에 대한 중과세 배제 규정이 유사사업 간의 일몰시기를 일치시키기 위해 2020년 12월 31일까지 2년간 연장되었다.

4 연도별 감면율

1 벤처기업집적시설 등의 사업시행자에 대한 감면(제58조①)

구분	2015	2016	2017	2018	2019	2020
취득세	50%	50%	50%	50%	50%	50%
농특세	과세	과세	과세	과세	과세	과세
최소납부	미적용	미적용	미적용	미적용	미적용	미적용

구분	2015	2016	2017	2018	2019	2020
재산세	50%	50%	50%	50%	50%	50%
농특세	비과세	비과세	비과세	비과세	비과세	비과세
최소납부	미적용	미적용	미적용	미적용	미적용	미적용

2 벤처기업집적시설 등에 입주하는 자에 대한 감면(제58조②)

구분	2015	2016	2017	2018	2019	2020
취득세						
등록면허세			중과세 배제			
재산세						
농특세		취득세 중과세율과 일반세율에 의한 세액 차이분에 대한 농특세 비과세				

3 신기술창업집적지역에서의 산업용 건축물 등에 대한 감면(제58조③)

구분	2015	2016	2017	2018	2019	2020
취득세	50%	50%	50%	50%	50%	50%
농특세	과세	과세	과세	과세	과세	과세
최소납부	미적용	미적용	미적용	미적용	미적용	미적용

구분	2015	2016	2017	2018	2019	2020
재산세	3년간 50%	3년간 50%	3년간 50%	3년간 50%	3년간 50%	3년간 50%
농특세	비과세	비과세	비과세	비과세	비과세	비과세
최소납부	미적용	미적용	미적용	미적용	미적용	미적용

4 벤처기업에 대한 감면(제58조④)

구분	2015	2016	2017	2018	2019	2020
취득세	37.5%	37.5%	37.5%	37.5%	37.5%	37.5%
농특세	과세	과세	과세	과세	과세	과세
최소납부	미적용	미적용	미적용	미적용	미적용	미적용

구분	2015	2016	2017	2018	2019	2020
재산세	37.5%	37.5%	37.5%	37.5%	37.5%	37.5%
농특세	비과세	비과세	비과세	비과세	비과세	비과세
최소납부	미적용	미적용	미적용	미적용	미적용	미적용

PART
05

지식산업센터 등에 대한 감면

(제58조의2)

PART 05

지식산업센터 등에 대한 감면(제58조의2)

1 **현행규정**

법 **제58조의2【지식산업센터 등에 대한 감면】**

① 「산업집적활성화 및 공장설립에 관한 법률」 제28조의2에 따라 지식산업센터를 설립하는 자에 대해서는 다음 각 호에서 정하는 바에 따라 2022년 12월 31일까지 지방세를 경감한다. (2020. 1. 15. 개정)

1. 「산업집적활성화 및 공장설립에 관한 법률」 제28조의5 제1항 제1호 및 제2호에 따른 시설용(이하 이 조에서 "사업시설용"이라 한다)으로 직접 사용하기 위하여 신축 또는 증축하여 취득하는 부동산(신축 또는 증축한 부분에 해당하는 부속토지를 포함한다. 이하 이 조에서 같다)과 사업시설용으로 분양 또는 임대(「중소기업기본법」 제2조에 따른 중소기업을 대상으로 분양 또는 임대하는 경우로 한정한다. 이하 이 조에서 같다)하기 위하여 신축 또는 증축하여 취득하는 부동산에 대해서는 취득세의 100분의 35를 경감한다. 다만, 다음 각 목의 어느 하나에 해당하는 경우 그 해당 부분에 대해서는 경감된 취득세를 추징한다. (2016. 12. 27. 개정)

   가. 정당한 사유 없이 그 취득일부터 1년이 경과할 때까지 착공하지 아니한 경우 (2011. 12. 31. 신설)

   나. 그 취득일부터 5년 이내에 매각·증여하거나 다른 용도로 분양·임대하는 경우 (2011. 12. 31. 신설)

2. 과세기준일 현재 사업시설용으로 직접 사용하거나 그 사업시설용으로 분양 또는 임대 업무에 직접 사용하는 부동산에 대해서는 재산세의 1,000분의 375를 경감한다. (2016. 12. 27. 개정)

② 「산업집적활성화 및 공장설립에 관한 법률」 제28조의4에 따라 지식산업센터를 신축하거나 증축하여 설립한 자로부터 최초로 해당 지식산업센터를 분양받은 입주자(「중소기업기본법」 제2조에 따른 중소기업을 영위하는 자로 한정한다)에 대해서는 다음 각 호에서 정하는 바에 따라 지방세를 경감한다.

(2016. 12. 27. 개정)

1. 2022년 12월 31일까지 사업시설용으로 직접 사용하기 위하여 취득하는 부동산에 대해서는 취득세의 100분의 50을 경감한다. 다만, 다음 각 목의 어느 하나에 해당하는 경우 그 해당 부분에 대해서는 경감된 취득세를 추징한다. (2020. 1. 15. 개정)

   가. 정당한 사유 없이 그 취득일부터 1년이 경과할 때까지 해당 용도로 직접 사용하지 아니하는 경우 (2011. 12. 31. 신설)

   나. 그 취득일부터 5년 이내에 매각·증여하거나 다른 용도로 사용하는 경우 (2011. 12. 31. 신설)

2. 과세기준일 현재 사업시설용으로 직접 사용하는 부동산에 대해서는 재산세의 1,000분의 375를 2022년 12월 31일까지 경감한다. (2020. 1. 15. 개정)

2 개정연혁

1 2017년 개정 내용

☐ 지식산업센터 감면축소 연장

개정 전	개정 후
제58조의2(지식산업센터 등에 대한 감면) ① 「산업집적활성화 및 공장설립에 관한 법률」 제28조의2에 따라 지식산업센터의 설립승인을 받은 자에 대해서는 다음 각 호에서 정하는 바에 따라 2016년 12월 31일까지 지방세를 경감한다.	제58조의2(지식산업센터 등에 대한 감면) ① ------------------ ----------------------- 지식산업센터를 설립하는 ----------- ------------------------- 2019년 12월 31일----------------- ----.
1. 지식산업센터를 신축하거나 증축하여 「산업집적활성화 및 공장설립에 관한 법률」 제28조의5 제1항 제1호 및 제2호에 따른 시설용(이하 이 조에서 "사업시설용"이라 한다)으로 직접 사용하거나 분양 또는 임대하기 위하여 취득하는 부동산과 신축 또는 증축한 지식산업센터에 대해서는 취득세의 100분의 50을 경감한다. 다만, 다음 각 목의 어느 하나에 해당하는 경우 그 해당 부분에 대해서는 경감된 취득세를 추징한다.	1. 「산업집적활성화 및 공장설립에 관한 법률」 제28조의5제1항제1호 --- ---------------------- 사용하기 위하여 신축 또는 증축하여 취득하는 부동산(신축 또는 증축한 부분에 해당하는 부속토지를 포함한다. 이하 이 조에서 같다)과 사업시설용으로 분양 또는 임대(「중소기업기본법」 제2조에 따른 중소기업을 대상으로 분양 또는 임대하는 경우로 한정한다. 이하 이 조에서 같다)하기 위하여 신축 또는 증축하여 취득하는 부동산----- 100분의 35를 ---. ------------ --.
가.·나. (생략)	가.·나. (현행과 같음)
2. 과세기준일 현재 사업시설용으로 직접 사용하거나 분양 또는 임대 업무에 직접 사용하는 부동산에 대해서는 재산세의 1,000분의 375를 경감한다.	2. ------------------------------------- 그 사업시설용으로 분양 -------------------------------------.
② 「산업집적활성화 및 공장설립에 관한 법률」 제28조의4에 따라 지식산업센터를 신축하거나 증축하여 설립한 자로부터 최초로 해당 지식산업센터를 분양받은 입주자(「중소기업기본법」 제2조에 따른 중소기업을 영위하는 자로 한정한다)에 대해서는 다음 각 호에서 정하는 바에 따라 2016년 12월 31일까지 지방세를 경감한다.	② -- -- -- ------------- 지방세를 ------------------.
1. 사업시설용으로 직접 사용하기 위하여 취득하는 부동산에	1. 2019년 12월 31일까지 사업시설용으로 --------------------

개정 전	개정 후
대해서는 취득세의 100분의 50을 경감한다. 다만, 다음 각 목의 어느 하나에 해당하는 경우 그 해당 부분에 대해서는 경감된 취득세를 추징한다. 가.·나. (생략) 2. 과세기준일 현재 사업시설용으로 직접 사용하는 부동산에 대해서는 재산세의 1,000분의 375를 경감한다.	--- . -- . 가.·나. (현행과 같음) 2. 2019년 12월 31일까지 취득하여 과세기준일 ----------- ------------------------------------- .

개정이유 ▶

● 지식산업센터 보급 확대를 위해 지방세 감면을 연장하되, 산업단지 입주기업 등과의 형평에 맞도록 감면율 조정

● 당초 감면취지와 달리, 대기업에 임대하거나 사업시설용(지특법 제58조의2①1)으로 분양 또는 임대하지 않는 경우에 대한 개선·보완

● 지식산업센터 설립승인시 해당 건축물을 신축하기 위한 부동산을 소유하고 있거나, 토지 소유자의 사용승낙을 받아야 함에 따라,

　－ 지식산업센터 설립승인 절차를 고려, 설립승인을 받기 전 토지를 취득한 경우에도 감면이 가능하도록 개선

개정내용 ▶

● **(제1항, 사업시행자)** '19. 12. 31.까지 감면기한을 연장하되, 취득세 감면율 축소(37.5%→35%)에 대한 적용 **시기를 1년 유예**

　－ 종전에는 '**설립승인을 받은 자**'가 부동산을 취득한 경우 감면이가능하였으나, 지식산업센터를 '**설립하는 자**'가 지식산업센터 설립승인 전에 부동산을 취득한 경우에도 취득세·재산세 감면을 받을 수 있도록 개정

　－ 지식산업센터를 신축 또는 증축하여 사업시설용으로 직접 사용하는 경우와 **사업시설용으로 분양 또는 임대**하는 경우 취득세·재산세를 감면하되, **중소기업에게 분양 또는 임대**하는 경우로 한정

　－ 신축 또는 증축하여 취득하는 건축물에 대한 부속토지를 포함하여 감면하되, **신축 또는 증축한 부분에 해당하는 부속토지로 각각 구분하여 감면**할 수 있도록 명확히 개정

● **(제2항, 입주기업)** '19. 12. 31.까지 지식산업센터를 분양받은 입주자에 대해 '19. 12. 31.까지 취득세·재산세를 감면하도록 함

적용요령 ▶▶

● 이 법 시행일('17. 1. 1.) 이후 납세의무 성립하는 분부터 적용

● 제1항에 따라 지식산업센터를 설립하는 자가 취득하는 부동산에 대해서는 이 법 개정규정에도 불구하고 **'17. 12. 31.까지 종전규정에 따른 취득세 감면율을 적용**함(부칙 제10조)

2 ▶ 2018년 개정 내용

☐ 감면규정의 일몰기한 명확화

개정 전	개정 후
제58조의2(지식산업센터 등에 대한 감면)	제58조의2(지식산업센터 등에 대한 감면)
① (생략)	① (현행과 같음)
②「산업집적활성화 및 공장설립에 관한 법률」 제28조의4에 따라 지식산업센터를 신축하거나 증축하여 설립한 자로부터 최초로 해당 지식산업센터를 분양받은 입주자(「중소기업기본법」 제2조에 따른 중소기업을 영위하는 자로 한정한다)에 대해서는 다음 각 호에서 정하는 바에 따라 지방세를 경감한다.	② --.
1. (생략)	1. (현행과 같음)
2. 2019년 12월 31일까지 취득하여 과세기준일 현재 사업시설용으로 직접 사용하는 부동산에 대해서는 재산세의 1,000분의 375를 경감한다.	2. 과세기준일 --- 1,000분의 375를 2019년 12월 31일까지 ------.

개정이유 ▶

● 지식산업센터 입주기업에 대한 감면 규정의 일몰기한을 「지방세특례제한법」 상 타 감면 조문과 동일하게 규정할 필요

개정내용 ▶

● "2019년 12월 31일까지 취득하여 과세기준일 현재 고유업무용으로 직접 사용하는 부동산에 대해 경감"을

➡ "과세기준일 현재 사업시설용으로 직접 사용하는 부동산에 대해서는 2019년 12월 31일까지 경감"하는 것으로 개정

적용요령 ▶

● 해당 규정을 명확히 규정한 사항이므로 종전과 동일하게 적용

3 2020년 개정 내용

개정 전	개정 후
〈②지식산업센터용 분양·임대 부동산(사업시행자), 제58조의2①〉	☞ 현행 3년 연장
• (감면율) 취득세 35%, 재산세 37.5%	• (감면율) 취득세 35%, 재산세 37.5%
• (일몰기한) 2019. 12. 31.	• (일몰기한) 2022. 12. 31.
〈③지식산업센터용 분양임대 부동산(입주기업, 중소기업한정), 제58조의2②〉	☞ 현행 3년 연장
• (감면율) 취득세 50%, 재산세 37.5%	• (감면율) 취득세 50%, 재산세 37.5%
• (일몰기한) 2019. 12. 31.	• (일몰기한) 2022. 12. 31.

▶ 개정 연혁 요약[11]

2017. 1. 1. 시행, 지방세특례제한법 개정으로 지식산업센터 사업시행자 및 입주기업에 대한 취득세 및 재산세의 감면기한을 2019. 12. 31.까지 3년간 연장하되, 취득세 감면율을 축소(37.5% → 35%, 1년간 적용 유예)하였다.

2020. 1. 15. 시행, 지방세특례제한법 개정으로 지식산업센터용 분양·임대 부동산에 대한 사업시행자와 입주기업(중소기업한정)에 대한 지방세 감면기한을 3년 연장(2022. 12. 31.)하였다.

3 해석사례 및 실무해설

1 해석사례

1) 지식산업센터 사업시행자에 대한 감면(제58조의2①)

(1) 사업시행자에 대한 감면 요건

① 면제된 취득세 등의 추징대상이 아닌 경우

아파트형공장을 설립할 목적으로 취득한 부동산을 당해 공장용 업무에 직접 사용하다가 법령에 따라 지원시설인 근린생활시설로 용도 변경하였을 경우에는 면제된 취득세 등의 추징대상이 아님(대법원 2009두11184, 2009. 11. 26.).

② 5년 이내 사업 이외의 용도로 매각시 추징대상

지식산업센터의 설립자가 그 목적에 사용하기 위하여 취득하는 부동산(이미 지식산업센터용으로 사용하던 부동산을 승계 취득하는 경우에는 제외한다)에 대하여는 취득세를 면제하되, 건축물의 사용승인서 교부일부터 5년 이내에 같은 법 제28조의5 제1항 제1호 및 제2호에 따른 사업이외의 용도로 매각하는

---

11) 오정의 외 2, 지방세 4법 해설과 실무사례, 삼일인포마인, 2020, 1719쪽

경우 그 해당 부분에 대하여는 면제된 취득세를 추징하는 것인 바, 청구법인은 쟁점 건축물을 PF대출금의 분양보증의무 이행을 원인으로 시공사에 매각한 사실이 확인되는 이상 기 과세면제한 취득세를 추징한 처분은 적법함(조심2012지0044, 2012. 3. 5.).

③ 지식산업센터 설립자가 지식산업센터를 당해 용도대로 사용시는 감면대상에 해당됨

위 감면규정은 지식산업센터의 원활한 설립을 지원하려는 것으로서 설립자가 사업시설용으로 제공하는 경우 설립자에게 세제혜택을 주려는 취지가 있는 점(대법원 2010. 8. 26. 선고, 2009두21963 판결 참조), 쟁점 부동산의 경우 지식산업센터 설립자가 당초 감면목적인 사업시설용으로 임대하다가 당해 임대차계약을 승계하는 조건으로 분양하였고 분양 이후에도 여전히 사업시설용으로 계속 사용되고 있는 점, 승계취득과 원시취득은 별개의 취득에 관한 문제라고 할 것이어서 승계취득자가 임대사업으로 사용한 책임을 원시취득자인 설립자에게까지 전가할 것은 아니라고 할 것인 점(구 행정자치부 심사2006-1120, 2006. 12. 27. 결정 참조) 등을 고려해볼 때, 설립자는 쟁점 부동산을 당초 감면목적대로 사업시설용에 제공하였다고 할 것이므로 위 규정 추징대상에 해당되지 않음(지방세운영과-3802, 2012. 11. 23.).

④ 토지지번 미확정으로 사업시행자의 소유권보존등기가 불가능한 경우, 사업시행자의 소유권보존등기일을 구 등록세 감면 유예기간 2년의 기산일로 볼 수 있음

위 감면조항은 아파트형 공장 설립을 위하여 취득하는 토지에 대하여 취득세를 감면하고 정상적으로 등기하는 경우 구 등록세까지 감면함으로써 토지매입비용 등 아파트형 공장 설립을 위한 비용을 낮추어 공장설립을 활성화하기 위하여 마련된 점, 위 감면조항에 등기기한을 정한 것은 아파트형 공장을 설립하기 위하여 취득한 부동산이 소유권이전등기가 되지 않은 채 장기간 방치되는 것을 방지하려는 취지라고 할 것인 점(대법원 2013. 7. 26. 선고, 2013두4989 판결 참조), 이 건 아파트형공장을 분양받은 자의 소유권이전등기 지연은 당초 개발사업단지 외에 위치한 송파재활용단지 편입과 위례신도시 조성사업에 따른 광역교통개선대책 재수립 등 정부정책의 변경으로 사업기간이 수차 연장됨으로 인하여 사업시행자의 소유권보존등기 지연에 기인하고 있는 점... 등을 고려해 볼 때, 이 건 구 등록세 감면 유예기간 2년의 기산일은 사업시행자의 소유권보존등기일로 봄이 합리적이라고 판단됨(지방세운영과-2589, 2013. 10. 11.).

⑤ 지식산업센터를 건축 중인 경우 기 감면한 취득세 추징은 타당함

지식산업센터를 신축 분양할 목적으로 토지를 취득하고 취득세를 경감받은 자가 같은 날 신탁을 원인으로 신탁회사로 소유권이전등기를 경료하여, 신탁회사 명의로 지식산업센터를 건축 중인 경우 기 감면한 취득세 추징은 타당(지방세운영과-3492, 2015. 12. 22.).

⑥ 지식산업센터 설립승인을 받기 전에 취득한 부동산도 취득세 등의 감면대상에 해당됨

"지식산업센터의 설립승인을 받은 자"의 범위에는 「산업집적활성화 및 공장설립에 관한 법률」 제28조의2에 따라 지식산업센터의 설립승인을 받은 자는 물론 설립승인을 받기 전이라 하더라도 토지 취득

후 설립승인을 받아 착공을 하려는 자도 포함하는 것으로 봄이 위 감면규정의 입법취지에 부합한다고 보이는 점 등에 비추어 이 건 부동산을 취득하고 지식산업센터 설립승인을 받은 청구법인은 이 건 부동산 취득 당시 "지식산업센터 설립승인을 받은 자"에 해당한다고 보는 것이 타당함(조심2016지0481, 2016. 8. 24.).

⑦ 지식산업센터 설립사업의 마무리 단계에서 신탁된 사정만으로 설립자로서 자격을 상실했다고 봄은 입법취지에 어긋남(감면대상에 해당)

원고 ○○씨티가 이 사건 토지 상에 아파트형공장을 설립하기 위해 한국산업단지공단과 입주계약을 체결하고, 이 사건 토지를 취득하였음은 앞서 본 바와 같고, 갑 제6호증의 기재에 변론 전체의 취지를 종합하면, 원고 ○○씨티가 2008. 12. 29. 아파트형공장 신축을 위한 건축허가까지 받은 사실이 인정되는바, 원고 ○○씨티가 지식산업센터 설립사업의 마무리 단계에서 위 지식산업센터의 소유권을 원고 한국자산신탁에 신탁하였다는 사정만으로 지식산업센터의 설립자로서 위 센터에 입주할 자격을 상실한다고 보는 것은 지식산업센터의 원활한 설립을 지원하기 위한 산업집적법의 취지에 어긋나는 해석으로서 허용되지 아니한다. 피고의 위 주장은 이유 없다(대법원2016두53951, 2017. 1. 12.).

(2) 정당한 사유 여부

① 새로운 임대차계약을 맺은 사실 등 건축공사 지연에 대한 정당한 사유로 볼 수 없음

청구법인은 이 건 부동산 취득 후, 이 건 부동산의 명도추진 등 아파트형공장 건축공사에 착공하기 위한 일련의 절차를 추진하였어야 함에도 이 건 부동산 취득과 동시에 이 건 부동산의 종전 소유자인 이 건 쟁점법인과 이 건 부동산의 임대차종료기간을 유예기간 만료일 1개월 전인 2008. 10. 15.까지로 하여 새로운 임대차계약을 맺은 사실이 이 건 부동산의 임대차계약서 등에서 입증되는 이상, 청구법인이 이 건 부동산 취득일부터 1년 이내에 아파트형공장 건축공사 착공을 하지 못한 귀책사유는 청구법인에 있다고 보이고, 아파트형공장 착공을 위한 정상적인 노력을 다하였다고 보기도 어렵다 할 것이다(조심2009지0801, 2010. 5. 6.).

② 취득당시의 장애사유는 정당한 사유에 해당되지 아니함

매매계약 체결 당시 잔금지급일을 2008. 7. 30.로 하면서 재단법인 ○○○에 2009. 11. 30.까지 이를 임대하기로 하는 등의 내용으로 계약서를 작성한 이상, 취득 당시부터 위 감면조례에 의한 취득세 등의 감면요건인 이 건 부동산 취득일부터 1년 내에 아파트형 공장을 설립할 수 없다는 사실상의 장애사유를 알고 있었다 하겠고, 취득 이후에도 이러한 매매조건으로 인해 유예기간 내에 건축공사에 착공하지 아니함으로써 당초 취득목적에 사용하지 못한 이상, 여기에 정당한 사유가 있다고 볼 수는 없다 할 것이다(조심2009지1006, 2010. 10. 5.).

③ 토지를 취득하고 건축허가 신청이 무산될 경우에는 정당한 사유라 보기 어려움

토지를 취득하고 건축허가 신청에 앞서 수개월간 용적률 완화 및 공장설립 변경 등을 시도하다가 무산되었는데 이는 법령에 의한 제한 등에 따라 반드시 필요한 절차이었다기보다는 사업수익성 확보를 위한 목적이었던 것으로 보이므로 정당한 사유라 보기 어려움(조심2010지0171, 2010. 10. 28.).

④ 해고근로자의 건축공사 방해로 착공이 지연되었다 하더라도 정당한 사유로 보기 곤란

쟁점부동산의 전소유자의 노사분쟁으로 인해 건축공사를 일면 방해 받은 것은 사실로 인정되지만 조세감면을 이미 받은 청구법인이 감면조례의 감면요건에 부합하기 위해 유예기간내 건축공사에 착공하기 위한 최선의 노력을 다하였다고는 인정되지 아니하여 여기에 정당한 사유가 있다고 보기 어렵다(조심2011지0243, 2011. 4. 4.).

⑤ 건축공사에 착공하고 취득세 등을 추징한 것이 적법한 경우

건축공사에 착공이라 함은 실질적으로 건축공사에 착공하여 터파기 공사 등 본격적인 공사를 착수한 경우의 토지만을 뜻한다 할 것인 바(대법원 96누15558, 1997. 9. 9. 참조), 소음, 분진 등을 이유로 펜스만을 설치했다면 착공했다고 볼 수 없으므로 취득세 등을 추징한 것은 적법함(조심2011지0347, 2011. 11. 23.).

⑥ 유예기간(1년) 내에 착공하지 못한 경우

아파트형공장 설립목적으로 취득한 부동산을 매도자의 명도지연 및 오염토 처리 등으로 지연되어 유예기간(1년) 내에 착공하지 못한 경우 정당한 사유에 해당되지 않음(조심2011지0837, 2012. 6. 8.).

(2) 지식산업센터 입주기업에 대한 감면(제58조의2②)

가. 입주 중소기업에 대한 감면

① 5년 이내 공장 이외의 용도로의 임대분은 추징대상에 해당됨

신청인의 경우 비록 엔지니어링 서비스업(지식산업)이 아파트형공장에 입주할 수 있는 업종이라고 하더라도 당해 사업에 사용되는 사업장은 산업집적활성화 및 공장설립에 관한 법률에 의한 공장의 범위에 포함되지 않아 구 "OO광역시세 감면조례" 제20조 제1항 단서에서 규정하고 있는 공장의 용도로 사용되는 사업장에 해당하지 아니하므로, 사용승인서 교부일부터 5년 이내에 공장 또는 벤처기업 이외의 용도로 임대한 것에 해당되어 면제된 취득, 등록세 추징대상에 해당됨(지방세운영과–2822, 2009. 7. 13.).

② 공장 또는 사업에 직접 사용하지 못한 정당한 사유 판단

청구법인이 이 건 아파트형공장을 취득한 후, 1년이 경과한 시점까지도 공장등록을 하지 아니한 채, 제조시설도 없이 일부는 사무실로 나머지는 창고로 사용한 이상, 취득한 날부터 1년 이내에 지정한 공장 또는 사업에 직접 사용하지 아니하는 경우에 해당하고, 1년 이내에 지정한 공장 또는 사업에 직접 사용하지 못한 정당한 사유가 있었다고 보이지도 아니함(조심2010지0864, 2011. 9. 15.).

③ 사무실 용도로 사용하는 경우 추징대상에 해당됨

청구법인이 이 건 지식산업센터용부동산을 취득한 후 제조업 등에 사용하지 아니한 채, 사무실 등의 용도로 사용하고 있는 사실이 확인되는 이상 기 과세면제한 취득세 등을 추징한 처분은 달리 잘못이 없음(조심2012지635, 2012. 11. 9.).

④ 부동산 임대업자를 통해 간접적으로 분양 및 임대하는 것은 직접 사용으로 볼 수 없음

(사실관계) 원고는 지식산업센터에 입주할 수 있는 시설용으로 직접 분양하거나 임대하지는 않았으나, 그 수분양자들에게 사업시설용으로만 임대하겠다는 취지의 확약서를 징구하였을 뿐만 아니라 실제 위 수분양자들이 사시설용으로만 임대하였음.

(판단) 산업집적법은 지식산업센터를 설립한 자가 해당 지식산업센터에서 직접 제조업 등의 사업을 하는 자에게 이를 분양하거나 임대할 것을 예정하고 있음 … 지식산업센터를 신축하였으나 그 취득일부터 5년 이내에 사업시설용으로 직접 사용하지 않을 자에게 분양하거나 임대한 경우에는, 그것을 사업시설용으로 직접 사용할 자에게 분양하거나 임대한 것과 마찬가지로 볼 수 없음(대법원2018두50031, 2018. 10. 25.).

나. 입주업체의 범위
① "경영상담업"을 영위할 목적인 경우 아파트형공장용에 해당됨

처분청이 승인한 입주자모집공고 등에서 입주업종의 범위에 "시장조사 및 경영상담업"을 열거하고 있음을 볼 때, 동 업종이 특정 산업의 집단화 및 지역경제의 발전을 위하여 아파트형공장에의 입주가 필요하다고 인정한 것으로 봄이 타당하므로, 청구법인이 "경영상담업"을 영위하기 위하여 취득한 이 사건 아파트형공장은 취득세 등의 감면대상에 해당된다 할 것임(조심2009지0118, 2009. 9. 9.).

② 공장시설을 지원시설로 용도를 변경, 분양 및 임대하는 등의 경우

아파트형공장에 입주할 수 있는 시설은 제조업 외에도 입주업체의 생산활동을 지원하기 위한 시설도 포함되므로 공장시설을 지원시설로 용도를 변경, 분양 및 임대하는 등의 경우는 도세감면조례에 의한 추징사유에 해당하지 않는다고 봄이 상당함(대법원2009두21963, 2010. 8. 26.).

2 실무해설

(1) 개요

① 감면요건

대상자	• 지식산업센터를 설립하는 자 • 지식산업센터를 분양받는 자
대상물건	• 직접 사용·분양·임대하기 위하여 신축 또는 증축하는 지식산업센터 • 설립자로부터 최초로 분양받은 지식산업센터
감면율	• 설립자: 취득세 35%, 재산세 37.5% • 입주자: 취득세 50%, 재산세 37.5%
감면시한	2022. 12. 31.

② 추징요건

사용개시 및 최소사용	• 설립자 - 정당한 사유 없이 1년 이내에 착공하지 않은 경우 - 취득일부터 5년 이내에 매각·증여 다른 용도로 분양·임대하는 경우 • 입주자 - 정당한 사유 없이 1년 이내에 직접사용하지 않은 경우 - 취득일부터 5년 이내에 매각·증여 다른 용도로 분양·임대하는 경우

(2) 지식산업센터 사업시행자에 대한 감면(제58조의2①)

「산업집적활성화 및 공장설립에 관한 법률」에 따라 지식산업센터를 설립하는 사업시행자에 대한 감면이며, 「산업집적활성화 및 공장성립에 관한 법률」에 따른 사업시설용으로 직접 사용하기 위하여 신축 또는 증축하여 취득하는 부동산(부속토지 포함)과 사업시설용으로 분양 또는 임대(중소기업을 대상으로 분양 또는 임대하는 경우로 한정)하기 위하여 신축 또는 증축하여 취득하는 부동산에 대해 취득세와 재산세를 감면한다. 여기서 유의할 점은 대기업에 분양 또는 임대하거나 사업시설용이 아닌 용도로 분양 또는 임대하는 경우는 감면이 되지 않는다.

그리고 정당한 사유 없이 그 취득일부터 1년이 경과할 때까지 "착공"하지 아니하거나 그 취득일부터 5년 이내에 매각·증여하거나 다른 용도로 분양·임대하는 경우에는 감면된 취득세를 추징한다. "해당 목적으로 사용"한다는 것은 일반적으로 건축물이 사용승인 된 것을 말하는데, 이는 건축물이 사용승인 되어야 건축물의 용도가 확정되고 이에 따른 부속 토지의 용도 또한 확정되기 때문이다. 하지만 여기에서는 다른 감면 조항들과 달리 단지 착공만 하여도 취득세 감면의 요건이 충족됨을 유의해야 한다.

(3) 지식산업센터 입주기업에 대한 감면(제58조의2②)

「산업집적활성화 및 공장설립에 관한 법률」에 따라 지식산업센터를 설립한 자로부터 최초로 해당 지식산업센터를 분양받은 "입주자(중소기업을 영위하는 자로 한정)"에 대해 취득세와 재산세를 감면하는 것이다.

하지만 정당한 사유 없이 그 취득일부터 1년이 경과할 때까지 해당 용도로 '직접 사용'하지 아니하거나 그 취득일부터 5년 이내에 매각·증여하거나 다른 용도로 사용하는 경우에는 추징대상이 된다. 그리고 여기에서는 "최초로 분양받은 입주자"라는 용어에 유의해야 한다. 따라서 최초로 분양받은 입주자가 아닌 그 이후에 승계취득한 입주자에 대해서는 감면이 적용되지 않는다. 또한, 이 조에 있어 감면을 적용할 때「중소기업기본법」제2조에 따른 중소기업을 대상으로 분양·임대하는 경우에는 감면 대상이 되지 않는다.

4 ▶ 연도별 감면율

가. 지식산업센터 사업시행자에 대한 감면(제58조의2①)

구분	2015	2016	2017	2018	2019	2020
취득세	50%	50%	35%	35%	35%	35%
농특세	비과세	비과세	비과세	비과세	비과세	비과세
최소납부	미적용	미적용	미적용	미적용	미적용	미적용

구분	2015	2016	2017	2018	2019	2020
재산세	37.5%	37.5%	37.5%	37.5%	37.5%	37.5%
농특세	비과세	비과세	비과세	비과세	비과세	비과세
최소납부	미적용	미적용	미적용	미적용	미적용	미적용

나. 지식산업센터 입주기업에 대한 감면(제58조의2②)

구분	2015	2016	2017	2018	2019	2020
취득세	50%	50%	50%	50%	50%	50%
농특세	비과세	비과세	비과세	비과세	비과세	비과세
최소납부	미적용	미적용	미적용	미적용	미적용	미적용

구분	2015	2016	2017	2018	2019	2020
재산세	37.5%	37.5%	37.5%	37.5%	37.5%	37.5%
농특세	비과세	비과세	비과세	비과세	비과세	비과세
최소납부	미적용	미적용	미적용	미적용	미적용	미적용

한 권으로 끝내는
산업단지 입주기업
지방세 감면실무

PART

06

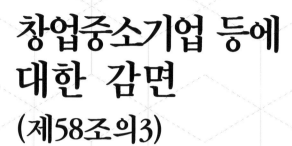

창업중소기업 등에 대한 감면
(제58조의3)

PART 06

창업중소기업 등에 대한 감면(제58조의3)

1 현행규정

법 제58조의3 【창업중소기업 등에 대한 감면】

① 「중소기업창업 지원법」 제2조 제1호에 따른 창업을 한 기업으로서 다음 각 호의 어느 하나에 해당하는 기업이 대통령령으로 정하는 날(이하 이 조에서 "창업일"이라 한다)부터 4년 이내(대통령령으로 정하는 청년창업기업의 경우에는 5년 이내)에 창업일 당시 업종의 사업을 계속 영위하기 위하여 취득하는 부동산에 대해서는 취득세의 100분의 75를 경감한다. 이 경우 제2호의 경우에는 「벤처기업육성에 관한 특별조치법」 제25조에 따라 벤처기업으로 최초로 확인받은 날(이하 이 조에서 "확인일"이라 한다)부터 4년간 경감한다. (2018. 12. 24. 개정)

1. 2020년 12월 31일까지 수도권과밀억제권역 외의 지역에서 창업한 중소기업(이하 이 조에서 "창업중소기업"이라 한다) (2017. 12. 26. 개정)

2. 2020년 12월 31일까지 「벤처기업육성에 관한 특별조치법」 제2조 제1항에 따른 벤처기업 중 대통령령으로 정하는 기업으로서 창업일부터 3년 이내에 같은 법 제25조에 따라 벤처기업으로 확인받은 기업(이하 이 조에서 "창업벤처중소기업"이라 한다) (2017. 12. 26. 개정)

② 2020년 12월 31일까지 창업하는 창업중소기업 및 창업벤처중소기업이 해당 사업에 직접 사용(임대는 제외한다)하는 부동산(건축물 부속토지인 경우에는 대통령령으로 정하는 공장입지기준면적 이내 또는 대통령령으로 정하는 용도지역별적용배율 이내의 부분만 해당한다)에 대해서는 창업일(창업벤처중소기업의 경우에는 확인일)부터 3년간 재산세를 면제하고, 그 다음 2년간은 재산세의 100분의 50에 상당하는 세액을 경감한다. (2018. 12. 24. 개정)

③ 다음 각 호의 어느 하나에 해당하는 등기에 대해서는 등록면허세를 면제한다. (2014. 12. 31. 신설)

1. 2020년 12월 31일까지 창업하는 창업중소기업의 법인설립 등기(창업일부터 4년 이내에 자본 또는

　　출자액을 증가하는 경우를 포함한다) (2017. 12. 26. 개정)

　2. 2020년 12월 31일까지 「벤처기업육성에 관한 특별조치법」 제2조의2 제1항 제2호 다목에 따라 창업 중에 벤처기업으로 확인받은 중소기업이 그 확인일부터 1년 이내에 하는 법인설립 등기 (2017. 12. 26. 개정)

④ 창업중소기업과 창업벤처중소기업의 범위는 다음 각 호의 업종을 경영하는 중소기업으로 한정한다. (2016. 12. 27. 개정)

　1. 광업 (2016. 12. 27. 개정)

　2. 제조업 (2016. 12. 27. 개정)

　3. 건설업 (2016. 12. 27. 개정)

　4. 출판업 (2016. 12. 27. 개정)

　5. 영상·오디오 기록물 제작 및 배급업(비디오물 감상실 운영업은 제외한다) (2016. 12. 27. 개정)

　6. 방송업 (2016. 12. 27. 개정)

　7. 전기통신업 (2016. 12. 27. 개정)

　8. 컴퓨터 프로그래밍, 시스템 통합 및 관리업 (2016. 12. 27. 개정)

　9. 정보서비스업(뉴스제공업, 「통계법」 제22조에 따라 통계청장이 고시한 「블록체인기술 산업분류고시」에 따른 블록체인 기반 암호화자산 매매 및 중개업은 제외한다) (2018. 12. 24. 개정)

　10. 연구개발업 (2016. 12. 27. 개정)

　11. 광고업 (2016. 12. 27. 개정)

　12. 전문디자인업 (2016. 12. 27. 개정)

　13. 전시 및 행사대행업 (2016. 12. 27. 개정)

　14. 창작 및 예술관련 서비스업(자영예술가는 제외한다) (2016. 12. 27. 개정)

　15. 대통령령으로 정하는 엔지니어링사업(이하 "엔지니어링사업"이라 한다) (2016. 12. 27. 개정)

　16. 대통령령으로 정하는 물류산업(이하 "물류산업"이라 한다) (2016. 12. 27. 개정)

　17. 「학원의 설립·운영 및 과외교습에 관한 법률」에 따른 직업기술 분야를 교습하는 학원을 운영하는 사업 또는 「근로자직업능력 개발법」에 따른 직업능력개발훈련시설을 운영하는 사업(직업능력개발 훈련을 주된 사업으로 하는 경우에 한정한다) (2016. 12. 27. 개정)

　18. 「전시산업발전법」에 따른 전시산업 (2016. 12. 27. 개정)

　19. 인력공급 및 고용알선업(농업노동자 공급업을 포함한다) (2016. 12. 27. 개정)

　20. 건물 및 산업설비 청소업 (2016. 12. 27. 개정)

　21. 경비 및 경호 서비스업 (2016. 12. 27. 개정)

　22. 시장조사 및 여론조사업 (2016. 12. 27. 개정)

　23. 「관광진흥법」에 따른 관광숙박업, 국제회의업, 유원시설업 또는 대통령령으로 정하는 관광객이용 시설업 (2016. 12. 27. 개정)

24. 그 밖의 과학기술서비스업 (2016. 12. 27. 개정)

⑤ 제1항부터 제4항까지의 규정을 적용할 때 창업중소기업으로 지방세를 감면받은 경우에는 창업벤처중소기업에 대한 감면은 적용하지 아니한다. (2016. 12. 27. 신설)

⑥ 제1항부터 제4항까지의 규정을 적용할 때 다음 각 호의 어느 하나에 해당하는 경우는 창업으로 보지 아니한다. (2016. 12. 27. 신설)

1. 합병·분할·현물출자 또는 사업의 양수를 통하여 종전의 사업을 승계하거나 종전의 사업에 사용되던 자산을 인수 또는 매입하여 같은 종류의 사업을 하는 경우. 다만, 종전의 사업에 사용되던 자산을 인수하거나 매입하여 같은 종류의 사업을 하는 경우 그 자산가액의 합계가 「부가가치세법」 제5조 제2항에 따른 사업개시 당시 토지·건물 및 기계장치 등 대통령령으로 정하는 사업용자산의 총 가액에서 차지하는 비율이 100분의 50 미만으로서 대통령령으로 정하는 비율 이하인 경우는 제외한다. (2016. 12. 27. 신설)

2. 거주자가 하던 사업을 법인으로 전환하여 새로운 법인을 설립하는 경우 (2016. 12. 27. 신설)

3. 폐업 후 사업을 다시 개시하여 폐업 전의 사업과 같은 종류의 사업을 하는 경우 (2016. 12. 27. 신설)

4. 사업을 확장하거나 다른 업종을 추가하는 경우 등 새로운 사업을 최초로 개시하는 것으로 보기 곤란한 경우 (2016. 12. 27. 신설)

⑦ 다음 각 호의 어느 하나에 해당하는 경우에는 제1항에 따라 경감된 취득세를 추징한다. 다만, 「조세특례제한법」 제31조 제1항에 따른 통합(이하 이 조에서 "중소기업간 통합"이라 한다)을 하는 경우와 같은 법 제32조 제1항에 따른 법인전환(이하 이 조에서 "법인전환"이라 한다)을 하는 경우는 제외한다. (2016. 12. 27. 신설)

1. 정당한 사유 없이 취득일부터 3년 이내에 그 부동산을 해당 사업에 직접 사용하지 아니하는 경우 (2016. 12. 27. 신설)

2. 취득일부터 3년 이내에 다른 용도로 사용하거나 매각·증여하는 경우 (2016. 12. 27. 신설)

3. 최초 사용일부터 계속하여 2년간 해당 사업에 직접 사용하지 아니하고 다른 용도로 사용하거나 매각·증여하는 경우 (2016. 12. 27. 신설)

⑧ 창업중소기업 및 창업벤처중소기업이 제2항에 따른 경감기간이 지나기 전에 중소기업간 통합 또는 법인전환을 하는 경우 그 법인은 대통령령으로 정하는 바에 따라 남은 경감기간에 대하여 제2항을 적용받을 수 있다. 다만, 중소기업간 통합 및 법인전환 전에 취득한 사업용재산에 대해서만 적용한다. (2016. 12. 27. 개정)

⑨ 제1항부터 제4항까지의 규정에 따른 창업중소기업 및 창업벤처중소기업 감면을 적용받으려는 경우에는 행정안전부령으로 정하는 감면신청서를 관할 지방자치단체의 장에게 제출하여야 한다. (2017. 7. 26. 직제개정; 정부조직법 부칙)

영 제29조의2 【창업중소기업 등의 범위】

① 법 제58조의3 제1항 각 호 외의 부분 전단에서 "대통령령으로 정하는 날"이란 다음 각 호의 어느 하나에 해당하는 날을 말한다. (2016. 12. 30. 신설)

1. 법인이 창업하는 경우: 설립등기일 (2016. 12. 30. 신설)

2. 개인이 창업하는 경우: 「부가가치세법」 제8조에 따른 사업자등록일 (2016. 12. 30. 신설)

② 법 제58조의3 제1항 각 호 외의 부분 전단에서 "대통령령으로 정하는 청년창업기업"이란 대표자(「소득세법」 제43조 제1항에 따른 공동사업장의 경우에는 같은 조 제2항에 따른 손익분배비율이 더 큰 사업자를 말한다)가 다음 각 호의 구분에 따른 요건을 충족하는 기업을 말한다. (2018. 12. 31. 신설)

1. 개인사업자로 창업하는 경우: 창업 당시 이상 34세 이하인 사람. 다만, 「조세특례제한법 시행령」 제27조 제1항 제1호 각 목의 어느 하나에 해당하는 병역을 이행한 경우에는 그 기간(6년을 한도로 한다)을 창업 당시 연령에서 빼고 계산한 연령이 34세 이하인 사람을 포함한다. (2018. 12. 31. 신설)

2. 법인으로 창업하는 경우: 다음 각 목의 요건을 모두 갖춘 사람 (2018. 12. 31. 신설)

   가. 제1호의 요건을 갖출 것 (2018. 12. 31. 신설)

   나. 「법인세법 시행령」 제43조 제7항에 따른 지배주주등으로서 해당 법인의 최대주주 또는 최대출자자일 것 (2018. 12. 31. 신설)

③ 법 제58조의3 제1항 제2호에서 "대통령령으로 정하는 기업"이란 다음 각 호의 어느 하나에 해당하는 기업을 말한다. (2018. 12. 31. 항번개정)

1. 「벤처기업육성에 관한 특별조치법」 제2조의2의 요건을 갖춘 중소기업(같은 조 제1항 제2호나목에 해당하는 중소기업은 제외한다) (2014. 12. 31. 신설)

2. 연구개발 및 인력개발을 위한 비용으로서 「조세특례제한법 시행령」 별표 6의 비용이 해당 과세연도의 수입금액의 100분의 5(「벤처기업육성에 관한 특별조치법」 제25조에 따라 벤처기업 해당 여부에 대한 확인을 받은 날이 속하는 과세연도부터 연구개발 및 인력개발을 위한 비용의 비율이 100분의 5 이상을 유지하는 경우로 한정한다) 이상인 중소기업 (2014. 12. 31. 신설)

④ 법 제58조의3 제2항에서 "대통령령으로 정하는 공장입지기준면적"이란 「지방세법 시행령」 제102조 제1항 제1호에 따른 공장입지기준면적을 말하고, "대통령령으로 정하는 용도지역별 적용배율"이란 「지방세법 시행령」 제101조 제2항에 따른 용도지역별 적용배율을 말한다. (2018. 12. 31. 항번개정)

⑤ 법 제58조의3 제4항 제15호에서 "대통령령으로 정하는 엔지니어링사업"이란 「조세특례제한법 시행령」 제5조 제7항에 따른 사업을 말한다. (2020. 1. 15. 개정)

⑥ 법 제58조의3 제4항 제16호에서 "대통령령으로 정하는 물류산업"이란 「조세특례제한법 시행령」 제5조 제8항에 따른 산업을 말한다. (2018. 12. 31. 항번개정)

⑦ 법 제58조의3 제4항 제23호에서 "대통령령으로 정하는 관광객이용시설업"이란 「관광진흥법 시행령」 제2조 제1항 제3호가목 및 나목에 따른 전문휴양업과 종합휴양업을 말한다. (2018. 12. 31. 항번개정)

⑧ 법 제58조의3 제6항 제1호 단서에서 "토지·건물 및 기계장치 등 대통령령으로 정하는 사업용자산"이란 토지와 「법인세법 시행령」 제24조에 따른 감가상각자산을 말한다. (2018. 12. 31. 항번개정)

⑨ 법 제58조의3 제6항 제1호 단서에서 "대통령령으로 정하는 비율"이란 100분의 30을 말한다. (2018. 12. 31. 항번개정)

⑩ 법 제58조의3 제6항 제1호 및 제3호에 따른 같은 종류의 사업은 「통계법」 제22조에 따라 통계청장이 고시하는 산업에 관한 표준분류(이하 "한국표준산업분류"라 한다)에 따른 세분류가 동일한 사업으로 한다. (2018. 12. 31. 항번개정)

규칙 **제3조의2 【창업중소기업 지방세 감면신청】**

법 제58조의3 제9항에 따라 창업중소기업 및 창업벤처중소기업이 지방세를 경감받으려는 경우에는 별지 제1호의4 서식의 창업중소기업 지방세 감면 신청서에 사업자등록증, 법인 등기부등본 및 벤처기업확인서 등 창업중소기업 및 창업벤처중소기업임을 확인할 수 있는 서류를 첨부하여 관할 지방자치단체의 장에게 제출하여야 한다. 이 경우 「전자정부법」 제36조 제1항에 따른 행정정보의 공동이용을 통한 사업자등록증 등의 확인에 동의하는 경우에는 그 확인으로 사업자등록증 등의 제출을 갈음할 수 있다. (2017. 12. 29. 개정)

---

2 **개정연혁**

1 **2015년 개정 내용**

☐ **조특법에서 감면축소 후 이관**

개정 전	개정 후
〈신설〉 ※ 구 조특법(제120조③, 121) 취득세 100%(4년), 재산세 50%(5년)	〈①창업중소(벤처)기업 사업용 재산, 제58조의3①②〉 ☞ 조특법에서 감면축소 후 이관 • (감면율) 취득세 75% (4년), 재산세 50% (5년) • (일몰기한) 2015. 12. 31

〈신설〉
※ 구 조특법(제119조②)
  법인설립등기: 등록면허세 100%
  주소변경등기: 등록면허세 100%
	〈②창업중소기업 법인설립, 제58조의3③1〉
	☞ 조특법에서 감면축소(주소변경등기) 후 이관
	• (감면율) 등록면허세 100%
	• (일몰기한) 2015.12.31

〈신설〉 ※ 구 조특법(제119조②)에서 이관 등록면허세 100% (1년)	〈③창업중 벤처기업 법인설립, 제58조의3③2〉 ☞ 조특법에서 감면축소 후 이관 • (감면율) 등록면허세 100% • (일몰기한) 2015. 12. 31.

2 2016년 개정 내용

□ 창업벤처중소기업 창업일 변경

개정 전	개정 후
제58조의3(창업중소기업 등에 대한 감면) ① 　1. (생략) 　2. 2016년 12월 31일까지 「벤처기업육성에 관한 특별조치법」 제2조제1항에 따른 벤처기업 중 대통령령으로 정하는 기업으로서 창업 후 3년 이내에 같은 법 제25조에 따라 벤처기업으로 확인받은 기업(이하 이 조에서 "창업벤처중소기업"이라 한다) 〈후단 신설〉 ② 2016년 12월 31일까지 창업하는 창업중소기업 및 창업벤처중소기업이 해당 사업에 직접 사용(임대는 제외한다)하는 사업용 재산(건축물 부속토지인 경우에는 대통령령으로 정하는 공장입지기준면적 이내 또는 대통령령으로 정하는 용도지역별 적용배율 이내의 부분만 해당한다)에 대해서는 창업일부터 5년간 재산세(「지방세법」 제111조에 따라 부과된 세액을 말한다. 이하 같다)의 100분의 50에 상당하는 세액을 감면한다.	제58조의3(창업중소기업 등에 대한 감면) ① 　1. (현행과 같음) 　2. ───. 이 경우 창업벤처중소기업의 창업일은 같은 법 제25조에 따라 벤처기업으로 확인받은 날(이하 이 조에서 "확인일"이라 한다)로 한다. ② ── 창업일 또는 확인일──.

개정이유 ▶

● 창업벤처중소기업은 그 특성상 창업 이후 일정시일이 경과한 후 사실상 사업이 개시됨을 고려

개정내용 ▶

● 벤처기업육성에 관한 특별조치법 기준에 따라 창업일을 벤처기업확인을 받은 날로 변경

적용요령 ▶

● 이 법 시행('16. 1. 1.) 후부터 적용

3 2017년 개정 내용

□ 창업중소기업 감면대상 축소 및 감면연장

개정 전	개정 후
제58조의3(창업중소기업 등에 대한 감면) ① 「중소기업창업 지원법」 제2조 제1호에 따른 창업을 한 기업으로서 다음 각 호의 어느 하나에 해당하는 기업이 해당 사업을 하기 위하여 창업일부터 4년 이내에 취득하는 사업용 재산(「지방세법」 제127조 제1항 제1호에 따른 비영업용 승용자동차는 제외한다)에 대해서는 취득세의 100분의 75에 상당하는 세액을 경감한다. 다만, 취득일부터 2년 이내에 그 재산을 정당한 사유 없이 해당 사업에 직접 사용하지 아니하거나 다른 목적으로 사용·처	제58조의3(창업중소기업 등에 대한 감면) ① ── 대통령령으로 정하는 날(이하 이 조에서 "창업일"이라 한다)── 부동산──. 이 경우 제2호의 경우에는 「벤처기업육성에 관한 특별조치법」 제25조에 따라 벤처기업으로 확인받은 날(이하 이 조에서 "확인일"이라 한다)부터 4년간 경감한다.

개정 전	개정 후
분(임대를 포함한다. 이하 이 항에서 같다)하는 경우 또는 정당한 사유 없이 최초 사용일부터 2년간 해당 사업에 직접 사용하지 아니하거나 처분하는 경우에는 감면받은 세액을 추징한다.	
1. 2016년 12월 31일까지 수도권과밀억제권역 외의 지역에서 창업한 중소기업(이하 이 조에서 "창업중소기업"이라 한다)	1. 2017년 12월 31일--
2. 2016년 12월 31일까지 「벤처기업육성에 관한 특별조치법」 제2조 제1항에 따른 벤처기업 중 대통령령으로 정하는 기업으로서 창업 후 3년 이내에 같은 법 제25조에 따라 벤처기업으로 확인받은 기업(이하 이 조에서 "창업벤처중소기업"이라 한다). 이 경우 창업벤처중소기업의 창업일은 같은 법 제25조에 따라 벤처기업으로 확인받은 날(이하 이 조에서 "확인일"이라 한다)로 한다.	2. 2017년 12월 31일-- 창업일부터 ---. 〈후단 삭제〉
② 2016년 12월 31일까지 창업하는 창업중소기업 및 창업벤처중소기업이 해당 사업에 직접 사용(임대는 제외한다)하는 사업용 재산(건축물 부속토지인 경우에는 대통령령으로 정하는 공장입지기준면적 이내 또는 대통령령으로 정하는 용도지역별 적용배율 이내의 부분만 해당한다)에 대해서는 창업일 또는 확인일부터 5년간 재산세(「지방세법」 제111조에 따라 부과된 세액을 말한다. 이하 같다)의 100분의 50에 상당하는 세액을 감면한다.	② 2017년 12월 31일-- 부동산--- 창업일(창업벤처중소기업의 경우에는 확인일)부터 ------------------------------------ 경감---.
③ 다음 각 호의 어느 하나에 해당하는 등기에 대해서는 등록면허세를 면제한다.	③ --.
1. 2016년 12월 31일까지 창업하는 창업중소기업의 법인설립 등기(창업일부터 4년 이내에 자본 또는 출자액을 증가하는 경우를 포함한다)	1. 2017년 12월 31일---
2. 2016년 12월 31일까지 「벤처기업육성에 관한 특별조치법」 제2조의2제1항제2호다목에 따라 창업 중에 벤처기업으로 확인받은 중소기업이 그 확인일부터 1년 이내에 하는 법인설립 등기	2. 2017년 12월 31일--
④ 제1항부터 제3항까지의 감면 대상 창업중소기업 및 창업벤처중소기업의 범위는 제100조 제3항 각 호의 업종을 경영하는 중소기업으로 한다. 다만, 제100조 제3항 제20호의 업종 중 「체육시설의 설치·이용에 관한 법률」에 따라 골프장을 경영하는 기업과 같은 조 제6항에 해당하는 경우에는 제1항부터 제3항까지의 취득세, 재산세 및 등록면허세 감면대상이 되는 창업중소기업 및 창업벤처중소기업의 범위에서 제외한다.	④ 창업중소기업과 창업벤처중소기업의 범위는 다음 각 호의 업종을 경영하는 중소기업으로 한정한다. 1. 광업 2. 제조업 3. 건설업 4. 출판업 5. 영상·오디오 기록물 제작 및 배급업(비디오물 감상실 운영업은 제외한다) 6. 방송업 7. 전기통신업 8. 컴퓨터 프로그래밍, 시스템 통합 및 관리업 9. 정보서비스업(뉴스제공업은 제외한다) 10. 연구개발업 11. 광고업 12. 전문디자인업 13. 전시 및 행사대행업 14. 창작 및 예술관련 서비스업(자영예술가는 제외한다) 15. 대통령령으로 정하는 엔지니어링사업(이하 "엔지니어링사업"이라 한다) 16. 대통령령으로 정하는 물류산업(이하 "물류산업"이라 한다)

개정 전	개정 후
	17. 「학원의 설립·운영 및 과외교습에 관한 법률」에 따른 직업기술 분야를 교습하는 학원을 운영하는 사업 또는 「근로자직업능력 개발법」에 따른 직업능력개발훈련시설을 운영하는 사업(직업능력개발훈련을 주된 사업으로 하는 경우에 한정한다)
	18. 「전시산업발전법」에 따른 전시산업
	19. 인력공급 및 고용알선업(농업노동자 공급업을 포함한다)
	20. 건물 및 산업설비 청소업
	21. 경비 및 경호 서비스업
	22. 시장조사 및 여론조사업
	23. 「관광진흥법」에 따른 관광숙박업, 국제회의업, 유원시설업 또는 대통령령으로 정하는 관광객이용시설업
	24. 그 밖의 과학기술서비스업
〈신설〉	⑤ 제1항부터 제4항까지의 규정을 적용할 때 창업중소기업으로 지방세를 감면받은 경우에는 창업벤처중소기업에 대한 감면은 적용하지 아니한다.
〈신설〉	⑥ 제1항부터 제4항까지의 규정을 적용할 때 다음 각 호의 어느 하나에 해당하는 경우는 창업으로 보지 아니한다. 1. 합병·분할·현물출자 또는 사업의 양수를 통하여 종전의 사업을 승계하거나 종전의 사업에 사용되던 자산을 인수 또는 매입하여 같은 종류의 사업을 하는 경우. 다만, 종전의 사업에 사용되던 자산을 인수하거나 매입하여 같은 종류의 사업을 하는 경우 그 자산가액의 합계가 「부가가치세법」 제5조 제2항에 따른 사업개시 당시 토지·건물 및 기계장치 등 대통령령으로 정하는 사업용자산의 총가액에서 차지하는 비율이 100분의 50 미만으로서 대통령령으로 정하는 비율 이하인 경우는 제외한다. 2. 거주자가 하던 사업을 법인으로 전환하여 새로운 법인을 설립하는 경우 3. 폐업 후 사업을 다시 개시하여 폐업 전의 사업과 같은 종류의 사업을 하는 경우 4. 사업을 확장하거나 다른 업종을 추가하는 경우 등 새로운 사업을 최초로 개시하는 것으로 보기 곤란한 경우
〈신설〉	⑦ 다음 각 호의 어느 하나에 해당하는 경우에는 제1항에 따라 경감된 취득세를 추징한다. 다만, 「조세특례제한법」 제31조 제1항에 따른 통합(이하 이 조에서 "중소기업간 통합"이라 한다)을 하는 경우와 같은 법 제32조제1항에 따른 법인전환(이하 이 조에서 "법인전환"이라 한다)을 하는 경우는 제외한다. 1. 정당한 사유 없이 취득일부터 3년 이내에 그 부동산을 해당 사업에 직접 사용하지 아니하는 경우 2. 취득일부터 3년 이내에 다른 용도로 사용하거나 매각·증여하는 경우 3. 최초 사용일부터 계속하여 2년간 해당 사업에 직접 사용하지 아니하고 다른 용도로 사용하거나 매각·증여하는 경우
⑤ 창업중소기업 및 창업벤처중소기업이 제2항에 따른 감면기간이 지나기 전에 「조세특례제한법」 제31조 제1항에 따른 통합을 하는 경우 통합법인은 대통령령으로 정하는 바에 따라 남은 감면기간에 대하여 제2항을 적용받을 수 있다. 다만, 통합 전에 취득한 사업용재산에 대해서만 적용한다.	⑧ -------------------------------------- 경감기간----------- 중소기업간 통합 또는 법인전환--------------------- 그 법인은 --------------------------- 경감기간-----------------------------. ---- 중소기업간 통합 및 법인전환 ----------------.
⑥ 제1항부터 제3항에 따른 창업중소기업 및 창업벤처중소기업 감면을 적용받으려는 경우에는 행정자치부령으로 정하는 감면신청서를 관할 지방자치단체의 장에게 제출하여야 한다.	⑨ 제1항부터 제4항까지의 규정---.

개정이유 ▶

● 감면대상 창업 업종에 대한 규정 등을 본 조항에 신설하고 취득세 등의 감면기한을 2017. 12. 31.까지 연장하는 등 전부개정

  – **(제1항, 취득세 감면)** 창업일에 대한 개념을 명확하게 보완하고, 감면대상을 **부동산으로 한정**하며, 감면기한을 2017. 12. 31.까지 연장 및 "창업벤처중소기업"의 경우에는 벤처기업으로 '**확인 받은 날**'부터 4년간 감면이 되도록 감면기간을 명확히 개정

  – **(제2항, 재산세 감면)** 감면 대상을 부동산으로 한정(종전: 사업용 재산)하고, 창업벤처중소기업의 경우에는 창업일이 아닌 '**확인일**'부터 **5년간 재산세를 감면**하도록 명확히 개정하며, 2017. 12. 31.까지 감면기한을 연장함

  – **(제4항·제6항, 업종 및 창업으로 보지 않는 경우)** 종전에는 창업중소기업 등의 업종 및 창업으로 보지 않는 경우 등을 법 제100조를 준용하도록 하였으나, 취득세 재산세 등에 대한 감면취지에 부합 하도록 본 조항에 신설

  – **(제5항)** 창업벤처중소기업이 창업중소기업에 대한 감면을 중복으로 받지 않도록 종전의 규정을 보다 명확히 함

  – **(제7항·제8항, 중소기업간 통합 및 법인전환)** 중소기업간 통합 외에 개인이 법인으로 전환하는 경우에도 남은 감면 기간 동안 재산세를 감면받을 수 있도록 하고, 중소기업간 통합 및 법인전환을 한 경우 추징 규정에서 제외하도록 함

개정내용 ▶

● **(제1항)** 취득세 감면기한을 2017. 12. 31.까지 연장하고, 창업일을 시행령으로 위임하도록 개정

> ·**법인**이 창업하는 경우: 설립등기일
> ·**개인**이 창업하는 경우: 「부가가치세법」 제8조에 따른 사업자등록일)

  – 감면대상을 종전의 **"사업용 재산"**에서 **"부동산"**으로 변경(자동차, 건설기계 등 제외)
  – "창업벤처중소기업"의 경우에는 벤처기업으로 **"확인 받은 날"부터 4년간 감면**이 가능하나, 기존의 창업중소기업으로서 감면을 적용받은 경우에는 창업벤처중소기업에 대한 감면을 받지 못함(제5항)

● **(제2항)** 재산세 감면기한을 2017. 12. 31.까지 연장하고

  – 감면대상을 종전의 **"사업용 재산"**에서 **"부동산"**으로 변경(자동차, 건설기계 등 제외)
  – 창업벤처중소기업의 경우에는 창업일이 아닌 **"확인일"**부터 **5년간 재산세를 감면하고**, 기존의 창업중소기업으로서 감면을 적용받은 경우에는 창업벤처중소기업에 대한 감면대상에서 제외(제5항)

● **(제4항·제6항)** 감면대상 **"창업 업종"** 및 **"창업으로 보지 않는 경우"** 등을 신설하여 감면대상을 명확히

개정하고, 일부업종*은 감면 대상에서 제외함

 * 제외업종: 음식점업, 노인복지업, 사회복지서비스업

● **(제5항)** 창업중소기업으로서 감면을 적용받은 경우에는 창업벤처중소기업으로서 취득세·재산세·등록면허세 감면을 받을 수 없도록 개정

● **(제7항)** 중소기업간 통합을 하거나, 법인전환을 한 경우 감면된 취득세를 추징하지 않도록 개정

● **(제8항)** 중소기업간 통합의 경우 외에 개인이 법인으로 전환하는 경우에도 남은 감면 기간 동안 재산세를 감면받을 수 있도록 개정

적용요령 ▶

● 이 법 시행일('17. 1. 1.) 이후 분부터 적용

● 이 법 시행 전에 종전의 제58조의3 제1항 각 호 외의 부분 본문 및 같은 항 각 호에 따라 감면된 취득세의 추징에 대해서는 제58조의3 제7항 각 호 외의 부분 본문 및 같은 항 각 호의 개정 규정에도 불구하고 종전의 제58조의3 제1항 각 호 외의 부분 단서의 규정에 따른다.

 − 다만, **이 법 시행 후** 「조세특례제한법」 제31조 제1항에 따른 **통합**을 하는 경우와 같은 법 제32조 제1항에 따른 **법인전환을 하는 경우**에는 제58조의3 제7항 각 호 외의 부분 단서의 개정규정에 따라 **취득세를 추징하지 아니한다**(부칙 제18조)

● **이 법 시행 전**에 종전의 제58조의3 제2항에 따라 **재산세를 감면받은 자**가 같은 항에 따른 감면기간이 지나기 전에 **이 법 시행 후** 「조세특례제한법」 제32조 제1항에 따른 **법인전환을 하는 경우**에는 **제58조의3 제8항의 개정규정을 적용**

● 제2항의 감면대상을 사업용 재산에서 부동산으로 개정한 내용은 **이 법 시행 이후 창업하는 분부터 적용**

---

4 2018년 개정 내용

개정 전	개정 후
〈① 창업중소기업(창업벤처중소기업) 취득 부동산 제58의3①, ②, ③〉	☞ **감면확대 및 3년 연장, 최소납부세제 적용**
• (감면율) 취득세 75%(창업후 4년내 취득) 　　　　재산세 50%(5년간) 　　　　등록면허세 100%(설립·증자 포함)	• (감면율) 취득세 75%(창업 후 4년내 취득) 　　　　<u>재산세 3년간 100%, 2년간 50%</u> 　　　　등록면허세 100%(설립·증자 포함)
• (일몰기한) 2017. 12. 31.	• (일몰기한) <u>2020. 12. 31.</u>

 − 취득세 현행 연장, 재산세 5년간 50% → 최초 3년간 100%, 2년간 50%

5 2019년 개정 내용

개정 전	개정 후

• 창업벤처중소기업 감면요건
  - 벤처기업을 확인받은 날로부터 4년간 취득세 감면
• 창업중소기업 감면요건
  〈신설〉
	• 창업벤처중소기업 감면요건 명확화
	  - 최초로 벤처기업을 확인받은 날로부터 4년간 취득세 감면
	• 창업중소기업 감면요건 명확화
	  - 창업일 당시 업종의 사업을 계속 영위 목적 취득 부동산 감면

• 재산세 감면 범위
  - 재산세(지방세법 제111조에 따라 부과된 세액을 말한다. 이하 이조에서 같다)
	• 재산세 감면범위 중복내용 삭제
	  - 재산세

• 창업벤처중소기업 감면대상
  - (업종) 제조업 등 24개 업
	• 창업벤처중소기업 감면대상 명확화
	  - 정보서비스업에서 암호화자산 매매중개업 제외

개정내용 ▶

● (벤처기업확인서 기준 명확화) 벤처기업을 확인받은 날에 대한 명확한 기준이 없어 과세관청과 납세자 간 이견(異見)* 발생

  * 과세관청은 벤처기업확인서를 최초로 받은 날로 해석하는 반면, 납세자는 벤처기업확인서를 매 2년마다 발급받은 날로 해석

  - 벤처기업확인서를 최초로 받은 날로 개정하여 감면기준 명확히 규정

● (세정 신뢰성 제고) 유권해석과 조세심판원*의 심판 결정 내용이 상반되어 세무행정에 대한 신뢰성 저하 및 조세민원 발생

  - 창업 당시 업종에 대해서만 감면되도록 규정하여 창업 이후 추가된 업종은 감면대상에서 제외

    * 추가된 업종에 사용하기 위해 취득하는 부동산도 감면대상임(조심2016지536, '17. 3. 15)

● (중복 내용 삭제) 「지방세특례제한법」 제2조에서 "재산세"를 「지방세법」 제111조에 따라 부과된 세액"으로 정의하고 있으므로,

  - "재산세(「지방세법」 제111조에 따라 부과된 세액을 말한다)"라는 문구에서 중복적인 내용 삭제

● (암호화 화폐 거래소 감면 제외) 암호화 화폐 거래소는 비정상적인 투기과열 현상과 유사수신·자금세탁·해킹 등의 불법행위가 발생함에 따라 감면대상에서 제외

  ※ 「벤처기업육성에 관한 특별조치법 시행령」에서 블록체인 기반 암호화자산 매매 및 중개업을 벤처기업에서 제외('18. 10. 2.)

적용요령 ▶

● 이 법 시행('19. 1. 1.) 이후 납세의무가 성립하는 분부터 적용

6 2020년 개정 내용

☐ **창업중소기업 감면대상 업종 인용 조문 정비 (영 제29조의2)**

개정 전	개정 후
▪ **창업중소(벤처)기업의 범위 업종**	▪ **창업중소(벤처)기업의 범위(업종) 인용 조문 정비**
•대통령령으로 정하는 엔지니어링사업: 「조세특례제한법 시행령」 제5조 제6항	•대통령령으로 정하는 엔지니어링사업: 「조세특례제한법 시행령」 제5조 제7항

개정내용 ▶▶

● 창업(벤처)중소기업 감면 업종은 「조세특례제한법 시행령」을 인용하고 있으나 해당 법령 개정에 따라 지특법 인용조문 정비

 - '17. 2. 7. 개정에 따라 「조세특례제한법 시행령」제5조 제6항 "대통령령으로 정하는 엔지니어링사업" 이 「조세특례제한법 시행령」 제5조 제7항 "대통령령으로 정하는 엔지니어링사업"으로 변경

적용요령 ▶▶

● 해당 인용 조문을 정비한 사항이므로 종전과 동일하게 적용

개정조문 ▶▶

개 정 전	개 정 후
제29조의2(창업중소기업 등의 범위) ⑤ 법 제58조의3 제4항 제15호에서 "대통령령으로 정하는 엔지니어링사업"이란 「조세특례제한법 시행령」 제5조제6항에 따른 사업을 말한다.	제29조의2(창업중소기업 등의 범위) ⑤ ------------------------------------ 「조세특례제한법 시행령」 제5조 제7항----------------.

▷ 개정 연혁 요약[12]

　2015. 1. 1. 시행, 종전까지 조세특례제한법에서 규정하던 창업중소기업 및 창업벤처중소기업에 대한 감면을 2015. 1. 1. 지방세특례제한법으로 이관하면서 감면기한을 연장하고 장기간 감면(27년) 등을 고려하여 감면폭을 일부 축소하여 재정비하였다. 당시 지특법에는 지방소득세 독립세 전환 이후 창업기업에 대한 지방소득세 감면에 관한 내용을 규정(제100조, 조특법상 창업기업의 감면요건과 동일한 내용)하고 있었는데, 제58조의3의 취득세 등 지방세 감면 규정에서는 창업의 개념을 별도로 규정하지 않고 창업중소기업의 지방소득세 감면규정을 준용하였다.

　2016. 1. 1. 시행, 창업벤처중소기업은 그 특성상 창업 이후 일정시일이 경과한 후 사실상 사업이 개시

---

12) 오정의 외 2, 지방세 4법 해설과 실무사례, 삼일인포마인, 2020, 1728~1729쪽

됨을 고려하여, 벤처기업육성에 관한 특별조치법 기준에 따라 "창업일"을 "벤처기업확인을 받은 날"로 개정하였다.

2017. 1. 1. 시행, 지특법 제100조 등에서 준용하고 있던 감면대상 창업 업종에 대한 규정 등을 본 조항에 신설하고 취득세 등의 감면기한을 2017. 12. 31.까지 연장하고 과세요건을 명확히 하는 등 대폭 개편하였다. 즉 지특법 제100조를 준용하지 않고 24개 유형의 감면대상 창업 업종을 직접 규정하고(제4항), 중소기업 중 창업의 범위에서 배제되는 기업을 본 조항에 신설하여 창업 업종 및 창업의 개념을 명확히 하였다(제6항). 그리고 창업일을 시행령으로 위임하여 구체적으로 규정(법인이 창업하는 경우 설립등기일, 개인이 창업하는 경우 부가가치세법 제8조에 따른 사업자등록일) 하였는데, "창업벤처중소기업"의 경우에는 벤처기업으로 "확인받은 날"부터 4년간 감면이 가능하도록 명확히 하였다(법 제1항). 아울러 창업중소기업으로서 감면을 적용받은 경우에는 창업벤처중소기업으로서 취득세·재산세·등록면허세 감면을 받을 수 없도록 개정하였고(법 제5항), 중소기업간 통합을 하거나, 법인전환을 한 경우 감면된 취득세를 추징하지 않도록 하고(법 제7항), 중소기업간 통합의 경우 외에 개인이 법인으로 전환하는 경우에도 남은 감면 기간 동안 재산세를 감면받을 수 있도록 하였다(법 제8항).

2018. 1. 1. 시행, 창업중소기업(창업벤처중소기업)이 취득하는 부동산에 대한 지방세 감면을 2020. 12. 31.까지 3년간 연장하면서, 재산세 감면을 확대하되, 최소납부세제를 적용하도록 하였다. 해당 확대는 기존 5년간 50% 경감에서, 최초 3년간 100%, 이후 2년간 50% 경감으로의 개정을 의미한다.

2019. 1. 1. 시행, 청년이 창업하는 중소·벤처기업의 경우에 한해 창업 후 감면 가능한 기간을 현행 4년에서 5년으로 연장하면서, 청년의 연령기준도 15~29세에서 15~34세로 확대하였다. 벤처기업을 확인받은 날에 대해 최초로 받은 날로 명확히 규정하였고, 암호화 화폐 거래소는 비정상적인 투기 과열 현상 등 불법행위가 발생함에 따라 감면대상에서 제외토록 하였다. 특히 창업 당시 업종에 대해서만 감면이 되도록 규정하여 창업 이후 추가된 업종은 감면대상에서 제외토록 하였다(제1항).

---

3 **해석사례 및 실무해설**

1 **창업중소기업 등에 대한 취득세 등의 감면(제58조의3①②③)**

① 「중소기업창업 지원법」 제2조 제1호에 따른 창업을 한 기업으로서 다음 각 호의 어느 하나에 해당하는 기업이 대통령령으로 정하는 날(이하 이 조에서 "창업일"이라 한다)부터 4년 이내(대통령령으로 정하는 청년창업기업의 경우에는 5년 이내)에 창업일 당시 업종의 사업을 계속 영위하기 위하여 취득하는 부동산에 대해서는 취득세의 100분의 75를 경감한다. 이 경우 제2호의 경우에는 「벤처기업육성에 관한 특별조치법」 제25조에 따라 벤처기업으로 최초로 확인받은 날(이하 이 조에서 "확인일"이라 한다)부터 4년간 경감한다. (2018. 12. 24. 개정)

1. 2020년 12월 31일까지 수도권과밀억제권역 외의 지역에서 창업한 중소기업(이하 이 조에서 "창업중소기업"이라 한다) (2017. 12. 26. 개정)

2. 2020년 12월 31일까지 「벤처기업육성에 관한 특별조치법」 제2조 제1항에 따른 벤처기업 중 대통령령으로 정하는 기업으로서 창업일부터 3년 이내에 같은 법 제25조에 따라 벤처기업으로 확인받은 기업(이하 이 조에서 "창업벤처중소기업"이라 한다) (2017. 12. 26. 개정)

② 2020년 12월 31일까지 창업하는 창업중소기업 및 창업벤처중소기업이 해당 사업에 직접 사용(임대는 제외한다)하는 부동산(건축물 부속토지인 경우에는 대통령령으로 정하는 공장입지기준면적 이내 또는 대통령령으로 정하는 용도지역별적용배율 이내의 부분만 해당한다)에 대해서는 창업일(창업벤처중소기업의 경우에는 확인일)부터 3년간 재산세를 면제하고, 그 다음 2년간은 재산세의 100분의 50에 상당하는 세액을 경감한다. (2018. 12. 24. 개정)

③ 다음 각 호의 어느 하나에 해당하는 등기에 대해서는 등록면허세를 면제한다. (2014. 12. 31. 신설)

1. 2020년 12월 31일까지 창업하는 창업중소기업의 법인설립 등기(창업일부터 4년 이내에 자본 또는 출자액을 증가하는 경우를 포함한다) (2017. 12. 26. 개정)

2. 2020년 12월 31일까지 「벤처기업육성에 관한 특별조치법」 제2조의 2 제1항 제2호 다목에 따라 창업 중에 벤처기업으로 확인받은 중소기업이 그 확인일부터 1년 이내에 하는 법인설립 등기 (2017. 12. 26. 개정)

1) 해석사례

(1) 창업과 취득한 부동산의 지역이 상이한 경우

① 수도권 과밀억제권역 외에서 창업하고, 부동산은 수도권 과밀억제권역 내에서 취득한 경우: 감면에서 제외

유권해석 사례에서는 부동산을 취득하는 것은 창업한 기업의 사업에 사용하기 위한 것이 목적이므로 사업장 이전 또는 추가 설치가 전제되기 때문에 창업중소기업에 대한 지원 취지와 부합하지 않으므로 수도권 외에서 창업하고 수도권 내에서 취득하는 부동산에 대해 감면을 인정하고 있지 않다. 국세에서도 수도권 내로 이전하여 사업을 영위하는 경우 세액감면을 받을 수 없도록 하고 있으며, 벤처기업에 대해서만 수도권 내에서의 감면을 별도로 인정하고 있는 점 등을 종합적으로 고려하여 수도권 외의 지역에서 창업한 중소기업이라 하더라도 수도권 내에서 취득하는 부동산에 대해서는 감면을 인정하고 있지 않다.

㉮ 창업중소기업에 대한 감면취지는 수도권 과밀억제권역 외 지역에서 제조업 등을 영위하기 위하여 창업하는 중소기업에 세제혜택을 부여함으로 기업의 지방분산화 촉진 및 지역 균형 발전을 지원하고자 하는 취지이며, 국세도 "창업중소기업이 법 제6조 제1항의 규정에 의해 세액감면을 받던 중 수도권 과밀억제권역으로 이전하여 사업을 영위하는 경우 세액감면을 받을 수 없다"고 규정하고 있으며, 수도권 과밀억제권역 내 창업벤처중소기업이 취득하는 사업용 재산에 대하여 별도의 규정

을 두고 있는 점 등을 종합적으로 고려할 때, 수도권 과밀억제권역 외 지역에서 창업한 중소기업이 수도권 과밀억제권역 내의 공장을 사업용 부동산으로 취득하는 경우 감면 대상에 해당하지 않음 (지방세특례제도과-725, 2014. 6. 23.).

② 수도권 내에서 창업한 기업이 수도권 외로 사업장을 이전하여 사업을 개시하는 경우: 감면 제외

수도권 내에서 창업을 한 이상 해당 기업은 감면 요건에 적합하지 않게 창업한 것에 해당하고, 수도권 외의 지역으로 사업장을 이전하고 사업을 처음 개시한다고 하여도 그 사업 개시일을 창업일 즉 법인설립일 또는 사업자등록일로 볼 수 없으므로 새로운 창업으로도 볼 수 없다.

㉮ 법인설립등기 당시 수도권 과밀억제권역 내에서 창업한 이상, 설령 법인설립등기일 이후 수도권 과밀억제권역 외의 지역으로 이전하여 실제 사업을 개시하였다 하더라도 「조세특례제한법」 제6조 제1항의 창업중소기업 요건을 충족하지 아니한 것이므로, 같은 법 제119조 제3항 및 제120조 제3 항의 감면규정을 적용할 수 없음(조심2012지0108, 2012.8.20., 조심2011지0778, 2011. 12. 14., 조심2010지0542, 2011. 7. 22.).

㉯ 법인으로서 활동을 개시한 법인의 설립등기일을 창업한 시점으로 보는 것이 타당한 점 등에 비추어 수도권과밀억제권역 내의 지역에서 창업한 청구법인은 창업중소기업의 요건을 충족하였다고 보기 어려우므로 처분청이 청구법인의 경정청구를 거부한 처분은 잘못이 없음(조심2015지0980, 2015. 11. 26.).

(2) 창업벤처중소기업

① 사후관리 기간(2년) 내에 벤처기업인증이 연장되지 않았더라도 추징하기는 어려움

벤처기업 확인에 관한 사항은 면제요건에 관한 사항으로서 납세의무성립 당시 면제요건을 모두 구비한 경우라면 일단 면제를 하여야할 것이고, 동 면제요건에 대하여 사후관리 측면에서 별도의 추징규정 (예: 사용일부터 2년 이내에 벤처확인이 취소되거나 기간이 연장되지 아니한 경우 면제된 세액을 추징) 을 두고 있지 아니한 이상 이를 이유로 기 면제한 취득·등록세를 추징하기는 어렵다고 할 것이므로, 귀 문의 경우 창업벤처중소기업이 사업용재산을 취득·등기하면서 「조세특례제한법」 제119조 제3항 및 제120조 제3항 규정에 의하여 정당하게 취득·등록세를 면제 받은 후 당해 사업용재산을 당초 사업의 목적대로 계속 직접 사용하고 있는 경우라면, 비록 추징 사후관리 기간(2년) 내에 벤처기업인증 연장이 이루어지지 아니하였다고 하더라도 면제받은 취득·등록세를 추징하기는 어려움(지방세운영과-4202, 2009. 10. 5.).

② 중소기업으로 창업하여 취득세 등을 감면받고 있던 중 창업벤처중소기업이 되는 경우, 벤처기업 확인받는 날을 새로운 창업일로 보아 추가로 4년간 감면적용은 불가함

감면대상 창업중소기업 여부는 「조세특례제한법」 제6조 제1항에 따라 판단하여야 하고, 창업벤처중소기업에 해당 여부는 같은 조 제2항에 따라 판단하여야 할 것인 바, 같은 항 단서에서 '제1항을 적용받는 경우는 제외한다'고 규정하고 있는 점, 당해 단서규정의 경우 1999. 8. 31. 현행 창업벤처기업에 대한 감면규정 같은 조 제2항의 신설 당시에 함께 도입되었던 바, 이는 수도권과밀억제권역 외의 지역에서 이미 창업중소기업으로서 감면받은 후 창업벤처중소기업이 되는 경우 중복감면을 제외하고자 하는 취지라고 할 것인 점, 취득세 등 감면기간의 경우 창업중소기업이나 창업벤처중소기업에 대하여 동일하게 4년으로 규정하고 있을 뿐 창업벤처중소기업에 대하여 추가로 연장하겠다는 별도의 규정이 없는 점 등을 종합적으로 고려해 볼 때, 창업중소기업으로서 이미 취득세 등을 감면받은 경우라면 이후에 창업벤처중소기업으로 되는 경우라도 추가로 감면적용(4년간)은 불가하다고 할 것임(지방세운영과-421, 2013. 2. 8.).

③ 창업 벤처기업 확인을 여러번 받은 창업기업 감면의 기산일

창업벤처중소기업의 "벤처기업 확인 받은날"은 창업일로 보기보다는 창업벤처기업으로 인증을 받았기 때문「지방세특례제한법」서 정한 감면대상 요건을 갖추었다고 보는 것이 타당하다 할 것임- 다만, 최초 기업설립 이후 창업중소기업으로 감면받은 사실이 없는 경우에는 "벤처기업 확인받은 날"로부터 4년의 기간 내에 취득하는 부동산에 대하여 감면대상으로 보아야 할 것임... 창업중소기업이 벤처기업 확인을 여러 번 받은 경우라면 그 감면기산일은 최초로 벤처기업 확인 받은 날로부터 4년의 기간 내에 취득하는 부동산을 감면대상으로 보는 것이 타당하다 할 것임(지방세특례제도과-571, 2018. 2. 22.)

▶ 벤처기업 확인(서)를 최초로 받은 날로 보는지 또는 매 2년마다 발급받은 날로 보는지 쟁점에 대해 감면의 기준일을 벤처기업확인서를 최초로 받은 날로 보완하였다('19. 1. 1.).

2) 실무해설

대상자	• 창업중소기업, 창업벤처중소기업, 청년창업기업 - 수도권 과밀억제권역 외의 지역에서 창업한 중소기업만 해당 　(창업벤처중소기업은 과밀억제권역 이내 창업한 경우도 해당) - 벤처기업은 창업일로부터 3년 이내에 확인받는 경우만 해당
대상물건	• 해당 사업을 하기 위하여 창업일 또는 벤처기업 확인일부터 4년(청년창업기업은 5년) 이내에 취득하는 사업용 부동산 - 부속토지는 공장입지기준면적(지방령 제102조1항), 용도지역별 적용 배율(지방령 제101조2항) 이내만 감면 - 2016년 이전에는 사업용부동산이 아닌 사업용재산(2015년 이후 「지방세법」 제127조 제1항 제1호에 따른 비영업용 승용자동차 제외)
감면율	• 취득세: 75% 경감 • 재산세: 창업 후 3년간 100% 면제, 그 다음 2년간은 50% 경감 - 경감기간이 지나기 전에 중소기업 간 통합 또는 법인전환을 하는 경우 남은 경감 기간 동안 재산세 감면 가능 　(중소기업 간 통합 및 법인전환 전에 취득한 사업용 재산으로 한정) • 등록면허세: 100% 면제 - 창업중소기업 법인설립 등기(창업일부터 4년 이내에 자본 또는 출자액 증가 포함) - 벤처기업 확인일부터 1년 이내에 하는 법인설립 등기
감면시한	2020. 12. 31.

- 창업일: 법인이 창업을 하는 경우 법인설립등기일, 개인이 창업하는 경우 「부가가치세법」 제8조에 따른 사업자등록일
- 창업중소기업으로 지방세 감면받은 경우 창업벤처중소기업에 대한 감면을 적용하지 아니함(2017년 명확히 규정)
- 청년창업기업: 대표자가 다음의 구분에 따른 요건을 충족하는 기업을 말함.

1. 개인사업자로 창업하는 경우: 창업 당시 이상 34세 이하인 사람. 다만, 「조세특례제한법 시행령」 제27조 제1항 제1호 각 목의 어느 하나에 해당하는 병역을 이행한 경우에는 그 기간(6년을 한도로 한다)을 창업 당시 연령에서 빼고 계산한 연령이 34세 이하인 사람을 포함한다.

2. 법인으로 창업하는 경우: 다음 각 목의 요건을 모두 갖춘 사람

  가. 제1호의 요건을 갖출 것

  나. 「법인세법 시행령」 제43조 제7항에 따른 지배주주등으로서 해당 법인의 최대주주 또는 최대출자자일 것

■ 창업벤처중소기업: 「벤처기업육성에 관한 특별조치법」 제2조 제1항에 따른 벤처기업 중 다음의 기업으로서 「중소기업창업 지원법」 제2조 제1호에 따른 창업일 후 3년 이내에 같은 법 제25조에 따라 벤처기업으로 확인받은 기업

1. 「벤처기업육성에 관한 특별조치법」 제2조의2의 요건을 갖춘 중소기업(같은 조 제1항 제2호나목에 해당하는 중소기업은 제외한다)

2. 연구개발 및 인력개발을 위한 비용으로서 「조세특례제한법 시행령」 별표 6의 비용이 해당 과세연도의 수입금액의 100분의 5(「벤처기업육성에 관한 특별조치법」 제25조에 따라 벤처기업 해당 여부에 대한 확인을 받은 날이 속하는 과세연도부터 연구개발 및 인력개발을 위한 비용의 비율이 100분의 5 이상을 유지하는 경우로 한정한다) 이상인 중소기업

창업중소기업이 창업일로부터 4년 이내(대통령령으로 정하는 청년창업기업의 경우에는 5년 이내)에 창업일 당시 업종의 사업을 계속 영위하기 위하여 취득하는 부동산과 창업일부터 3년 이내에 벤처기업으로 확인받은 기업이 벤처기업으로 "최초로" 확인받은 날부터 4년 이내에 취득하는 부동산에 대해서는 취득세의 75%를 감면한다. 그러므로 창업벤처중소기업의 경우 벤처기업확인서를 매 2년마다 발급받은 날이 아니라 벤처기업으로 최초로 확인받은 날을 기준으로 함에 유의해야 한다.

또한 창업중소기업 및 창업벤처중소기업이 해당 사업에 직접 사용(임대는 제외한다)하는 부동산(건축물 부속토지인 경우에는 대통령령으로 정하는 공장입지기준면적 이내 또는 대통령령으로 정하는 용도지역별적용배율 이내의 부분만 해당한다)에 대해서는 창업일(창업벤처중소기업의 경우에는 확인일)부터 3년간 재산세(「지방세법」 제111조에 따라 부과된 세액을 말한다. 이하 이 조에서 같다)를 면제하고, 그 다음 2년간은 재산세의 50%를 감면한다.

2 ▶ 창업중소기업 등의 감면에 대한 업종 요건(제58조의3④)

④ 창업중소기업과 창업벤처중소기업의 범위는 다음 각 호의 업종을 경영하는 중소기업으로 한정한다. (2016. 12. 27. 개정)

  1. 광업 (2016. 12. 27. 개정)

  2. 제조업 (2016. 12. 27. 개정)

  3. 건설업 (2016. 12. 27. 개정)

  4. 출판업 (2016. 12. 27. 개정)

  5. 영상·오디오 기록물 제작 및 배급업(비디오물 감상실 운영업은 제외한다) (2016. 12. 27. 개정)

  6. 방송업 (2016. 12. 27. 개정)

  7. 전기통신업 (2016. 12. 27. 개정)

  8. 컴퓨터 프로그래밍, 시스템 통합 및 관리업 (2016. 12. 27. 개정)

  9. 정보서비스업(뉴스제공업, 「통계법」 제22조에 따라 통계청장이 고시한 「블록체인기술 산업분류고시」에 따른 블록체인 기반 암호화자산 매매 및 중개업은 제외한다) (2018. 12. 24. 개정)

10. 연구개발업 (2016. 12. 27. 개정)

11. 광고업 (2016. 12. 27. 개정)

12. 전문디자인업 (2016. 12. 27. 개정)

13. 전시 및 행사대행업 (2016. 12. 27. 개정)

14. 창작 및 예술관련 서비스업(자영예술가는 제외한다) (2016. 12. 27. 개정)

15. 대통령령으로 정하는 엔지니어링사업(이하 "엔지니어링사업"이라 한다) (2016. 12. 27. 개정)

16. 대통령령으로 정하는 물류산업(이하 "물류산업"이라 한다) (2016. 12. 27. 개정)

17. 「학원의 설립·운영 및 과외교습에 관한 법률」에 따른 직업기술 분야를 교습하는 학원을 운영하는 사업 또는 「근로자직업능력 개발법」에 따른 직업능력개발훈련시설을 운영하는 사업(직업능력개발 훈련을 주된 사업으로 하는 경우에 한정한다) (2016. 12. 27. 개정)

18. 「전시산업발전법」에 따른 전시산업 (2016. 12. 27. 개정)

19. 인력공급 및 고용알선업(농업노동자 공급업을 포함한다) (2016. 12. 27. 개정)

20. 건물 및 산업설비 청소업 (2016. 12. 27. 개정)

21. 경비 및 경호 서비스업 (2016. 12. 27. 개정)

22. 시장조사 및 여론조사업 (2016. 12. 27. 개정)

23. 「관광진흥법」에 따른 관광숙박업, 국제회의업, 유원시설업 또는 대통령령으로 정하는 관광객이용 시설업 (2016. 12. 27. 개정)

24. 그 밖의 과학기술서비스업 (2016. 12. 27. 개정)

1) 해석사례

① 창업일부터 4년 기간 이내에 감면 대상 업종으로 변경한 경우: 창업 제외

법에서 정하는 요건은 창업에 대한 요건이므로, 창업 당시 열거된 업종으로 창업을 해야 하고 그 업종이 법인등기부등본에 기재되어 있어야 하며, 해당 업종과 관련된 사업에 사용하기 위하여 부동산을 취득하여야 한다. 결국 설립 당시 업종이 열거되어있지 않은 업종들뿐이라면 이후에 대상 업종을 추가한다고 해도 이를 감면 대상 창업으로 볼 수 없다.

㉮ ○○세무서장이 2008. 7. 3. 교부한 사업자등록증과 2008. 9. 1. 처분청에 통보한 청구인의 사업자 등록 변경이력에서 청구인은 2006. 6. 20. 업종은 도소매업으로 하여 사업자등록을 하고 사업을 영 위하다가 2007. 10. 5. 제조업을 추가한 사실이 확인되고 있는 이상, 조세특례제한법 제6조 제3항의 규정에 의한 창업중소기업에 해당되지 아니함(조심2008지0784, 2009. 2. 9.).

㉯ 법인을 설립할 당시에는 감면 대상 업종이 아니었으나, 3년 뒤 감면 대상 업종을 사업을 변경하여 부동산을 취득한 경우, 법인이 감면 대상 업종이 아닌 부동산 관련 업종으로 설립된 경우라면 설립 일부터 3년 후 감면 대상 업종으로 변경하였다 하더라도 새로운 창업으로 볼 수 없음(지방세특례 제도과-4252, 2018. 11. 9.).

㉰ 원고 회사를 설립하여 최초로 화물자동차운송주선사업 등을 개시한 것이 창업에 해당되지 않아 원고 회사는 당초 창업중소기업이 아니었는데, 몇 달 후에 추가한 업종의 매출이 훨씬 더 크다는 등의 사정만으로 원고 회사가 다시 창업중소기업이 된다고 보기 어려움(대법원2019두45432, 2019. 9. 25.).

② 감면 및 제외 업종으로 동시 창업 후 감면 제외 업종의 사업만 운영하는 경우: 감면 제외

창업일 당시 일단 감면 대상 업종을 포함하여 창업함으로써 감면의 요건을 충족하였으나 감면 대상 업종의 사업을 개시하지 않는다면 실질적으로 창업의 요건을 충족했다고 볼 수 없다. 따라서 창업 이후 감면 대상이 아닌 업종의 사업만을 계속 영위하였다면 등기부등본 등에 기재된 것만으로는 부족하므로 감면 대상에서 제외하는 것으로 보고 있다[13].

㉮ 청구법인이 이 건 건축물을 창업업종(제조업 등)이 아닌 서비스업(자동차정비업)에 사용 중인 사실이 제출된 자료(한국 표준산업분류, 담당공무원의 출장복명서 등)에 의하여 확인되는 이상 취득세 등의 감면대상이 아님(조심2012지0279, 2012. 6. 18.).

㉯ 청구법인은 2009. 9. 4. 가구제조업을 목적사업으로 하여 설립되었으나, 청구법인의 장부에는 제조업을 영위하기 위한 기계기구, 원자재의 매입내용이 나타나지 않고, 일부 구입을 주장하는 장비도 구매사실을 입증하지 못하고 있는 점, 법인 설립 이후 제품매출이 미미한 것으로 나타나는 점 등에 비추어 청구법인은 설립된 후 창업중소기업의 업종에 해당하지 아니하는 가구 도소매업을 영위하여, 창업중소기업에 해당하지 않음(조심2018지0066, 2018. 3. 29.).

③ 감면 및 제외 업종으로 동시 창업 후 감면 업종의 사업만 운영하는 경우: 감면 인정

위와 반대로 창업 당시 감면 제외 업종을 포함하여 창업하였다 하더라도 창업일 이후 감면대상인 업종의 사업을 개시하고 해당 사업을 계속 영위하기 위해 부동산을 취득하였다면 감면을 적용받을 수 있다.

㉮ 청구법인의 등기사항전부증명서에 의하면 목적사업에 건설업과 창업중소기업 제외 업종인 부동산임대업이 등재되어 있으나, 창업 이후 창업중소기업 대상 업종인 건설업 외의 타 업종을 영위한 사실이 나타나지 아니하므로 청구법인은 조세특례제한법 상 창업중소기업에 해당함(조심2014지1160, 2014. 10. 20.).

또한 감면 업종과 감면 제외 업종의 사업을 동시에 개시하고 해당 사업을 영위하기 위하여 부동산을 취득하였다 하더라도 감면을 배제하지 않는다. 즉 감면 업종에 사용하기 위하여 취득하는 부동산에 대해서는 감면을 적용받을 수 있다.

㉯ 청구인이 개업 초기 고가의 생산라인을 설치하였고, 해당 생산라인에 건조 및 제분 시설이 모두 포함되어 있는 것으로 보이는 점 등에 비추어 청구인이 개업 초기부터 고춧가루 제조업과 건고추 도소매업을 함께 영위한 것으로 보는 것이 타당하므로 처분청이 청구인에게 이 건 취득세 등을

---

13) 서정훈 외 2, 지방세 비과세·감면 100선, 조세통람, 2020, 63쪽

추징한 처분은 잘못임(조심2015지0942, 2014. 12. 9.)

㉰ 개업당시(2012. 6. 9.) 창업 업종인 산업기계 제조업을 그 목적사업에 등재하고 있었던 점, 2012년 당시 제조 관련 매출이 없이 상품매출이 먼저 발생하였으나, 그 거래내역은 2건의 ○○○으로서 그 금액이 미미할 뿐만 아니라, 이는 제조 준비를 위해 보유하고 있던 주물(고철)을 판매한 것에 불과한 것으로 보이는 점, 청구인의 손익계산서에 의하면, 2013년도 이후에는 상품매출이 없이 제 조매출만이 발생하고 있는 사실이 확인되는 점 등에 비추어 청구인은 개업 당시부터 도소매업(고 철) 이외에 제조업을 영위하고자 하였던 것으로 보이고, 본격적인 제조업을 준비과정에서 제조업 매출보다 도소매업 매출이 먼저 발생하였다는 사유로 이를 업종추가로 보는 것은 창업중소기업에 대하여 조세감면혜택을 부여하는 입법취지에 부합하지 아니한다 할 것이므로 처분청이 청구인의 경정청구를 거부한 처분은 잘못으로 판단된다(조심2016지0151, 2016. 10. 7.).

④ 감면 업종으로 창업하여 사업을 개시한 이후 감면 제외 업종을 추가하고 사업을 운영한 경우: 종전의 감면 자격은 유지

감면 제외 업종을 추가한 시점을 새로운 창업으로 보지 않을 뿐 기존의 창업 당시 적격요건을 상실한 다고 볼 수는 없다. 따라서 창업 당시 감면 대상 업종에 사용하기 위하여 취득하는 부동산에 대해서는 창업일부터 4년간 감면을 적용할 수 있다고 보아야 한다. 만일 부동산을 감면 제외대상에 사용하는 부분 이 있다면 해당 부분만큼 감면 대상에서 제외하게 된다.

또한 창업한 중소기업은 창업 당시 감면 대상인 업종을 동시에 사업을 개시할 수 없을 수도 있다. 따라서 창업 당시 지방세특례제한법에서 열거된 업종으로 적격하게 창업을 한 경우라면, 창업일 이후 4년 이내에 순차적으로 창업 당시 감면 대상인 업종의 사업을 개시하고 그 사업을 영위하기 위해 부동산 을 취득하는 경우는 감면 대상으로 볼 수 있다.

감면 대상 업종으로 사업을 개시했는지는 제조업을 위한 시설을 갖추었는지, 실제 사업운영실적이 있 는지 등에 대해 과세권자가 사실관계를 종합적으로 검토하여 판단해야 한다[14].

⑤ 음식점업은 감면대상 창업중소기업에 해당되지 않음(열거대상 제외 업종 관련)

감면 대상 업종이 현재의 규정에서 열거된 것은 2016. 12. 27., 법률 제14477호 일부개정 법률에 의해 서이다. 그 전까지는 감면 대상 업종 범위는 지방세특례제한법 제100조 제3항 각 호 즉 지방소득세공제 규정 상의 창업 업종을 인용하여 규정하고 있었다.

2016년까지 지방세특례제한법 제100조 제3항에서는 총 27종의 공제 대상 업종을 명시하고 있었는데, 여기에는 음식점업이 포함되어 있었고, 이로 인해 김밥을 판매하는 소매점도 음식점업으로서 창업 업종 에 해당하는지에 대한 문제가 되었다.

지방세특례제한법 상 창업은 중소기업창업지원법 상의 창업의 범위 내에 있는 것으로 보아야 하는데,

---

14) 서정훈 외 2, 지방세 비과세·감면 100선, 조세통람, 2020, 64쪽

중소기업창업지원법시행령 제4조에서는 창업에서 제외하는 업종으로 음식점업을 열거하고 있으며, 그 단서에서 음식점업 중 호텔업, 휴양콘도 운영업, 기타 관광숙박시설 운영업 및 상시근로자 20명 이상의 법인인 음식점업은 예외로 한다고 하고 있다.

따라서 지방세특례제한법에서 창업중소기업에 대한 감면 대상 업종으로 음식점업을 열거하고 있었다고 하더라도, 이는 전체 음식점업이 아닌 중소기업창업지원법에서 창업의 범위로 포함하고 있는 일부 음식점만을 감면 대상으로 보아야 한다.

다만 2016년 지방세특례제한법 개정으로 제58조의3 제4항이 신설되었고 음식점업을 포함하여 4종의 업종이 삭제되었다. 따라서 중소기업창업지원법에서 창업의 범위로 포함하고 있었던 "상시근로자 20명 이상의 법인인 음식점업"도 감면 대상에서 제외되었다[15].

㉮ 상시근로자 20명 이상의 법인이 아닌 자가 하는 음식점업은 구 「조세특례제한법」에서 정한 창업중소기업에 해당한다 하더라도 「중소기업창업지원법」에서 정한 창업중소기업에 해당되지 않는다면 창업중소기업으로서 감면대상에 해당되지 않는 것이다(지방세특례제도과-1964, 2015. 7. 24.).

㉯ 지방세특례제한법령상의 창업중소기업에 대한 세액감면은 창업중소기업 지원법령에서 정하고 있는 창업을 전제로 하는 것인 바, 「지방세특례제한법」 제100조에서 취득세가 감면되는 창업중소기업의 범위에 음식점업을 경영하는 중소기업도 포함하고 있으나, 창업 관련 기본법인 중소기업창업 지원법령에서 음식점업을 창업에서 제외되는 업종으로 규정하고 있으므로 개인이 영위하는 음식점업은 취득세가 감면되는 창업 업종에 해당되지 아니한다 할 것으로, 청구인은 개인사업자로서 음식점업을 영위하는 경우에 해당되어 위와 같은 창업중소기업 감면요건을 충족하지 못하였으므로 처분청이 청구인의 경정청구를 거부한 처분은 잘못이 없다고 판단된다(조심2015지1859, 2015. 12. 30.).

⑥ 추가 업종에 대한 매출액이 정확하게 확인되지 않고, 창업 전후의 식육포장처리업과 육가공제조업은 구한국표준산업분류표상 동일한 세분류에 속하여 창업으로 볼 수 없음

구 중소기업창업 지원법 시행령 제2조 제2항 후단 및 제3항에 의하면 추가된 업종의 매출액 또는 총매출액은 추가된 날이 속하는 분기의 다음 2분기 동안의 매출액 또는 총매출액을 말하는바, 원고는 이와 관련해 육가공제조업이 정확히 언제 추가되었는지, 그와 같이 추가된 날이 속하는 분기의 다음 2분기 동안 추가된 업종의 매출액 및 총매출액이 얼마인지를 입증하지 못하고 있다. 나아가 구 중소기업창업 지원법 시행령 제2조 제2항은 "창업"으로 보지 않는 같은 조 제1항 각 호 소정의 "같은 종류의 사업"의 범위와 관련해 "통계법 제22조 제1항에 따라 통계청장이 작성·고시하는 한국표준산업분류상의 세분류를 기준으로 한다."고 규정하는바, 구 한국표준산업분류(2015. 9. 24. 통계청고시 제2015-311호로 개정되기 전의 것)에 의하면, 식육포장처리업은 대분류 제조업 중 세분류 "육류 가공 및 저장처리업"에 해당하는 것으로 보이고, 육가공제조업 역시 위와 동일한 세분류에 속하는 것으로 보인다(대법원2016두51559, 2016. 12. 15.).

---

15) 서정훈 외 2, 지방세 비과세·감면 100선, 조세통람, 2020, 65쪽

⑦ 창고로 이용하고 있는 경우

창업업종(제조업 등)에 직접 사용하지 아니하고 이를 가구 관련 보관창고로 사용하거나 제3자가 사용하고 있는 사실이 제출된 자료에 의하여 확인되는 이상 취득세 등의 감면대상으로 보기는 어려움(조심 2012지0063, 2012. 6. 29.).

⑧ 영농조합법인도 창업중소기업의 창업 업종에 해당됨

영농조합법인 등 농업법인이라도 중소기업의 범위기준을 충족하는 경우 중소기업으로 보고 있는 점 (중소기업청, 2010. 중소기업 범위해설 참조), 당해 자치단체에서 가금류가공 및 저장처리업으로 중소기업창업 사업계획을 승인받은 점, 당해 법인의 영위 업종인 가금류 가공 및 저장처리업(표준산업분류 10121)의 경우 한국표준산업분류표에서 제조업으로 분류하고 있는 점, 한국표준산업분류표상 제조업의 경우 「조세특례제한법」 제6조 제3항에서 중소기업의 창업 업종으로 구분하고 있는 점, 새로이 설립되는 영농조합법인이 현물출자가 아닌 현금출자 방식으로 설립된 점 등을 종합하여 볼 때, 당해 영농조합법인이 창업중소기업의 요건을 충족하였다고 할 것임(지방세운영과-5090, 2011. 11. 1.).

⑨ 법인의 설립이 법인 전환을 통하여 동일한 사업을 영위할 경우

한국표준산업분류를 세법에 준용함에 있어서는 각 개별세법이 갖는 입법취지 또는 목적에 맞게 합당하게 해석함이 타당하다 할 것으로, 법인의 설립이 실질적으로 법인 전환을 통하여 종전기업의 인적·물적 설비를 그대로 승계하여 동일한 사업을 영위한 것으로 볼 수 있는 바 이를 창업이라고 보기는 어렵다고 할 것이다(조심2010지0429, 2011. 2. 14.).

⑩ 선박임가공업은 서비스업인 인력공급업으로 분류한 사례

"선박임가공업"이 한국표준산업분류표에서 별도의 업종으로 구분되어 있지 아니하더라도 선박가공업체의 사실상 운영현황에 따라 공장내에서 독립적으로 운영되는 제조업체 및 협력업체인 경우는 제조업으로, 자기관리하에 있는 노동자를 계약에 의하여 타인 또는 타사업체에 일정기간 동안 공급하는 산업활동(노동자들은 인력공급업체의 직원이지만 고객 사업체의 지시 및 감독을 받아 업무를 수행)인 경우는 서비스업인 인력공급업으로 각각 분류함(지방세운영과-1506, 2010. 4. 13.)

⑪ 골프장 업종 관련

※ ⑤ 참고자료의 3. 골프장 관련 쟁점 내용 참조

2) 실무해설

감면 대상 창업 업종은 지방세특례제한법 제58조의3 제4항에서 열거하고 있으며, 광업, 제조업, 건설업 등을 포함해 총 24종이다. 엔지니어링사업, 물류사업 등 일부 업종에 대해서는 시행령에서 추가적으로 그 범위를 축소하고 있다.

법령에서 열거하고 있는 업종으로 창업을 하는 중소기업에 대해 지방세를 감면하게 되는데 창업의 업종은 법인등기부나 사업자등록증에 기재된 내용을 기준으로 한다. 그리고 이러한 창업의 업종은 지방세특례제한법에 따른 창업일 당시의 업종이어야 한다.

대부분의 중소기업은 창업 당시 단일 업종만으로 창업하지 않고 여러 가지 업종을 등기부등본 등에 열거하고 창업을 하게 된다. 따라서 창업 당시에 등기부등본 등에 지방세특례제한법에 열거된 감면 대상 업종이 명시되어 있어야 하는지, 창업 당시에 해당 업종을 바로 사업개시하여야 하는지, 또는 창업 당시 등기부등본 등에 감면을 적용받을 수 없는 업종이 포함되어 있다면 감면이 가능한지 등 창업 업종과 관련된 쟁점이 다수 발생한다.

업종에 대한 비교는 「통계법」 제22조에 따라 통계청장이 고시하는 "한국표준산업분류"에 따른 세분류를 기준으로 판단하고 있다. 즉 한국표준산업분류 업종분류코드 중 4자리가 동일한 경우에는 동일한 사업으로 본다[16].

3 감면 대상 창업 해당 여부(제58조의3⑥)

⑥ 제1항부터 제4항까지의 규정을 적용할 때 다음 각 호의 어느 하나에 해당하는 경우는 창업으로 보지 아니한다. (2016. 12. 27. 신설)

1. 합병·분할·현물출자 또는 사업의 양수를 통하여 종전의 사업을 승계하거나 종전의 사업에 사용되던 자산을 인수 또는 매입하여 같은 종류의 사업을 하는 경우. 다만, 종전의 사업에 사용되던 자산을 인수하거나 매입하여 같은 종류의 사업을 하는 경우 그 자산가액의 합계가 「부가가치세법」 제5조 제2항에 따른 사업개시 당시 토지·건물 및 기계장치 등 대통령령으로 정하는 사업용자산의 총 가액에서 차지하는 비율이 100분의 50 미만으로서 대통령령으로 정하는 비율 이하인 경우는 제외한다. (2016. 12. 27. 신설)

2. 거주자가 하던 사업을 법인으로 전환하여 새로운 법인을 설립하는 경우 (2016. 12. 27. 신설)

3. 폐업 후 사업을 다시 개시하여 폐업 전의 사업과 같은 종류의 사업을 하는 경우 (2016. 12. 27. 신설)

4. 사업을 확장하거나 다른 업종을 추가하는 경우 등 새로운 사업을 최초로 개시하는 것으로 보기 곤란한 경우 (2016. 12. 27. 신설)

---

16) 서정훈 외 2, 지방세 비과세·감면 100선, 조세통람, 2020, 61쪽

1) 해석사례

(1) 사업의 승계 또는 자산 인수에 대한 판단

합병·분할·현물출자 또는 사업의 양수와 같이 종전의 사업을 승계하는 것은 사업 승계 자산 비율과 상관없이 창업에 해당하지 않는다. 반면, 종전의 사업에 사용되었던 자산을 인수하거나 매입하는 경우, 그 인수 등의 사업용 자산합계액이 사업 개시 당시 토지·건물 및 기계장치 등 사업용자산가액의 30% 이하인 경우에 한하여 창업으로 인정하고 있다.

㉮ 「조세특례제한법」 제6조 제4항 제1호 단서에서 창업으로 인정한 것은, 종전의 사업에 사용하던 자산을 인수 또는 매입하여 동종의 사업을 영위하는 경우만을 의미한다고 할 것이므로, 사업의 양수를 통하여 종전의 사업을 승계한 경우에는 동 단서의 규정을 적용할 수 없다 할 것(대법원 2008두14838, 2008. 10. 23. 판결 참조)임. 따라서 귀문의 경우와 같이 화물자동차의 신규공급을 허용하고 있지 아니하여 기존 사업자에게 그 사업을 양수 받았다면, 「화물자동차운수사업법」 제16조 제1항 및 제3항에 따라 종전의 사업을 승계한 것으로서 「조세특례제한법」 제6조 제4항 제1호 단서의 적용대상에 해당되지 않으므로, 비록 사업개시 당시 인수한 사업용 자산의 비율이 100분의 30 이하라 하더라도 「지방세법」 제119조 제3항 및 제120조 제3항 규정에 의한 취득세 및 등록세 면제대상이 아니라고 판단됨(지방세운영과-4271, 2009. 10. 9.).

㉯ 조세특례제한법 제6조 제4항 제1호에서 창업으로 보지 아니하는 사업의 양수라 함은 양수인이 양도인의 인적·물적 설비를 인수하여 종전의 사업을 사실상 승계하는 것이면 충분하다고 할 것인바, 양수인이 양도인의 인적·물적 설비를 전부 양수하여야 한다거나 종전 사업을 그대로 영위하는 것에 한정된다고 할 수는 없다고 할 것이므로 청구법인은 종전회사로부터 화물자동차운송사업허가를 양수하면서 종전 회사 명의의 ○○○(22톤 초장축카고트럭)를 청구법인 명의로 이전 등록한 이상, 이는 종전회사의 물적 설비와 그 종업원○○○을 동시에 인수한 것이라 할 것이고 청구법인 또한 종전회사와 동일한 화물운송업을 영위하고 있으므로 청구법인의 화물자동차운송사업허가 양수는 조세특례제한법 제6조 제4항 제1호에서 규정한 사업의 양수에 해당된다고 할 것이다(조심2010지0432, 2011. 3. 22.).

㉰ 두 사업체 간 부가가치세 신고서상 업태와 종목이 서로 유사하며, 주식회사 ○○○은 청구법인이 설립된지 약 6개월 후인 2010.12.31. 폐업되었고, 건축물대장상에서 이 건 건축물의 용도가 '물류창고'로 나타나고 있으며, 청구법인의 정관, 법인등기부등본, 사업자등록증에서 부동산임대업이 목적사업으로 등재되어 있고, 실제로 청구법인은 주식회사 ○○○과 임대차(계약기간: 2009. 5. 1.부터 2012. 4. 30.까지) 관계에 있는 주식회사 ○○○○○의 임대차 관계를 승계한 후 새로운 계약을 체결하여 현재에도 계속해서 임대를 유지(지하1층 부분)하고 있으며, 더 나아가 청구법인은 주식회사 ○○○과 새로운 임대차계약(계약기간: 2011. 3. 7.부터 2012. 4. 6.)을 체결하여 심판청구일 현재에도 임대차 관계를 유지하고 있는 사실 등에서 청구법인의 설립은 "종전의 사업에 사용되던

자산을 인수 또는 매입하여 같은 종류의 사업을 하는 경우"에 해당한다고 보여지므로 "창업"으로 보기는 어렵다 하겠다(조심2010지0841, 2011. 9. 1.).

㉺ 청구법인은 개인사업자가 사용하던 자산을 인수하여 동종의 사업을 개시하였을 뿐만 아니라, 개인 사업자로부터 인수한 자산의 가액이 청구법인이 사업개시 당시의 총 자산 가액의 100분의 30을 초과한 이상 기존에 사업에 사용되던 자산을 인수하여 동종 사업을 영위한 것이므로 창업이 아니다(조심2013지0580, 2013. 9. 4.).

① 창업일 이후 4년 이내에 종전 사업에 사용되던 자산을 인수하는 경우: 새로운 창업으로 볼 수는 없음. 다만 종전 창업에 대한 감면은 인정함

적법하게 창업(벤처)중소기업으로 창업을 한 경우라면, 창업일 이후 종전의 사업을 승계하거나, 업종을 추가하는 등 같은 법 제6항에서 열거한 행위를 하였다 하더라도 감면 대상기간(창업일로부터 4년)이 새로이 연장되지 않는 것이지 당초 주어진 감면의 자격이 사업승계 등의 시점에 소멸됨을 의미하는 것이 아니다. 창업 당시 적법하게 창업하였고 이후 창업일로부터 4년 이내에 종전에 사용되던 자산을 인수하였다면 그 인수된 부동산은 감면 대상에 해당되는 것으로 보아야 하는 것이다. 다만, 종전에 사용되던 자산을 인수한 날을 새로운 창업으로 보아서 감면기간이 다시 연장되는 것으로는 볼 수 없다[17].

② 종전 사업체의 유휴설비를 이용하거나 사실상 폐업한 업체의 자산을 임차하여 동일한 업종의 사업을 하는 경우: 창업으로 볼 수 없음.

종전 자산을 임차하는 경우도 "종전자산을 인수한 경우"의 범위에 포함된다. 대법원 판례에서는 이같은 경우 원시적인 사업 창출의 효과는 없으므로 감면 대상인 창업중소기업으로 볼 수 없다고 판단하고 있다.

㉮ 청구법인은 사업 개시당시 종전 사업자로부터 임차한 자산만 있을 뿐, 인수·매입한 자산이 없어「조세특례제한법」제6조 제4항 제1호 단서 규정에 따라 "창업"으로 보아야 한다는 주장이나, 같은 법 제6조 제4항 제1호 단서 규정은 종전 사업에 사용되던 자산의 인수 또는 매입이 전제가 되어 자산이나 매입가액의 산정이 가능해야 할 것인 바, 법인설립시 종전 사업자의 사업장을 임차하여 동종 사업을 영위한 이 건의 경우 법인설립 당시 인수 또는 매입하는 자산이 없어 동 단서규정을 적용하여 창업으로 인정하기는 어렵다 할 것이다(조심2009지0657, 2010. 3. 9.).

㉯ 창업중소기업의 입법취지는 새로운 사업을 최초로 개시함으로써 원시적인 사업창출의 효과가 있는 경우에만 조세를 감면해주려는 데 있다고 봄이 상당하다. 구 조특법 제6조 1,4항, 각 호의 취지와 문언 내용 등에 비추어 보면, 종전의 사업에 사용되던 자산을 인수 또는 매입하여 동종의 사업을 영위한 경우에는 그것이 설령 종전 사업체의 유휴설비를 이용하거나 사실상 폐업한 업체의 자산을 이용하여 사업을 개시하는 경우에 해당하더라도 원시적인 사업창출의 효과가 없으므로, 조특법 제

---

17) 서정훈 외 2, 지방세 비과세·감면 100선,조세통람, 2020, 68쪽

6조 제4항 제1호 본문이 창업의 범위에서 제외한 "종전의 사업에 사용되던 자산을 인수 또는 매입한 경우"에 해당한다고 봄이 타당하다. 그리고 여기에서 말하는 "자산을 인수한 경우"에는 자산을 임차하여 사용하는 경우도 포함된다(대법원2011두11549, 2014. 3. 27.).

③ 토지와 건축물만 임차하여 이종의 사업을 개시한 경우: 창업 인정

㉮ 법인을 설립하여 특정사업을 포괄적으로 양수도하는 계약을 체결하거나 업무를 인수받기로 약정한 사실 없이 임대차계약을 통하여 건물과 토지만을 임차하여 사업을 개시하였고, 임대사업자와 주요 생산품목이 상이하며, 임대차계약을 체결한 후 당해 제조업에 필요한 기계설비를 외부에서 일체 구입한 정황이 확인되고 있는 바, 사업의 양수가 아닌 종전 사업장의 토지와 건물만을 임차한 후 시설을 신규 투자하여 임대사업자와 동일한 제품을 생산한 사실 없이 이종의 제조업을 영위한 경우 취득세 감면 대상인 창업에 해당됨(지방세특례제도과-0722, 2014. 6. 23.).

㉯ 청구법인은 2013. 5. 24. 7년간 휴업상태에 있었던 토지 및 건축물을 취득한 후 2013. 5. 31. 쟁점 부동산 중 생산동 건축물 등을 멸실하고, 2013. 9. 2. 시멘트사일로 4기, 레미콘믹서기 3기, 컨베이어벨트를 축조하여 레미콘제조업을 개시한 것으로 나타나므로 청구법인은 종전의 사업에 사용되던 자산을 매입하여 같은 종류의 사업을 하였다기보다는 새로이 축조한 건축물에서 새로이 사업을 개시하였다고 보아 창업중소기업으로 보는 것이 타당함(조심2014지0495, 2014. 11. 17.).

④ 영업을 개시하지 않은 부동산을 인수하여 사업을 개시한 경우: 창업으로 볼 수 있음

창업중소기업이 창업 당시에 다른 사업자로부터 사업장을 임차 또는 인수하였다고 해도, 종전 사업자가 그 부동산을 사업에 실질적으로 사용하지 않은 경우에는 창업중소기업의 창업이 실질적인 사업창출의 효과가 있다고 보고 있다.

㉮ 조세특례제한법상 창업의 해당 여부는 궁극적으로 신규 사업 창출의 효과가 있는지 여부에 따라 판단하여야 할 것인 바, 전 사업자가 가구공장으로 사용되던 기존 공장을 매입 및 증축하였으나 사업에 사용하기 전에 청구법인이 공장을 인수하여 새로이 사업을 개시한 경우에는 창업중소기업에 해당됨(조심2008지0789, 2009. 7. 30.).

㉯ 청구인이 임대인(○○○)으로부터 사업을 승계받거나 시설장비 등을 인수받지 아니하고, 단지 공실상태에 있던 공장을 임차하여 사업을 영위하였고, ○○○로부터 기계장치 등 자산을 인수하거나 임차한 사실이 없는 점, ○○○은 ○○○의 주거래처인 ○○○(주)과 2008년부터 2010년까지 1건 ○○○의 거래만 있어 ○○○과 ○○○의 거래처가 상이한 점, 청구인이 2009. 8. 4. 개업할 당시 ○○○과는 다른 종류의 사업인 자동화전용기기 제조○○○를 영위한 점, 청구인과 ○○○은 각각 다른 사업장으로 이전하여 계속 사업을 영위하고 있어 청구인과 임대인(○○○)은 각각 별개의 사업주체로서 독립된 사업을 영위한 사실이 확인되는 점 등을 종합적으로 고려할 때 청구인이 합병·분할·현물출자 또는 사업의 양수를 통하여 종전의 사업을 승계하거나 종전의 사업에 사용되던 자

산을 인수 또는 매입하여 같은 종류의 사업을 하는 경우로 보기는 어려움(조심2013지0476, 2013. 10. 22.).

㉰ 쟁점 호텔에 대한 사업계획승인을 받은 A(주)가 사업계획승인만 받은 채 쟁점 호텔 신축부지를 청구법인에게 승계한 후, 영업사실이 없이 폐업하였으며, 청구법인이 쟁점 호텔 부지에 쟁점 호텔을 착공 및 신축한 점에 비추어 청구법인이 숙박업을 창업한 것으로 보는 것이 타당함(조심2015지1771, 2015. 12. 31.).

⑤ 미사용된 부동산을 임차하여 적격하게 창업하고, 창업일로부터 4년 이내에 동일 업종의 자산 취득 (합병): 새로운 창업으로 볼 수 없음, 다만 종전의 감면 자격을 인정함

창업 당시에는 자금 여력이 없어 창업하는 업종과 상관없는 사업장 또는 신축된 부동산을 임차하여 지방세특례제한법 제58조의3에 따른 감면 요건을 갖추고 창업을 하였으나, 창업 이후 창업 당시 업종에 사용하기 위하여 창업중소기업의 업종과 동일한 사업장의 자산을 인수하여 취득하는 경우 그 취득하는 자산에 대해 지방세를 감면할 수 있다. 다만, 창업일 이후 다른 사업장의 자산을 인수하는 시점을 새로운 창업으로 보지 않는 것이므로 감면기간이 다시 시작되는 것은 아니라고 봐야 할 것이다[18].

㉮ 갑 법인이 조세특례제한법 제6조의 요건을 충족하여 창업한 후 벤처기업 확인을 받고 감면 대상 업종을 계속해서 영위하면서 당해 사업(업종)에 직접 사용하기 위하여 사업용재산(흡수합병된을 법인의 사업에 사용하기 위하여 취득 및 등기한 경우는 제외)을 벤처기업으로 최초 확인받은 날부터 4년 이내에 취득 및 등기한 경우라면, 갑 법인이을 법인을 흡수합병한 이후 사업용재산을 취득하였다고 하더라도 취득세 등 감면 대상에 해당된다고 사료됨(지방세운영과-2084, 2009. 5. 25.).

㉯ 창업 이후 최초의 사업장을 임차하여 해당사업을 영위하다가 사업의 연속선상에 있는 경우에는 중소기업이 사업장을 단순 이전하여 부동산을 취득한 경우라면 창업일로부터 4년 이내에 취득하는 부동산에 해당한다고 볼 수 있고, 창업 당시부터 사업장을 취득할 자금력이 충분한 중소기업에게는 감면혜택을 부여하게 된다는 형평성과 입법취지를 감안할 때, "사업을 확장하거나 다른 업종을 추가하는 경우" 해당하지 않는 것으로 보아 취득세 감면대상으로 보는 것이 타당(지방세특례제도과-69, 2018. 1. 8.).

⑥ 창업 법인의 주식을 제3자가 100% 인수한 경우: 사업승계가 아님

창업 법인의 주식 100%를 제3자가 인수한 경우 이를 종전에 정당하게 창업한 법인의 사업을 승계한 것으로 보아 창업중소기업에 대한 감면을 배제할 수 있을지에 대한 쟁점이다. 사업승계는 창업 당시 창업하는 방식에서 제외되어야 하는 감면 요건이므로 정당하게 창업을 한 법인이라면 창업일 이후 제3자가 해당 법인의 주식을 전부 취득하게 되었다고 해서 지방세 감면을 배제할 수 없다고 보고 있다.

㉮ 법인은 주주 또는 대표자와 인격을 달리하는 별개의 과세객체이고 설립행위를 거쳐 설립등기를

---

18) 서정훈 외2, 지방세 비과세·감면 100선, 조세통람, 2020, 70쪽

함으로써 성립함과 동시에 법인격을 취득하게 되어(민법 제33조, 상법 제171조 제1항, 제172조 등 참조) 그로써 법인의 설립이 완성되는 것이므로, 법인의 주식 전부를 제3자가 매수한 다음 법인의 임원 등을 변경하였다고 하여 새로운 법인의 설립에 해당한다고 볼 수는 없다할 것(대법원 2009. 5. 28. 선고, 2008두20369 판결 참조)임. 따라서, 법인의 주주 또는 대표자가 변경되었다고 하여 주주 또는 대표자와 인격을 달리하는 법인이 기존 법인의 사업을 승계하였다고 보아 법인의 창업에 따른 감면을 배제하는 것은 불합리하다고 할 것이므로, 귀문의 경우 법인의 주식을 제3자가 100% 인수하고 대표자를 변경하였다고 하더라도 당해 법인이 창업일부터 3년 이내에 벤처기업으로 확인 받고 그 날부터 4년 이내에 사업용 재산을 취득·등기한 경우라면 취득세 및 등록세 면제 대상 창업벤처중소기업에 해당한다고 판단됨(지방세운영과-0343, 2010. 1. 26.).

⑦ 조세특례제한법 제6조 제4항 제1호 단서

조세특례제한법 제6조 제4항 제1호 단서(종전의 사업에 사용하던 사업용 자산이 30% 이하인 경우 창업으로 본다는 규정)는 그 법문의 문언상 "사업의 양수를 통하여 종전의 사업을 승계한 경우"에는 적용되지 않음(대법원 2008두14838, 2008. 10. 23.).

(2) 거주자 사업의 법인 전환

법인전환과 같이 창업중소기업의 형태만 변경되고 형식적인 창업만 있는 경우에는 신규 사업창출의 효과가 없으므로 지방세 지원 필요성이 없다고 보기에, 지방세특례제한법 제58조의3 제6항에서 창업으로 보지 않는 경우로 '개인이 자신이 하던 사업을 법인으로 전환한 경우'를 규정하고 있다. 이러한 법인 전환에 있어서는 그것이 새로운 법인설립인지 개인이 자신의 사업을 법인으로 전환한 것인지에 대해 판단해야 하는데 이러한 경우 사업의 유사성 및 신규 사업 창출의 효과 등을 고려하여 판단해야 한다.

㉮ 청구법인은 개인기업인 ○○○○은 도소매업을 주업종으로 영위한 반면, 청구법인은 제조업을 주업종으로 하여 ○○○○과 청구법인의 업종이 다르다고 주장하지만, 손익계산서상 청구법인은 개업한 2006년과 그 다음 해에 총매출액 중 상품매출이 97.8% 내지 99.4%를 차지하고, 제품매출은 0.6% 이하에 불과하여 청구법인이 제조업을 주업종으로 영위한다고 볼 수 없는 점, 도소매업은 창업중소기업으로 볼 수 있는 업종이 아닌 점, ○○○○은 청구법인 설립직후인 2006. 10. 16. 직원(1인)이 퇴사하여 이후 폐업일(2007.5.31.)까지 급여를 지출한 사실이 없고, 2007년도에 매출이 발생한 사실도 없는 점에 비추어 청구법인 설립 이후에 사실상 폐업한 것으로 보이는 점, ○○○○과 청구법인의 주요 매출처 및 주요 매입처 등이 같은 점, 대차대조표상 청구법인은 기계장치를 보유하지 아니한 것으로 나타나는 점 등에 비추어 볼 때, 청구법인은 거주자가 영위하던 사업을 법인으로 전환하여 새로운 법인을 설립하는 경우 등에 해당하여 창업중소기업으로 볼 수 없다고 할 것이다(조심2010지0091, 2010.9.20.)

㉯ 개인사업자가 임차기간 만료로 사실상 폐업한 후, 개인사업자의 주요 거래처의 약 71%와 종업원

12명 중 6명이 청구법인으로 고용이 승계된 사실이 확인되는 이상, 실질적으로는 법인전환 내지는 사업의 양수를 통하여 개인사업체의 사업을 승계하여 사업을 확장하거나 업종을 추가한 것에 불과하여 새로운 사업을 개시한 것으로 보기는 어렵다 할 것임(조심2011지335, 2012. 3. 5.).

㉯ 청구법인의 대표이사 배우자가 운영 중인 개인사업체와 동일한 장소에서 동일한 업종을 영위한 사실이 확인되므로 사실상 개인사업자가 법인으로 전환한 경우에 해당한다고 판단되므로 취득세 등을 부과고지한 처분은 적법함(조심2011지0584, 2012. 9. 20.).

㉰ 중소기업이 설립 후 3년 이내에 벤처기업 확인을 받아 창업벤처중소기업이 되었다고 하더라도 그 설립이 창업에 해당되려면 「조세특례제한법」 제6조 제6항 각 호에 해당되지 않아야 하는 점(대법원 2004. 9. 3. 선고, 2004두7412 판결, 같은 뜻임), 청구법인의 설립은 개인사업체인 ○○○의 창업에 따른 취득세 면제 관련 사항이 청구법인에게 그대로 승계된다고 볼 수 없는 점 등에 비추어 청구법인이 취득한 쟁점부동산은 청구법인이 해당 사업에 직접 사용한다고 하더라도 취득세 면제 대상이 아니라고 할 것이므로 처분청이 청구법인에게 이 건 취득세 등을 부과한 처분은 달리 잘못이 없다고 판단된다(조심2015지0709, 2015. 6. 16.).

㉱ 쟁점개인사업체와 청구법인의 상호가 동일하며, 업태 및 종목이 제조도매, 의류무역 등으로 유사하고, 청구법인 설립 당시의 소재지 및 현재의 소재지가 일치하는 점, 청구법인에 대한 ○○○의 지도점검 과정에서 청구법인 직원이 쟁점개인사업체는 청구법인 설립 이전까지 의류제조업 및 도소매업을 운영하다가 의류제조업은 청구법인으로 사업부분을 이전하였다고 진술한 점, 청구법인 설립을 전후하여 쟁점개인사업체의 고용 및 매출이 급감하는 등 쟁점개인사업체의 인적물적자산 등이 청구법인으로 이전된 것으로 보이는 점 등에 비추어 청구법인의 설립은 실질적인 창업의 효과가 있는 새로운 사업을 개시한 것으로 보기 곤란한 경우에 해당한다고 보이므로 청구법인은 조세특례제한법에서 규정하고 있는 창업벤처중소기업에 해당하지 않음(조심2015지0580, 2015. 12. 28.).

① 법인대표 또는 개인사업자가 종전과 동일업종의 법인을 설립한 경우: 새로운 창업이 아님

개인사업자가 자신이 사용 중이던 사업장의 부동산을 현물출자하여 동종의 법인을 설립하는 경우 신규사업 창출의 효과가 없으므로 창업으로 보고 있지 않다.

㉮ 개인사업장인 ○○○○의 대표 ○○○가 청구법인의 대표이사가 된 점, ○○○○의 직원 10명(대표 포함)중 ○○○과 ○○○을 제외한 직원이 청구법인 소속으로 전환된 점, 사업장 소재지가 정확히 일치하지는 않더라도 같은면소재지내의 인접지역에 위치하여 지리적 유사성이 있는 점, 청구법인과 ○○○○의 생산공정도 일부 추가된 절차를 제외하고는 거의 동일한 점, 청구법인(설립직후)과 ○○○○(폐업직전)의 주요 매출처가 ○○○○○(주), ○○○○, (주)○○○○○○○로 매출처의 승계사실이 인정되는 점, ○○○○의 폐업일이 속하는 과세기간의 총매출액(폐업시 잔존재화등)이 전액 청구법인에게 발생된 점 등에서 청구법인의 설립은 "거주자가 영위하던 사업을 법인으로 전환하여 새로운 법인을 설립하는 경우"에 해당한다고 보여지므로 "창업"으로 보기는 어렵다 하겠다(조심2009

지0703, 2010. 3. 22.).

법인의 대표이사가 종전 법인과 동일한 업종의 사업으로 새로운 법인을 설립한 경우도 종전 사업체와의 연관성 등을 고려하여 창업으로 인정하고 있지 않다.

㉯ 청구법인의 대표이사가 종전에 운영하던 개인사업체와 동종업종을 영위하고 있고, 청구법인의 주요 매출처가 종전 개인사업체의 매출처와 동일한 것으로 나타나는 등 청구법인은 개인사업체를 법인으로 전환한 것으로 보는 것이 타당하므로 처분청이 청구법인을 창업중소기업에 해당하지 아니한 것으로 보아 기 면제한 취득세 등을 부과한 처분은 잘못이 없다(조심2014지0114, 2014. 9. 5.).

㉰ 청구법인의 대표자가 운영하였던 사업체의 목적사업이 청구법인의 것과 동종으로 보이는 점, 청구법인 설립 후에 종전 사업체의 사업장을 사실상 폐쇄한 것으로 보이는 점 등에 비추어 청구법인은 이 건 사업체를 청구법인으로 전환했거나 사업을 확장한 것에 해당한다(조심2018지2002, 2018. 12. 20.).

② 개인사업자가 종전의 사업장과 다른 지역에서 다른 업종의 사업을 개시한 경우: 새로운 창업에 해당

개인사업자가 종전의 사업장을 여전히 운영하면서 별도로 종전에 운영 중인 사업장과 다른 업종의 법인을 설립한 경우는 사업을 신규로 창출한 것에 해당하며, 개인이 자신의 사업을 법인으로 전환한 것으로 볼 수 없으므로 감면 대상인 창업으로 인정하고 있다.

㉮ 개인사업체를 운영하는 자가 다른 장소에 법인을 설립하여 다른 업종을 영위하는 경우, 창업에 해당하는지 여부에 대하여 살펴보면, 현재도 계속하여 사업을 영위하고 있고, 개인기업이 법인으로 전환한 경우로 볼 수는 없는 점 등을 종합하여 볼 때, 청구법인이 사업의 양수를 통하여 종전의 사업을 승계한 것으로 볼 수 없으며 창업한 것으로 보는 것이 타당하다(조심2009지0116, 2009. 12. 30.).

㉯ 개인사업자가 기존의 사업을 폐업하지 아니한 채 별도의 신규법인을 다른 장소에서 설립하였고, 기존 개인사업장과의 인적, 물적 연계성이 전혀 없으며, 한국산업표준분류표상의 이종의 업종을 영위하는 경우에는 새로운 창업으로 인정된다 할 것이다(지방세특례제도과-1201, 2014. 8. 1.).

③ 개인사업자가 종전 사업을 폐업하고 제3자와 함께 법인 설립, 종전과 동종 사업을 영위하는 경우: 새로운 창업에 해당

거주자가 하던 사업을 폐업하고 제3자와 법인을 설립하고 인적·물적 설비, 거래처 등을 승계하여 동종사업을 영위한다고 하더라도, 거주자와 법인은 별개의 독립된 법 인격체이므로 거주자가 법인의 최대주주 또는 최대출자자이거나 대표자로서 그 법인을 실질적으로 지배하는 경우가 아니라면 창업으로 볼 수 있음(지방세특례제도과-664, 2018. 3. 5.)

(3) 폐업 후 사업 재개

폐업 후 폐업 이전의 사업과 동일한 업종의 사업을 다시 창업하는 경우는 신규 사업장의 창설 효과가 없으므로 지방세 지원 대상이 아니다. 같은 종류 업종인지 여부는 앞서 언급한 것처럼 한국표준산업분류에 따른 구분에 따라 판단하고 있다. 주의할 점은 폐업 후 다시 사업을 개시하기까지의 기간을 규정하고 있지 않으므로, 과거 어느 하나의 사업장을 창업한 이력이 있다면 이후 종전과 동일한 업종의 사업장을 장기간이 지나서 창업하든지에 상관없이 감면 대상 창업에 해당되지 않는다.

㉮ 법인설립등기 및 사업자등록이 이루어진 상태에서 청구법인이 폐업신고 후 다시 사업자등록증을 재교부받아 사업을 개시한 사실은 있지만, 실제로는 폐업신고 시점까지 사업을 영위한 사실이 전혀 없으므로 같은 법 제6조 제4항 제3호의 "폐업 후 사업을 다시 개시하여 폐업전의 사업과 동종의 사업을 영위하는 경우"에 해당하는 것으로 보기 어려워... 면제대상에 해당된다(조심2010지0514, 2011. 7. 22.).

㉯ 개인사업자가 임차기간 만료로 사실상 폐업한 후, 개인사업자의 주요 거래처의 약 71%와 종업원 12명 중 6명이 청구법인으로 고용이 승계된 사실이 확인되는 이상, 실질적으로는 법인전환 내지는 사업의 양수를 통하여 개인사업체의 사업을 승계하여 사업을 확장하거나 업종을 추가한 것에 불과하여 새로운 사업을 개시한 것으로 보기는 어렵다 할 것이다(조심2011지335, 2012. 3. 5.).

㉰ 청구법인은 형식적으로 새로운 법인을 설립하였다 하더라도, 개인사업자와 대표자, 소재지 및 목적사업 등이 동일한 점 등을 볼 때, 실질적으로 법인전환 또는 사업의 양수를 통하여 개인사업체의 사업을 승계한 다음 그 사업을 확장하거나 업종을 추가한 것에 불과하여 새로운 중소기업을 창업한 것이라고 보기는 어려움이 있다(조심2011지0797, 2012. 5. 16.).

① 폐업한 사업장을 포괄임차한 경우 동종업종을 영위한 것에 해당됨

「조세특례제한법」 제6조 제4항 제2호, 제3호, 제4호에 의하면 "거주자가 영위하던 사업을 법인으로 전환하여 새로운 법인을 설립하는 경우", "폐업 후 사업을 개시하여 폐업전의 사업과 같은 종류의 사업을 계속하는 경우", "사업을 확장하거나 다른 업종을 추가하는 경우 등 새로운 사업을 최초로 개시하는 것으로 보기 곤란한 경우"에는 창업으로 보지 아니하도록 규정하고 있는 바, 구법인이 폐업한 기존의 사업장을 본점 소재지로 설립되어 그 폐업 사업장을 포괄 임차하여 기존 사업장과 같은 종류의 사업을 영위하다가 청구법인이 기존 업체의 사업장을 경락받을 때의 기계의 감정평가액과 대차대조표상 기계장치 가액이 거의 동일하여 추가적인 기계장치 구입이 없었다는 것을 반증하고 있다는 점 사업장 현지실사 기록에서도 같은 업종의 사업을 영위하고 있는 것으로 나타나고 있는 점 등을 보아 부과고지한 처분은 적법하다(조심2010지0244, 2010. 12. 29.)

② 공장업종을 변경한 것은 설립일로부터 약 2년 가까이 경과한 경우

청구법인은 (O)OOOO의 사업을 승계하여 승계전의 사업과 동종의 사업을 계속하거나 폐업 후 사업을 다시 개시하여 폐업전의 사업과 동종의 사업을 영위하는 경우로써 목적사업 중 발포플라스틱 생산 및 판매업 등이 같으며 공장등록을 위해 제출한 공장등록변경신청서 및 그 승인통보서에 기재된 위 양업체의 생산품(스치로폼) 및 업종이 일치하는 점 공장업종을 변경한 것은 설립일로부터 약 2년 가까이 경과한 이후인 점 등을 종합하여 볼 때 창업중소기업에 해당하지 아니한다(조심2010지0067, 2010. 10. 19.).

③ 폐업 전의 사업과 동종의 사업을 영위하는 경우

폐업 후 사업을 다시 개시하여 폐업 전의 사업과 동종의 사업을 영위하는 경우에는 청구법인의 대표이사 개인이 운영하던 개인사업장을 법인으로 전환하였는지 여부와 관계없이 창업에 해당되지 않는다고 본 것은 타당하다(조심2009지0623, 2010. 5. 31.).

(4) 사업의 확장 또는 업종의 추가

사업의 확장은 중소기업을 설립하여 최초로 사업장을 둔 상태에서 사업을 영위하다가 동일한 업종의 사업장을 추가하는 경우를 의미한다고 보고 있다(조심2013지156, 2014. 9. 19. 외 다수, 같은 뜻). 법인 사업장의 경우 지점을 설치할 때마다 새로운 법인번호의 법인등기부등본이 창설되지 않으므로 판단하는 것이 비교적 수월할 수 있으나, 개인사업자인 경우는 지방세특례제한법에서 창업일을 "부가가치세법에 따른 사업자등록일"로 규정하고 있고 부가가치세법에 따라 사업자 등록은 사업장마다 등록을 할 수 있으므로 동일한 개인을 기준으로 사업자 등록이 추가로 생길 경우 그것이 창업을 한 것인지 사업을 확장한 것인지를 판단해야 하는 문제가 생긴다. 과세기관에서는 이러한 경우 구체적인 사실관계를 고려하여 신규 사업 창출효과가 있는지, 종전 사업자등록 업종과의 유사성이 있는지 또는 종전 사업장 거래처와의 연속성이 있는지 등을 종합적으로 고려할 사안이다.

㉮ 「조세특례제한법」상 창업중소기업에 대한 세액 감면제도의 내용과 취지에 비추어 볼 때 단지 법인 설립과 같은 창업의 외형만을 가지고 볼 것이 아니라 조세감면의 혜택을 주는 것이 공평의 원칙에 부합하는지를 기준으로 실질적으로 판단함이 타당하다 하겠으므로, 취득세 등의 면제대상이 되는 "창업"이란 실질적으로 중소기업을 새로이 설립하여 사업을 개시하는 경우로서, 기존 사업을 승계하여 같은 종류의 사업을 운영하거나 사업을 확장하는 등 외형상 명의만 변경한 것에 불과하여 새로운 사업을 최초로 개시하는 것으로 보기 곤란한 경우에는 「조세특례제한법」상 세액감면의 취지에 부합하는 창업에 해당한다고 보기 어렵다 할 것인바, 청구법인은 대표이사의 배우자가 대표자로 있는 ○○○의 사업장과 연접하여 설립된 후 ○○○와 동일한 업종에 종사하고 있는 점, ○○○의 일부 직원이 청구법인의 업무를 담당하고 있고 급여대장 및 근로소득특별징수분 주민세 내역 등에 의하면 청구법인에서 실제 근무한 직원이 없는 것으로 나타나는 점 등에 비추어 청구법인은 새로운 사업을 최초로 개시하는 것이 아니라 ○○○의 사업을 확장한 것으로 보이므로 청구법인에게 이건 취득세 등을 부과한 처분은 달리 잘못이 없다고 판단된다(조심2016지1198, 2016. 12. 20.).

이처럼 사실관계에 근거하여 사업의 확장인지 새로운 창업인지 여부를 판단함으로 인해 유사한 사례에 있어서도 각각 다르게 결정되는 경우가 있어, 과세기관의 혼란이 가중되는 것으로 보인다. 즉 개인사업자가 자신의 개인사업장 외에 유사 업종의 법인사업장을 추가로 설립하고, 개인사업장과 법인사업장을 인근지역에서 운영하고 있는 경우에 있어, 조세심판례에서는 법인설립을 사업의 확장이 아닌 새로운 창업으로 인정하고 있다[19].

④ 청구법인의 대표자가 영위한 개인사업자는 자체 공장을 갖추지 못하였고, 사업장의 면적이 23.74㎡에 불과하며 직원도 없는 상태이어서 제조업을 영위하였을 것으로 보이지 않는 반면, 청구법인은 자기 공장과 9명의 직원을 두고 사업을 영위한 점, 개인사업자는 원청업체의 속옷을 발주 받아 원단 매입 및 위탁 생산을 한 후 원청업체에 납품하는 형태의 기타 도급업을 영위한 것으로 보이나, 청구법인은 자체적으로 기획한 속옷을 제조하고, 브랜드를 붙여 홈쇼핑 등에 납품한 것으로 주장하고 있으며, 이러한 사실이 부가가치세 신고서상의 거래처들에 의하여 확인되는 점, 개인사업자가 영위한 사업과 청구법인의 사업 사이에 유사성은 있다고 볼 수 있으나, 동일한 제조업을 영위한 것으로 보이지 않는 점(조심 2009지857, 2010. 6. 30., 같은 뜻임) 등에 비추어 청구법인은 2018. 1. 23. 「지방세특례제한법」 제58조의3 제1항의 창업벤처중소기업을 설립한 것으로 보는 것이 타당하다 할 것이다(조심2019지0824, 2019. 10. 14.).

① 창업 법인이 4년 이내에 동종의 지점을 설치한 경우: 새로운 창업이 아니나 부동산 취득시 감면 인정

유권해석의 경우, 창업 법인이 그 사업을 영위하기 위하여 4년 이내에 지점을 설치한 경우 사업의 확장과 관련하여 취득한 부동산으로 보아 감면 대상이 아니라고 아래와 보고 있다.

⑦ 창업 중소기업을 설립하여 취득세 감면을 받은 후 최초의 사업장을 두고 동일 업종 사업장을 추가하는 경우 감면에 해당하는지 여부에 대해, 감면조항의 내용이나 체계에 비추어 볼 때 창업 중소기업을 설립하여 취득세 감면을 받은 후 최초의 사업장을 두고 동일 장소에서 동일 업종의 사업 확대한 경우에는 사업의 연속선상에 있기 때문에 감면대상으로 보아야 할 것이지만, 조세감면요건 규정 가운데 명백히 특혜규정이라고 볼 수 있는 것은 엄격하게 해석하는 것이 조세공평의 원칙에 부합해야 한다는 대법원 판례(대법원 2009. 8. 20. 선고, 2008두11372 판결 등 참조) 등에 비추어 보면, 동종 사업을 영위하는 새로운 사업장을 추가하는 경우에도 감면요건인 "사업을 확장하거나 다른 업종을 추가하는 경우" 해당된다 할 것이므로 취득세 감면대상으로 보기는 어렵다 할 것임(지방세특례제도과-1084, 2017. 5. 22.).

그러나 조세심판례에서는 지방세특례제한법에 따른 감면 요건을 모두 갖추어 창업한 경우이며 해당 창업일로부터 4년(또는 5년) 이내에 지점 설치(사업의 확장)을 하는 경우, 최초로 감면 요건이 성립된 법인 설립과는 사업의 연속선상에 있는 것이며, 지점 설치가 창업일로부터 4년 이내에 있었으므로 그와

---

19) 서정훈 외 2, 지방세 비과세·감면 100선, 조세통람, 2020, 77쪽

관련된 사업을 영위하기 위하여 부동산을 취득한 경우라면 감면을 적용할 수 있다고 보고 있다.

㉺ 청구법인이 2016. 7. 6. ○○○ 소재 쟁점①사업장을 임차하여 설립될 당시 「지방세특례제한법」 제 58조의3 제6항 각 호에 해당하지 아니하여 창업중소기업에 해당하는 것으로 보이는 점, 청구법인 은 2016. 7. 6. 설립되어 제조업 등을 영위하다가 2017. 12. 7. 창업벤처중소기업으로 확인을 받고 그 확인일부터 4년 이내인 2018. 9. 28. ○○○ 소재 공장용 건축물 및 부속토지인 쟁점②사업장을 사업용으로 취득하였는바 사업의 확장을 위한 쟁점부동산의 취득행위를 창업으로 볼 수는 없다 하더라도 쟁점②사업장은 창업벤처중소기업 확인일부터 4년 이내에 취득하는 사업용 재산으로서 취득세 등의 감면대상이 되는 것으로 보는 것이 타당한 점 등에 비추어, 처분청이 쟁점②사업장의 취득세 등이 감면대상이 아닌 것으로 보아 이 건 경정청구를 거부한 처분은 창업 행위와 창업벤처 중소기업의 취득세 감면 범위를 구별하지 못하고 오인한 처분으로 잘못이 있다고 판단된다(조심 2019지1540, 2019. 8. 28.).

② 사업주체만 달리하고 종전과 동일한 장소와 업종으로 유사한 사업장을 신설한 경우 : 사업의 확장 으로 창업 제외

㉮ 청구법인과 이 건 원청업체의 임직원이 사실상 동일하고 청구법인의 상호와 이 건 협력업체의 영 문명이 유사한 것으로 보아 설립한 지 4년이 경과하여 더 이상 창업중소기업에 따른 취득세 면제 혜택을 받을 수 없게 된 이 건 원청업체가 청구법인을 설립한 후 청구법인으로 하여금 이 건 부동 산을 취득하게 한 것으로 보이는 바, 청구법인의 설립은 원청업체의 사업확장에 불과하다고 보이 는 점 등에 비추어 청구법인이 실질적으로 자기 책임하에 이 건 부품을 제조 및 판매하는 것으로 보기 어려움이 있다(조심2015지0033, 2016. 3. 15.).

㉯ 청구인은 그 배우자의 사업장과 동일한 장소에서 유사한 업종 및 업태로 개업하였고, 그 주요 매출 처도 배우자의 사업장과 동일한 점 등에 비추어 청구인은 배우자의 사업장을 확장한 것에 불과하 고 새로운 사업을 최초로 개시하였다고 보기 어려우므로 처분청이 이 사건 부동산을 창업중소기업 이 취득하는 사업용재산으로 인정하지 아니하고 청구인의 경정청구를 거부한 처분은 잘못이 없다 (조심2016지0505, 2016. 10. 31.).

㉰ 청구법인의 대표이사인 ○○○라는 상호의 제과점을 영위하다가 각 50%씩 출자하여 제과·제빵 제 조업을 영위하는 청구법인을 설립하여 청구법인의 대표이사, 사내이사로 재직하는 등 가족관계를 기초로 그 자재구매, 영업활동 등의 의사결정 및 경영에 참여하고 있는 점, 청구법인은 종전사업체 들로부터 재료 반죽 등 일부 제과·제빵 등의 제조활동을 이어받아 생산한 제품 전부를 청구법인의 매장과 종전사업체들에 공급하고 있으며, 그 외의 다른 매출처가 전혀 없는 점, 2012년부터 2015 년까지의 종업원 고용보험 가입 자료에 의하면 종업원들이 청구법인과 종전사업체들 간 근무지 교류가 내부적으로 있었던 점, 청구법인의 홈페이지, 언론보도 자료 및 영업장소에서 청구법인의 창업연도인 2013년에 청구법인의 사업이 시작된 것이 아니라 종전사업체들 중 ○○○을 개업한

2002년에 청구법인의 사업이 시작되었고, 현재 운영하는 매장이 총 7개이며 대표이사인 ○○○라는 상표를 내세워 홍보하고 있는 점 등에 비추어 종전사업체들의 판매 호조, 백화점 입점 등 그 규모의 확대로 제조시설을 추가하기 위하여 사업을 확장한 것에 불과하므로 종전사업체들과 달리 새로운 사업을 원시적으로 창출한 순수한 창업으로 보기는 어렵다 할 것이다(조심2016지1234, 2017. 1. 2.).

"업종의 추가"란 최초로 영위하는 사업과 다른 사업을 영위하는 모든 경우를 의미한다고 보고 있다(조심2013지156, 2014. 9. 19. 외 다수, 같은 뜻). 업종은 법인등기부등본 또는 사업자등록증상 기재된 업종을 말하는 것으로, (벤처)중소기업의 창업 당시에 해당 공부에 기재된 것을 기준으로 새로운 업종을 추가하였는지를 판단한다. 그리고 종전과 다른 업종이 추가되었는지 여부는 한국표준산업분류표상 세분류 기준에 따라 판단한다. 2018. 12. 24. 지방세특례제한법이 개정되면서, 창업일 이후 추가된 업종과 관련된 부동산 취득은 감면 제외하고, 오직 창업 당시 업종과 관련된 사업을 영위하기 위한 부동산 취득만 감면 대상이 되었다. 해당 개정 이전에는 최초 창업 이후 감면 대상 업종을 추가하고 추가된 업종의 사업을 영위하기 위해 최초 창업으로부터 4년(5년) 이내 부동산을 취득하는 경우 이를 감면 대상으로 볼 것인지에 대해 유권해석과 조세심판례의 입장이 아래와 같이 대립되어 왔다.

③ 유권해석: 감면 대상 제외

감면 기간 내에 감면에 속하는 업종을 추가하고, 그 업종에 사용하고자 사업용 재산을 취득하는 경우, 창업중소기업이 창업 당시의 사업을 하기 위하여 취득하는 경우에 해당하지 아니한다 할 것이므로 취득세 등 경감 대상이 되지 않는다고 판단된다(지방세특례제도과-1352, 2015. 5. 18.).

④ 조세심판례: 감면 대상 해당

청구법인이 설립 당시 창업중소기업에 해당하고, 취득세 등을 면제받을 수 있는 기간 내에 제조업을 목적사업에 추가하고 거기에 직접 사용할 목적으로 취득한 부동산은 취득세 면제 대상에 해당됨(조심2016지0536, 2017. 3. 15., 조심2010지0282, 2011. 5. 27.).

2018. 12. 24., 개정된 지방세특례제한법에서 감면 대상의 범위를 '창업일 당시 업종의 사업을 영위하기 위하여 취득하는 부동산'으로 명확히 하도록 개정함으로써 업종을 추가하는 것은 새로운 창업으로 보지 않는다는 것과 동시에 추가된 업종과 관련하여 취득하는 부동산은 감면 대상에서도 제외하는 것으로 해석되게 되었다.

2) 실무해설

각 호는 창업으로 보지 않는 경우를 나열한 것이며 종전의 사업 또는 자산을 승계하는 경우, 법인 전환, 폐업 후 재개, 그리고 "창업 당시"는 창업에 해당되는 업종이 아니었으나 그 이후 창업에 해당되는 업종의 추가, 사업 확장 등의 경우는 창업으로 보지 않는다.

또한 창업 여부를 판단할 때 외관상 창업에 해당되는 것으로 보인다 할지라도 사실상 기존 사업의 연속선상에 있어 고용창출 효과가 없는 경우는 실질과세의 원칙에 따라 창업으로 보지 않으나, 반대로 외관상 창업이 아니라 할지라도 실질적으로 창업에 해당되는 경우가 있으므로 창업을 판단할 때는 사실관계를 면밀히 파악해야 한다. 그리고 여기에서 말하는 같은 종류의 사업이란, 「통계법」 제22조에 따라 통계청장이 고시하는 한국표준산업분류에 따른 세 분류가 동일한 사업을 말하는 것으로, 다섯 자리 코드 중 앞의 네 자리 코드가 같은 경우에 해당된다.

4 경감 취득세의 추징 규정(제58조의3⑦)

⑦ 다음 각 호의 어느 하나에 해당하는 경우에는 제1항에 따라 경감된 취득세를 추징한다. 다만, 「조세특례제한법」 제31조 제1항에 따른 통합(이하 이 조에서 "중소기업간 통합"이라 한다)을 하는 경우와 같은 법 제32조 제1항에 따른 법인전환(이하 이 조에서 "법인전환"이라 한다)을 하는 경우는 제외한다. (2016. 12. 27. 신설)

1. 정당한 사유 없이 취득일부터 3년 이내에 그 부동산을 해당 사업에 직접 사용하지 아니하는 경우 (2016. 12. 27. 신설)

2. 취득일부터 3년 이내에 다른 용도로 사용하거나 매각·증여하는 경우 (2016. 12. 27. 신설)

3. 최초 사용일부터 계속하여 2년간 해당 사업에 직접 사용하지 아니하고 다른 용도로 사용하거나 매각·증여하는 경우 (2016. 12. 27. 신설)

1) 해석사례

(1) 직접 사용 여부에 대한 판단

① 창고를 다른 사업자에게 임대하는 경우

창고업으로 창업을 하였으나 창고를 직접 운영하지 않고 다른 사업자에게 임대하는 경우에는 취득세 추징대상에 해당함(대법원 2008두839, 2008. 4. 24.).

② 종업원 수 0명 등 인적물적설비가 없는 경우 공장으로 보기 어려움

제조장의 공장등록증명서에서 청구 법인은 이 건 제조장을 취득한 날부터 2년이 경과한 2009. 7. 17. 비로소 이 건 제조장을 공장으로 등록하였을 뿐 아니라 그 제조시설(71.93㎡)과 부대시설 (67.0㎡)은 각각 공장으로 등록되어 있으나 종업원 수는 0명으로 되어 있고 사업시작일 또한 공란으로 되어 있음을 볼 때, 이 건 제조장은 청구법인이 취득한 후부터 2년 이내에 인적·물적 설비를 갖추고 계속하여 사무 또는 사업이 행하여지는 장소에 해당되지 않는다 할 것이고 청구법인이 공장으로 등록하기 이전부터 이 건 제조장을 사실상 공장으로 사용하였다고 보기도 어렵다(조심2010지0183, 2011. 2. 9.).

③ 실비수준의 관리비를 받은 경우도 임대용에 해당되므로 직접 사용으로 볼 수 없음

청구법인과 냉동창고의 화주인 주식회사 ○○○○○ 외 10개 업체 간에 체결한 사무실 임대차계약서 등에 의하면, 청구법인은 이 건 건축물의 쟁점건축물을 냉동창고의 화주들에게 임대하고 있는 사실이 확인되고 있고, 청구법인이 2008년도와 2009년도 사업소세(재산할) 신고납부시에도 쟁점건축물을 임대용 건축물로 하여 청구법인의 사용면적에서 제외한 사실이 나타나고 있는 이상, 청구법인이 냉동창고용 건축물의 일부인 쟁점건축물에 대하여 실비수준의 관리비를 받고 화주들의 연락사무소로 제공하고 있다고 하더라도 이를 창업벤처중소기업이 당해 목적사업에 직접 사용하는 부동산으로 보기는 어렵다고 판단된다(조심2010지0761, 2011. 3. 24.).

④ 가공업 용도나 임대한 경우는 직접 사용으로 볼 수 없음

청구법인의 2009년 및 2010년 대차대조표(재무상태표)에 제조업에 필요한 기계장치 등의 자산이 기재되어 있지 아니한 점, 계정별원장에서 제조업에 필요한 경비 등이 나타나지 아니하는 점, 청구법인의 매출이 제조업에서 생산한 제품이 아닌 파이프가공대 및 부품가공대 등의 가공업에서 발생한 것으로 나타나는 점을 종합하여 보면, 쟁점부동산을 창업업종(제조업 등)에 직접 사용하지 아니하고 이를 가공업 영도로 사용하거나 제3자에게 임대한 사실이 제출된 자료에 의하여 확인되는 이상 취득세 등의 감면 대상으로 보기는 어려움(조심2012지0451, 2012. 9. 18.).

⑤ 취득 후 2년 이내에 처분하였다가(이전등기) 합의 해제된 경우라도 추징사유에 해당

구 조세특례제한법 제120조 제3항 단서의 취득세 추징사유로서 사업용 재산의 "처분"은 취득세 면제 사유에 대응하는 것으로서 처분 그 자체가 당초 감면목적에 따른 사용이라고 볼 수 없는 것이므로, 소유권이전의 형식에 의한 처분행위 그 자체를 말하는 것이지 그 후 매매계약이 해제되었다거나 사업용 재산을 실질적으로 사용하고 있는지 여부에 의하여 다르게 볼 것은 아니다. 원고의 주장은 이유 없음(대법원 2016두38730, 2016. 7. 7.).

(2) 사용하지 못한 정당한 사유 여부

창업중소기업이 정당한 사유 없이 취득일로부터 3년 내에 감면 대상 부동산을 해당 사업에 직접 사용하지 아니하는 경우 취득세를 추징하게 되는데, 여기서 정당한 사유는 법률상 명확한 기준이 없어 판례, 유권해석 및 조세심판례 등을 통해 가늠해볼 수 있다.

가. 정당한 사유에 대한 판단기준
① 창업일로부터 2년 내 건축물 취득 여부로 판단하는 경우

창업중소기업이 신축한 건축물의 취득시기를 사용승인서 교부일전의 "사실상 사용한 날"로 보아 창업일로부터 2년 내 취득 여부를 판단함은 정당함(대법원2000두949, 2001. 6. 15.).

② 정당한 사유에 대한 판단기준

일반적으로 "정당한 사유"란 법령에 의한 금지 제한 등 그 법인이 마음대로 할 수 없는 외부적인 사유는 물론 고유 업무에 사용하기 위한 정상적인 노력을 다하였음에도 시간적인 여유가 없어 유예기간을 넘긴 내부적인 사유도 포함되고, 정당한 사유의 유무를 판단함에 있어서는 해당 법인이 영리법인인지 아니면 비영리법인인지 여부, 토지의 취득목적에 비추어 고유목적에 사용하는 데 걸리는 준비기간의 장단, 고유목적에 사용할 수 없는 법령상 및 사실상의 장애사유 및 장애정도, 당해 법인이 토지를 고유업무에 사용하기 위한 진지한 노력을 다하였는지 여부, 행정관청의 귀책사유가 가미되었는지 여부 등을 아울러 참작하여 구체적인 사안에 따라 개별적으로 판단하여야 함(대법원 95누5257, 2006두14926 등).

③ 창업중소기업이 취득한 사업용 부동산을 매매계약서 특약사항에 따라 전 소유자가 계속 사용하는 경우

전 소유자에게 임대하였다고 하기보다는 청구법인과 전 소유자 간 매매계약서 특약사항에 의한 명도 지연으로 보아야 할 것임에도 처분청에서 청구법인이 이 건 부동산을 전 소유자에게 임대한 것으로 보아기 과세 면제한 취득세, 등록세, 재산세 등을 추징한 것은 잘못으로 판단된다(조심2008지0803, 2009. 6. 30.).

④ 합병 후 기존사업을 유지하고 있는 경우 추징을 배제함

추징 유예기간 내에 다른 법인에 흡수합병된 경우 이를 추징요건인 처분으로 볼 수 있으나, 합병 후 기존사업을 계속 유지하고 있는 경우 추징을 배제할 수 있는 정당한 사유에 해당함(대법원2010두6007, 2010. 7. 8.).

⑤ 정당한 사유가 소멸한 날부터 2년의 유예기간을 다시 적용하는 것은 아님

법인이 부동산을 취득한 날로부터 2년 이내에 고유업무에 직접 사용하지 아니한 데 정당한 사유가 있는 경우라고 하더라도, 추징을 위한 과세기준일은 부동산 취득일로부터 2년이 경과한 날이 되고, 정당한 사유가 소멸된 날로부터 2년이 경과한 날이 되는 것은 아니라고 할 것이다(대법원 2006두11781, 2009. 3. 12.). 직접 사용하지 못한 정당한 사유가 소멸한 날부터 유예기간을 별도로 산정하여 과세기준일을 정할 수는 없음(지방세특례제도과-916, 2015.4.1.).

나. 판단 사례

① 공장 건축물이 당해 목적사업의 "생산공정"과 맞지 않아 일부를 철거한 경우 정당한 사유 미해당

㉮ 건축면적의 변경, 공장설비 설치 및 판매계획 차질로 인한사업계획 변경 등의 사유는 청구법인의 필요에 의한 내부적인 사정에 불과하다 할 것이므로 이 건 부동산을 유예기간 내에 고유업무에 직접 사용하지 못한 정당한 사유가 있다고 보기 어려움(조심2012지0483, 2012. 11. 7.).

㉯ 청구법인은 쟁점토지의 경사도가 24.3도에 이르러 쟁점 토지 상에 부지를 조성하여 유예기간(2년)

내에 당해 목적사업에 사용하는 데 대한 제약이 있다는 사정을 알았거나 알 수 있었던 상태에서 이를 취득하였으므로, 이러한 사유는 당해 목적사업에 직접 사용하지 못한 정당한 사유로 보기는 어려움(조심2012지0818, 2013. 1. 14.).

㉫ 감면대상에 해당하는 창업중소기업의 "사업용 재산"이란 당해 목적사업에 직접 공여되는 재산이라고 할 것인 점, 취득하기 이전에 조금만 주의를 기울였더라면 당해 공장 건축물이 창업중소기업의 목적사업용에 부합하지 아니한다는 사실을 인지할 수 있었던 점, 당해 목적사업의 생산공정에 불부합하다는 이유로 사용하지 못함은 법령에 의한 금지·제한 등 기업이 마음대로 할 수 없는 오로지 외부적 사유에 해당된다고 보기는 어려운 점(대법원 2010. 7. 8. 선고, 2010두6007 판결 참조) 등을 종합적으로 고려해 볼 때, 귀문 철거 공장의 경우 추징이 제외되는 사용하지 못한 "정당한 사유"에 해당된다고 보기에는 무리가 있다고 사료됨(지방세운영과-108, 2013. 4. 1.).

② 신규차량 고장 등의 사유로 인해 사용하지 못한 것은 정당한 사유 미해당

자동차를 신규취득한 후 엔진오일 누수와 관련한 문제는 자동차제작회사와 쌍방간에 해결하여야 할 문제이고, 이 건 자동차를 취득한 후 경제사정이 좋지 않아 화물운송 일거리가 없었고, 청구인 개인의 피의사건에 대한 소송진행 및 이 건 자동차 취득시 자동차 영업사원에게 취득과 관련한 사항을 위임하여 취득세 등의 면제와 관련한 법규를 알지 못한 문제 등은 청구인 개인의 문제로서 처분청에 귀책사유가 있는 것으로 보기는 어렵다 할 것이므로 "정당한 사유"에 해당되지 않음(조심2009지0929, 2010. 7. 6.).

③ 자금사정과 같은 기업 내부적인 사정은 정당한 사유 미해당

청구법인은 사업개시 40일 만에 화재로 무너진 창업중소기업에게 신규자금을 투입해서 건물을 신축하고 사업을 재개하는 것은 영세 중소기업의 자금여력상 불가능하다고 주장하나, 화재 발생 규모가 이 건 부동산의 건축물 연면적 4,341.1㎡ 중 일부인 803.95㎡(18.5%)이었고, 화재발생 후 사업을 재개하는 데 법령상의 장애 등 불가항력적인 장애요인이 없는 상황에서 자금 사정과 같은 기업 내부적인 사정에 의하여 이 건 부동산을 처분한 것은 "정당한 사유"에 해당한다고 보기는 신빙성이 없다고 판단됨(조심2010지0724, 2010. 12. 30.).

④ 임차인과의 명도소송에 따른 지연은 정당한 사유 미해당

청구법인은 취득 당시 쟁점 부동산에 이미 임차인이 존재하고 있었으므로 임대차계약기간이 종료된다 하더라도 청구법인의 명도요청을 임차인이 불응하여 명도소송 등 다툼이 발생할 수도 있고, 관련법령에서 정하고 있는 임대차보호규정에 따라 임차인의 재계약 요구 등을 수용할 수밖에 없는 장애사유를 알고 취득하였다 할 것이며, 유예기간 내에 쟁점2부동산을 당해 사업에 직접 사용하지 못한 것 또한 이러한 이유 때문이고, 더구나 청구법인은 2009. 2. 19. 법원의 강제조정 이후 1년이 경과한 2010. 3. 30. 법원의 강제집행이 있었지만 이를 명도받지 못하였다가 위 「조세특례제한법」에서 정한 유예기간(취득일부터 2

년)을 경과한 2010. 8. 10. 경에서야 쟁점2부동산을 명도받았는데, 이러한 사실로 볼 때, 청구법인이 쟁점2부동산을 당해 사업에 사용하기 위한 진지하고도 정상적인 노력을 다하였는데 시간적인 여유가 없어 그 유예기간을 넘겼다고 인정할만한 정당한 사유가 있다고 보기는 어렵다(조심2011지0536, 2012. 4. 26.).

⑤ 선박제조업체 대외 수주부진은 경영상 문제로 정당한 사유 미해당

유예기간이 경과하도록 기계설비를 갖추지 아니한 채 공실상태로 방치되고 있었으므로 해당사업에 직접 사용되었다고 보기는 어렵다 할 것이고, 청구법인이 쟁점부동산을 해당사업에 직접 사용하지 못한 데에 법령상의 제한과 같은 외부적 장애 사유는 없었던 것으로 보이고 선박제조업체의 대외 수주부진은 청구법인의 경영상의 문제에 해당하는 것으로 보이므로 이를 유예기간 내에 사용하지 못한 정당한 사유에 해당한다고 보기 어려움(조심2011지0631, 2012. 6. 15.).

⑥ 창업사업계획승인 신청이 승인되지 아니한 경우 정당한 사유 미해당

「산지관리법」 등 관계법령에 의하여 공장신축이 제한되거나 불가능하다는 것을 알 수 있었거나 알고 있는 상태에서 이를 취득하였을 뿐만 아니라, 이러한 사유 때문에 처분청의 보완·보정요구를 충족하지 못함에 따라 창업사업계획승인 신청이 불승인되어 공장을 신축하지 못하고 있는 이상 유예기간(2년)내 고유업무에 직접 사용하지 못한 정당한 사유로 보기는 어려움(조심2011지0808, 2012. 6. 19.).

⑦ 사업 입찰에서 선정되지 않은 경우 정당한 사유 미해당

청구법인은 이 건 토지를 취득한 후, 2011년도 에너지관리공단의 태양광발전 공급인증서 판매자 선정에 참가 신청하여 탈락한 것을 제외하고는 별다른 노력이 없이 유예기간을 경과하였을 뿐만 아니라, 청구법인이 고유업무에 직접 사용하는 데 대한 법령상 금지나 제한 등 청구법인이 마음대로 할 수 없는 외부적인 사유가 있는 것으로 볼 만한 사정을 발견할 수 없으므로 기 감면한 취득세 등을 추징한 처분은 적법함(조심2012지0679, 2012. 12. 21.).

⑧ 도로확장계획 발표에 따라 설계 변경 등으로 기간이 경과한 경우 정당한 사유 해당

쟁점토지를 취득하여 중소기업 창업사업계획 승인을 받은 사업인 제조시설을 신축하고자 노력하였으나, 건축허가에 필수적인 국유지를 취득하는 과정에 상당한 시일이 소요되었을 뿐만 아니라, 쟁점토지 취득 이후 이루어진 ○○○의 관광도로확장계획에 따른 불가피한 설계변경 등으로 인하여 유예기간을 넘긴 것이므로 유예기간(2년) 내에 당해 사업에 직접 사용하지 못한 정당한 사유가 있는 것으로 봄이 타당함(조심2013지0146, 2013. 5. 29.).

⑨ 공장을 건축하기 위한 과정을 착실히 수행한 경우 정당한 사유 해당

청구법인은 쟁점토지를 취득한 후 공장창업계획의 승인, 공사기간 중 처분청의 ○○특화작목가공시설 설치사업의 추가, 유예기간 도래 전의 건축물 건축공사의 착공 및 그 이후부터 건축물 준공에 이르기까지 공장 건축을 위한 일련의 과정을 꾸준히 진행하였는바, 청구법인이 쟁점토지를 유예기간 내에 직접 사용하지 못한 정당한 사유가 있다고 보임(조심2018지0438, 2018. 8. 24.).

2) 실무해설

사용개시	• 정당한 사유 없이 취득일부터 3년 이내에 해당 사업에 직접 사용하지 아니하는 경우
최소사용	• 취득일부터 3년 이내에 다른 용도로 사용하거나 매각·증여하는 경우 • 최초 사용일부터 계속하여 2년간 해당 사업에 직접 사용하지 아니하고 다른 용도로 사용하거나 매각·증여하는 경우 　- 경감기간이 지나기 전에 중소기업 간 통합·법인전환을 하는 경우는 추징 제외

감면된 취득세의 추징 규정을 나타내는 것으로 정당한 사유 없이 취득일부터 3년 이내에 그 부동산을 해당 사업에 직접 사용하지 아니하는 경우와 취득일부터 3년 이내에 다른 용도로 사용하거나 매각·증여하는 경우, 그리고 최초 사용일부터 계속하여 2년간 해당 사업에 직접 사용하지 아니하고 다른 용도로 사용하거나 매각·증여하는 경우는 추징 대상이 된다.

여기에서도 「지방세특례제한법」 제2조 제1항 제8호에 따른 "직접 사용" 규정을 언급하고 있으므로 임대의 경우도 추징대상에 해당되나, 다른 감면 조항들과 달리 「조세특례제한법」 제31조제1항에 따른 중소기업간 통합의 경우와 같은 법 제32조 제1항에 따른 법인전환에 대해서는 추징하지 않는 것으로 예외 규정을 두고 있다.

4 　연도별 감면율

구분	2015	2016	2017	2018	2019	2020
취득세	75%	75%	75%	75%	75%	75%
농특세	비과세	비과세	비과세	비과세	비과세	비과세
최소납부	미적용	미적용	미적용	미적용	미적용	미적용

구분	2015	2016	2017	2018	2019	2020
재산세	5년 50%	5년 50%	5년 50%	3년 100% 2년 50%	3년 100% 2년 50%	3년 100% 2년 50%
농특세	비과세	비과세	비과세	비과세	비과세	비과세
최소납부	미적용	미적용	미적용	적용	적용	적용

참고자료

1 **감면신청서류[20]**

창업중소기업 및 창업벤처중소기업의 지방세를 경감받으려는 경우, 행정안전부령으로 정하는 감면신청서 서식(지특칙 별지 제1호의 3)을 관할 지방자치단체의 장에게 제출하여야 하며, 감면신청서 외에 창업(벤처)중소기업임을 증명하는 등기부등본, 사업자등록증, 벤처기업확인서 등 창업기업임을 확인할 수 있는 필요서류를 첨부하여 감면신청을 하여야 한다.

이 경우 전자정부법 제36조 제1항에 따른 행정정보의 공동이용을 통한 사업자등록증 등의 확인에 동의하는 경우에는 그 확인으로 사업자등록증 등의 제출을 갈음할 수 있으며, 특히 창업중소기업은 산업단지, 기업부설연구소 등 동일한 과세대상에 대해 적용가능한 감면규정이 둘 이상인 경우가 있을 수 있으나 중복적으로 감면적용할 수 없으며, 이러한 경우에 지특법 제180조의 중복 감면의 배제규정을 적용하여 감면율이 높은 것 하나만을 선택하되 농어촌특별세 과세 여부를 함께 고려하여 판단하여야 한다.

2 **창업에 대한 판단기준[21]**

주체	사업장소	사례	창업여부	창업여부
A개인	갑장소에서	갑장소에서의 기존사업을 폐업하고	B법인을 설립하여 동종업종 제품을 생산	조직변경
			B법인을 설립하여 이종업종 제품을 생산	창업
		갑장소에서의 기존사업을 폐업 않고	B법인을 설립하여 동종업종 제품을 생산	형태변경
			B법인을 설립하여 이종업종 제품을 생산	창업
A법인	갑장소에서	갑장소에서의 기존사업을 폐업하고	B법인을 설립하여 동종업종 제품을 생산	위장창업
			B법인을 설립하여 이종업종 제품을 생산	창업
		갑장소에서의 기존사업을 폐업 않고	B법인을 설립하여 동종업종 제품을 생산	형태변경
			B법인을 설립하여 이종업종 제품을 생산	창업
A개인	을장소에서	갑장소에서의 기존사업을 폐업하고	B법인을 설립하여 동종업종 제품을 생산	법인전환
			B법인을 설립하여 이종업종 제품을 생산	창업
		갑장소에서의 기존사업을 폐업 않고	B법인을 설립하여 동종업종 제품을 생산	창업
			B법인을 설립하여 이종업종 제품을 생산	창업
A법인	을장소에서	갑장소에서의 기존사업을 폐업하고	B법인을 설립하여 동종업종 제품을 생산	사업승계
			B법인을 설립하여 이종업종 제품을 생산	창업
		갑장소에서의 기존사업을 폐업 않고	B법인을 설립하여 동종업종 제품을 생산	창업
			B법인을 설립하여 이종업종 제품을 생산	창업
A가 (개인)	을장소에서	갑장소에서의 기존사업을 폐업하고	다시 A명의로 동종업종 제품을 생산	사업이전
			다시 A명의로 이종업종 제품을 생산	창업
		갑장소에서의 기존사업을 폐업 않고	다시 A명의로 동종업종 제품을 생산	사업확장
			다시 A명의로 이종업종 제품을 생산	업종추가

• 업종구분은 한국표준산업분류의 세분류(4자리)를 기준으로 함

---

20) 구본풍 외 3, 지방세특례제한법 이론과 실무, 삼일인포마인, 2020, 920쪽
21) 중소기업청, 창업 및 창업사업계획승인실무사례집, 2013, 11쪽

(한국표준산업분류 5자리 중 앞에서 4자리까지 일치하면 "동종업종" 해당)

* "갑"장소는 기존사업장, "을"장소는 신규사업장
  (사업장이 기존사업장과 접하고 있더라도 별도의 경계를 두고 있어 공정의 연속성이 없는 경우 신규사업장에 해당)
* "A명의"란 개인사업자로서 대표자가 동일한 경우를 말함

3 골프장 관련 쟁점 내용

(1) 지방세특례제한법 제58조의3 【창업중소기업등에대한감면】

구 조세특례제한법 120조 【취득세의면제등】
③ 2014년 12월 31일까지 창업하는 창업중소기업 및 창업벤처중소기업이 해당 사업을 하기 위하여 창업일부터 4년 이내에 취득하는 사업용 재산에 대하여는 취득세를 면제한다. 다만, 취득일부터 2년 이내에 그 재산을 정당한 사유 없이 해당 사업에 직접 사용하지 아니하거나 다른 목적으로 사용·처분(임대를 포함한다. 이하 이 항에서 6같다)하는 경우 또는 정당한 사유 없이 최초 사용일부터 2년간 해당 사업에 직접 사용하지 아니하고 다른 목적으로 사용하거나 처분하는 경우에는 면제받은 세액을 추징한다. (2013. 1. 1. 개정)
⇨ 이관 이전 조세특례제한법 규정, 골프장 제외규정 없음

구 지방세특례제한법 제58조의3 【창업중소기업등에대한감면】
[2014. 12. 31. 법률 제12955호 일부개정, 2015. 1. 1. 시행]
① 다음 각 호의 어느 하나에 해당하는 기업이 해당 사업을 하기 위하여 창업일부터 4년 이내에 취득하는 사업용 재산(「지방세법」 제127조 제1항 제1호에 따른 비영업용 승용자동차는 제외한다)에 대해서는 취득세의 100분의 75에 상당하는 세액을 감면한다.

...

④ 제1항부터 제3항까지의 감면 대상 창업중소기업 및 창업벤처중소기업의 범위는 제100조 제3항 각 호의 업종을 경영하는 중소기업으로 한다. 다만, 제100조 제3항 제20호의 업종 중 「체육시설의 설치·이용에 관한 법률」에 따라 골프장을 경영하는 기업과 같은 조 제6항에 해당하는 경우에는 제1항부터 제3항까지의 취득세, 재산세 및 등록면허세 감면대상이 되는 창업중소기업 및 창업벤처중소기업의 범위에서 제외한다. (2014. 12. 31. 신설)
⇨ 2015년 이관되면서, 골프장 제외규정 신설

구 지방세특례제한법 제58조의3 【창업중소기업등에대한감면】
[2015. 12. 29. 법률 제13637호 일부개정, 2016. 1. 1. 시행]
① 「중소기업창업 지원법」 제2조 제1호에 따른 창업을 한 기업으로서 다음 각 호의 어느 하나에 해당하는 기업이 해당 사업을 하기 위하여 창업일부터 4년 이내에 취득하는 사업용 재산(「지방세법」 제127조 제1항 제1호에 따른 비영업용 승용자동차는 제외한다)에 대해서는 취득세의 100분의 75에 상당하는 세액을 경감한다.

...

⇨ 2016년 개정되면서, 창업의 개념에 대해 중소기업창업지원법을 차용

지방세특례제한법 제58조의3 【창업중소기업 등에 대한 감면】
2016. 12. 27. 법률 제14477호 일부개정, 2017. 1. 1. 시행]
④ 창업중소기업과 창업벤처중소기업의 범위는 다음 각 호의 업종을 경영하는 중소기업으로 한정한다. (2016. 12. 27. 개정) 〈☞ (주) 4〉
1. 광업 (2016. 12. 27. 개정)
2. 제조업 (2016. 12. 27. 개정)
3. 건설업 (2016. 12. 27. 개정)
....
23. 「관광진흥법」에 따른 관광숙박업, 국제회의업, 유원시설업 또는 대통령령으로 정하는 관광객이용시설업 (2016. 12. 27. 개정)
24. 그 밖의 과학기술서비스업 (2016. 12. 27. 개정)
⇨ 2017년 개정되면서, 감면 대상 업종을 열거, 골프장 제외규정 삭제

---

(2) 중소기업창업지원법 시행령 4조 【창업에서 제외되는 업종】

중소기업창업지원법 시행령 4조 【창업에서 제외되는 업종】

대통령령 제29677호(중소기업진흥에 관한 법률 시행령) 일부개정 2019. 4. 2.

① 법 제3조 제1호 단서에서 "대통령령으로 정하는 업종"이란 다음 각 호의 기준을 모두 갖춘 업종을 말한다. 이 경우 업종의 분류는 한국표준산업분류를 기준으로 한다. [신설 2016. 11. 29.]

1. 금융 및 보험업으로서 정보통신기술을 활용하여 금융서비스를 제공하는 업종을 그 주된 업종(「중소기업기본법 시행령」 제4조에 따른 주된 업종을 말한다. 이하 이 항에서 같다)으로 할 것

2. 그 외 기타 여신금융업을 주된 업종으로 하지 아니할 것

② 법 제3조제3호에서 "대통령령으로 정하는 업종"이란 다음 각 호의 어느 하나에 해당하는 업종을 말한다. 이 경우 업종의 분류는 한국표준산업분류를 기준으로 한다. [개정 2008. 2. 29. 제20728호(중소기업청과 그 소속기관 직제), 2008. 5. 9., 2011. 6. 8., 2013. 3. 23. 제24432호(중소기업청과 그 소속기관 직제), 2014. 12. 3., 2016. 11. 29., 2017. 7. 26. 제28213호(중소벤처기업부와 그 소속기관 직제)]

1. 숙박 및 음식점업(호텔업, 휴양콘도 운영업, 기타 관광숙박시설 운영업 및 상시근로자 20명 이상의 법인인 음식점업은 제외한다)

2. 무도장운영업

3. 골프장 및 스키장운영업

4. 기타 갬블링 및 베팅업

5. 기타 개인 서비스업(그외 기타 개인 서비스업은 제외한다)

6. 그 밖에 제조업이 아닌 업종으로서 중소벤처기업부령으로 정하는 업종

⇨ 2019년 6월 개정되기 전까지 골프장은 창업제외업종에 해당

⇨ 지특법 제58조의3에서 2015. 12. 29.부터 창업의 개념에 대해 중소기업법을 차용하여, 2016. 12. 27. 골프장 제외규정이 삭제되었으나 중소기업창업지원법 시행령에 따라 여전히 골프장은 감면대상에서 제외

중소기업창업지원법 시행령 4조 【창업에서 제외되는 업종】

대통령령 제29851호 일부개정 2019. 6. 11.

법 제3조제1항 단서에 따른 업종은 다음 각 호의 어느 하나에 해당하는 업종으로 한다. 이 경우 업종의 분류는 한국표준산업분류를 기준으로 한다.

1. 일반유흥주점업

2. 무도유흥주점업

3. 기타 사행시설 관리 및 운영업

4. 제1호부터 제3호까지의 규정에 준하는 업종으로서 중소벤처기업부령으로 정하는 업종

[전문개정 2019. 6. 11.]

⇨ 2019년 6월 개정으로 골프장 제외규정 삭제

---

(3) 지방세특례제한법 제177조 【창업에서 제외되는 업종】

지방세특례제한법 제177조 【감면제외대상】

이 법의 감면을 적용할 때 「지방세법」 제13조 제5항에 따른 부동산등은 감면대상에서 제외한다. (2014. 1. 1. 신설)

⇨ 지특법 감면 제외 대상으로 회원제 골프장용 부동산을 규정

지방세특례제한법 제177조 【감면제외대상】

이 법의 감면을 적용할 때 다음 각 호의 어느 하나에 해당하는 부동산등은 감면대상에서 제외한다. (2020. 1. 15. 개정)

1. 별장: 주거용 건축물로서 늘 주거용으로 사용하지 아니하고 휴양·피서·놀이 등의 용도로 사용하는 건축물과 그 부속토지(「지방자치법」 제3조 제3항 및 제4항에 따른 읍 또는 면에 있는, 「지방세법 시행령」 제28조 제2항에 따른 범위와 기준에 해당하는 농어촌주택과 그 부속토지는 제외한다). 이 경우 별장의 범위와 적용기준은 「지방세법 시행령」 제28조 제3항에 따른다. (2020. 1. 15. 신설)

2. 골프장: 「체육시설의 설치·이용에 관한 법률」에 따른 회원제 골프장용 부동산 중 구분등록의 대상이 되는 토지와 건축물 및 그 토지 상(上)의 입목. 이 경우 등록을 하지 아니하고 사실상 골프장으로 사용하는 부동산을 포함한다. (2020. 1. 15. 신설)

3. 고급주택: 주거용 건축물 또는 그 부속토지의 면적과 가액이 「지방세법 시행령」 제28조 제4항에 따른 기준을 초과하거나 해당 건축물에 67제곱미터 이상의 수영장 등 「지방세법 시행령」 제28조 제4항에 따른 부대시설을 설치한 주거용 건축물과 그 부속토지 (2020. 1. 15. 신설)

4. 고급오락장: 도박장, 유흥주점영업장, 특수목욕장, 그 밖에 이와 유사한 용도에 사용되는 건축물 중 「지방세법 시행령」 제28조 제5항에 따른 건축물과 그 부속토지 (2020. 1. 15. 신설)
5. 고급선박: 비업무용 자가용 선박으로서 「지방세법 시행령」 제28조 제6항에 따른 기준을 초과하는 선박 (2020. 1. 15. 신설)
⇨ 지특법 감면 제외 대상으로 회원제 골프장용 부동산을 규정(2020.1.15. 지방세법 제13조 제5항의 감면 제외 대상의 내용을 그대로 신설)

(4) 개정 연혁에 따른 감면

	2014.12.31	2016.12.27.	2019.6.11.
조특법제120조③	O		이관 후	
지특법제58조3	이관 전	X	O	O
중소령제4조	X	X	X	O

기간	감면 여부
~2014.12.31.	조특법제120③ 골프장 제외규정 없고, 중소기업창업지원법에 따른 창업의 개념을 준용하지 않음 ⇨ 퍼블릭 골프장 감면 가능, 회원제 골프장 감면 가능
2014.12.31.~2016.12.27.	지특법제58조3으로 이관되면서, 골프장 제외규정 존재. 중소기업창업지원법에 따른 창업의 개념을 준용함 ⇨ 골프장 감면 불가
2016.12.27.~2019.6.11.	지특법제58조3의 골프장 제외규정 2016.12.27. 삭제되었으나, 중소기업창업지원법에 따른 창업을 감면대상으로 하므로, 중소기업창원지원법 시행령에 따라 골프장 제외 ⇨ 골프장 감면 불가
2019.6.11.~	지특법제58조3의 골프장 제외규정이 없고, 중소기업창업지원법 시행령에서 골프장 제외규정 삭제 ⇨ 퍼블릭 골프장 감면 가능, 회원제 골프장 감면 불가

(5) 관련 사례

① 조심2018지0166, 2019. 6. 11.

골프장 운영업을 업종으로 하는 경우에도 창업중소기업 감면규정을 적용하여 등록면허세 및 지방교육세 감면할 수 있는지 쟁점이 된 사안이다. 조세특례제한법은 종전에는 창업중소기업에 대한 감면을 규정하고 있었으나, 2014. 12. 23. 지방세특례제한법으로 해당 규정이 이관되었다. 2014. 12. 23. 이후 지방세특례제한법은 골프장을 경영하는 기업은 취득세, 재산세, 등록면허세 감면대상에서 제외하는 것으로 개정되었다.

처분청은 ①청구법인은 2015년에는 매출액이 발생하지 않아 부동산 매입 이외에는 주된 업종을 판단하기 어려우므로 부동산업 또는 골프장업으로 보아야 한다고 주장하였고 ②이를 종합하면 골프장을 경영하는 청구법인은 지방세특례제한법 제58조의3등에 따라 감면대상이 아니라고 주장하였다.

이에 대해 심판원은 청구법인이 2014. 2. 12. 관광단지 개발사업을 목적으로 설립된 점, 전문휴양업을 목적사업으로 하여 사업을 준비한 사실관계가 확인되는 점, 전문휴양업은 사업준비에 장기간이 소요되는 점, 업종의 개시를 준비중인 기업을 차별할 수 없는 점 등을 이유로 청구법인은 당시 조세특례제한법 제6조 및 제119조의 창업중소기업 감면대상인 관광객이용시설업(전문휴양업)에 해당한다고 판단하였다.

청구법인은 골프장을 경영하는 기업이지만 이를 감면대상에서 배제하는 규정은 2015. 1. 1. 신설되었고 청구법인은 2014. 2. 12. 창업하여 이 규정을 적용할 수 없으며, 개정당시 부칙 일반적 경과조치에 따라 2014년 말까지 창업한 중소기업은 종전대로 4년간 등록면허세가 감면되는 것이라고 판단하였다.

② 조심2015지1226, 2016. 10. 19.

청구법인이 회원제 골프장 영업을 위하여 취득한 토지에 대하여, 창업중소기업 감면을 적용하여 취득세 등을 감면할 수 있는지 쟁점이 된 사안이다. 청구법인은 2010년~2013년 사이에 쟁점부동산을 취득하고 취득세를 납부하였다. 심판원은 당시 조세특례제한법 제6조 및 제120조에 따르면 관광진흥법에 의한 관광객이용시설업을 세액감면 적용업종으로 규정하므로, 청구법인은 관광객이용시설업(전문휴양업)의 요건을 충족하였다고 판단하고 회원제골프장이라 하여도 달리 판단할 근거가 없다고 하였다.

(6) 소결

2014년 말까지 창업한 경우에는 조세특례제한법 제6조, 제119조, 제120조에 따라 창업중소기업의 감면을 적용해야 한다. 당시 규정은 골프장에 대해서 감면을 제외하는 규정이 없었으므로 골프장을 경영하는 경우라 하더라도 창업중소기업의 업종에 해당한다면 감면을 적용해야 할 것이며, 이는 주로 관광진흥법 시행령 따른 관관객이용시설업(전문휴양업, 종합휴양업 등)을 경영하는지를 판단해야 할 것이다.

한편, 2019. 6. 11. 이후에는 대중제 골프장에 대해서는 감면을 제외하는 규정이 지방세특례제한법 및 창업중소기업지원법 시행령에서 모두 삭제된 상태로, 이는 향후 쟁점이 될 수 있는 사안에 해당한다.

[별지 제1호의4서식]　(2020. 1. 17. 개정)

창업(벤처)중소기업 지방세 감면 신청서

(앞쪽)

접수번호		접수일		처리기간	5일
신청인	성명(법인)			주민(법인)등록번호	
	주소				
	전자우편주소			전화번호(휴대전화번호)	

감면대상	종류		면적(수량)	
	소재지			

감면세액	감면세목	과세연도	기분
	과세표준액	감면구분	
	당초 결정세액	감면받으려는 세액	

감면 신청 사유 『지방세특례 제한법』 제58조의3	(뒤쪽 참조)

감면 결정 통지 방법	직접교부[ ]　등기우편[ ]　전자우편 [ ]

　신청인은 본 신청서의 유의사항 등을 충분히 검토했고, 향후에 신청인이 기재한 사항과 사실이 다른 경우에는 감면된 세액이 추징되며 별도의 가산세가 부과됨을 확인했습니다.

「지방세특례제한법」 제58조의3, 같은 법 시행령 제29조의2 및 같은 법 시행규칙 제2조의2에 따라 위와 같이 지방세 감면을 신청합니다.

년　　　월　　　일

신청인　　　　　　　　(서명 또는 인)

시장·군수·구청장　귀하

담당공무원 확인사항	1. 사업자등록증 또는 법인 등기사항증명서(창업중소기업 등을 확인하는 서류) 2. 벤처기업확인서(벤처기업임을 확인하는 서류)	수수료 없 음

행정정보 공동이용 동의서

　본인은 이 건 업무처리와 관련하여 담당 공무원이 「전자정부법」 제36조에 따른 행정정보의 공동이용을 통하여 위의 담당 공무원 확인 사항을 확인하는 것에 동의합니다.　*동의하지 않거나 확인이 되지 않는 경우에는 신청인이 직접 관련 서류를 제출해야 합니다.

신청인　　　　　　　　(서명 또는 인)

210mm×297mm [백상지(80/㎡) 또는 중질지(80/㎡)]

(뒤쪽)

감면 신청 사유 「지방세특례제한법」 제58조의3	※ 창업중소기업에 해당하는지 여부 확인을 위한 기재사항입니다. 아래의 사항을 확인 후 해당란을 기재하십시오. ① 기업을 새로 설립했는지 여부 (예 [　] 아니오 [　]) 　※ 최초 설립이 아닌, 기업조직 및 형태 변경, 사업승계, 사업이전, 사업확장, 업종추가 등에 해당하는 경우에는 새로운 설립으로 보지 않습니다. ② 법인인 경우 대표자, 임원 등의 인적사항을 기재합니다.

관계	성명	주민등록번호	주소	연락처
예) 대표				
예) 임원				

※ 법인의 대표자 등의 동종 사업 영위 여부, 법인전환 등을 확인하기 위해 기재합니다.

③ 새로 설립된 기업이 중소기업의 범위에 해당될 것 (예 [　] 아니오 [　])

④ 창업하는 업종이 「지방세특례제한법」 제58조의3제4항에 따른 업종에 해당될 것 (예 [　] 아니오 [　])
 - 「중소기업창업 지원법」 제2조제1호에 따른 창업기업으로, 해당 법령에서 창업에서 제외되는 업종의 경우에는 창업중소기업 영위 업종으로 보지 않음

⑤ 창업(벤처)중소기업이 「지방세특례제한법」 제58조의3제6항에 따라 다음 중 어느 하나에 해당하지 않는지 여부 (예 [　] 아니오 [　])

 - 합병·분할·현물출자·사업양수를 통하여 종전 사업을 승계하거나 종전 사업에 사용 되던 자산을 인수·매입하여 같은 종류의 사업을 하는 경우.

 ※ 다만, 종전 사업에 사용되던 자산을 인수하거나 매입하여 같은 종류의 사업을 하는 경우 그 자산가액의 합계가 「부가가치세법」 제5조제2항에 따른 사업 개시 당시 토지·건물 및 기계장치 등 「지방세특례제한법 시행령」 제29조의2제8항에서 정하는 사업용자산의 총가액에서 차지하는 비율이 100분의 30 이하인 경우 제외

 - 거주자가 하던 사업을 법인으로 전환하여 새로운 법인을 설립하는 경우
 - 폐업 후 사업을 다시 개시하여 폐업 전의 사업과 같은 종류의 사업을 하는 경우
 - 사업을 확장하거나 다른 업종을 추가하는 경우 등 새로운 사업을 최초로 개시하는 것으로 보기 곤란한 경우

⑥ 「지방세특례제한법」 및 같은 법 시행령에서 정하는 공장입지기준면적 이내 또는 용도지역별적용배율 이내에 해당하는지 여부 (예 [　] 아니오 [　])

유 의 사 항

1. 신청인이 작성·기재한 감면신청서는 「지방세기본법」 제78조에 따라 진실한 것으로 추정합니다.

2. 다만, 향후에 신청인이 작성·기재한 사항이 사실과 다르거나 사후관리를 통해 감면요건을 준수 하지 않은 사항이 확인되는 경우에는 「지방세기본법」 제53조부터 제55조까지에 따라 감면받은 세액 이외에도 가산세(10~40%)가 추가되어 추징대상에 해당될 수 있음을 유의하시기 바랍니다.

3. 위에서 열거한 사례 이외에도 창업(벤처)기업의 동종업종 추가 등에 대한 다양한 개별적 사례가 발생할 수 있으므로 감면대상 해당 여부를 반드시 확인하셔서 추징 등 불이익을 받지 않도록 유의하시기 바랍니다.

4. 감면 결정 통지 방법: 직접교부, 등기우편, 전자우편 중 하나를 선택합니다.

처 리 절 차

신청서 작성	→	관계증명서류	→	접수	→	감면처리 (감면확인서 발부)	→	통지
(신청인)		(신청인)		(시·군·구)		(시·군·구)		(시·군·구)

PART

07

산업단지 등에 대한 감면(제78조)

PART 07

산업단지 등에 대한 감면(제78조)

1 **현행규정**

법 **제78조 【산업단지 등에 대한 감면】**

① 「산업입지 및 개발에 관한 법률」 제16조에 따른 산업단지개발사업의 시행자 또는 「산업기술단지 지원에 관한 특례법」 제4조에 따른 사업시행자가 산업단지 또는 산업기술단지를 조성하기 위하여 취득하는 부동산에 대해서는 취득세의 100분의 35를, 조성공사가 시행되고 있는 토지에 대해서는 재산세의 100분의 35(수도권 외의 지역에 있는 산업단지의 경우에는 100분의 60)를 각각 2022년 12월 31일까지 경감한다. 다만, 다음 각 호의 어느 하나에 해당하는 경우에는 경감된 취득세 및 재산세를 추징한다. (2020. 1. 15. 개정)

1. 산업단지 또는 산업기술단지를 조성하기 위하여 취득한 부동산의 취득일부터 3년 이내에 정당한 사유 없이 산업단지 또는 산업기술단지를 조성하지 아니하는 경우에 해당 부분에 대해서는 경감된 취득세를 추징한다. (2020. 1. 15. 신설)

2. 산업단지 또는 산업기술단지를 조성하기 위하여 취득한 토지의 취득일(「산업입지 및 개발에 관한 법률」 제19조의 2에 따른 실시계획의 승인 고시 이전에 취득한 경우에는 실시계획 승인 고시일)부터 3년 이내에 정당한 사유 없이 산업단지 또는 산업기술단지를 조성하지 아니하는 경우에 해당 부분에 대해서는 경감된 재산세를 추징한다. (2020. 1. 15. 신설)

⇨ **제78조① 산업단지개발사업 시행자 등의 단지조성용 부동산에 대한 감면**

② 제1항에 따른 사업시행자가 산업단지 또는 산업기술단지를 개발·조성한 후 대통령령으로 정하는 산업용 건축물등(이하 이 조에서 "산업용 건축물등"이라 한다)의 용도로 분양 또는 임대할 목적으로 취득·보유하는 부동산에 대해서는 다음 각 호에서 정하는 바에 따라 지방세를 경감한다. (2017. 12. 26. 개정)

1. 제1항에 따른 사업시행자가 신축 또는 증축으로 2022년 12월 31일까지 취득하는 산업용 건축물등

에 대해서는 취득세의 100분의 35를, 그 산업용 건축물등에 대한 재산세의 100분의 35(수도권 외의 지역에 있는 산업단지에 대해서는 100분의 60)를 각각 경감한다. 다만, 그 취득일부터 3년 이내에 정당한 사유 없이 해당 용도로 분양 또는 임대하지 아니하는 경우에 해당 부분에 대해서는 경감된 지방세를 추징한다. (2020. 1. 15. 개정)

2. 제1항에 따른 사업시행자가 2022년 12월 31일까지 취득하여 보유하는 조성공사가 끝난 토지(사용승인을 받거나 사실상 사용하는 경우를 포함한다)에 대해서는 재산세 납세의무가 최초로 성립하는 날부터 5년간 재산세의 100분의 35(수도권 외의 지역에 있는 산업단지의 경우에는 100분의 60)를 경감한다. 다만, 조성공사가 끝난 날부터 3년 이내에 정당한 사유 없이 해당 용도로 분양 또는 임대하지 아니하는 경우에 해당 부분에 대해서는 경감된 재산세를 추징한다.

⇨ **제78조② 산업단지 등 조성 후 산업용 건축물 등 분양 또는 임대용 부동산에 대한 감면**

③ 제1항에 따른 사업시행자가 산업단지 또는 산업기술단지를 개발·조성한 후 직접 사용하기 위하여 취득·보유하는 부동산에 대해서는 다음 각 호에서 정하는 바에 따라 지방세를 경감한다. (2016. 12. 27. 개정)

1. 제1항에 따른 사업시행자가 신축 또는 증축으로 2022년 12월 31일까지 취득하는 산업용 건축물등에 대해서는 취득세의 100분의 35를, 그 산업용 건축물등에 대한 재산세의 납세의무가 최초로 성립하는 날부터 5년간 재산세의 100분의 35(수도권 외의 지역에 있는 산업단지의 경우에는 100분의 60)를 각각 경감한다. 다만, 다음 각 목의 어느 하나에 해당하는 경우 그 해당 부분에 대해서는 경감된 지방세를 추징한다. (2020. 1. 15. 개정)

   가. 정당한 사유 없이 그 취득일부터 3년 이내에 해당 용도로 직접 사용하지 아니하는 경우 (2016. 12. 27. 개정)

   나. 해당 용도로 직접 사용한 기간이 2년 미만인 상태에서 매각·증여하거나 다른 용도로 사용하는 경우 (2016. 12. 27. 개정)

2. 제1항에 따른 사업시행자가 2022년 12월 31일까지 취득하여 보유하는 조성공사가 끝난 토지(사용승인을 받거나 사실상 사용하는 경우를 포함한다)에 대해서는 재산세의 납세의무가 최초로 성립하는 날부터 5년간 재산세의 100분의 35(수도권 외의 지역에 있는 산업단지의 경우에는 100분의 60)를 경감한다. 다만, 다음 각 목의 어느 하나에 해당하는 경우 그 해당 부분에 대해서는 경감된 재산세를 추징한다. (2020. 1. 15. 개정)

   가. 정당한 사유 없이 그 조성공사가 끝난 날부터 3년 이내에 해당 용도로 직접 사용하지 아니하는 경우 (2016. 12. 27. 개정)

   나. 해당 용도로 직접 사용한 기간이 2년 미만인 상태에서 매각·증여하거나 다른 용도로 사용하는 경우 (2016. 12. 27. 개정)

⇨ **제78조③ 산업단지 등 조성 후 산업용 건축물 등 신·증축에 대한 감면**

④ 제1항에 따른 사업시행자 외의 자가 제1호 각 목의 지역(이하 "산업단지등"이라 한다)에서 취득하는

부동산에 대해서는 제2호 각 목에서 정하는 바에 따라 지방세를 경감한다. (2015. 12. 29. 개정)

1. 대상 지역 (2011. 12. 31. 개정)

　가. 「산업입지 및 개발에 관한 법률」에 따라 지정된 산업단지 (2011. 12. 31. 개정)

　나. 「산업집적활성화 및 공장설립에 관한 법률」에 따른 유치지역 (2011. 12. 31. 개정)

　다. 「산업기술단지 지원에 관한 특례법」에 따라 조성된 산업기술단지 (2011. 12. 31. 개정)

2. 경감 내용 (2014. 12. 31. 개정)

　가. 산업용 건축물등을 신축하기 위하여 취득하는 토지와 신축 또는 증축하여 취득하는 산업용 건축물등에 대해서는 취득세의 100분의 50을 2022년 12월 31일까지 경감한다. 이 경우 공장용 건축물(「건축법」 제2조 제1항 제2호에 따른 건축물을 말한다)을 신축 또는 증축하여 중소기업자에게 임대하는 경우를 포함한다. (2020. 1. 15. 개정)

　나. 산업단지등에서 대수선(「건축법」 제2조 제1항 제9호에 해당하는 경우로 한정한다)하여 취득하는 산업용 건축물등에 대해서는 취득세의 100분의 25를 2022년 12월 31일까지 경감한다. (2020. 1. 15. 개정)

　다. 가목의 부동산에 대해서는 해당 납세의무가 최초로 성립하는 날부터 5년간 재산세의 100분의 35를 경감(수도권 외의 지역에 있는 산업단지의 경우에는 100분의 75를 경감)한다. (2015. 12. 29. 개정)

⑤ 다음 각 호의 어느 하나에 해당하는 경우 그 해당 부분에 대해서는 제4항에 따라 감면된 취득세 및 재산세를 추징한다. (2011. 12. 31. 신설)

1. 정당한 사유 없이 그 취득일부터 3년이 경과할 때까지 해당 용도로 직접 사용하지 아니하는 경우 (2011. 12. 31. 신설)

2. 해당 용도로 직접 사용한 기간이 2년 미만인 상태에서 매각(해당 산업단지관리기관 또는 산업기술단지관리기관이 환매하는 경우는 제외한다)·증여하거나 다른 용도로 사용하는 경우 (2011. 12. 31. 신설)

　⇨ 제78조④⑤ 산업단지 등에서 산업용 건축물 등 신·증축(건축)과 대수선에 대한 감면

⑥ (삭제, 2020. 1. 15.)

⑦ 제2항부터 제4항까지의 규정에 따른 공장의 업종 및 그 규모, 감면 등의 적용기준은 행정안전부령으로 정한다. (2017. 7. 26. 직제개정; 정부조직법 부칙)

⑧ 제4항에 따라 취득세를 경감하는 경우 지방자치단체의 장은 해당 지역의 재정여건 등을 고려하여 100분의 25(같은 항 제2호 나목에 따라 취득세를 경감하는 경우에는 100분의 15)의 범위에서 조례로 정하는 율을 추가로 경감할 수 있다. 이 경우 제4조 제1항 각 호 외의 부분, 같은 조 제6항 및 제7항을 적용하지 아니한다. (2016. 12. 27. 개정)

> **영** **제38조 【산업용 건축물 등의 범위】**

법 제78조 제2항 각 호 외의 부분에서 "대통령령으로 정하는 산업용 건축물등"이란 제29조 제1항 각 호의 어느 하나에 해당하는 건축물을 말한다. 다만, 제29조 제1항 제3호에 해당하는 공장용 건축물은 행정안전부령으로 정하는 업종 및 면적기준 등을 갖추어야 한다. (2020. 1. 15. 개정)

> **규칙** **제6조 【산업단지 등 입주 공장의 범위】**

법 제78조 제7항 및 영 제38조 단서에 따른 공장의 범위는 「지방세법 시행규칙」 별표 2에서 규정하는 업종의 공장으로서 생산설비를 갖춘 건축물의 연면적(옥외에 기계장치 또는 저장시설이 있는 경우에는 그 시설물의 수평투영면적을 포함한다)이 200제곱미터 이상인 것을 말한다. 이 경우 건축물의 연면적에는 그 제조시설을 지원하기 위하여 공장 경계구역 안에 설치되는 종업원의 후생복지시설 등 각종 부대시설(수익사업용으로 사용되는 부분은 제외한다)을 포함한다. (2016. 12. 30. 개정)

2 개정연혁

1 2015년 개정 내용

개정 전	개정 후
〈①산단시행자 조성용 부동산, 제78조①〉 〈②산단시행자 분양·임대용부동산, 제78조②〉 • (감면율) 취득세 100%, 재산세 50~100%	☞ **감면축소, 2년 연장** • (감면율) 취득세 최대 60%(법 35% + 조례 25%), 재산세 35~60%
• (일몰기한) 2014. 12. 31.	• (일몰기한) 2016. 12. 31.
〈③산단조성후 직접사용 부동산, 제78조③〉 • (감면율) 취득세 100%, 재산세 50~100%(5년)	☞ **감면축소, 2년 연장** • (감면율) 취득세 최대 60%(법 35% + 조례 25%), 재산세 35~60%(5년)
• (일몰기한) 2014. 12. 31.	• (일몰기한) 2016. 12. 31.
〈④산단 입주기업(신증축) , 제78조④〉 • (감면율) 취득세 100%, 재산세 50~100%(5년)	☞ **감면축소, 2년 연장** • (감면율) 취득세 최대 75%(법 50% + 조례 25%), 재산세 35~75%(5년)
• (일몰기한) 2014. 12. 31.	• (일몰기한) 2016. 12. 31.
〈⑤산단 입주기업(대수선) , 제78조④〉 • (감면율) 취득세 50% • (일몰기한) 2014. 12. 31.	☞ **감면축소, 2년 연장** • (감면율) 취득세 최대 40%(법 25% + 조례 15%) • (일몰기한) 2016. 12. 31.

개정이유 ▶▶

● (산업단지, ①~⑤) 장기간(32년)에 걸쳐 전폭적인 지방세 감면 지원을 받으며, 규모면에서 포화상태로 양적 성장 달성

  * 연도별 감면액: 3,471억$^{'09}$ → 4,064$^{'10}$ → 4,666$^{'11}$ → 5,331$^{'12}$ → 7,290$^{'13}$ (4년새 2배↑)

  * 산업단지 수: '80년 61개 → '13년 1,033개

  ㅡ 지역 경제활성화, 타 집적시설과의 형평성 등을 고려하여 감면폭 축소하여 지원

    * 산업단지 사업시행자(예): 한화, 포스코, 삼성, 석유공사, LH, 수자원공사 등

적용례 ▶▶

● 산업단지 입주기업이 분양계약을 체결하고 이후에 산업용건축물 등을 건축하는 경우, 개정 규정에도 불구하고 **법률 제12955호 부칙 제25조**에 따라 종전 규정대로 **취득세, 재산세 면제(수도권은 재산세 50%)**

  ㅡ (①대상자) 2015년 12월 31일 이전에 산업단지사업시행자와 분양계약을 체결한 입주기업 등이 산업용건축물 등을 건축*하려는 자

    * 신축, 증축, 개축, 재축, 대수선 포함

    ▸ 제78조 제4항에 따른 입주기업으로 한정하고 있어 제78조 제3항에 따라 산업단지를 조성하고 직접 입주하는 기업은 감면대상에서 제외

    ▸ 제78조 제4항에 따른 입주기업의 범위를 별도로 규정하고 있지 않으므로 중소기업(개인포함) 및 대기업이 사업시행자와 분양계약을 체결하는 경우 모두 감면대상자에 해당

  ㅡ (②일몰기한) ①에 따른 입주기업에 대해 2017년 12월 31일*까지

    * ①에 따른 입주기업이 산업용건축물 등을 2018년 1월 1일 이후 취득하는 경우는 금번 개정규정 적용(취득세 최대 75%, 재산세 35~75%)

  ㅡ (③감면상한 적용여부) 2015년부터 도입된 감면상한제도(제177의2) 적용 대상에 해당되지 않음 (세부사항은 제177조의2 개정규정 설명 참조)

> **【법률 제12955호 부칙】** 제25조(산업단지 입주기업 등에 대한 경감세율 특례) 제78조 제1항에 따른 사업시행자와 2015년 12월 31일까지 분양계약을 체결하고 제78조 제4항 제1호의 대상지역에서 산업용 건축물등을 건축 [공장용 건축물(「건축법」 제2조 제1항 제2호에 따른 건축물을 말한다)을 건축하여 중소기업자에게 임대하려는 자를 포함한다] 또는 대수선 하려는 자가 제78조 제4항에 따라 취득하는 부동산에 대해서는 이 법 개정 법률에도 불구하고 2017년 12월 31일까지 종전의 법률을 적용한다.

● 산업단지사업시행자 등이 2014년 12월 31일까지 취득한 부동산에 대한 재산세는 **법률 제12955호 부칙 제14조** 규정에 따라 잔여 감면기한 계속 적용

  ㅡ (사업시행자) 최대 2019년 12월 31일까지 재산세 50% 감면

  ㅡ (입주기업 등) 최대 2019년 12월 31일까지 재산세 50~100% 감면

【법률 제12955호 부칙】 제14조(일반적 경과조치) 이 법 시행 전에 종전의 규정에 따라 부과 또는 감면하였거나 부과 또는 감면하여야 할 지방세에 대해서는 종전의 규정에 따른다.

2 ▶ 2016년 개정 내용

☐ 산업단지에 대한 감면규정 명확화 (제78조)

개정 전	개정 후
제78조(산업단지 등에 대한 감면) ① 「산업입지 및 개발에 관한 법률」 제16조에 따른 산업단지개발사업의 시행자 또는 「산업기술단지 지원에 관한 특례법」 제4조에 따른 사업시행자가 산업단지 또는 산업기술단지를 조성하기 위하여 취득하는 부동산에 대해서는 취득세의 100분의 35를, 조성공사가 시행되고 있는 토지에 대해서는 재산세의 100분의 35(수도권 외의 지역에 있는 산업단지의 경우에는 100분의 60)를 2016년 12월 31일까지 각각 경감한다. 다만, 산업단지 또는 산업기술단지를 조성하기 위하여 취득한 부동산의 취득일부터 3년 이내에 정당한 사유 없이 산업단지 또는 산업기술단지를 조성하지 아니하는 경우에 해당 부분에 대해서는 경감된 취득세 및 재산세를 추징한다.	제78조(산업단지 등에 대한 감면) ① --- 각각 2016년 12월 31일까지 -------. --.
② 제1항에 따른 사업시행자가 산업단지 또는 산업기술단지를 개발·조성한 후 분양 또는 임대할 목적으로 취득하는 산업용 건축물 등 대통령령으로 정하는 부동산에 대해서는 취득세 및 재산세의 100분의 35(수도권 외의 지역에 있는 산업단지의 재산세에 대해서는 100분의 60)를 2016년 12월 31일까지 각각 경감한다. 다만, 그 취득일부터 3년 이내에 정당한 사유 없이 산업단지 또는 산업기술단지를 개발·조성하지 아니하는 경우에 해당 부분에 대해서는 경감된 취득세 및 재산세를 추징한다.	② ----------------------------- 산업용 건축물등에 -- 분양 또는 임대용으로 직접 사용하지 -----------------------------------.
③ 제1항에 따른 사업시행자가 산업단지 또는 산업기술단지 조성공사를 끝내면 다음 각 호에서 정하는 바에 따라 지방세를 경감한다. 다만, 산업단지 또는 산업기술단지 조성공사가 끝난 후 정당한 사유 없이 3년 이내에 산업용 건축물등을 신축하거나 증축하지 아니하는 경우에 해당 부분에 대해서는 경감된 취득세 및 재산세를 추징한다.	③ --. --------- 끝난 날부터 --.
1. 산업용 건축물등의 신축이나 증축으로 취득하는 부동산에 대해서는 취득세의 100분의 35를 2016년 12월 31일까지 경감한다.	1. 제1항에 따른 사업시행자가 직접 사용하기 위하여 신축이나 증축으로 취득하는 산업용 건축물에 --------------------.
2. 2016년 12월 31일까지 산업단지 또는 산업기술단지 안에서 신축하거나 증축한 산업용 건축물등 및 조성공사가 끝난 토지(사용승인을 받거나 사실상 사용하는 경우를 포함한다)에 대해서는 그 부동산에 대한 재산세의 납세의무가 최초로 성립하는 날부터 5년간 재산세의 100분의 35를 경감(수도권 외의 지역에 있는 산업단지의 경우에는 100분의 60을 경감)한다.	2. 제1항에 따른 사업시행자가 2016년 12월 31일까지 취득한 제1호의 산업용 건축물등 --.
④ 제1호 각 목의 지역(이하 "산업단지등"이라 한다)에서 취득하는 부동산에 대해서는 제2호 각 목에서 정하는 바에 따라 지방세를 경감한다.	④ 제1항에 따른 사업시행자 외의 자가 제1호 --.

개정이유 ▶▶

● 산업단지 감면규정의 용어, 범위, 추징범위, 감면대상자 등 관련규정의 명확화를 통해 조문의 미비점
  을 개선 보완함

개정내용 ▶▶

● 산업용 건축물에 대한 시행령 위임규정의 중복부분을 삭제하고 사업시행자의 분양 또는 임대용 부동
  산 추징규정을 명확히 함(안 제78조 제1항 및 제2항)
● 건축물등의 범위를 부속토지를 포함하도록 규정하고 산업단지 입주기업에 대한 감면규정에 대하여
  감면대상자를 명확히 함(안 제78조 제3항 및 제4항)

적용요령 ▶▶

● 현행 운영실태에 부합되도록 개정한 것이므로 변경사항 없음

3 17년 개정 내용

개정 전	개정 후
〈④산업단지 사업시행자의 조성 및 분양·임대용 부동산, 제78조①②③〉	☞ **3년 연장(감면축소) / 1년유예**
• (감면율) 취득세 35%, 재산세 35%(수도권외 60%) * 조례로 취득세 25% 추가 가능	• (감면율) 취득세 35%, 재산세 35%(수도권외 60%), <u>조례 추가 감면 종료</u> • (일몰기한) <u>2019.12.31</u>
〈⑤산업단지 입주기업의 신·증축 부동산, 제78조④〉	☞ **3년 연장**

• (감면율) 취득세 50%, 재산세 5년간 35%(수도권외 5년간 75%)
  * 조례로 취득세 25% 추가 가능
	• (감면율) 취득세 50%, 재산세 5년간 35%(수도권외 5년간 75%)
	  * 조례로 취득세 25% 추가 가능
	• (일몰기한) <u>2019. 12. 31.</u>

〈⑥산업단지 입주기업의 대수선 건축물, 제78조④〉	☞ **3년 연장**

• (감면율) 취득세 25%
  * 조례로 취득세 15% 추가 가능
	• (감면율) 취득세 25%
	  * 조례로 취득세 15% 추가 가능
	• (일몰기한) <u>2019. 12. 31.</u>

〈⑨한국산업단지공단 분양·임대 및 입주기업체 교육사업 등, 제78조⑥〉	☞ **3년 연장(감면축소) / 1년유예**
• (감면율) 취득세 60%, 재산세 50%(수도권외 75%)	• (감면율) <u>취득세 35%</u>, 재산세 50%(수도권외 75%) • (일몰기한) <u>2019. 12. 31.</u>

☐ 산업단지 감면규정 개선 및 연장 (제78조)

개정 전	개정 후
제78조(산업단지 등에 대한 감면) ① 「산업입지 및 개발에 관한 법률」 제16조에 따른 산업단지개발사업의 시행자 또는 「산업기술단지 지원에 관한 특례법」 제4조에 따른 사업시행자가 산	제78조(산업단지 등에 대한 감면) ① -----------

개정 전	개정 후
업단지 또는 산업기술단지를 조성하기 위하여 취득하는 부동산에 대해서는 취득세의 100분의 35를, 조성공사가 시행되고 있는 토지에 대해서는 재산세의 100분의 35(수도권 외의 지역에 있는 산업단지의 경우에는 100분의 60)를 각각 2016년 12월 31일까지 경감한다. 다만, 산업단지 또는 산업기술단지를 조성하기 위하여 취득한 부동산의 취득일부터 3년 이내에 정당한 사유 없이 산업단지 또는 산업기술단지를 조성하지 아니하는 경우에 해당 부분에 대해서는 경감된 취득세 및 재산세를 추징한다.	-- --2019년 12월 31일----------. ----------------------------------- -- --.
② 제1항에 따른 사업시행자가 산업단지 또는 산업기술단지를 개발·조성한 후 분양 또는 임대할 목적으로 취득하는 산업용 건축물등에 대해서는 취득세 및 재산세의 100분의 35(수도권 외의 지역에 있는 산업단지의 재산세에 대해서는 100분의 60)를 2016년 12월 31일까지 각각 경감한다. 다만, 그 취득일부터 3년 이내에 정당한 사유 없이 분양 또는 임대용으로 직접 사용하지 아니하는 경우에 해당 부분에 대해서는 경감된 취득세 및 재산세를 추징한다.	② -- 대통령령으로 정하는 산업용 건축물등의 용도로 분양 -- 취득·보유하는 부동산에 대해서는 다음 각 호에서 정하는 바에 따라 지방세를 -- ---------. 〈단서 삭제〉
〈신설〉	1. 제1항에 따른 사업시행자가 신축 또는 증축으로 2019년 12월 31일까지 취득하는 산업용 건축물등에 대해서는 취득세의 100분의 35를, 그 산업용 건축물등에 대한 재산세의 100분의 35(수도권 외의 지역에 있는 산업단지에 대해서는 100분의 60)를 각각 경감한다. 다만, 그 취득일부터 3년 이내에 정당한 사유 없이 해당 용도로 분양 또는 임대하지 아니하는 경우에 해당 부분에 대해서는 경감된 지방세를 추징한다.
〈신설〉	2. 제1항에 따른 사업시행자가 2019년 12월 31일까지 취득하여 보유하는 조성공사가 끝난 토지(사용승인을 받거나 사실상 사용하는 경우를 포함한다)에 대해서는 재산세 납세의무가 최초로 성립하는 날부터 5년간 재산세의 100분의 35(수도권 외의 지역에 있는 산업단지의 경우에는 100분의 60)를 경감한다. 다만, 조성공사가 끝난 날부터 3년 이내에 정당한 사유 없이 해당 용도로 분양 또는 임대하지 아니하는 경우에 해당 부분에 대해서는 경감된 재산세를 추징한다.
③ 제1항에 따른 사업시행자가 산업단지 또는 산업기술단지 조성공사를 끝내면 다음 각 호에서 정하는 바에 따라 지방세를 경감한다. 다만, 산업단지 또는 산업기술단지 조성공사가 끝난 날부터 정당한 사유 없이 3년 이내에 산업용 건축물등을 신축하거나 증축하지 아니하는 경우에 해당 부분에 대해서는 경감된 취득세 및 재산세를 추징한다. 1. 제1항에 따른 사업시행자가 직접 사용하기 위하여 신축이나 증축으로 취득하는 산업용 건축물등에 대해서는 취득세의 100분의 35를 2016년 12월 31일까지 경감한다. 2. 제1항에 따른 사업시행자가 2016년 12월 31일까지 취득한 제1호의 산업용 건축물등 및 조성공사가 끝난 토지(사용승인을 받거나 사실상 사용하는 경우를 포함한다)에 대해서는 그 부동산에 대한 재산세의 납세의무가 최초로 성립하는 날부터 5년간 재산세의 100분의 35를 경감(수도권 외의 지역에 있는 산업단지의 경우에는 100분의 60을 경감)한다.	③ 제1항에 따른 사업시행자가 산업단지 또는 산업기술단지를 개발·조성한 후 직접 사용하기 위하여 취득·보유하는 부동산에 대해서는 다음 각 호에서 정하는 바에 따라 지방세를 경감한다. 1. 제1항에 따른 사업시행자가 신축 또는 증축으로 2019년 12월 31일까지 취득하는 산업용 건축물등에 대해서는 취득세의 100분의 35를, 그 산업용 건축물등에 대한 재산세의 납세의무가 최초로 성립하는 날부터 5년간 재산세의 100분의 35(수도권 외의 지역에 있는 산업단지의 경우에는 100분의 60)를 각각 경감한다. 다만, 다음 각 목의 어느 하나에 해당하는 경우 그 해당 부분에 대해서는 경감된 지방세를 추징한다. 가. 정당한 사유 없이 그 취득일부터 3년 이내에 해당 용도로 직접 사용하지 아니하는 경우 나. 해당 용도로 직접 사용한 기간이 2년 미만인 상태에서 매각·증여하거나 다른 용도로 사용하는 경우 2. 제1항에 따른 사업시행자가 2019년 12월 31일까지 취득

개정 전	개정 후
	하여 보유하는 조성공사가 끝난 토지(사용승인을 받거나 사실상 사용하는 경우를 포함한다)에 대해서는 재산세의 납세의무가 최초로 성립하는 날부터 5년간 재산세의 100분의 35(수도권 외의 지역에 있는 산업단지의 경우에는 100분의 60)를 경감한다. 다만, 다음 각 목의 어느 하나에 해당하는 경우 그 해당 부분에 대해서는 경감된 재산세를 추징한다.
	가. 정당한 사유 없이 그 조성공사가 끝난 날부터 3년 이내에 해당 용도로 직접 사용하지 아니하는 경우
	나. 해당 용도로 직접 사용한 기간이 2년 미만인 상태에서 매각·증여하거나 다른 용도로 사용하는 경우
④ 제1항에 따른 사업시행자 외의 자가 제1호 각 목의 지역(이하 "산업단지등"이라 한다)에서 취득하는 부동산에 대해서는 제2호 각 목에서 정하는 바에 따라 지방세를 경감한다.	④ ---.
1. (생략)	1. (현행과 같음)
2. 경감 내용	2. --------
가. 산업용 건축물등을 건축하려는 자[공장용 건축물(「건축법」 제2조 제1항 제2호에 따른 건축물을 말한다)을 건축하여 중소기업자에게 임대하려는 자를 포함한다]가 취득하는 부동산에 대해서는 취득세의 100분의 50을 2016년 12월 31일까지 경감한다.	가. 산업용 건축물등을 신축 또는 증축하여 취득하는 부동산(신축 또는 증축한 부분에 해당하는 부속토지를 포함한다)에 대해서는 취득세의 100분의 50을 2019년 12월 31일까지 경감한다. 이 경우 공장용 건축물(「건축법」 제2조제1항제2호에 따른 건축물을 말한다)을 신축 또는 증축하여 중소기업자에게 임대하는 경우를 포함한다.
나. 산업단지등에서 산업용 건축물등을 대수선하여 취득하는 부동산에 대해서는 취득세의 100분의 25를 2016년 12월 31일까지 경감한다.	나. ---------------------- 대수선(「건축법」 제2조제1항제9호에 해당하는 경우로 한정한다)하여 -- 2019년 12월 31일-----.
다. (생략)	다. (현행과 같음)
⑤ (생략)	⑤ (현행과 같음)
⑥ 「산업집적활성화 및 공장설립에 관한 법률」에 따른 한국산업단지공단(이하 이 항에서 "한국산업단지공단"이라 한다)이 같은 법 제45조의13 제1항 제3호 및 제5호의 사업을 위하여 취득하는 부동산(같은 법 제41조에 따른 환수권의 행사로 인한 취득하는 경우를 포함한다)에 대해서는 취득세의 100분의 60, 재산세의 100분의 50(수도권 외의 지역에 있는 산업단지의 재산세에 대해서는 100분의 75)를 각각 2016년 12월 31일까지 경감한다. 다만, 취득일부터 3년 이내에 정당한 사유 없이 한국산업단지공단이 「산업집적활성화 및 공장설립에 관한 법률」 제45조의13 제1항 제3호 및 제5호의 사업에 사용하지 아니하는 경우에 해당 부분에 대해서는 경감된 취득세 및 재산세를 추징한다.	⑥ -- 100분의 35, --- 2019년 12월 31일-------------. --.
⑦ 제2항 및 제4항에 따른 공장의 업종 및 그 규모, 감면 등의 적용기준은 행정자치부령으로 정한다.	⑦ 제2항부터 제4항까지의 규정--.
⑧ 제1항부터 제4항에 따라 취득세를 경감하는 경우 지방자치단체의 장은 해당 지역의 재정여건 등을 고려하여 100분의 25(제4항 제2호 나목에 따라 취득세를 경감하는 경우에는 100분의 15)의 범위에서 조례로 정하는 율을 추가로 경감할 수 있다. 이 경우 제4조 제1항 각 호 외의 부분, 같은 조 제6항 및 제7항을 적용하지 아니한다.	⑧ 제4항에 --같은 항 제2호나목--.

● 산업단지 사업시행자 및 한국산업단지공단에 대한 감면율을 일부조정 및 입주기업에 대한 감면율을 종전대로 '19. 12. 31.까지 연장함

● 산업단지 감면규정의 용어, 범위, 추징범위, 감면대상 등 관련규정의 명확화를 통해 조문의 미비점을 개선 보완

● **(제1항, 사업시행자)** 산업단지 사업시행자가 산업단지 등을 조성하는 것에 대한 감면을 종전의 감면율 기한을 '19. 12. 31.까지 연장하고

- **제1항부터 제3항까지**에서 정한 취득세 감면율 외에 자치단체의 장이 **조례에 따라 추가로 경감할 수 있는 감면 규정을 삭제**(100분의 25% 범위 내, 제7항) ※ 단, '17. 12. 31.까지 적용을 유예

● **(제2항, 사업시행자 분양 및 임대용 부동산)** 감면기한을 '19. 12. 31.까지 연장하되 조례에 의한 취득세 추가 감면 규정 삭제

- 산업용 건축물에 대한 범위를 시행령 위임하고(시행령 제38조)

- 사업시행자의 감면대상 부동산의 범위를 **산업용 건축물등의 용도로 분양 또는 임대**하는 것으로 명확히 하며

- 분양 또는 임대하기 위하여 신축 증축한 **산업용 건축물**을 그 취득일부터 **3년 이내에 정당한 사유 없이 해당 용도로 분양 또는 임대하지 아니하는 경우에 추징**하도록 하고,

- 조성공사가 끝난 토지에 대해서는 **조성공사가 끝난 날부터 3년 이내에 정당한 사유 없이 해당 용도로 분양 또는 임대하지 아니하는 경우**에 해당 부분에 대해서는 경감된 **재산세를 추징**하도록 규정을 명확히 규정함

● **(제3항, 사업시행자 직접사용 부동산)** 감면기한을 '19. 12. 31.까지 연장하되 조례에 의한 취득세 추가 감면 규정 삭제

- 사업시행자가 직접 사용하기 위하여 신축 또는 증축하여 취득한 산업용 건축물등과 조성공사가 끝난 토지에 대한 추징규정을 명확히 개정

● **(제4항, 입주기업 취득 부동산)** 감면기한을 종전의 감면율대로 '19. 12. 31.까지 연장

- 종전의 '**산업용 건축물등을 건축하려는 자가 취득하는 부동산**'에서 '**산업용 건축물등을 신축 또는 증축하여 취득하는 부동산**'으로 한정

- 산업용 건축물등의 부속토지를 포함하여 감면하되, **신축 또는 증축한 부분에 해당하는 부속토지로 각각 구분하여 감면**할 수 있도록 명확히 개정

- **(제6항, 한국산업단지공단)** 산업단지공단이 해당 사업을 하기 위해 취득하는 부동산에 대해서는 취득세 감면기한을 '19. 12. 31.까지 연장하되, **감면율을 사업시행자 수준으로 축소(60% → 35%)**

  ※ 단, '17. 12. 31.까지 적용 유예

적용요령 ▶

- 이 법 시행일('17. 1. 1.) 이후 납세의무 성립분부터 적용, 이 법 시행 전에 종전의 제78조 제1항 또는 제2항에 따라 취득하여 보유하고 있는 부동산의 경우로서 **이 법 시행 당시 재산세 납세의무가 최초로 성립하는 날부터 3년이 경과하지 아니한 분**에 대해서는 제78조 제1항 및 제2항의 **개정규정을 적용**(부칙 제8조)

- 이 법 시행 전에 산업단지 또는 산업기술단지 조성공사를 끝내고 사업시행자가 **직접 사용하기 위하여** 신축이나 증축으로 **취득하는 산업용 건축물등** 및 **조성공사가 끝난 토지**에 대한 재산세의 경감에 대해서는 제78조 제3항의 개정 규정에도 불구하고 **종전의 규정 적용**(부칙 제8조)

- **제78조 제1항부터 제3항**에 따른 사업시행자와 **같은 조 제6항**에 따른 한국산업단지공단이 해당 사업을 영위하기 위하여 취득하는 부동산에 대해서는 **이 법 개정규정에도 불구하고 '17년 12월 31일까지 종전의 감면율을 적용**한다(부칙 제13조)

4 2020년 개정 내용

개정 전	개정 후
〈⑦산업단지·산업기술단지(시행자 단지 조성용), 제78조①〉	☞ 현행 3년 연장
• (감면율) 취득세 35%, 재산세 35%(수도권), 60%(비수도권)	• (감면율) 취득세 35%, 재산세 35%(수도권), 60%(비수도권)
• (일몰기한) 2019. 12. 31.	• (일몰기한) 2022. 12. 31.
〈⑧산업단지·산업기술단지(시행자 분양·임대용 산업용건축물), 제78조②1〉	☞ 현행 3년 연장
• (감면율) 취득세 35%, 재산세(5년) 35%(수도권), 60%(비수도권)	• (감면율) 취득세 35%, 재산세(5년) 35%(수도권), 60%(비수도권)
• (일몰기한) 2019. 12. 31.	• (일몰기한) 2022. 12. 31.
〈⑨산업단지·산업기술단지(시행자 조성공사 끝난 토지 분양 전 보유 단계), 제78조②2〉	☞ 현행 3년 연장
• (감면율) 취득세 35%, 재산세(5년) 35%(수도권), 60%(비수도권)	• (감면율) 취득세 35%, 재산세(5년) 35%(수도권), 60%(비수도권)
• (일몰기한) 2019. 12. 31.	• (일몰기한) 2022. 12. 31.
〈⑩산업단지·산업기술단지(시행자 직접 사용 목적 산업용 건축물), 제78조③1〉	☞ 현행 3년 연장
• (감면율) 취득세 35%, 재산세(5년) 35%(수도권), 60%(비수도권)	• (감면율) 취득세 35%, 재산세(5년) 35%(수도권), 60%(비수도권)
• (일몰기한) 2019. 12. 31.	• (일몰기한) 2022. 12. 31.
〈⑪산업단지·산업기술단지(시행자 직접 사용 목적 토지), 제78조③2〉	☞ 현행 3년 연장

개정 전	개정 후
• (감면율) 취득세 35%, 재산세(5년) 35%(수도권), 60%(비수도권)	• (감면율) 취득세 35%, 재산세(5년) 35%(수도권), 60%(비수도권)
• (일몰기한) 2019. 12. 31.	• (일몰기한) 2022. 12. 31.
〈⑫산업단지·산업기술단지(입주기업 직접사용·임대용(중소기업) 산업용건축물 신축·증축), 제78조④〉	☞ **현행 3년 연장**
• (감면율) 취득세 50%(조례 +25%), 재산세(5년) 35%(수도권), 75%(비수도권)	• (감면율) 취득세 50%(조례 +25%), 재산세(5년) 35%(수도권), 75%(비수도권) * 증축 토지 제외
• (일몰기한) 2019. 12. 31.	• (일몰기한) 2022. 12. 31.
〈⑬산업단지·산업기술단지(입주기업 직접사용 목적 산업용건축물 대수선), 제78조④〉	☞ **현행 3년 연장**
• (감면율) 취득세 25%(조례 +15%),	• (감면율) 취득세 25%(조례 +15%), * 토지 제외
• (일몰기한) 2019. 12. 31.	• (일몰기한) 2022. 12. 31.
〈⑭한국산업단지공단 특정사업목적 부동산, 제78⑥〉	☞ **감면율 조정, 일몰 3년 연장 등**
• (감면율) 취득세 35%, 재산세 35%(수도권), 75%(비수도권)	• (감면율) 취득세 35%, 재산세 50%
• (일몰기한) 2019. 12. 31.	• (일몰기한) 2022. 12. 31.

☐ 산업단지 감면범위 및 추징규정 등 합리화 (법 제78조)

개 정 전	개 정 후
〈 사업시행자 〉 ■ **추징시점** • 취득일부터 3년 이내 조성하지 않은 경우	■ **추징시점** • 취득일부터 3년 이내 조성하지 않은 경우 - 단, 재산세의 경우, 실시계획 승인 고시일이 취득일보다 뒤인 경우 고시일로부터 3년 이내 조성하지 않은 경우
〈 입주기업 〉 ■ **감면시점** • (건축물·부속토지) 건축물을 신·증축한 시점	■ **감면시점** • (건축물) 현행과 같음 • (부속토지) 건축물을 신축하기 위해 취득하는 시점
■ **감면범위** • (건축물) 신·증축한 건축물 • (부속토지) 건축물 신·증축 부분	■ **감면범위** • (건축물) 현행과 같음 • (부속토지) 건축물 신축 부분

개정내용 ▶▶

● 사업시행자가 기존 보유 토지에 산업단지 지정을 받는 경우 등 "취득일로부터 3년" 기준에 따라 추징이 어려운 경우를 개선함

 - 재산세 추징 시 실시계획 승인 고시일*이 취득일보다 뒤인 경우 고시일을 기준으로 3년 이내에 산업단지를 조성하지 않은 경우** 추징

  * 「산업단지 인·허가 절차 간소화를 위한 특례법」 제15조 제1항에 따른 고시일도 「산업입지 및 개발에 관한 법률」 제19조의2에 따른 고시일로 간주

  ** 조성공사를 완료하지 않은 경우를 의미

● 산업용 건축물등에 대한 부속토지는 신축할 경우에만 취득세를 감면하도록 명확히 함(증축 시 부속토지는 감면 제외)

　※ (감면 시점) 산업용 건축물등을 신축하기 위해 토지를 취득할 때

적용요령 ▶

● 이 법 시행 이후 납세의무가 성립하는 경우부터 적용하되, 개정 법률 부칙 제2조에 따라 '20년 1월 1일부터 소급 적용

　- '20년 1월 1일 이후부터 이 법 시행 전에 납세의무가 성립하여 일반과세 한 경우 해당 세액은 감액 또는 환급 조치

　　※ '20.1.1. 전에 감면받은 취득세 및 재산세의 추징은 종전의 규정 적용(부칙 제19)

● 종전 규정에 따라 '19. 12. 31. 이전에 기존 건축물 등을 승계취득한 후 '20. 1. 1. 이후에 건축물을 증축하여 취득한 경우,

　- 해당 증축 건물의 부속토지는 개정규정에 따라 감면대상 아님

□ 개정조문

개정 전	개정 후
제78조(산업단지 등에 대한 감면) ① 「산업입지 및 개발에 관한 법률」 제16조에 따른 산업단지개발사업의 시행자 또는 「산업기술단지 지원에 관한 특례법」 제4조에 따른 사업시행자가 산업단지 또는 산업기술단지를 조성하기 위하여 취득하는 부동산에 대해서는 취득세의 100분의 35를, 조성공사가 시행되고 있는 토지에 대해서는 재산세의 100분의 35(수도권 외의 지역에 있는 산업단지의 경우에는 100분의 60)를 각각 <u>2019년 12월 31일까지</u> 경감한다. 다만, 산업단지 또는 산업기술단지를 조성하기 위하여 취득한 부동산의 취득일부터 3년 이내에 정당한 사유 없이 산업단지 또는 산업기술단지를 조성하지 아니하는 경우에 해당 부분에 대해서는 경감된 취득세 및 재산세를 추징한다.	**제78조(산업단지 등에 대한 감면)** ① ─────────────────────── ───────────────────────── ───────────────────────── ─────────────── <u>2022년 12월 31일</u>──────. 다만, 다음 각 호의 어느 하나에 해당하는 경우에는 경감된 취득세 및 재산세를 추징한다.
〈신설〉	1. 산업단지 또는 산업기술단지를 조성하기 위하여 취득한 부동산의 취득일부터 3년 이내에 정당한 사유 없이 산업단지 또는 산업기술단지를 조성하지 아니하는 경우에 해당 부분에 대해서는 경감된 취득세를 추징한다.
〈신설〉	2. 산업단지 또는 산업기술단지를 조성하기 위하여 취득한 토지의 취득일(「산업입지 및 개발에 관한 법률」 제19조의2에 따른 실시계획의 승인 고시 이전에 취득한 경우에는 실시계획 승인 고시일)부터 3년 이내에 정당한 사유 없이 산업단지 또는 산업기술단지를 조성하지 아니하는 경우에 해당 부분에 대해서는 경감된 재산세를 추징한다.
②~③ (생략)	②~③ (생략)
④ 제1항에 따른 사업시행자 외의 자가 제1호 각 목의 지역 (이하 "산업단지등"이라 한다)에서 취득하는 부동산에 대해서	④ ─────────────────────── ─────────────────────────.

개정 전	개정 후
는 제2호 각 목에서 정하는 바에 따라 지방세를 경감한다.	
1. (생략)	1. (현행과 같음)
2. 경감 내용	2. -------
가. 산업용 건축물등을 신축 또는 증축하여 취득하는 부동산(신축 또는 증축한 부분에 해당하는 부속토지를 포함한다)에 대해서는 취득세의 100분의 50을 2019년 12월 31일까지 경감한다. 이 경우 공장용 건축물(「건축법」 제2조 제1항 제2호에 따른 건축물을 말한다)을 신축 또는 증축하여 중소기업자에게 임대하는 경우를 포함한다.	가. ------------ 신축하기 위하여 취득하는 토지와 신축 또는 증축하여 취득하는 산업용 건축물등------------ ------------------ 2022년 12월 31일------------. ---- --.
나. 산업단지등에서 산업용 건축물등을 대수선(「건축법」 제2조 제1항 제9호에 해당하는 경우로 한정한다)하여 취득하는 부동산에 대해서는 취득세의 100분의 25를 2019년 12월 31일까지 경감한다.	나. 산업단지등에서 --------------------------------- --------------------------------- 산업용 건축물등------ ------------- 2022년 12월 31일----------.
다. (생략)	다. (현행과 같음)

▶ 개정 연혁 요약[22]

2015. 1. 1. 시행, 지방세특례제한법 개정으로 산업단지 사업시행자의 단지 조성용·분양임대용·직접사용 부동산에 대한 감면은 '16. 12. 31.까지 2년간 연장하고 그 감면폭은 축소하였다. 한편, 산업단지 사업시행자 등이 '14. 12. 31.까지 취득한 부동산에 대한 재산세는 종전규정에 따라 최대 '19. 12. 31.까지 감면이 적용된다(부칙 14조). 그리고 「경제자유구역의 지정 및 운영에 관한 특별법」 제4조에 의해 산업단지로 지정된 경우 「산업입지 및 개발에 관한 법률」에 의해 지정된 산업단지로 본다(예규 특법 78-1).

2016. 1. 1. 시행, 지방세특례제한법 개정으로, 그동안 산업단지 감면규정의 용어, 범위, 추징범위, 감면대상자 등 해석상 논란의 여지가 있는 부분을 명확히 하였다. 즉, 산업용 건축물에 대한 시행령 위임규정의 중복부분을 삭제하고, 사업시행자의 분양 또는 임대용 부동산에 대한 추징규정을 명확히 하였으며(제78조①②), 건축물 등의 범위에 부속토지를 포함하고, 산업단지 입주기업 감면에 대하여는 감면대상자를 명확히 하였다(제78조③④).

2017. 1. 1. 시행, 지방세특례제한법 개정으로, 산업단지 사업시행자 및 한국산업단지공단에 대한 감면율을 일부조정하였고 입주기업에 대한 감면율을 종전대로 '19. 12. 31.까지 3년간 연장하고, 산업단지 감면규정의 용어, 범위, 추징범위, 감면대상 등을 전반적으로 개선·보완하였다.

(제2항, 사업시행자 분양 및 임대용 부동산) 감면기한을 '19. 12. 31.까지 연장하되 조례에 의한 취득세 추가 감면 규정을 삭제하고, 산업용 건축물에 대한 범위를 시행령으로 위임하였으며(시행령 제38조), 사업시행자의 감면대상 부동산의 범위를 산업용 건축물등의 용도로 분양 또는 임대하는 것으로 명확히 하는 한편, 분양 또는 임대하기 위하여 신축·증축한 산업용 건축물을 그 취득일부터 3년 이내에 정당한 사유 없이 해당 용도로 분양 또는 임대하지 아니하는 경우에 추징하도록 하고, 조성공사가 끝난 토지에

---

22) 오정의 외 2, 지방세 4법 해설과 실무사례, 2020, 삼일인포마인, 1875~1876쪽

대해서는 조성공사가 끝난 날부터 3년 이내에 정당한 사유 없이 해당 용도로 분양 또는 임대하지 아니하는 경우에 추징하도록 하고, 조성공사가 끝난 토지에 대해서는 조성공사가 끝난 날부터 3년 이내에 정당한 사유 없이 해당 용도로 분양 또는 임대하지 아니하는 경우에 해당 부분에 대해서는 경감된 재산세를 추징하도록 명확히 하였다.

(제3항, 사업시행자 직접사용 부동산) 감면기한을 '19. 12. 31.까지 연장하되 조례에 의한 취득세 추가 감면규정을 삭제하고, 사업시행자가 직접 사용하기 위하여 신축 또는 증축하여 취득한 산업용 건축물등과 조성공사가 끝난 토지에 대한 추징규정을 명확히 하였다.

(제4항, 산업단지 입주기업의 감면) 지방세특례제한법 개정으로 감면기한은 종전의 감면율대로 '19. 12. 31.까지 연장하되, 종전의 "산업용 건축물등을 건축하려는 자가 취득하는 부동산"에서 산업용 건축물등을 신축 또는 증축하여 취득하는 부동산'으로 한정하고 산업용 건축물등의 부동산을 포함하여 감면하되, 신축 또는 증축한 부분에 해당하는 부속토지로 각각 구분하여 감면할 수 있도록 명확히 하였다.

2020. 1. 1. 시행, 지방세특례제한법 개정으로, 한국산업단지공단에 대한 감면율을 일부조장하였고 산업단지 사업시행자 및 입주기업에 대한 감면 등 그 감면기한을 '22. 12. 31.까지 연장하였다. 기존 추징규정이 "취득일로부터 3년"으로 요건을 규정하고 있어 사업시행자가 기존 보유 토지에 산업단지 지정을 받는 경우 추징이 어려운 점을 고려하여 고시일을 기준으로 할 수 있도록 개선하였다. 산업용 건축물등에 대한 부속토지는 신축할 경우에만 취득세를 감면하도록 명확히 하였다.

---

3 **해석사례 및 실무해설**

1 **산업단지개발사업 시행자 등의 단지조성용 부동산에 대한 감면(제78조①)**

① 「산업입지 및 개발에 관한 법률」 제16조에 따른 산업단지개발사업의 시행자 또는 「산업기술단지 지원에 관한 특례법」 제4조에 따른 사업시행자가 산업단지 또는 산업기술단지를 조성하기 위하여 취득하는 부동산에 대해서는 취득세의 100분의 35를, 조성공사가 시행되고 있는 토지에 대해서는 재산세의 100분의 35(수도권 외의 지역에 있는 산업단지의 경우에는 100분의 60)를 각각 2022년 12월 31일까지 경감한다. 다만, 다음 각 호의 어느 하나에 해당하는 경우에는 경감된 취득세 및 재산세를 추징한다. (2020. 1. 15. 개정)

1. 산업단지 또는 산업기술단지를 조성하기 위하여 취득한 부동산의 취득일부터 3년 이내에 정당한 사유 없이 산업단지 또는 산업기술단지를 조성하지 아니하는 경우에 해당 부분에 대해서는 경감된 취득세를 추징한다. (2020. 1. 15. 신설)

2. 산업단지 또는 산업기술단지를 조성하기 위하여 취득한 토지의 취득일(「산업입지 및 개발에 관한 법률」 제19조의 2에 따른 실시계획의 승인 고시 이전에 취득한 경우에는 실시계획 승인 고시일)부

터 3년 이내에 정당한 사유 없이 산업단지 또는 산업기술단지를 조성하지 아니하는 경우에 해당 부분에 대해서는 경감된 재산세를 추징한다. (2020. 1. 15. 신설)

1) 해석사례

(1) 산업단지 시행자 지정 전 취득한 토지에 대한 취득세

지방세특례제한법 제78조 제1항은 감면의 적용요건으로 감면주체가 "산업입지및개발에관한법률 제16조에 따른 산업단지개발사업시행자"일 것, 감면목적이 "산업단지를 조성하기 위하여 취득하는 부동산"일 것을 명시하고 있다. 판례 및 조세심판례에서는 산업단지 개발사업시행자로 지정되기 전에 취득한 토지는 위 감면주체로서의 요건을 충족하지 못했으므로 감면 대상에 해당되지 않는다고 보고 있다.

① 청구법인의 경정청구를 거부한 처분은 달리 잘못이 없다고 판단됨

「지방세특례제한법」 제78조 제1항은 취득세 등이 감면되는 납세의무의 주체를 「산업입지 및 개발에 관한 법률」 제16조에 따른 산업단지개발사업의 시행자로 규정하고 있고, 「산업입지 및 개발에 관한 법률」 제16조 제1항에서 산업단지개발사업은 산업단지지정권자의 지정에 의하여 산업단지개발계획에서 정하는 자를 사업시행자로 규정하고 있으므로, 산업단지지정권자인 처분청의 지정을 받은 사업시행자가 취득하는 부동산에 대하여만 취득세 등을 면제하는 것이 타당한 점, 청구법인이 쟁점부동산을 취득한 날(2014. 7. 29.) 현재 산업단지지정권자인 처분청의 지정을 받은 사업시행자는 청구법인이 아닌 ○○○인 점 등에 비추어 청구법인이 산업단지개발사업의 사업시행자로 지정되기 전에 취득한 쟁점부동산은 「지방세특례제한법」 제78조 제1항의 취득세 감면대상에 해당하지 않는 것으로 보아 청구법인의 경정청구를 거부한 처분은 달리 잘못이 없다고 판단된다(조심2015지1798, 2016. 3. 28.).

② 조세감면은 산업단지를 조성하기 위해 취득한 부동산에 한정됨

구 지방세특례제한법 제78조 제1항 본문이 조세감면요건을 정하면서 감면주체를 구 산업입지법 제16조에 따른 산업단지개발사업의 시행자로 정하고 있는 점 등에 비추어보면, 구 지방세특례제한법 제78조 제1항 본문이 정하는 조세감면 대상은 산업단지지정권자에 의해 사업시행자로 지정된 자가 산업단지를 조성하기 위해 취득한 부동산에 한정된다고 해석함이 상당하다(대법원2017두49171, 2017. 9. 28.).

(2) 산업단지 시행자 지정 전 취득한 토지에 대한 재산세

산업단지 개발사업시행자로 지정받기 전 토지를 취득하여 취득세 감면에서는 제외되었으나, 이후 시행자로 지정받고 산업단지 조성사업을 시행하는 경우 해당 토지에 대한 재산세의 감면 여부가 문제된다. 유권해석은 재산세의 경우 과세기준일 현재를 기준으로 감면 요건을 갖추었는지에 따라 판단해야 한다는 입장이다. 따라서 취득 당시에는 시행자 지정을 받지 않았다고 하더라도, 재산세 과세기준일 현재 관련 법에 따른 시행자 지정을 받고 산업단지를 조성중인 토지라면 재산세를 감면할 수 있다고 본다.

① 사업시행자로서 조성공사를 진행하고 있다면 재산세 감면이 가능함

재산세 감면에 대하여 "조성공사가 시행되고 있는 토지"를 대상물건으로 하였을 뿐, 그 토지의 취득시기 등 그 외 감면요건에 관하여 달리 정한 바 없고, 재산세 과세기준일(매년 6월 1일) 현재 재산을 사실상 소유하고 있는 자에게 부과되는 재산세는 그 과세기준일 현황에 따라 재산세의 부과 및 감면 요건의 충족어부를 판단하여야 할 것이므로, 비록 사업시행자 지정 전 대상 토지를 취득하였으나 현재 사업시행자로서 토지 조성공사를 진행하고 있는 이상 감면요건이 불충족 되었다고 보기는 어려운 것이라고 할 것임. 한편, 취득세 감면에 관하여는 사업시행자로서 취득하는 토지로 대상물건을 한정하고 있다고 하나 그 취득세 감면 요건이 그대로 재산세 감면 요건으로도 적용되는 것이라 볼 수 있는 근거는 발견되지 아니하는 바, 대상 토지의 취득시기와 상관없이 사업시행자로서 조성공사를 진행하고 있다면 재산세 감면이 가능하다 할 것이다(지방세특례제도과-788, 2019. 10. 1.).

(3) 공동사업의 경우 대표시행자만 시행자 감면이 가능한 것인지 여부

산업단지를 다수의 법인이 공동으로 시행하기로 하고 대표시행자가 다른 공동사업시행자로부터 산업단지 개발 및 조성에 관한 일체의 업무를 위임받고 산업단지를 조성하기 위한 부동산을 해당 대표시행자의 단독 명의로 취득한 경우에 대한 쟁점이다. 공동으로 산업단지 조성 사업을 시행하고, 이후 조성완료 토지를 각 시행자에게 이전하는 경우, 다른 공동사업시행자는 시행사의 자격으로 해당 토지를 취득하였다고 볼 수 있는지에 대한 문제이다. 유권해석의 입장은 산업단지를 조성한 후 공동사업시행자가 대표사업시행자와 용지공급계약서에 따라 토지를 취득하는 것은 사업시행자의 지위에서 토지를 취득하는 것이 아니라 사업시행자 외의 자의 지위에서 토지를 취득한 것으로 보고 있다. 이러한 이유로 지방세특례제한법 제78조 제1항 내지 제3항에 따라 감면을 받은 자가 아니라면 같은 조 제4항에 따라 지방세를 감면받을 수 있도록 해석하는 것이 지방세 지원의 취지에 부합하는 것으로 볼 수 있을 것이다.

① 새로운 공동시행자가 토지를 산업단지 조성사업에 사용하는 경우

산업단지개발사업시행자가 산업단지개발사업 시행 중에 당초 수분양의사를 밝힌 업체들이 경제적 사유로 수분양의사를 철회함에 따라 대기업과 공동사업으로 진행하기로 하고, 산업단지를 조성하기 위하여 취득한 토지 중 일부를 매각한 경우라면, 이는 법령에 의한 금지, 제한 등 그 법인이 마음대로 할 수 없는 외부적 사유가 있는 경우에 해당하지 않는 것으로 보일 뿐만 아니라, 산업단지개발사업에 사용하기 위한 정상적인 노력을 다한 것으로 보기 어렵고, 공동시행자에게 매각한 토지가 산업단지 조성에 사용되고 있다 하더라도 그 토지는 당초 시행자가 산업단지 조성사업에 사용하는 것이 아니라 새로운 공동시행자가 사용하는 것이므로 당초 시행자가 "산업단지를 조성하지 아니하는 경우"에 해당한다(지방세특례제도과-2531, 2015. 9. 18.).

② 용지공급계약서에 따라 공동사업시행자가 산업단지를 취득하는 경우

「산업입지의 개발에 관한 통합지침」 제12조 제1항에서 다수의 기업이 해당 산업단지 개발사업을 일괄 시행하기 위하여 사업시행자지정신청서를 제출한 경우에는 대표기업을 정하여 그 산업단지의 사업시행자 지정신청을 위임할 수 있다고 규정하고 있는 바, 이는 대표시행자가 공동사업시행자로부터 산업단지 개발 및 조성에 관한 일체의 업무를 위임받아 산업단지 조성용 토지를 대표시행자 단독 명의로 취득하여 산업단지 개발을 추진할 경우 공동시행자가 아닌 대표시행자만을 사업시행자로 규정하고 있어 공동시행자의 권한을 위임받아 대표시행자가 산업단지를 조성하였다면 공동사업시행자는 그 사업의 사업시행자라고 보지 않는 것이 해석의 범위를 넘어서는 것이라고 할 수는 없음. 따라서 산업단지 조성한 후 대표사업시행자와 용지공급계약서에 따라 공동사업시행자가 산업단지를 취득하는 것은 위 조항의 문언과 규정 취지 등에 비추어 볼 때 사업시행자의 지위가 아닌 "제1항에 따른 사업시행자" 외 자의 지위로서 그 토지를 취득하는 것이라고 해석하는 것이 합리적이라고 할 것임(지방세특례제도과-405, 2017. 3. 27.).

(4) 산업단지 조성 중 시행자가 부동산을 신탁하는 경우: 재산세 감면 제외

사업시행자가 산업단지 조성을 위하여 취득한 토지를 신탁법에 따라 신탁하고 해당 사업시행자는 계속하여 산업단지 조성사업을 수행하고 있는 경우, 해당 토지에 대한 재산세를 감면할 것이지가 쟁점이 된다. 대법원 및 유권해석은 사업시행자가 아닌 신탁회사 소유의 부동산은 법문언의 요건을 결하여 재산세를 감면할 수 없다는 입장이다.

① 사업시행자가 신탁회사에 산업단지조성토지를 신탁한 경우의 감면 여부(지방세특례제도과- 2728 2015. 10. 17.)

산업단지 사업시행자가 산업단지 조성을 위하여 취득한 토지를 신탁한 경우, 신탁회사가 소유하는 토지에 해당하고 재산세 납세의무자는 신탁회사가 되는 것이므로 사업시행자가 아닌 신탁회사 소유의 토지에 대한 재산세를 감면하는 것은 타당하지 않음.

② 수탁자인 청구법인이 소유한 쟁점토지에서 산업단지조성공사가 시행되고 있어 재산세 분리과세 대상에 해당하므로 처분청이 이 건 종합부동산세 등을 부과한 처분이 위법·부당하다는 청구주장의 당부(조심2019서2017, 2019. 9. 9.) 종합부동산세기각

쟁점토지가 산업단지조성공사를 시행하고 있는 토지라 하더라도, 201x~201x년도 귀속 종합부동산세 과세기준일(6월 1일) 현재 이 건 산업단지의 사업시행자는 위탁자이고, 쟁점토지의 소유자는 청구법인이어서 쟁점토지는 분리과세대상 토지의 요건인 사업시행자가 소유하고 있는 토지에 해당하지 아니하는 점, 청구법인은 담보신탁계약에 따른 수탁자에 불과하여 산업입지법 제20조의2와 같이 위탁자인 사업시행자의 권리·의무를 포괄적으로 승계할 수 있는 시행자로서의 지위를 인정하기도 어려운 점, 종합부동산세는 지방세인 재산세의 후행세목으로 관할 지방자치단체가 쟁점토지를 종합합산과세대상 토지로 구분하여 청구법인에게 재산세를 부과하였고, 청구법인은 이에 대하여 불복청구를 제기한 사실이 없는 점 등에 비추어 쟁점토지를 재산세 종합합산과세대상으로 보아 청구법인에게 이 건 종합부동산세 및 농어촌특별세를 부과한 처분은 잘못이 없는 것으로 판단된다.

③ 산업단지 조성공사가 시행되고 있더라도, 사업시행자가 아닌 수탁자 소유의 토지는 감면 대상이 아니라는 취지의 판례(대법원2019두54221, 2020. 1. 30.)

이 사건 감면조항에서 그 적용대상을 사업시행자로 한정하여 명시하고 있는 이상 사업시행자가 납세의무자인 경우에만 이 사건 감면조항이 적용된다고 해석하는 것이 상당한 것이며 또한, 지방세특례제한법도 개정되면서 사업시행자가 취득하거나 조성사업 중인 토지에 대하여는 취득세와 재산세 감면규정을 연장하게 되었으나, 지방세법 제107조에 의하여 신탁법상 신탁에 따라 납세의무자가 달라지는 경우를 고려한 개정은 하지 않은 점들을 종합하면, 지방세법상 납세의무자 규정과 이 사건 감면규정의 개정 취지는 결국 신탁법상 신탁이 이루어져 수탁자가 토지에 대한 납세의무자가 된 경우 그 토지상에 산업단지 조성공사가 시행되고 있다고 하더라도 더는 재산세 감면을 하지 않고, 사업시행자가 직접 조성공사를 하는 토지만이 재산세의 감면대상이라는 점을 명확히 한 것이라고 보아야 한다.

④ 쟁점토지가 재산세 감면대상에 해당하는 것으로 보아 종합부동산세를 감면하여야 한다는 청구주장의 당부 등(조심2019서2127, 2020. 4. 10.) 종합부동산세기각

000산업단지 개발사업의 시행자인 위탁자가 산업단지 조성을 위하여 취득한 쟁점토지를 신탁하여 쟁점토지의 소유권을 신탁회사인 청구법인에게 소유권이전등기를 한 경우라면 쟁점토지는 청구법인이 소유하는 토지이고, 별도의 산업단지 개발사업시행자 변경승인을 받은 사실이 없으므로 사업시행자는 이건 종합부동산세 과세기준일 현재 위탁자이며, 사업시행자가 아닌 청구법인이 소유하고 있는 쟁점토지는 쟁점감면조항에 따른 재산세 경감대상에 해당하지 않는 것으로 판단된다.

(5) 신탁회사가 시행자 지정을 받은 경우: 재산세 감면 가능

산업단지 시행자 지정 승인을 받은 토지소유자가 당해 토지를 신탁회사로 위탁하고, 신탁회사가 사업시행자 지정을 승인받아 시행자의 지위에서 해당 토지에 산업단지를 조성하고 있는 경우에 있어서는 재산세는 감면 대상에 해당된다고 보았다.

① 개발사업시행자가 산업단지를 분양 또는 임대할 목적으로 취득하여 소유하는 경우

「신탁법」에 의하여 수탁자 명의로 등기·등록된 신탁재산의 경우에는 위탁자가 재산세 납세의무자가 되고, 수탁자는 납세관리인이 되는 바(지방세법 제183조 제1항 제4호), 당해 토지가 △△토지신탁(주) 명의로 등기되어 있음에도 재산세 납세의무자는 위탁자인 ○○개발이 되는 등 ○○개발과 △△토지신탁(주)은 특별한 관계에 있다고 볼 수 있음. △△토지신탁(주)이 산업단지 개발사업시행자로 지정되어 있다 하더라도, 쟁점토지는 산업단지 개발사업시행자가 산업단지를 개발·조성하여 분양 또는 임대할 목적으로 취득하여 소유하고 있는 재산세 감면대상 토지라고 사료됨(지방세운영과-356, 2011. 1. 20.).

(6) 산업단지조성토지를 신탁회사에 신탁한 경우: 재산세 분리과세 적용 제외

지방세법 제106조 제 산업단지 사업시행자가 본인 소유의 부동산을 신탁회사로 소유권 이전한 경우 재산세 분리과세 규정이 적용되는지 문제된다. 이에 대해서 대법원 및 유권해석은 해당 부동산을 이전받은 신탁회사가 별도로 산업단지 시행자 지정을 받지 않은 경우(담보신탁 등)에는 해당 토지는 분리과세 적용이 제외된다고 판단한다. 부동산을 신탁하여 수탁자 앞으로 소유권 이전등기를 마치게 되면 그 소유권은 대내외적으로 수탁자에게 완전히 이전되기 때문이다.

다만, 조세심판원은 종합부동산세 과세처분에 대한 사건에서, 담보신탁된 토지라고 하더라도 시행사가 산단개발 승인을 받아 시행하는 경우 분리과세를 인정한 바 있다.

① 신탁계약한 산업단지개발 토지 분리과세 여부 (지방세운영과-381, 2014. 12. 24.) 재산세

신탁법에 따른 신탁계약을 체결한 부동산이라도 토지의 소유권이 재산세 과세기준일 현재 사업시행자로 지정받지 않았다면 사업시행자가 소유하고 있는 토지로 볼 수 없으므로 **분리과세대상으로 보기 어렵다.**

② 부동산담보신탁의 수탁자인 청구법인이 소유한 쟁점토지가 산업단지조성공사를 시행하고 있는 토지로서 분리과세대상이라는 청구주장의 당부(조세심판원 2017서1182, 2017. 11. 3.)

재산세의 분리과세대상인 산업단지조성공사를 시행하고 있는 토지가 산업단지개발사업의 시행자가 소유하고 있는 토지에 한정된다고 보기 어려운 점, 재산세의 납세의무자를 신탁계약의 수탁자로 규정하고 있더라도 과세대상 구분에 있어서는 위탁자인 시행법인이 산업단지개발실시계획의 승인을 받아 쟁점토지에 산업단지조성공사를 시행하고 있으므로 쟁점토지의 등기상 소유자는 수탁자인 청구법인이나, 사실상 소유자는 위탁법인인 시행자로 볼 수 있는 점 등에 비추어 쟁점토지는「지방세법 시행령」제102조 제5항 제18호의 산업입지법에 따라 사업시행자로 지정받은 자가 소유하고 있는 토지로 산업단지개발실시계획의 승인을 받아 산업단지조성공사를 시행하고 있는 토지에 해당하여 분리과세대상으로 판단되므로 쟁점토지를 종합합산과세대상으로 보아 이 건 종합부동산세 등을 과세한 처분은 잘못이 있다.

ㄴ, 재산세와 종부세는 같은 과세대상 분류를 공유하는데, 양 세목에서 산단조성 시행토지의 과세대상 분류 해석에 차이가 발생하고 있다.

③「지방세법 시행령」제102조 제5항 제18호에 따르면「산업입지 및 개발에 관한 법률」제16조에 따른 산업단지개발사업의 시행자가 소유하고 있는 토지로서 같은 법에 따른 산업단지개발실시계획의 승인을 받아 산업단지조성공사를 시행하고 있는 토지는 재산세 분리과세대상 토지로 규정하고 있는바, 양산 서창일반산업단지 계획승인 및 지형도면고시(2017. 5. 25.) 등을 보면 위탁법인을 포함한 35개사가 사업시

행자로 되어 있으나 청구법인은 이에 포함되지 않고 위탁법인이 동 토지를 점유하면서 사용·수익하는 것으로 되어 있으므로 청구법인은 산업단지개발사업의 시행자가 아니므로 동 토지는 재산세 분리과세대상의 요건을 갖추지 못한 것으로 보이는 점, 대법원 판결(2011. 2. 10. 선고, 2010다84246 판결 등)에 의하면, 신탁법상 신탁에 있어 수탁자 앞으로 소유권이전등기를 마치게 되면 그 소유권이 수탁자에게 이전되는 것이지 위탁자에게 유보되는 것은 아닌 것으로 판시하고 있는바, 2017년 재산세 과세기준일 (2017. 6. 1.) 현재 쟁점토지는 청구법인의 명의로 소유권이전등기가 되어 있으므로 그 소유권은 위탁법인에게 유보되지 않고 청구법인이 보유하는 점 등에 비추어 처분청이 쟁점토지를 종합합산과세대상으로 보아 재산세 등을 부과한 이 건 처분은 달리 잘못이 없는 것으로 판단된다(조심2018지0731, 2019. 4. 26.).

④ 수탁자인 청구법인이 소유한 쟁점토지에서 산업단지조성공사가 시행되고 있어 재산세 분리과세대상에 해당하므로 처분청이 이 건 종합부동산세 등을 부과한 처분이 위법·부당하다는 청구주장의 당부(조심 2019서1305, 2019. 6. 28.) 종합부동산세기각

이 건 20◇◇년 귀속 종합부동산세 과세기준일 현재 쟁점토지를 소유하고 있는 청구법인은 관련 산업단지개발사업의 시행자가 아닌 점, 종합부동산세는 지방세인 재산세의 후행세목으로 ◎◎◎◎이 쟁점토지를 종합합산과세대상으로 구분하여 청구법인에게 20◇◇년 재산세를 부과하였고, 청구법인은 이에 대하여 불복청구를 제기한 사실이 없는 점 등에 비추어 이 건 처분은 달리 잘못이 없는 것으로 판단된다.

⑤ 담보신탁으로 수탁자에게 소유권이 이전된 산업단지조성사업용 토지가 재산세 분리과세대상 및 감면대상인지 여부(대법원 2016두50574 2019. 10. 31.)

원심이 이 사건 재산세 분리과세조항 및 감면조항이 적용되는지 여부는 재산세 납세의무자인 수탁자를 기준으로 판단하여야 함을 전제로, 이 사건 사업토지는 이 사건 분리과세조항이 정하는 분리과세대상에 해당하지 아니하고, 이 사건 감면조항도 적용되지 아니한다고 판단하였는 바, 이러한 판단에는 법리를 오해한 잘못이 없다.

- 원심은, 신탁법에 의한 신탁으로 수탁자에게 소유권이 이전된 부동산이 구 지방세법 제106조 제1항 제3호 (마)목의 위임에 따른 구 지방세법 시행령 제102조 제5항 제18호가 정하는 분리과세대상에 해당하는지 여부와 위 부동산에 대하여 구 지방세특례제한법 제78조 제1항이 적용되는지 여부는 재산세 납세의무자인 수탁자를 기준으로 판단하여야 함을 전제로, 이 사건 사업토지의 재산세 납세의무자인 원고가 "산업입지 및 개발에 관한 법률"상 산업단지조성사업의 시행자가 아니어서 이 사건 사업토지는 이 사건 분리과세조항이 정하는 분리과세대상에 해당하지 아니하고, 이 사건 감면조항도 적용되지 아니한다고 판단하였는바, 관련 법리와 기록에 비추어 살펴보면, 원심의 위와 같은 판단에 상고이유와 같은 이 사건 분리과세조항의 분리과세대상 여부 및 이 사건 감면조항의 재산세 감면요건에 관한 법리를 오해한 잘못이 없다.

⑥ 담보신탁으로 수탁자에게 소유권이 이전된 산업단지조성사업용 토지에 대한 취득세 감면규정은 수탁자와 위탁자 중 누구를 기준으로 적용해야 하는지 여부(대법원 2016두52248 2019. 10. 31.)

담보신탁으로 수탁자에게 소유권이 이전된 산업단지조성사업용 토지에 대한 취득세 감면규정은 취득세 납세의무자인 수탁자를 기준으로 판단하여야 한다.

- 신탁법에 의한 신탁으로 수탁자에게 소유권이 이전된 토지에 대하여 구 지방세특례제한법 제78조 제2항이 적용되는지 여부는 취득세 납세의무자인 수탁자를 기준으로 판단하여야 함을 전제로, 이 사건 토지의 사실상 지목변경 당시 취득세 납세의무자로서 수탁자인 원고가 산업입지 및 개발에 관한 법률 제16조에 따른 산업단지개발사업의 시행자가 아니어서 이 사건 감면조항이 적용되지 않는다고 판단하였는바, 관련 법리와 기록에 비추어 살펴보면, 원심의 위와 같은 판단은 정당하고 거기에 상고이유 주장과 같이 이 사건 감면조항의 취득세 감면요건 등에 관한 법리를 오해한 잘못이 없다.

(7) 사업시행자가 조성 중 부동산을 신탁한 경우 지목변경 취득세: 감면 제외

사업시행자가 본인 소유의 부동산을 신탁회사로 소유권을 이전하고 조성사업만을 수행하는 경우 지목변경에 따른 취득세는 감면이 아닌 것으로 보고 있다. 지목변경에 따른 취득세 납세의무자는 토지의 소유자인데, 신탁회사 명의의 토지는 신탁회사가 취득세 납세의무자가 되고, 해당 신탁회사가 사업시행자가 아닌 경우 지목변경에 따른 취득세는 감면 대상이 아니라고 보는 것이다.

① 토지의 지목변경으로 인한 취득세 납세의무자는 토지의 수탁자인 청구법인

「지방세법」 제7조 제4항에서 토지의 지목을 사실상 변경함으로써 그 가액이 증가한 경우에는 취득으로 본다고 규정하고 있고, 부동산 신탁에 있어 수탁자 앞으로 소유권이전등기를 마치게 되면 소유권이 수탁자에게 이전되는 것이지 위탁자와의 내부관계에 있어 소유권이 위탁자에게 유보되는 것이 아니므로 「신탁법」에 의한 신탁으로 수탁자 명의로 소유권이 이전등기된 토지가 지목변경된 경우의 지목변경 취득세 납세의무자는 수탁자로 봄이 타당하다 할 것(대법원 2012. 6. 14. 선고, 2010두2395 판결; 조심 2013 지600, 2014. 8. 26. 등 다수, 같은 뜻임)인바, 이 건 토지의 지목변경으로 인한 취득세 납세의무자는 이 건 토지의 수탁자인 청구법인으로 보는 것이 타당하다 할 것인 점, 「지방세특례제한법」 제78조 제2항에서 제1항에 따른 사업시행자가 산업단지를 개발·조성하여 분양 또는 임대할 목적으로 취득하는 부동산에 대하여는 2012년 12월 31일까지 취득세를 면제하도록 규정하고 있으나, 이 건 토지의 지목변경 취득세 등의 납세의무자인 청구법인은 산업단지개발사업의 시행자가 아닌 점 등에 비추어 처분청이 이 건 토지의 지목변경 취득세 등의 납세의무자가 청구법인이고, 이 건 토지의 지목변경 취득세 등이 감면대상이 아닌 것으로 보아 이 건 취득세 등을 부과한 처분은 잘못이 없다고 판단된다(조심2015지0578, 2016. 6. 14.).

② 담보신탁으로 수탁자에게 소유권이 이전된 토지의 지목을 위탁자인 관광단지개발사업시행자가 변경한 경우 지방세 감면대상 여부 (대법원 2016두42487 2019. 10. 31.)

신탁법에 의한 신탁으로 수탁자에게 소유권이 이전된 토지의 지목이 사실상 변경됨으로써 가액이 증가한 경우, 위탁자가 그 토지의 지목을 사실상 변경하였다고 하더라도 간주취득세의 납세의무자는 위탁자가 아니라 수탁자이므로 수탁자에게 지방세 감면 특례규정을 적용할 수 없음.

– 신탁법에 의한 신탁으로 수탁자에게 소유권이 이전된 토지의 지목이 사실상 변경됨으로써 가액이 증가한 경우, 위탁자가 그 토지의 지목을 사실상 변경하였다고 하더라도 간주취득세의 납세의무자는 위탁자가 아니라 수탁자이므로 간주취득세의 납세의무자인 수탁자가 관광단지개발사업시행자로서 관광단지개발사업을 시행하기 위하여 해당 토지의 지목이 사실상 변경됨으로써 가액이 증가한 것으로 볼 수 있어야 이 사건 특례규정을 적용할 수 있는바, 이 사건 각 토지의 지목변경으로 인한 가액증가에 따라 원고에게 부과되는 간주취득세에 관하여 특례규정을 적용하지 아니한 이 사건 처분은 적법함

(8) 산업단지 조성 중 신탁된 부동산의 취득세 감면 및 추징 여부

산업단지 조성사업은 그 사업의 원활한 추진을 위하여, 조성중인 토지를 담보부 신탁 또는 관리형 신탁하는 경우가 있다. 산업단지 조성토지를 신탁하는 경우 취득세 감면이 가능한지 또는 추징사유에 해당하는지 문제된다.

산업입지 및 개발에 관한 법률 제20조의2는 산업단지의 신탁개발을 허용하고 있고, 신탁계약을 체결하면 종전 사업 시행자의 권리·의무를 포괄적으로 승계하도록 규정한다. 조세심판원 등은 법에서 효율적인 산업단지 개발을 위하여 신탁개발을 허용하고 있으므로, 이에 따라 산업단지 조성토지를 신탁한 경우에는 입법취지 등을 고려하여 감면을 적용해야 한다고 해석한다. 또한 이런 경우 산업단지 감면을 적용받은 부동산을 취득한 후 2년 이내에 신탁등기를 하여 수탁자에게 이전하였다 하더라도 추징사유가 아니라고 해석하고 있다.

① 위탁자를 재산세의 납세의무자로 간주하고 수탁자는 납세관리인으로 규정함

산업입지 및 개발에 관한 법률 제20조의2 제1항에서 개발사업 시행자는 부동산신탁업자와 산업단지 개발에 관한 신탁계약을 체결하여 산업단지를 개발할 수 있다고 규정하고 있는 바, 지방세특례제한법 제183조 제2항 제5호에서 「신탁법」에 의하여 수탁자명의로 등기·등록된 신탁재산의 경우에는 위탁자를 재산세의 사실상 납세의무자로 간주하고 수탁자는 납세관리인으로 본다고 규정하고 있고 위탁자를 수익자로 지정하여 제반 관리업무 및 하자보증책임 등을 위탁자의 책임으로 명시하고 있는 점을 비추어 볼 때 실질적인 소유권은 위탁자에게 있다 할 것이며 산업단지조성을 목적으로 토지를 취득한 후 원활한 사업의 진행을 위하여 신탁회사와 신탁계약을 체결하고 신탁회사가 당초 취득 목적대로 산업단지조성 공사를 계속 진행하고 있다면 추징규정상의 추징요건에 해당되지 않는다 할 것으로 단지 개발사업자

명의의 토지를 형식적으로 취득하여 신탁회사가 산업단지를 조성한다는 사유만으로 추징대상에 해당된 다고 할 수 없다고 판단되나, 이에 해당여부는 과세권자가 사실관계를 확인하여 판단하기 바람(지방세운 영과-33, 2011. 1. 4.).

② 산업단지 개발사업시행자가 산업단지를 조성하기 위하여 취득하는 부동산

청구법인은 이 건 부동산을 취득하기 전에 ○○○과 신탁계약을 체결하여 사업시행자가 변경됨에 따라 사업시행자의 지위가 아닌 상태에서 이 건 부동산을 취득하였으므로 위의 감면요건을 충족하지 않는 것으로 보이는 측면도 있으나, 산업입지 및 개발에 관한 법령에서 산업단지개발사업의 시행자가 부동산 신탁업자와 산업단지개발에 관한 신탁계약을 체결하여 산업단지를 개발할 수 있도록 하는 등 산업단지 의 신탁개발을 허용하고 있고 신탁계약을 체결한 부동산신탁업자는 종전 사업시행자의 권리·의무를 포 괄적으로 승계하도록 규정하고 있음에 따라 ○○○개발계획승인 시부터 대표 사업시행자였던 청구법인 은 사업의 효율적인 진행을 위하여 ○○○과 신탁계약을 체결하고 사업시행자의 지위를 수탁자에게 이 전한 것에 불과한 점, 청구법인이 ○○○과 체결한 관리처분신탁계약서에 의하면 신탁사업과 관련하여 필요한 부지는 수탁자가 소유자로부터 부동산을 직접 취득하여 사업을 진행할 수도 있지만 위탁자인 청구법인이 부동산을 취득하여 수탁자에게 이전한 후 사업을 진행할 수 있도록 한 것으로 나타나는 점, 청구법인이 사업시행지역의 사유지 ○○○ 중 90% 이상에 해당하는 ○○○를 취득한 점, 더욱이 청구법 인이 이 건 부동산을 「공익사업을 위한 토지 등의 취득 및 보상에 관한 법률」에 따라 사업시행자와 소유 자만이 계약의 상대방이 될 수 있는 공공용지의 협의계약으로 취득한 것은 동 법인을 ○○○의 사업시행 자로 인정하고 있는 것으로 보이는 점, 결국 청구법인은 실질적으로 사업시행자의 지위에서 이 건 부동 산을 취득한 것으로 볼 수 있고 이와 같이 해석하는 것이 '산업단지에 대한 감면의 입법취지'에도 부합하 는 점 등에 비추어 청구법인이 취득한 이 건 부동산은 산업단지개발사업의 시행자가 산업단지를 조성하 기 위하여 취득하는 부동산으로 보는 것이 타당하다 할 것이다(조심2017지0854, 2019. 3. 15.).

(9) 그 외 해석사례

① 지목변경도 부동산 취득으로 보고 감면대상임

토지에 대하여 공장용지로 사실상 그 지목을 변경함으로써 간주취득한 경우 산업단지개발사업의 시행 자가 산업단지를 조성하기 위하여 취득하는 부동산에 해당된다고 보아 취득세가 면제된다(지방세정팀 -2726, 2006. 7. 4.).

② 산업단지 등 감면규정을 준산업단지에 적용 불가

조세법률주의 원칙상 과세요건이나 비과세 요건을 막론하고 조세법규의 해석은 특별한 사정이 없는 한 법문대로 해석할 것이고, 합리적 이유 없이 확장해석이나 유추해석하는 것은 허용되지 않는다 할 것 으로, 산업입지 및 개발에 관한 법률에서 산업단지와 준산업단지를 구분하여 규정하고 있고, 구 지방세법 제276조 각 항에서 산업단지에 준산업단지를 포함하도록 규정하고 있지도 아니하므로, 준산업단지를 지방세법 제276조의 규정에 의한 산업단지에 해당된다고 보기는 어렵다고 사료된다(세정과-1870, 2007. 5. 22.).

③ 연구개발특구는 산업단지 등의 감면규정 적용 가능 (지방세운영과-3885, 2011. 8. 17.)

특별법 제29조 제1항 본문 및 같은 항 제32호에서 특구개발사업의 시행자가 같은 법 제27조 제1항에 따라 실시계획의 승인을 받은 경우 「산업입지 및 개발에 관한 법률」 제16조에 따른 산업단지개발사업시행자의 지정, 같은 법 제17조에 따른 국가산업단지개발실시계획의 승인을 받은 것으로 본다고 규정하고 있으므로 특별법 제46조에 의거 설립된 당해 연구개발특구지원본부가 같은 법 제26조에 따른 특구개발사업의 시행자로 지정된 경우라면, 위 지방세특례제한법 제78조의 산업단지개발사업 시행자로 의제할 수 있는 바, 당해 연구개발특구의 개발·조성 등을 위하여 취득하는 부동산에 대해 지방세 감면규정을 적용할 수 있다(지방세운영과-3885, 2011. 8. 17.).

④ 정당한 사유의 범위

「지특법」 제78조 제1항 단서에서의 정당한 사유란 산업단지를 조성하지 못한 사유가 행정관청의 금지·제한 등 외부적인 사유로 인한 것이거나 정상적인 노력을 다하였음에도 사업진행이 어렵거나 기타 객관적인 사유로 인하여 부득이 산업단지를 조성할 수 없는 경우를 말하는 것으로(대법원 2003. 12. 12. 선고, 2003두9978 판결 참조), IMF로 인한 사업시행자의 내부 사정이나 수익상 문제 등으로 인해 산업단지를 조성을 하지 않는 것은 정당한 사유에 포함되지 않는다고 사료된다(대법원 2004. 4. 28. 선고, 2002두11752 판결 참조)(지방세운영과-5447, 2011. 11. 28.).

⑤ 산업단지 미조성으로 추징대상이 된 경우 지목변경분과 당초 감면분도 포함됨

산업단지 조성을 위한 부동산 취득에 따른 취득세와 지목변경에 따른 취득세를 감면받은 자가 산업단지 조성 후 정당한 사유 없이 3년 내에 산업용 건축물등을 신축하거나 증축하지 아니하여 취득세 추징요건에 해당되는 경우, 그 추징대상에는 지목변경에 따른 취득세 감면분뿐만 아니라, 산업단지 조성을 위한 부동산 취득에 따른 취득세 감면분도 포함된다고 할 것이다(법제처 법령해석 14-0305, 2014. 7. 10.).

⑥ 기업도시개발사업 시행자에 대해 산업단지 감면 적용할 수 없음

「기업도시개발특별법」 제13조 제1항에서는 국토교통부장관이 기업도시개발계획 승인 시 기업도시개발사업 시행자는 「산업입지 및 개발에 관한 법률」 제16조에 따른 산업도시개발사업 시행자 지정을 받은 것으로 보도록 규정하고 있으나, 어떠한 법률에서 주된 인·허가가 있으면 다른 법률에 의한 인·허가가 있는 것으로 보는 데 그치는 것이고, 더 나아가 다른 법률에 의하여 인·허가를 받았음을 전제로 한 다른 법률의 모든 규정들까지 적용되는 것은 아니다(대법원 2015. 4. 23. 선고, 2013두11338 판결 참고) 할 것이고, 또한 「지방세특례제한법」 제3조 제1항에서는 이 법, 「지방세법」 및 「조세특례제한법」에 따르지 아니하고는「지방세법」에서 정한 일반과세에 대한 지방세 특례를 정할 수 없도록 규정하고 있으므로, 다른 법률에 따라 산업단지시행자로 의제된다하여도 지방세 과세에 관한 특례를 별도로 규정하지 않는 한 산업단지에 대한 감면규정까지 적용하여 지방세를 감면할 수 없을 것으로 보인다(지방세특례제도과 -709, 2016. 4. 7.).

⑦ 정보통신 관련사업을 추진하면서 사실상 본점용으로 사용중인 부동산에 대한 감면 여부

정보통신제품을 개발·제조·생산 또는 유통하거나 이에 관련한 서비스를 제공하는 산업용·건축물에 해당되지 않고, 이와 직접 관련된 교육·연구·정보처리·유통시설용 건축물에도 해당되지 않는 사실상 본점용으로 사용 중인 부동산은 감면대상에 해당되지 않음. 또한, 부동산 관련 해당 지자체의 관리 기본계획 및 건축물 임시사용승인서 등에 연구개발업 법인만 입주가능하고, 부동산의 용도가 연구시설용으로 활용이 가능하여, 만약 이 사건 건물을 사실상 본점사무실로 사용하는 것이 용도에 관한 법적 규제를 위반하여 사용하는 것으로서 언제든지 법적규제를 위반하여 사용하는 것으로서 언제든지 시정명령의 대상이 되는 임시적·불법적인 사용이라고 할 수밖에 없는 경우라면 감면대상으로 보기에는 어려움이 있을 것으로 사료된다(대법원 2015두58928, 2016. 3. 10. 참조, 지방세특례제도과-559, 2019. 9. 10.).

⑧ 정당한 사유 여부

쟁점토지들은 취득 당시의 임야 또는 농지 원형 그대로 방치되어 있는 것으로 나타나는 점, 청구법인은 쟁점토지들에 대해 2014년부터 2018년까지 제3자와 용지임대차계약을 체결하고 산업단지 조성용이 아닌 다른 용도로 사용한 사실이 확인되는 점, 청구법인이 쟁점토지들에서 문화재 발굴조사와 지장물 철거공사를 하였다는 사실만으로 산업단지 조성공사에 본격적으로 착공하였다고 보기 어려운 점, 청구법인이 제①구간부터 우선적으로 조성공사에 착공함에 따라 제②구간인 쟁점토지들에 대해 공사착공을 하지 못하였다 하더라도 이는 청구법인의 내부사정으로서 정당한 사유에 해당한다고 보기 어려운 점 등에 비추어, 이 건 부과처분은 달리 잘못이 없음(조심2019지1983, 2019. 11. 21.).

⑨ 공유수면매립을 통해 산업단지를 조성한 후 취득한 토지에 대한 감면 적용 여부

「산업입지 및 개발에 관한 법률」제37조 제1항에서 사업시행자가 산업단지 개발사업을 완료하였을 때에는 실시계획승인권자의 준공인가를 받아야 한다고 규정하며,「산업입지 및 개발에 관한 법률 시행령」제36조 제2항 제6호에서 준공인가 신청시 공유수면매립을 동반하는 경우에 사업시행자가 취득할 대상토지와 국가 또는 지방자치단체에 귀속될 토지 등의 내역서 등을 첨부토록 하고 있음. 상기 법령과 매립허가관청의 준공인가필증을 검토해볼 때 공유수면매립공사의 준공인가로 취득한 토지의 취득일과 산업단지에 대한 조성완료로 인한 준공인가를 받은 날이 동일하므로 해당 토지는 산업단지를 조성하기 위하여 취득하는 토지에 해당된다고 볼 수 있다(지방세특례제도과-1481, 2019. 12. 2.).

2) 실무해설

산업입지및개발에관한법률 제16조에 따른 산업단지개발사업의 시행자 또는 산업기술단지지원에관한 특례법 제4조에 따른 사업시행자(이하, 사업시행자)가 산업단지 및 산업기술단지를 조성하기 위하여 취득하는 부동산에 대한 지방세를 감면한다.

「산업입지 및 개발에 관한 법률」 제16조 제1항
1. 산업단지를 개발하여 분양 또는 임대하고자 하는 경우로서 다음 각 목에 해당하는 자
   가. 국가 및 지방자치단체
   나. 「공공기관의 운영에 관한 법률」 제4조 제1항 제1호부터 제4호까지에 따른 공공기관
   다. 「지방공기업법」에 따른 지방공사
   라. 산업단지 개발을 목적으로 설립한 법인으로서 가목부터 다목까지에 해당하는 자가 100분의 50 이상의 지분을 가지고 있거나 100분의 30 이상의 지분을 가지고 임원 임명권한을 행사하는 등 대통령령으로 정하는 기준에 따라 사실상 지배력을 확보하고 있는 법인
2. 「중소기업진흥에 관한 법률」에 따른 중소벤처기업진흥공단, 「산업집적활성화 및 공장설립에 관한 법률」 제45조의9에 따라 설립된 한국산업단지공단 또는 「한국농어촌공사 및 농지관리기금법」에 따른 한국농어촌공사
2의2. 「중소기업협동조합법」에 따른 중소기업협동조합 또는 「상공회의소법」에 따른 상공회의소로서 대통령령으로 정하는 요건에 해당하는 자
3. 해당 산업단지개발계획에 적합한 시설을 설치하여 입주하려는 자 또는 해당 산업단지개발계획에서 적합하게 산업단지를 개발할 능력이 있다고 인정되는 자로서 대통령령으로 정하는 요건에 해당하는 자
4. 제1호가목부터 다목까지, 제2호 또는 제3호에 해당하는 자가 산업단지의 개발을 목적으로 출자에 참여하여 설립한 법인으로서 대통령령으로 정하는 요건에 해당하는 법인(제1항 제1호 라목에 해당하는 법인은 제외한다)
5. 제3호에 해당하는 사업시행자와 제20조의2에 따라 산업단지개발에 관한 신탁계약을 체결한 부동산신탁업자
6. 산업단지 안의 토지의 소유자 또는 그들이 산업단지개발을 위하여 설립한 조합
7. 「고등교육법」 제3조에 따른 사립학교를 설립·경영하는 학교법인, 「국립대학법인 서울대학교 설립·운영에 관한 법률」에 따른 국립대학법인 서울대학교 또는 「국립대학법인 인천대학교 설립·운영에 관한 법률」에 따른 국립대학법인 인천대학교(이하 "대학법인"이라 한다)
8. 「한국과학기술원법」에 따른 한국과학기술원, 「광주과학기술원법」에 따른 광주과학기술원, 「대구경북과학기술원법」에 따른 대구경북과학기술원, 「울산과학기술원법」에 따른 울산과학기술원(이하 "과학기술원"이라 한다)

「산업기술단지 지원에 관한 특례법」 제4조 제1항
중소벤처기업부장관은 산업기술단지를 조성·운영하는 자(이하 "사업시행자"라 한다)를 지정할 수 있다.

---

(1) 감면율

취득세의 100분의 35를, 조성공사가 시행되고 있는 토지에 대하여는 재산세의 100분의 35(수도권 외의 지역에 있는 산업단지의 경우에는 100분의 60)를 각각 경감. 취득세를 경감하는 경우 지방자치단체의 장은 해당 지역의 재정여건 등을 고려하여 100분의 25(제4항 제2호 나목에 따라 취득세를 경감하는 경우에는 100분의 15)의 범위에서 조례로 정하는 율을 추가로 경감할 수 있다. 이 경우 제4조 제1항 각 호 외의 부분, 같은 조 제6항 및 제7항을 적용하지 아니한다.

(2) 감면 적용요령

검토사항	검토내용	관련서류
납세의무자	• 관련법에 근거한 사업시행자 해당 여부	• 관보(공고문)
취득목적(취득세)	• 산업단지(산업기술단지) 조성 목적 여부	• 관보(고시문)

검토사항	검토내용	관련서류
토지현황(재산세)	• 산업단지(산업기술단지) 조성공사 시행 여부	• 관보(고시문) • 현장조사

(3) 사후관리

감면 추징 요건	확인 방법
• 취득한 부동산의 취득일부터 3년 이내에 정당한 사유 없이 산업단지 또는 산업기술단지를 조성하지 아니하는 경우 경감된 취득세 추징 • 취득한 토지의 취득일(「산업입지 및 개발에 관한 법률」 제19조의2에 따른 실시계획의 승인 고시 이전에 취득한 경우에는 실시계획 승인 고시일)부터 3년 이내에 정당한 사유 없이 산업단지 또는 산업기술단지를 조성하지 아니하는 경우 경감된 재산세 추징	• 현장 조사

2 산업단지 등 조성 후 산업용 건축물 등의 분양 또는 임대용 부동산에 대한 감면(제78조 ②)

② 제1항에 따른 사업시행자가 산업단지 또는 산업기술단지를 개발·조성한 후 대통령령으로 정하는 산업용 건축물등(이하 이 조에서 "산업용 건축물등"이라 한다)의 용도로 분양 또는 임대할 목적으로 취득·보유하는 부동산에 대해서는 다음 각 호에서 정하는 바에 따라 지방세를 경감한다. (2017. 12. 26. 개정)

1. 제1항에 따른 사업시행자가 신축 또는 증축으로 2022년 12월 31일까지 취득하는 산업용 건축물등에 대해서는 취득세의 100분의 35를, 그 산업용 건축물등에 대한 재산세의 100분의 35(수도권 외의 지역에 있는 산업단지에 대해서는 100분의 60)를 각각 경감한다. 다만, 그 취득일부터 3년 이내에 정당한 사유 없이 해당 용도로 분양 또는 임대하지 아니하는 경우에 해당 부분에 대해서는 경감된 지방세를 추징한다. (2020. 1. 15. 개정)

2. 제1항에 따른 사업시행자가 2022년 12월 31일까지 취득하여 보유하는 조성공사가 끝난 토지(사용승인을 받거나 사실상 사용하는 경우를 포함한다)에 대해서는 재산세 납세의무가 최초로 성립하는 날부터 5년간 재산세의 100분의 35(수도권 외의 지역에 있는 산업단지의 경우에는 100분의 60)를 경감한다. 다만, 조성공사가 끝난 날부터 3년 이내에 정당한 사유 없이 해당 용도로 분양 또는 임대하지 아니하는 경우에 해당 부분에 대해서는 경감된 재산세를 추징한다.

1) 해석사례

① 산업단지 조성공사가 완료된 쟁점부동산을 임대하거나 나대지로 방치하고 있는 사실이 확인되는 경우

청구법인의 경우 OOO 79의 토지는 1986. 12., OOO 40-2, 40-3의 토지는 1998. 12. 31., OOO 11-1, 11-2 토지는 1993. 8. 7., OOO 49-1외 137필지의 토지는 1986. 12. 24. 조성공사가 완료된 사실이 제출

된 자료에서 입증되고 있으므로 지방세특례제한법 제78조 제2항의 규정이 아니라 같은 조 제3항의 규정이 적용된다 하겠고, 지방세특례제한법 제78조 제3항의 규정은 조성공사완료일로부터 5년 동안에 한하여 재산세를 면제하고 조성일로부터 3년이내 산업용 건축물 등을 신축하지 않은 경우에는 면제한 재산세를 추징하는 규정이어서 조성공사 완료일로부터 5년이 경과된 후에는 재산세 면제대상에서 과세대상으로 전환되는 것이라 하겠는 바, 이 건의 경우 조성공사완료일(1989. 9. 30.)로부터 5년이 경과되었으므로 지방세특례제한법 제78조 제3항 제2호의 감면대상에서 제외된다(조심2012지0306, 2012. 6. 27.).

② 환수한 부동산을 입주기업체의 업무지원, 교육연수 등 "산집법" 제45조의13 제1항 제3호 및 제5호의 용도로 사용하는 경우에는 지방세특례제한법 제78조 제2항에 따라 취득세 감면대상이 되나, 현물제공업체에 임대하여 지원시설에 해당되지 않는 임차인의 판매시설에 사용되는 경우는 지방세특례제한법 제78조 제2항의 취득세 감면대상에 해당되지 않는다고 판단됨(서울세제-15523, 2012. 11. 29.).

③ 산업단지내 아파트에 대한 감면 여부

산업단지내 아파트를 신축할 경우 산업단지개발사업에 포함하여 시행할 수 있는 대상으로 볼 수 없고, 설령 그 대상이 된다 하더라도 쟁점 신축 아파트는 산업단지 개발사업에 포함하여 개발된 것으로도 볼 수 없으므로 산업단지를 개발·조성하여 분양·임대할 목적으로 취득하는 부동산에 해당되지 않음(감심2015-0191, 2017. 6. 29.).

「지방세특례제한법」 제78조 제2항은 그 문언상 산업단지를 조성하면서 분양 또는 임대할 목적으로 취득한 부동산이 모두 포함된다고 해석하여야 할 것이고, 같은 조 제3항에서 산업용 건축물 등에 대하여 별도로 규정하고 있으므로 같은 조 제2항의 부동산을 산업용 건축물로 한정하여 해석하는 것은 해당 조문의 체계상 타당하지 아니한 점 등에 비추어 처분청이 쟁점아파트에 대하여 취득세 등의 면제대상에 해당되지 아니한 것으로 보아 이 건 취득세 등을 부과한 처분은 잘못임(조심2015지0185, 2016. 6. 10.).

ㄴ, 다만 2016년 말 지방세특례제한법 제78조 2항이 현행과 같이 "산업용 건축물"로 개정된 이후에는 이 쟁점이 해소되었음.

2) 실무해설

(1) 감면율

사업시행자가 산업단지 및 산업기술단지를 개발·조성한 후 산업용 건축물 등의 용도로 분양 또는 임대할 목적으로 취득·보유하는 부동산에 대한 취득세·재산세를 감면한다. 취득세를 경감하는 경우 지방자치단체의 장은 해당 지역의 재정여건 등을 고려하여 100분의 25(같은 항 제2호 나목에 따라 취득세를 경감하는 경우에는 100분의 15)의 범위에서 조례로 정하는 율을 추가로 경감할 수 있다. 이 경우 제4조 제1항 각 호 외의 부분, 같은 조 제6항 및 제7항을 적용하지 아니한다.

(2) 감면 적용요령

☐ 신축·증축으로 취득하는 산업용 건축물등

검토사항	검토내용	관련서류
납세의무자	• 사업시행자 해당 여부	• 관보, 고시문
취득대상 (취득세)	• 산업용 건축물(지특령 제29조) 해당 여부 - 지특령 제29조제3호인 경우 업종, 면적 기준 충족	• 사업계획서
취득목적 (취득, 재산세)	• 분양 또는 임대 목적 해당 여부	• 사업계획서

☐ 조성공사가 끝난 토지(2022. 12. 31.까지 취득한 토지에 한함)

검토사항	검토내용	관련서류
조성공사 완료여부	• 산업단지 조성 승인 여부 • 산업단지 조성 승인 전 사실상 사용 여부	• 관보(고시문) • 사전승낙현황(시행사) • 취득세신고자료

(3) 사후관리

감면 추징 요건	확인 방법
(신축·증축으로 취득하는 산업용 건축물등) 그 취득일로부터 3년 이내 정당한 사유 없이 해당 용도로 분양 또는 임대하지 아니하는 경우	현장조사
(조성공사가 끝난 토지)조성공사가 끝난 날로부터 3년 이내 정당한 사유 없이 해당 용도로 분양 또는 임대하지 아니하는 경우 경감된 재산세 추징	현장조사

3 산업단지 등 조성 후 산업용 건축물 등 신·증축에 대한 감면(제78조③)

③ 제1항에 따른 사업시행자가 산업단지 또는 산업기술단지를 개발·조성한 후 직접 사용하기 위하여 취득·보유하는 부동산에 대해서는 다음 각 호에서 정하는 바에 따라 지방세를 경감한다. (2016. 12. 27. 개정)

1. 제1항에 따른 사업시행자가 신축 또는 증축으로 2022년 12월 31일까지 취득하는 산업용 건축물등에 대해서는 취득세의 100분의 35를, 그 산업용 건축물등에 대한 재산세의 납세의무가 최초로 성립하는 날부터 5년간 재산세의 100분의 35(수도권 외의 지역에 있는 산업단지의 경우에는 100분의 60)를 각각 경감한다. 다만, 다음 각 목의 어느 하나에 해당하는 경우 그 해당 부분에 대해서는 경감된 지방세를 추징한다. (2020. 1. 15. 개정)

    가. 정당한 사유 없이 그 취득일부터 3년 이내에 해당 용도로 직접 사용하지 아니하는 경우 (2016. 12. 27. 개정)

    나. 해당 용도로 직접 사용한 기간이 2년 미만인 상태에서 매각·증여하거나 다른 용도로 사용하는 경우 (2016. 12. 27. 개정)

2. 제1항에 따른 사업시행자가 2022년 12월 31일까지 취득하여 보유하는 조성공사가 끝난 토지(사용승인을 받거나 사실상 사용하는 경우를 포함한다)에 대해서는 재산세의 납세의무가 최초로 성립하는 날부터 5년간 재산세의 100분의 35(수도권 외의 지역에 있는 산업단지의 경우에는 100분의 60)를 경감한다. 다만, 다음 각 목의 어느 하나에 해당하는 경우 그 해당 부분에 대해서는 경감된 재산세를 추징한다. (2020. 1. 15. 개정)

가. 정당한 사유 없이 그 조성공사가 끝난 날부터 3년 이내에 해당 용도로 직접 사용하지 아니하는 경우 (2016. 12. 27. 개정)

나. 해당 용도로 직접 사용한 기간이 2년 미만인 상태에서 매각·증여하거나 다른 용도로 사용하는 경우 (2016. 12. 27. 개정)

1) 해석사례

① 산업단지 개발 사업 시행자의 임대 부동산 추징 여부

산업단지개발사업 시행자가 3년 이내 산업단지개발 개발·조성사업을 완료하고 사업시행자가 3년 이내에 산업용 건축물을 신·증축하였다면 당해 토지를 제3자에게 임대하였다 하더라도 단서에서 추징대상으로 규정하고 있는 "3년 이내에 정당한 사유 없이 산업용 건축물등을 신·증축하지 아니하는 경우"에 해당하지 아니하기 때문에 추징의 범위에 포함하는 것은 타당하지 않다고 보여짐(지방세특례제도과-1199, 2018. 4. 10.).

② 산업단지 조성공사가 끝난 날부터 3년 이내에 산업용 건축물 등을 신축하지 않았다고 하더라도 구 지방세특례제한법 제78조 제3항 단서에서 정한 요건에 해당되는지 여부

구지방세특례제한법」 제78조 제3항 본문 제1호에 신·증축된 산업용 건축물 등은 이미 완공이 되어 있어 그에 따라 감면된 취득세는 산업용 건축물 등을 신·증축하지 않았음을 이유로 추징할 수 없게 되고, 그 결과 구 「지방세특례제한법」 제3조 단서규정에 따라 추징 가능한 "취득세"는 존재하지 않게 되는 문제가 발생하게 되나, 이는 입법의 오류로 생각할 수밖에 없고, 이러한 입법의 오류가 있다고 하여 구 「지방세특례제한법」 제78조 제1항 본문에 의해 감면된 지방세를 구 「지방세특례제한법」 제78조 제3항 단서의 지방세에 포함된다고 무리하게 해석할 수는 없다(대법원 2018두43590, 2018. 8. 30.).

③ 산업단지 사업시행자가 본점용 건물을 건축하는 경우 감면 적용 여부

공장 및 그 제조시설을 지원하기 위한 부대시설(사무실 포함)과는 별도의 건축물로서 법인의 전체 경영활동을 총괄하면서 총무, 재무, 회계 등 법인의 주된 업무를 지휘·통제하는 활동이 이루어지는 주된 사무소로 사용되는 경우라면 본점용 부동산에 해당되어 해당 공장(제조시설) 기능의 효용이나 편익을 증진시키기 위한 "제조시설의 관리·지원용 부대시설"로 보기 어렵다고 사료됨(지방세특례제도과-1913, 2019. 5. 17.).

2) 실무해설

사업시행자가 산업단지 또는 산업기술단지를 개발·조성한 후 직접 사용하기 위하여 취득·보유하는 부동산에 대해서는 2020. 12. 31.까지 지방세를 경감한다.

☐ 신축·증축으로 취득하는 산업용 건축물 등

검토사항	검토내용	관련서류
납세의무자	• 사업시행자 해당 여부	• 관보(고시문)
취득대상 (취득세)	• 산업용 건축물(지특령 제29조) 해당 여부 - 지특령 제29조제3호인 경우 업종, 면적 기준	• 사업계획서
취득목적 (취득,재산세)	• 직접 사용 목적 해당 여부	• 사업계획서 • 사용목적확인서

산업용 건축물의 범위
1. 「도시가스사업법」 제2조 제5호에 따른 가스공급시설용 건축물
2. 「산업기술단지 지원에 관한 특례법」에 따른 연구개발시설 및 시험생산시설용 건축물
3. 「산업입지 및 개발에 관한 법률」 제2조에 따른 공장·지식산업·문화산업·정보통신산업·자원비축시설용 건축물과 이와 직접 관련된 교육·연구·정보처리·유통시설용 건축물
4. 「산업집적활성화 및 공장설립에 관한 법률」 제30조 제2항에 따른 관리기관이 산업단지의 관리, 입주기업체 지원 및 근로자의 후생복지를 위하여 설치하는 건축물(수익사업용으로 사용되는 부분은 제외한다)
5. 「집단에너지사업법」 제2조 제6호에 따른 공급시설용 건축물
6. 「산업집적활성화 및 공장설립에 관한 법률 시행령」 제6조 제5항 제1호부터 제5호까지, 제7호 및 제8호에 해당하는 산업용 건축물 폐기물 수집운반, 처리 및 원료재생업, 2. 폐수처리업, 창고업, 화물터미널, 그 밖에 물류시설을 설치·운영하는 사업, 운송업(여객운송업은 제외한다), 산업용기계장비임대업, 특화산업육성을 위하여 농공단지관리기본계획에 따라 농공단지에 입주시키는 농림어업등의 산업, 전기업
* 3호에 해당하는 공장용 건축물은 행정안전부령으로 정하는 업종 및 면적기준을 요함

☐ 조성공사가 끝난 토지(2019. 12. 31.까지 취득한 토지에 한함)

검토사항	검토내용	관련서류
조성공사 완료여부	• 산업단지 조성 승인 여부 • 산업단지 조성 승인 전 사실상 사용 여부	• 관보(고시문) • 사전승낙현황(시행사) • 취득세신고자료

☐ 사후관리

감면 추징 요건	확인 방법
(신축·증축으로 취득하는 산업용 건축물등) 정당한 사유 없이 그 취득일부터 3년 이내에 해당 용도로 직접 사용하지 아니하는 경우 해당 용도로 직접 사용한 기간이 2년 미만인 상태에서 매각·증여하거나 다른 용도로 사용하는 경우	현장조사 등기부등본
(조성공사가 끝난 토지) 정당한 사유 없이 그 취득일부터 3년 이내에 해당 용도로 직접 사용하지 아니하는 경우 해당 용도로 직접 사용한 기간이 2년 미만인 상태에서 매각·증여하거나 다른 용도로 사용하는 경우	현장조사 등기부등본

4 **산업단지 등에서 산업용 건축물 등 신·증축(건축)과 대수선에 대한 감면(제78조④)**

④ 제1항에 따른 사업시행자 외의 자가 제1호 각 목의 지역(이하 "산업단지등"이라 한다)에서 취득하는 부동산에 대해서는 제2호 각 목에서 정하는 바에 따라 지방세를 경감한다. (2015. 12. 29. 개정)

1. 대상 지역 (2011. 12. 31. 개정)

　가. 「산업입지 및 개발에 관한 법률」에 따라 지정된 산업단지 (2011. 12. 31. 개정)

　나. 「산업집적활성화 및 공장설립에 관한 법률」에 따른 유치지역 (2011. 12. 31. 개정)

　다. 「산업기술단지 지원에 관한 특례법」에 따라 조성된 산업기술단지 (2011. 12. 31. 개정)

2. 경감 내용 (2014. 12. 31. 개정)

　가. 산업용 건축물등을 신축하기 위하여 취득하는 토지와 신축 또는 증축하여 취득하는 산업용 건축물등에 대해서는 취득세의 100분의 50을 2022년 12월 31일까지 경감한다. 이 경우 공장용 건축물(「건축법」 제2조 제1항 제2호에 따른 건축물을 말한다)을 신축 또는 증축하여 중소기업자에게 임대하는 경우를 포함한다. (2020. 1. 15. 개정)

　나. 산업단지등에서 대수선(「건축법」 제2조 제1항 제9호에 해당하는 경우로 한정한다)하여 취득하는 산업용 건축물등에 대해서는 취득세의 100분의 25를 2022년 12월 31일까지 경감한다. (2020. 1. 15. 개정)

　다. 가목의 부동산에 대해서는 해당 납세의무가 최초로 성립하는 날부터 5년간 재산세의 100분의 35를 경감(수도권 외의 지역에 있는 산업단지의 경우에는 100분의 75를 경감)한다. (2015. 12. 29. 개정)

1) 해석사례

(1) 신·증축 유형별 감면대상 인정 범위[23]

　본 규정의 취지는 산업단지 내 공장의 집적을 유도하고 그 공장의 원활한 설립을 통해 지역발전을 도모하기 위한 것이다. 즉 지방세 지원을 통해 산업용 건축물 증설을 유도하는 것이 목적인 만큼 산업용 건축물 증설 효과가 있는 경우에 한하여 감면을 적용한다. 따라서 입주기업이 산업용 건축물 등을 승계 취득하는 경우에는 감면을 적용하지 않는다.

　다만, 부속토지의 감면 범위는 건축유형 및 법개정에 따라, 그 감면 대상 토지의 범위가 달라져 왔다. 감면 대상 토지의 범위에 대한 유권해석의 입장은 다음과 같다.

① 토지를 분양받아 공장을 신축하는 경우: 토지와 건물 전체 감면

　산업단지 안에서 공장용 건축물을 신축하거나 증축하고자 하는 자가 산업단지 안의 토지를 분양받은 자로부터 그 지위를 승계하여 당해 토지에 대한 분양잔금을 지급하고 최초로 그 소유권을 취득고, 그

---

23) 서정훈 외 2, 지방세 비과세·감면 100선, 조세통람, 2020, 128~131쪽

지상에 공장용 건축물을 증축한 이상 공장용 건축물에 관한 토지부분을 포함하여 전부가 취득세 감면대상에 해당됨(대법원2007두21341, 2010. 1. 14.).

② 사용 중인 공장을 취득하고 해당 시설을 그대로 사용: 감면 제외

청구인은 산업단지 내의 쟁점토지를 취득하였으나 그 토지에는 이미 공장용 건축물이 신축되어 있었고, 청구인이 그 토지에 산업용 건축물을 증축한 사실도 없는 점 등에 비추어 청구인은 쟁점토지의 취득일 현재 산업용 건축물 등을 건축하려는 자에 해당하지 아니하여 취득세 등의 감면요건을 충족하지 못한 것으로 보이므로 처분청이 이 건 경정청구를 거부한 처분은 잘못이 없다고 판단됨(조심2016지1293, 2017. 3. 8.).

ㄴ, 기존 공장 및 부속토지는 이미 취득세 등을 감면받았으며, 산업용 건축물 증설이라는 입법목적에 부합하지 않으므로 감면대상에서 제외한다.

③ 산업단지 내 공장을 승계취득하여 증축한 경우 감면여부: 개정 연혁에 따라 상이함

현행 규정(2020. 1. 15. 개정)에 따르면 "신축하기 위하여 취득하는 토지와 신축 또는 증축하여 취득하는 산업용 건축물" 이 감면대상으로, 건축물 증축분은 감면되지만 그 부속토지는 감면범위에서 제외된다.

그러나 지특법 제78조 제4항 제2호 가목 개정 이전에는 부속토지에 대한 감면도 인정되었다. 2016년 말 개정 이후부터 2020년 개정 이전까지는 해당 규정에서 "신축 또는 증축하여 취득하는 부동산(신축 또는 증축한 부분에 해당하는 부속토지 포함)"을 감면대상으로 규정하므로, 건축물 증축분 및 그 비율에 해당하는 부속토지도 감면된다.

㉮ 승계하여 취득한 기존의 산업용 건축물 등은 이미 취득세를 감면받아 산업단지 내 공장설립 촉진이라는 입법목적의 달성된 상태로서 지방세특례제한법 제78조 제4항에서 "증축한 부분에 해당하는 부속토지를 포함한다"고 함은 승계하여 취득한 산업용 건축물 등과 증축한 부분을 포함한 전체 부속토지가 아닌 증축한 부분만큼의 부속토지를 의미함(지방세특례제도과-4219, 2018.11.8.).
2016년 말 개정 이전에는 규정에서 "산업용 건축물을 취득하려는 자가 취득하는 부동산"으로 규정하여, 건축물 증축분뿐 아니라 증축규모에 상관없이 전체 부속토지를 감면 대상으로 본다(판례, 유권해석 동일).

㉯ 산업용 건축물 등을 건축하려는 자가 취득하는 부동산이란 기존 건물을 취득하여 증축을 하거나 기존 건물을 철거하고 신축을 하거나 건물을 신축하여 취득하는 경우의 건물, 건물이 없는 토지를 취득하여 그 지상에 건물을 신축하거나 기존 건물이 있는 토지를 취득하여 그 건물을 증축하거나 기존 건물을 철거하고 신축하는 경우의 토지를 모두 포함한 것으로 보아야 한다(대법원 2008두21341, 2010. 1. 4.).

㉰ 산업용 건축물을 신축한 자로부터 그 건축물을 승계 취득한 다음 그 토지상에 산업용 건축물을 증축하고 기존 건축물 및 증축한 건축물의 부속토지를 취득하는 경우에는 기존 건축물 및 부속토

지를 감면함(지방세특례제도과-3174, 2015. 11. 17.).

㉣ 승계취득한 기존의 산업용 건축물 및 그 부속토지에 대하여 취득세 감면 혜택을 부여하지 않을 필요성이 있는 경우 그러한 내용으로 관련 규정을 입법적으로 정비하는 것은 별론으로 하고, 그러한 필요성이 있다는 이유로 이 사건 감면규정을 그 문언과 달리 해석할 수는 없다(감심2018-420, 2019. 7. 25.).

2016. 12. 27. 개정 이전	2016. 12. 27. 개정 이후부터 2020. 1. 15. 개정 이전	2020. 1. 15. 개정 이후
산업용 건축물등을 건축하려는 자가 취득하는 부동산에 대해서 ...	산업용 건축물 등을 신축 또는 증축하여 취득하는 부동산(신축 또는 증축한 부분에 해당하는 부속토지를 포함한다)에 대해서 ...	산업용 건축물 등을 신축하기 위하여 취득하는 토지와 신축 또는 증축하여 취득하는 산업용 건축물 등에 대해서 ...

④ 사용 중인 공장을 취득하여 멸실하고 새로운 공장을 신축: 멸실된 공장 감면 제외, 부속토지 및 신축 건축물 전체 감면

철거한 공장건축물은 해당 입주기업이 사업에 직접 활용한 것으로 볼 수 없으므로 감면 대상에서 제외된다(지방세특례제도과-598, 2017. 4. 6.).

감면규정의 취지는 조성된 산업단지에 공장건설을 촉진하기 위한 것으로 공장용 건축물이 없는 토지를 취득하여 공장을 신축하거나 증축하는 경우에 취득세 등의 감면대상이라 할 것이고, 위 규정에서 건축물의 신·증축의 정의에 대하여 「지방세법」에서 규정한 바가 없으므로 건축법이 정하는 바에 따라 판단하는 것이 타당하다 할 것이고, 「건축법시행령」 제2조 제1항 제1호 및 제2호 등에 의하면, 신축이란 건축물이 없는 대지에 새로이 건축물을 축조하는 것으로, 증축은 기존건축물이 있는 대지 안에서 건축물의 건축면적 등을 증가시키는 것으로 정의하고 있으며, 위 규정에서 신·증축하고자 하는 자의 의미는 산업단지 내 산업용 건축물 등을 신·증축하고자 건축물이 없는 토지를 취득하는 경우 및 기존산업용 건축물 등이 있는 토지 내 그 건축물을 증축하는 경우를 상정할 수 있는 것임(조심2008지980, 2009. 2. 10.).

ㄴ 즉, 취득 당시 기존 건축물이 철거되거나 멸실되어 사실상 건축물이 없거나, 철거 중에 있어서 장차 새로운 건축물을 신축하는 것이 분명한 경우에는 감면이 되는 것이나, 이 경우에도 건축물은 감면이 되지 않고 토지분만 감면이 되는 것이다.

⑤ 임차한 토지에 공장을 신축한 입주기업이, 임차기간(10년) 만료 후 토지를 취득하는 경우: 토지감면 제외

2016년 이전에는 산업용 건축물 등을 취득하려는 자가 취득하는 부동산을 감면하는 것으로 규정하여, 신축 또는 증축 여부가 감면적용의 판단기준이었다. 이에 따라 토지를 취득하기 전에 건축물을 신축 또는 증축하는 경우에도 부속토지를 감면하였다.

㉮ 산업단지 조성공사 중 임시사용승인으로 공장설립 초기 일부 건축물을 먼저 취득하고 공유수면 부지조성공사 완료 후에 토지를 최초로 분양받는 경우, 토지와 건축물의 취득전후에 차이가 있을

뿐 산업용 건축물 등을 신축하거나 증축하고자 하는 자가 취득하는 부동산에 해당됨(지방세운영과
-761, 2008. 8. 28.).

㉮ 매매계약의 약정에 따라 산업용 건축물을 먼저 신축하고, 그 산업용 건축물을 담보로 대출을 받아
그 산업용 건축물 등의 부속토지(공장용지)를 취득하는 경우에 산업용 건축물을 신축하고자 하는
자의 취득으로 보아 지방세 감면 대상에 해당됨(지방세운영과-1785, 2010. 4. 29.).

㉯ 토지를 취득하기 전에 건축물을 증축하였다 하더라도 기존 건축물 및 증축한 건축물의 부속토지는
산업용 건축물 등을 건축하려는 자가 취득하는 부동산에 해당(지방세특례제도과-915, 2015. 4. 1.).
2016년 말 지방세특례제한법이 개정되면서, 감면 대상이 "산업용 건축물을 신증축하여 취득하는
부동산"으로 개정되었고, 대법원 판례에서도 이미 산업용 건축물이 존재하는 토지를 사후에 취득
하는 경우는 감면 대상에서 제외하는 것으로 판시함

㉰ 2016년 말 개정으로 "산업용 건축물을 신축 또는 증축하여 취득하는 부동산"이 감면대상으로 규정
되었고, 2019년 말 개정에서는 "신축하기 위하여 취득하는 토지"를 감면대상으로 규정하였다. 이에
따라서 산업용 건축물을 신축하고, 추후에 토지를 취득하는 경우는 감면이 제외되는 것으로 판단
함(대법원 2018두33968, 2018. 5. 15.)

(2) 소유권 신탁에 따른 추징 여부[24]

입주기업이 산업단지 감면을 적용받고 공장 등을 2년 이내에 신탁한 경우, 신탁이 추징규정의 "매각·
증여"에 해당하는지 문제가 되고 있다. 신탁을 원인으로 소유권 이전등기가 이루어지면 대외적으로 소유
권이 완전히 이전되는 것이고 대내적으로 소유권이 유보되는 것이 아니기 때문이다.

반면, 신탁법상 신탁행위는 재산의 사용·수익·처분의 권리를 배타적으로 양도하는 일반적인 소유권 이
전과는 다르다는 점, 위탁자가 산업단지 감면 부동산의 현실적인 점유·이용을 하고 있는 점 등을 고려하
면, 추징사유인 매각·증여에 해당되지 않는다는 견해도 있다.

① 창업중소기업이 취득 후 신탁등기로 소유권 이전 등기한 경우

창업중소기업이 부동산을 목적사업에 계속 사용한 경우라면 신탁등기가 병행되는 소유권이전등기가 되
었다 하더라도 처분신탁이 아닌 한 추징대상에 해당되지 아니함(세정-1939, 2003. 11. 18.). ⇒ 추징 ×

② 청구법인이 현물출자에 의한 법인전환에 따라 취득한 임대용 재산을 취득일부터 2년 이내에 신탁회사 명의로 소유권이전등기를 하여 처분한 것으로 보아 취득세 등을 추징한 처분의 당부

임대사업용 부동산을 「조세특례제한법」에 따른 현물출자방식으로 취득하여 법인전환 하였다가 2년 이
내에 신탁회사 명의로 소유권이전등기를 하였다면 임대하지 않고 분양공고를 하여 분양중인 부분에 대
하여는 임대사업용 재산인 토지의 취득일부터 2년 이내에 해당 재산을 "처분"한 것으로 보아 취득세를

---

24) 서정훈 외2, 지방세 비과세·감면 100선, 조세통람, 2020, 141~151쪽

추정하여야 한다. 다만, 건축물 중 입주자 모집공고를 하지 않은 1층 부분과 입주자 모집공고를 한 부분 중 임대한 면적을 제외한 나머지 토지를 추정대상으로 하여 과세하는 것이 타당함에도 전체 면적을 그 대상으로 삼은 것은 잘못이 있다(조심 2014지0689, 2014. 12. 16.). ⇒ 추징 ○

③ 신탁회사로 소유권을 이전하는 것이 처분에 해당하는지 여부 질의 회신

개인기업을 법인으로 전환하여 취득한 사업용 재산에 대한 취득세 등을 감면받은 후 신탁계약에 따라 그 사업용 재산의 소유권을 신탁회사로 이전한 경우 추정대상이다(지방세특례제도과-324, 2014. 12. 26.). ⇒ 추징 ○

④ 신탁회사명의로 지식산업센터를 건축 중인 경우

지식산업센터를 신축·분양할 목적으로 토지를 취득하고 취득세를 경감 받은 자가, 같은 날 신탁을 원인으로 신탁회사로 소유권이전등기를 경료하여, 신탁회사명의로 지식산업센터를 건축 중인 경우에는 기 감면한 취득세를 추정하는 것이 타당함(지방세특례제도과-3492, 2015. 12. 23.) ⇒ 추징 ○

⑤ 임대주택을 취득한 후 임대의무기간 내에 신탁등기를 한 경우 임대외의 용도로 사용하거나 매각·증여한 것으로 볼 수 있는지 여부 ⇒ 추징 ✕

「신탁법」상의 신탁행위는 재산의 사용·수익·처분의 권리를 배타적으로 양도하는 일반적인 소유권의 이전과는 다르게 볼 수 있는 점, 이 건 신탁의 경우 담보부신탁으로서 신탁으로 인하여 쟁점임대주택의 소유권이 수탁자에게 이전된 후에도 위탁자인 청구인은 부동산담보신탁계약 및 그 특약에 따라 월 임료의 수납행위, 임대차보증금 반환채무의 부담, 신탁부동산의 현실적인 점유, 유지관리 및 통상적인 임대업무 수행 등 실질적인 관리를 하면서 여전히 임대인의 지위를 보유하고 있는 점 등에 비추어 이 건 신탁을 임대 외의 용도 내지 매각으로 사용한 것으로 보아 취득세 등을 추정한 처분은 잘못이 있다(조심 2016지0989, 2016. 12. 2.).

⑥ 감면한 취득세 등을 추정한 처분이 잘못인 경우

처분청은 「신탁법」상 신탁으로 소유권을 이전한 것은 매각·증여한 경우에 해당한다는 의견이나, 「신탁법」상의 신탁행위는 재산의 사용·수익·처분의 권리를 배타적으로 양도하는 일반적인 소유권의 이전과는 다르게 볼 수 있는 점, 약정된 신탁기간이 만료되거나 그 기간 중 위탁자가 우선수익자에 대한 채무를 변제하는 등의 사유로 계약을 해지하는 때에는 신탁이 종료되어 '신탁재산의 귀속'을 원인으로 위탁자인 청구인에게 소유권이 이전(환원)되는 점, 청구인이 수탁법인으로부터 대가를 받고 쟁점부동산의 소유권을 이전하였다거나 수탁법인이 대가를 지급하여 취득하였다고 보기는 어려운 점, 청구인이 쟁점부동산의 지상에 산업용 건축물을 취득하여 사용하고 있는 점 등에 비추어 청구인이 신탁을 원인으로 수탁자에게 소유권이전등기를 한 것을 직접 사용기간 내에 매각·증여한 경우로 볼 수 없는 **바**(조심 2016지432, 2017. 1. 5. 외 다수, 같은 뜻임), 처분청이 「지방세특례제한법」 제78조 제5항의 추정사유에 해당하는 것으로 보아 기 감면한 취득세 등을 추징한 이 건 처분은 잘못이 있다(조심 2017지0351, 2017. 8. 23.).
⇒ 추징 ×

(3) 소유권 이전에 따른 추징 여부[25]

① 공장을 신축하여 2년 이내에 타 법인과 합병한 경우

합병으로 인해 감면받은 기업이 소멸하고 합병 후 존속법인으로 이전하는 경우 추징대상이 되는지 문제된다. 이에 대해서는 유권해석과 심판례의 해석에 차이가 있다. 조세심판원은 합병은 매각이나 증여에 해당하지 않아 추징대상이 아니라고 판단하는 반면, 과세관청은 타인에게 소유권이 이전되는 것은 "매각·증여"에 해당하여 취득세가 추징된다는 입장이다.

㉮ 추징대상이 되는 '매각·증여'라 함은 유상·무상을 불문하고 취득자가 아닌 타인에게 소유권이 이전되는 모든 경우를 의미하는 것이라 할 것인바, 이와 관련하여 대법원에서도 합병으로 인해 존속·신설법인이 소멸법인의 자산을 이전받는 형식 자체를 취득세의 과세대상인'취득'으로 판단하고 있는 점(대법원 2010. 7. 8. 선고, 2010두6007 판결 등 참조), 나아가 동호의 추징요건에는 '정당한 사유'를 명시하고 있지 않아 유예기간 내에 소유권이 이전되는 경우라면 기업의 합병에 의한 것인지 여부는 추징을 판단하는 고려사항이 아니라 할 것임(지방세특례제도과-2200, 2016. 8. 23.).

㉯ 처분청은 합병 후 소멸회사가 법인합병에 따라 이 건 부동산의 소유권을 이전하였으므로 추징대상에 해당한다는 의견이나,「지방세특례제한법」제78조 제5항 제2호에서 해당 용도로 직접 사용한 기간이 2년 미만인 상태에서 매각·증여하거나 다른 용도로 사용하는 경우를 추징사유로 규정하고 있는 점, 합병 후 소멸회사는 2018. 7. 9. 이 건 부동산을 취득하여 취득세 등을 감면받은 후 2019. 4. 3. 법인합병에 따라 이 건 부동산의 소유권을 청구법인 명의로 이전등기한 점, 법인합병에 따른 부동산 등의 소유권이전등기가 위 추징 조항에 규정된 부동산 등의 매각·증여와 동일한 것으로 보기 어려운 점 등에 비추어 합병 후 소멸회사가 이 건 부동산을 매각·증여한 것으로 보기는 어려우므로 처분청이 이 건 취득세를 부과한 처분은 잘못이 있다고 판단된다(조심2019지3577, 2020. 3. 12.).

② 분할로 인한 양도

㉮ 일정한 요건을 갖춘 물적 분할로 인한 취득인 경우 승계 법인이 산업단지 내 공장용 건축물을 그 사용 일로부터 계속하여 2년 이상 공장 용도로 직접 사용한다면 이미 면제된 취·등록세는 추징되지 아니한다(세정과-1793, 2004. 6. 30.).

㉯「지방세특례제한법」제78조 제5항 제2호에서 그 사용일부터 2년 이상 산업용 건축물 등의 용도로 직접 사용하지 아니하고 매각·증여하거나 다른 용도로 사용하는 경우를 추징요건으로 규정하면서 법인분할과 관련된 별도의 추징요건을 규정하고 있지 아니한바, "매각"이란 상대방에게 대가를 받

25) 서정훈 외 2, 지방세 비과세·감면 100선, 조세통람, 2020, 141~151쪽

고 물건이나 권리 따위를 넘기는 특정승계를 의미하는 것이므로 그것과는 다른 법인분할에 따른 자산의 승계를 같이 보기는 어렵다고 판단된다(조심2016지0855, 2017. 5. 11.).

㉔ 일반건축물대장에 의하면 청구법인은 ○○○에게 쟁점토지를 이전하기 전인 2012.2.8. 쟁점토지상에 착공신고를 하였고, 적격분할에 의하여 청구법인으로부터 분할된 ○○○ 쟁점토지에 산업용 건축물을 신축하여 직접 사용하고 있으므로, 이 건의 경우 청구법인이 쟁점토지의 취득일부터 3년 이내에 산업용 건축물 등의 용도로 직접 사용하지 못한 정당한 사유에 해당한다고 보는 것이 타당하다 할 것이다(조심2014지1234, 2015. 4. 21.).

㉕ 「지방세특례제한법」 제78조 제5항 제2호의 추징사유인 "매각·증여"는 상대방에게 대가를 받고 재산 등을 이전하는 특정승계 또는 당사자 일방이 무상으로 재산 등을 상대방에게 수여하는 무상승계를 의미하는 반면, 분할은 분할계획서에 정한바대로 분할법인의 권리·의무를 분할신설법인이 포괄승계하는 것을 의미한다는 점에서 그 법률효과가 상이하다 할 것인 점 등에 비추어 해당 법인이 건축물을 매각 또는 증여한 것으로 보기는 어려우므로 처분청이 취득세 등을 부과한 처분은 잘못이 있음(조심2019지2056, 2019. 10. 7.).

③ 법인전환(현물출자나 사업양수도)으로 인한 양도

산업단지에서 공장용 건축물을 신·증축하여 공장용 등으로 사용하던 중 조세특례제한법 제32조의 규정에 의하여 법인전환한 경우에는 정당한 사유에 해당된다고 해석되어 왔으나 최근 법인 전환에 대해 추징 대상에 해당한다는 해석사례가 나오고 있다.

㉮ 개인사업자가 산업단지 내 공장신·증축용부동산을 취득한 후 공장용건축물을 신축하여 공장으로 사용하던 중 조세특례제한법 제32조의 규정에 의거 법인으로 전환한 경우라면 법인전환에 따라 소유권이 이전되는 것은 정당한 사유가 있는 것이므로 기감면된 취득세 등은 추징되지 아니한다(세정13407-118, 2002. 2. 2.).

㉯ 개인사업자가 농공단지내의 부동산을 취득하면서 취득세 등을 면제 받은 후 당해 부동산을 조세특례제한법 제32조에 의거 거주자가 사업용 고정자산을 현물출자하여 법인을 설립하는 경우에 법인으로 전환된 사업자가 계속하여 본래의 취득목적인 공장용의 용도에 사용하는 경우라면 3년 이내 양도한데 정당한 사유가 있는 것으로 사료되므로 이미 면제된 취득세 등은 추징되지 않을 것으로 사료됨(세정과-15358, 2011. 9. 29.).

㉰ 당초 분양계약자가 유예기간(2년) 내에 공동대표를 추가하여 법인을 공동소유로 분양변경 계약 체결한 것은 당초 분양계약자가 일부 지분을 매각·증여한 것에 해당되고, 또한 개인사업자와 법인은 별개의 권리주체인 바, 당초 개인사업자가 취득세 감면을 받았다 하더라도 유예기간 내에 개인사업자가 법인으로 전환하여 새로운 법인을 설립하는 것은 추징요건인 매각·증여에 해당된다 할 것이므로 모두 추징대상으로 보인다(지방세특례제도과-2914, 2016. 10. 10.).

㉱ 취득세 감면 요건의 구비여부나 추징규정에 따른 추징사유의 존부는 특별한 사정이 없는 한 취득

세 납세의무자별로 개별적으로 판단 하여야 할 것(같은 취지의 판결 대법원 2015. 3. 26. 선고, 2014두43097 판결)이므로 개인사업자의 법인전환으로 새롭게 설립된 법인이 해당 부동산을 양수 받게 되는 경우 동 법인은 개인사업자와는 별개의 법인격을 갖는 권리주체로서 해당 부동산을 소 유하게 되는 것이고 더 이상 개인사업자가 해당 부동산을 "직접 사용"한다 할 수 없다 할 것이므로 추징대상이 되는 것임(지방세특례제도과-1914, 2019. 5. 17.).

④ 현물출자로 인한 양도

기존에 감면받은 부동산의 현물출자가 법인세법 제47조의2의 요건을 갖춘 현물출자에 해당하고 A법 인이 하던 사업을 B법인이 그대로 승계한 경우라면 추징되지 아니하는 해석이 있었으나, 조세심판원에 서는 현물출자와 주식의 교부는 서로 대가관계에 있는 것으로 보아 추징사유인 매각에 해당하는 것으로 판단하고 있음.

㉮ A법인이 산업단지 내 부동산을 취득하고 위 규정에 의하여 취득세와 등록세를 면제받았으나, 사업 의 효율적 운영을 위하여 조세특례제한법 제38조 제1항의 요건을 갖춘 현물출자를 통하여 신설된 B법인에게 당해 부동산에 관한 권리를 양도하고, B법인으로 하여금 당초 취득목적에 직접 사용하 게 한 것이라면 정당한 사유에 해당되어 이미 면제된 취득세 등을 추징할 수는 없다고 사료됨(행정 자치부 지방세정팀-2054, 2007. 6. 5.; 대법원 1992. 6. 9. 선고 91누10725 판결 참조)(지방세정팀 -4804, 2007. 11. 16.).

㉯ 구 지방세특례제한법 제78조 제5항이 신설되면서, 산업단지 입주자에 대한 추징 규정을 세분하여 각 호별로 적용되도록 개정되었고, 제2호에서 "직접 사용한 기간이 2년 미만인 상태에서 매각·증 여하거나 다른 용도로 사용하는 경우"를 규정하면서 "정당한 사유"를 명시하지 않는 바, 상기의 규 정에서 '매각·증여'라 함은 유상, 무상을 불문하고 취득자가 아닌 타인에게 소유권이 이전되는 모 든 경우를 의미, 직접 사용한 기간이 2년 미만인 상태에서 소유권을 이전하는 경우에는 정당한 사유에 관계없이 추징 대상에 해당됨(지방세특례제도과-326, 2014. 12. 26.).

㉰ 일반적으로 발기인 또는 신주 인수인이 회사에 대하여 현물출자를 하면 회사는 이들에게 주식을 발행 교부하게 되는데 현물출자와 주식의 교부는 서로 대가관계에 있는 것으로 볼 것이므로 현물 출자의 유상성이 인정된다 할 것인 점, 청구인은 쟁점부동산을 2012. 1. 11. 증축·취득하였다가 2013. 6. 27. ○○○에게 현물출자하여 유예기간 내에 직접 사용하지 아니하고 소유권을 이전하였 으므로 정당한 사유로 볼 수 없는 점 등에 비추어 청구인이 유예기간 내에 쟁점부동산을 현물출자 한 것은 감면 추징사유인 매각에 해당한다고 보이므로 처분청이 청구인에게 이 건 취득세 등을 과세한 처분은 달리 잘못이 없다고 판단된다(조심2015지1130, 2015. 11. 2.).

ㄴ. 청구인이 유예기간 내에 쟁점부동산을 현물출자한 것은 매각에 해당함(추징대상)

㉱ 개인사업자가 산업단지 내의 부동산을 취득하여 감면을 받은 후, 해당 부동산을 유예기간 내에 현물출자하여 법인을 설립한 경우 이를 매각으로 보아 기 감면한 취득세 등을 추징한 처분은 개인

사업자인 청구인과 이 건 법인의 목적사업이 동일하다 하더라도 각각 별개의 권리 주체이므로 청구법인이 쟁점부동산을 직접 사용하였다고 보기 어려움(조심2016지1182, 2017. 2. 27.).

㉧ 쟁점토지를 취득한 후 2년 이내에 쟁점법인과 현물출자계약서를 작성하고 현물출자한 것으로 나타나는 점, 청구인은 현물출자한 대가로 쟁점법인의 주식을 교부받은 것으로 나타나는 점, 일반적으로 개인사업자가 현물출자하여 법인을 설립하고 주식을 교부받으면 양자 간에는 대가관계에 있어 매각으로 볼 수 있는 점, 개인사업자인 청구인과 현물출자를 받은 쟁점법인은 별개의 권리의무 주체인 점 등에 비추어 청구인이 쟁점토지를 쟁점법인에 현물출자한 것은 해당 용도로 직접 사용한 기간이 2년 미만인 상태에서 매각한 것으로 보는 것이 타당하다 하겠다(조심2017지0844, 2017. 11. 20.).

㉨ 청구인과 이 건 법인은 별개의 권리의무 주체이므로 이 건 법인이 이 건 토지를 취득하여 사용하는 것을 청구인이 여전히 직접 사용하고 있다고 보기 어려운 점, 청구인은 이 건 토지를 현물출자하면서 그 대가로 주식을 교부받아 그 실질이 대가를 받고 이 건 토지를 매각한 것과 달리 보기 어려운 점 등에 비추어, 청구인은 이 건 토지를 해당 용도로 직접 사용한 기간이 2년 미만인 상태에서 매각한 것에 해당한다고 판단된다(조심2019지1574, 2019. 10. 11.).

⑤ 부동산 및 영업권을 포괄 양도한 경우: 현물출자와 동일

입주기업이 부동산을 현물출자하는 것 외에 영업을 출자함으로써 원고 개인사업체의 모든 권리와 의무를 포괄승계하여 법인을 설립하는 경우 등에도 현물출자와 동일하게 추징 대상으로 보고 있다.

㉮ 개인사업자인 청구인이 사업포괄양수도계약을 통해 법인을 설립하고 부동산의 소유권을 법인에 양도하였다 하더라도 개인과 법인은 별개의 권리주체이고, 일반적으로 개인사업자가 사업양수도를 하여 법인을 설립하면 주식을 교부받게 되어 양자는 서로 대가관계에 있는 것이므로 해당 용도로 직접 사용한 기간이 2년 미만인 상태에서 매각한 것에 해당함(조심2018지0574, 2018. 8. 29.).

㉯ 영업출자가 이루어진 경우라고 하더라도 상속이나 합병 등과 같이 당사자 지위의 승계가 이루어지는 것은 아니고, 출자자와 영업출자를 받은 회사가 별개의 법인격을 갖는 권리주체인 점에서는 일반적인 현물출자와 차이가 없으며, 영업출자의 경우에도 영업양도와 마찬가지로 출자되는 개별 재산에 관해서는 특정승계 방식에 따라 이전이 이루어지게 되므로 영업출자에 따라 현물출자가 이루어진 경우를 개별 부동산에 대해 현물출자가 이루어진 경우와 달리 볼 수 없음(대법원2018두44920, 2018. 9. 13.).

(4) 산업용 건축물의 범위[26]

지방세특례제한법 시행령 제38조에서는 산업단지 등에 대한 감면대상인 산업용 건축물에 대하여 규정하고 있다.

---

26) 서정훈 외 2, 지방세 비과세·감면 100선, 조세통람, 2020, 132~136쪽

산업용 건축물의 범위

1. 「도시가스사업법」 제2조 제5호에 따른 가스공급시설용 건축물
2. 「산업기술단지 지원에 관한 특례법」에 따른 연구개발시설 및 시험생산시설용 건축물
3. 「산업입지 및 개발에 관한 법률」 제2조에 따른 공장·지식산업·문화산업·정보통신산업·자원비축시설용 건축물과 이와 직접 관련된 교육·연구·정보처리·유통시설용 건축물
4. 「산업집적활성화 및 공장설립에 관한 법률」 제30조 제2항에 따른 관리기관이 산업단지의 관리, 입주기업체 지원 및 근로자의 후생복지를 위하여 설치하는 건축물(수익사업용으로 사용되는 부분은 제외한다)
5. 「집단에너지사업법」 제2조 제6호에 따른 공급시설용 건축물
6. 「산업집적활성화 및 공장설립에 관한 법률 시행령」 제6조 제5항 제1호부터 제5호까지, 제7호 및 제8호에 해당하는 산업용 건축물 폐기물 수집운반, 처리 및 원료재생업, 2. 폐수처리업, 창고업, 화물터미널, 그 밖에 물류시설을 설치·운영하는 사업, 운송업(여객운송업은 제외한다), 산업용기계장비임대업, 특화산업육성을 위하여 농공단지관리기본계획에 따라 농공단지에 입주시키는 농림어업등의 산업, 전기업
   * 3호에 해당하는 공장용 건축물은 행정안전부령으로 정하는 업종 및 면적기준을 요함

① 공장 사무실

산업단지 내의 공장인 경우 그 사무실이 본점사무실이라고 하여도 오직 당해 공장을 영위하는데 필수적인 기능을 수행하는 경우라면, 위 규정 취득세 등 감면대상 산업단지 내 공장으로 볼 수 있는 부대시설에 해당된다(지방세운영과-2569, 2012. 8. 9.). 따라서 제조시설을 지원하는 공장의 부대시설인 사무실로서 공장용 건축물의 범위에 포함되는 것으로 보고 있음에 비추어 볼 때, 공장의 경우로서 그 사무실이 본점 사무실이라고 하여도 그것이 공장의 일부인 이상 이를 산업단지 내 신증축하는 공장시설에 대하여 감면하는 것이다(행심2005-150, 2005. 5. 30.).

② 체육시설

산업집적활성화 및 공장설립에 관한 법률 시행규칙 제2조【부대시설의 범위】제7호에 의하면 종업원의 복지후생을 위하여 해당 공장부지 안에 설치하는 부대시설로서 옥외체육시설도 공장의 범위에 포함하는 것이다. 공장 구내에 설치된다면 공장의 범위에 포함되므로 산업단지 감면이 될 것이지만 공장 구외에 별도로 체육시설을 설치하는 경우에는 감면대상이 되지 아니할 것이다.[27]

옥외 체육시설 및 기숙사 등 종업원의 복리후생증진에 필요한 부대시설용 건축물의 부속 토지가 공장용지로서 토지분 재산세 분리과세 대상이 되기 위하여는 공장경계구역 안에 있어야 하나(대법원 1996. 2. 9. 선고, 95누6144 판결 참조), 공장경계구역으로부터 350미터 정도 떨어져 있는 귀 사 옥외체육시설의 경우에는 귀 사 종업원들이 휴식시간에 도보로 이동하여 자유롭게 이용한다 하더라도 이는 공장경계구역 밖의 시설에 해당하므로, 그 부속 토지는 지방세법령에서 규정한 공장용지에 해당하지 아니한다(지방세정-886, 2006. 3. 3.).

---

27) 박광현, 지방세 이해와 실무, 삼일인포마인, 2020, 2518쪽

③ 공장용지 내 진입로

산업단지 내에 공장을 신축하기 위하여 여러 업체에서 공동으로 공장용지를 취득한 후 각각 분할하여 공장을 건축하였으나 취득한 공장용지 중 일부를 진입로로 개설하지 아니하고는 각 업체의 공장으로 진입이 불가능한 경우라면 취득한 공장용지 중 진입로로 사용하는 토지는 공장용에 직접 사용하지 못한 정당한 사유가 있다고 보아야 할 것이므로 기 면제한 취득세의 추징대상이 되지 않는 것이다(세정-746, 2007. 3. 22.).

④ 가스공급시설(가스관 등)

지방세법 제276조 제4항의 규정에 의한 공장의 범위에 관하여는 지방세법시행규칙 제115조 제1항의 규정을 준용한다고 규정하고 같은 법 시행규칙 제115조 제1항에서 공장의 범위는〔별표3〕에 규정한 업종의 공장으로서 생산설비를 갖춘 건축물의 연면적이 200㎡ 이상인 것을 말한다고 규정한 다음〔별표3〕 "24 전기, 가스 및 증기업" 중 코드번호 "4020 가스제조 및 공급업"은 지방세법 제276조 제1항 규정에 의한 공장에 해당되는 것으로 구분하고 있으므로 청구인의 이 건 가스공급시설도 동 규정에 의한 취득세 등의 면제대상이 된다 할 것이다. 위의 지방세법령을 종합해 볼 때, 청구인의 이 건 가스공급시설은 지방세법 제276조 제1항 규정에 의한 산업단지내 공장시설로서 취득세 등의 면제대상에 해당된다고 하겠다(조심 2008지151, 2008. 8. 29.).

⑤ 주유소

산업단지내 지원시설용지에 설치할 주유소는 「산업입지 및 개발에 관한 법률」 제2조 제5호에 규정된 시설 중 지원시설로서 「지방세특례제한법시행령」 제29조 제1호에 규정된 산업용 건축물 등에 포함되지 않으므로 감면대상에 해당되지 않음(충남세정-6512, 2011. 5. 20.).

└, 다만, 공장 내에 있는 주유소는 공장용 건축물에 해당할 것이다.

⑥ 제조시설 없이 부대시설만 설치하는 경우

제조업을 하기 위한 제조시설과 그 부대시설 등으로 구성되는 "공장"이라 함은 반드시 제조시설을 필요로 한다고 할 것이므로 최종적으로는 공장을 건축할 목적이라고 하더라도 제조시설을 설치하지 않고 그 부대시설만을 설치한 경우는 위 규정 취득세 면제대상 산업용 건축물등의 하나인 "공장"으로 보기 어려움(지방세운영과-1476, 2012. 5. 14.).

⑦ 공장이 없는 물품 보관·판매용 "유통시설"은 산업용 건축물 범위에서 제외

유통시설은 건축물과 직접 관련된 경우에 산업용 건축물 등으로 인정되는 반면, 물류시설은 특별한 요건없이 산업용 건축물로 인정된다. 공장이 없는 창고는 유통시설에 해당하는지 물류시설에 해당하는지에 따라 감면여부가 달라질 수 있는 것이다. 기존 유권해석은 물류시설은 유상성을 가진 물류사업을 위한 시설로 보아 유통시설과 구분하였다. 따라서, 공장이 없는 자사제품 창고는 건축물과 직접 관련성이 없어서 유통시설이 될 수 없고, 유상성이 없어 물류시설이 될 수 없었다.

㉮ 산업단지 내 토지를 취득하여 건축물을 건축한 후 당해 건축물에서 산업단지 내 입주업체 등 불특정다수인을 대상으로 산업용 자재와 각종 소모품 및 생활용품을 공급·판매하는 사업을 영위하고 있다면, 이는 당해 산업단지 내 공장·지식산업 등 이와 직접 관련된 유통시설용 건축물에 해당된다고 볼 수 없음(세정팀-4916, 2006. 10. 10.).

㉯ 산업단지에서 볼트 생산 목적으로 공장을 신축하였으나, 당해 산업단지 내 공장이 아닌 타지역 공장(같은 회사)에서 생상한 제품을 보관하는 창고용으로만 사용하는 경우, (구)지방세법 제276조 제1항 및 그 시행령 제224조의 2조에 따른 취등록세의 감면 대상인 산업단지 내 "산업용 건축물"의 하나인 "유통시설용 건축물"로 볼 수 없어 감면 대상에 해당되지 않음(지방세운영과-4022, 2011. 8. 26.).

㉰ 제품을 제조하여 인터넷으로 판매하는 법인이 산업단지 내 물류시설부지에 물류센터를 신축하여 물류시설로 사용한다고 하더라도 자사제품의 판매를 위한 창고시설로서 자가 물류시설로 사용하는 경우라면 "물류사업"의 요건인 유상성이 없다고 판단되므로 산업용 건축물등의 범위에 포함되는 물류시설에 해당하지 않는다(지방세특례제도과-104, 2017. 3. 7.).

위와 같이 창고시설을 유통시설로 볼 경우에는 공장의 설치가 있어야만 감면 대상에 해당된다. 그러나 최근 조세심판례에서는 이러한 창고시설(자가물류시설)이 지특령 제29조 제6호에서 규정하고 있는 물류시설에 해당되므로 공장의 설치와 무관하게 그 자체로 산업용 건축물 등에 해당된다고 보고 있다.

㉮ 지방세특례제한법시행령 제38조에 따른 "그 밖의 물류시설"은 물류정책기본법에 따른 물류사업 즉 화주로부터 대가를 받고 유상으로 물류활동을 영위하는 사업과 다른 업종이라고 보아야 하고, "화물 운송 및 보관시설 등"을 말하는 것이므로 물류사업을 하지 않는 자가 소유하는 화물 운송보관용 시설도 포함되고 여기에는 자기소유제품의 운송보관을 위한 물류시설도 당연히 포함됨(조심2015지1951, 2017. 6. 26.).

㉯ 산업용 건축물에는 "그 밖의 물류시설을 설치 및 운영하는 사업용 건축물"이 해당되고, 물류정책기본법 제2조 제1항 제4호에서 물류시설은 화물의 운송·보관·하역을 위한 시설로 규정하고 있으므로, 타 지역에서 생산된 자사 및 위탁 제조업체의 제품을 운송·보관·하역하는 부품창고도 산업용 건축물에 해당됨(조심2016지1021, 2017. 10. 17.).

⑧ 지방세 감면 대상

지방세특례제한법 제78조의 취지는 조성공사가 끝난 산업단지 안에서 산업용 건축물을 신축 또는 증축하여 취득하는 경우를 지원하려는 것이고 또한 같은 조 제4항에서는 "산업단지에서"라고 감면 대상 지역을 명시하고 있으므로 지방세 감면 대상은 산업단지 안에서 취득하는 건축물로 한정함(지방세특례제도과-1350, 2015. 5. 18.).

⑨ 기업부설연구소는 지식산업 관련 산업용 건축물에 해당

지식산업에 속하는 연구개발업은 고부가가치의 지식서비스를 창출하는 산업으로 독자적으로 수행하는 기업과 함께 동일기업 내에 다른 사업체에서 전문, 과학 및 기술서비스를 수행할 수 있다는 모든 경우를 포함하고 있다는 점을 감안할 때 산업단지 내에 연구개발업에 속하는 기업부설연구소를 신축하여 실용적 목적으로 연구하는 응용연구, 제품의 공정개발을 위한 실험개발 등 연구 활동용도로 사용하고 있는 경우라면 "산업용 건축물등"의 범위에 속한 건축물로 해석하는 것이 타당하다고 보여짐(지방세특례제도과-797, 2017. 9. 19.).

(5) 추징이 배제되는 정당한 사유

① 추징을 배제할 수 있는 정당한 사유

지방세특례제한법 제78조 제5항 제1호는 취득일로부터 3년이 경과할 때까지 직접 사용하지 않은 경우라 하더라도, 정당한 사유가 있으면 추징을 배제하고 있다. 정당한 사유에 대해서 법원은 법령에 의한 금지·제한 등 외부적 사유의 존재, 직접사용을 위한 진지한 노력 여부, 부동산 취득목적에 따른 일반적인 준비기간의 장단, 직접 사용하지 못한 법령상·사실상 장애사유 등을 구체적으로 고려하여 판단하고 있다(대법원 2019두33415, 2019. 5. 16.).

② 모법인이 감면받은 자법인에게 추징 가능한지와 정당한 사유 여부

모법인이 쟁점토지를 취득한 날(2014. 4. 29.)부터 3년이 경과할 때까지 해당 용도로 직접 사용하지 아니한 것으로 보아 모법인이 감면받은 취득세 및 재산세 등을 자법인에게 추징 가능한지 여부와 관련하여, 청구법인이 모법인으로부터 물적 분할에 따라 쟁점토지를 자산으로 이전받으면서 감면이 확정된 모법인의 취득세 및 재산세의 채무까지 승계하였다고 보기 어려운 점 등에 비추어 모법인이 감면받은 취득세 및 재산세 등이 추징대상이 되었다 하더라도 그 세액을 모법인에게 과세할 수 있을 뿐 청구법인에게 추징하는 것은 타당하지 아니하므로 처분청이 청구법인에게 모법인이 감면받은 2014년도 취득세와 2014년도분 및 2015년도분 재산세 등을 추징한 처분은 잘못이 있다고 판단된다.

다음으로 청구법인이 쟁점토지를 취득일(2016. 3. 18.)부터 3년이 경과할 때까지 해당 용도로 직접 사용하지 못한 정당한 사유가 있는지 여부와 관련하여, 당초 모법인이 씨나인 정제사업을 추진하기 위하여 쟁점토지를 취득하였으나 글로벌 시장상황의 변화, 공급처의 공급 중단 등으로 사업추진이 어렵게 되자 물적 분할을 통하여 신재생에너지 발전사업에 사용하기 위하여 청구법인을 설립한 점, 청구법인은 쟁점토지를 2016. 3. 18. 취득한 후 바이오에너지 사업을 추진하기 위한 목적으로 하여 일련의 절차를 거쳐 2017. 6. 1. 건축허가를 완료하고 2018. 12. 1. 착공예정이었으나 외부 시장상황의 변화로 인한 자금조달 지연 등으로 2019. 5. 31.까지 착공연기를 신청하고 그 이후로도 진척 상황이 없는 점, 청구법인이 추진하고 있는 바이오에너지의 인증서 가격이 폭락하고 원재료 가격이 폭등하는 외부 시장상황, 이에 따른 자금조달의 어려움 등은 청구법인의 내부적인 경영상의 문제로 보이는 점 등에 비추어 이를 정당한 사유에 해당한다고 보기는 어렵다 하겠다(조심2019지2219, 2019. 11. 12.).

③ 산업단지 내 토지 취득시기 판단과 정당한 사유 인정 여부

산업단지 내의 토지의 취득시기를 최종 잔금정산일이나 토지사용가능일로 볼 수 있는지 여부와 관련하여, 청구법인이 2014. 4. 14. 사업시행자와 체결한 매매계약서상 매매대금, 토지위치가 특정되어 있고, 청구법인은 2014. 12. 15. 이러한 매매계약에 따른 매매대금 중 선납할인액 OOO원을 제외한 나머지 매매대금을 모두 지급하였으므로, 당초 매매대금을 모두 지급한 시점에서 이 건 토지를 사실상 취득하였다고 보아야 할 것이고, 취득세가 취득행위를 과세객체로 하는 유통세인 점에 비추어 토지에 대한 매매계약을 체결하고 잔금을 지급하였지만 그 사용에 제한이 있다고 하여 사실상 취득이 이루어지지 아니하였다고 볼 수는 없는 점 등에 비추어 부과처분은 달리 잘못이 없음.

다음으로 산업단지 내의 토지를 취득한 후 유예기간 이내에 산업용 건축물 등을 건축하지 못한데 정당한 사유 인정 여부와 관련하여, 항공사진에서 이 건 토지 인근에 공장이 신축되어 있는 점에서 청구법인도 그 무렵 사용승낙을 받아 이 건 토지를 사용할 수 있다고 보아야 할 것이므로 공장용 건축물을 신축할 시간적인 여유가 있었다고 할 것인데, 청구법인은 2017. 12. 5.에 비로소 건축허가를 받아 유예기간을 경과한 2018. 7. 24. 착공신고를 한 점에서 이 건 토지를 유예기간 이내에 취득목적대로 사용하기 위한 정상적인 노력을 다하였다고 보기 어렵다 하겠으므로 부과처분은 달리 잘못이 없음(조심2019지1955, 2019. 11. 5.).

④ 등기 착오 및 정정 등 쟁점 부동산의 사실관계를 오해하는 경우

부동산 취득과정에서 그 등기 착오나 그에 따른 오해로 인하여 부동산의 정당한 소유자가 입게 된 손해에 대한 배상은 별론으로 하고, 해당 부동산에 관한 등기 착오 및 정정 등 쟁점 부동산과 관련된 사실관계를 오해한 제3자의 신청에 따라 "부동산 처분금지 가처분" 결정 및 그 취소로 인하여 그 사용이 지체된 경우에도 쟁점 부동산을 유예기간 내에 해당 용도에 직접 사용하지 못한 정당한 사유가 있었다고 보기 어려움(지방세특례제도과-2068, 2019. 5. 28.).

⑤ 3년 이내에 산업용 건축물 등의 용도로 사용하지 못한 경우

쟁점토지를 취득일부터 3년 이내에 산업용 건축물 등의 용도로 직접 사용하지 못한 것은 청구법인 내부의 사업계획에 따른 것이고 청구법인은 쟁점토지를 취득할 당시부터 3년 이내에 산업용 건축물 등의 용도로 직접 사용하지 못할 것이라는 사실을 알고 있었던 것으로 보이며, 산업용 건축물 등의 용도로 사용하지 못한데 법령에 의한 금지·제한이나 행정관청의 귀책사유가 있었다는 사실이 나타나지 아니하는 점 등에 비추어 청구법인이 쟁점토지를 취득일부터 3년이 경과할 때까지 해당 용도로 직접 사용하지 못한 정당한 사유가 있다고 보기는 어려움(조심2018지0535, 2019. 4. 2.).

⑥ 산업용 건축물 등의 용도로 사용하지 못한 데에 정당한 사유 여부

청구법인은 이 사건 토지를 산업용 건축물 등의 용도로 직접 사용하지 못한 데에 정당한 사유가 있다고 주장하나, 조선업종의 경기침체에 따라 투자시기를 조정하는 것은 내부적인 경영판단에 따른 것이지 법령상의 금지·제한이라고 보기는 어려운 점 등에 비추어 청구주장을 받아들이기 어려움(조심2018지0707, 2018. 6. 21.).

⑦ 처분청이 청구법인에게 취득세 등을 부과한 처분에 잘못이 없는 경우

토지를 취득한 후 직접 사용하지 아니한 채 나대지 상태로 매각한 것이 확인되는 점, 경영상의 악화로 이 건 토지에 산업용 건축물을 신축하지 못한 채 매각할 수밖에 없었다는 청구법인의 주장은 내부사정일 뿐 정당한 사유로 보기 어려운 점, 그 밖에 목적사업에 사용할 수 없었던 장애사유를 증명할 만한 신빙성 있는 자료 등을 제시하지 못하고 있는 점 등에 비추어 처분청이 청구법인에게 이 건 취득세 등을 부과한 처분은 달리 잘못이 없다고 판단됨(대법원2017두64903, 2018. 1. 31.).

⑧ 산업용지를 유예기간 내에 사용하지 못한 정당한 사유 여부

투자유치과에서 위 과세와 관련하여 "이 건 토지는 행정 필요에 의해 산업용지에서 공장설립이 불가능한 지원시설로 용도가 변경되었으므로 공장설립을 할 수 없었음"을 이유로 감액을 요청하자 청구법인이 "행정관청의 사용금지·제한 등 외부적인 사유" 등 유예기간 내에 사용하지 못한 정당한 사유가 있음(조심2017지0853, 2017. 12. 19.).

(6) 그 외 해석사례

① 지목변경도 부동산 취득으로 보고 감면대상임

토지에 대하여 공장용지로 사실상 그 지목을 변경함으로써 간주취득한 경우 산업단지개발사업의 시행자가 산업단지를 조성하기 위하여 취득하는 부동산에 해당된다고 보아 취득세가 면제됨(감심2001-14, 2001. 2. 13. 참조). (지방세정팀-2726, 2006. 7. 4.).

② 분양권의 승계

산업단지 안에서 공장용 건축물을 신축하거나 증축하고자 하는 자가 산업단지 안의 토지를 분양받은 자로부터 그 지위를 승계하여 당해 토지에 대한 분양잔금을 지급하고 최초로 그 소유권을 취득한 경우 당해 토지 전부에 대한 취득세와 등록세(이하 "취득세 등"이라 한다)는 이 사건 규정에 의한 면제대상에 포함된다고 봄이 상당하다(대법원2007두21341, 2010. 1. 14.).

③ 재생사업지구로 지정·고시되었지만 "재생사업계획"과 "지정권자의 승인"을 받지 못한 상태에서는 공장 신축을 위해 부동산을 취득하였더라도 감면 대상이 아님

위 규정에 따라 지방세가 경감되는 부동산은 산업단지 개발사업의 시행자가 "산업단지 개발실시계획"을 거쳐 "지정권자의 승인"을 받아 "이미 산업단지로 조성된 토지"에서 취득하는 부동산을 의미하는 것으로 보아야 하고, 이러한 취지는 산업입지법 제39조의11 제1항에 의하여 재생사업지구로 지정·고시되어 산업단지가 지정·고시된 것으로 의제되는 경우에도 마찬가지라고 할 것이다. 그렇다면 재생사업지구로 지정·고시되었지만 "재생사업계획"과 "지정권자의 승인"을 받지 못한 상태에서는 원고와 같이 공장을 신축하기 위해 부동산을 취득하였더라도, 그에 대한 취득세나 재산세가 감면된다고 할 수 없다(대법원 2017두33138, 2017. 5. 12.).

④ 산업단지로 지정된 경계에서 벗어난 공유수면과 구조물의 경우

산업입지법 제2조 제8호에서 산업단지를 "산업시설 등을 집단적으로 설치하기 위하여 포괄적 계획에 따라 지정·개발하는 일단의 토지"라고 규정하고 있는 바, 산업단지로 지정된 경계에서 벗어난 공유수면을 산업단지로 볼 수 없고, 구조물이 산업단지와 연접하여 있고 단지 내의 생산설비와 연계하여 이용된다 하더라도 경계를 벗어나 공유수면에 위치하고 있다면 산업단지에 대한 감면 대상이 아님(조심2016지0648, 2017. 10. 16.).

⑤ 공장 신축 전 토지를 임대하는 것은 2년 이상 직접 사용하지 않고 다른 용도로 사용한 경우

입주기업이 공장 신축 전에 부지를 임대한 경우 추징사유가 되는지 문제된다. 추징조항을 해석하기에 따라서 3년 이내에 신축하기만 한다면 그 신축 전의 임대는 추징사유가 아닌 것으로 보아야 한다는 의견이 있다. 조세심판원은 3년 이내에 산업용 건축물을 신축하더라도 신축 전에 해당 토지를 임대하는 것은 "2년 이상 해당 사업에 직접 사용하지 않은 상태에서 다른 용도로 사용한 경우"에 해당하여 추징대상에 해당한다고 판단한 바 있다(조심 2017지1096, 2018. 3. 29.).

⑥ 산업용 건축물 신축의 공사개시 판단

산업용 건축물을 신축하는 사업의 판단기준에 대하여 일반적으로 착공하는 것을 개시시점으로 보고 있으나, 판례에서는 기존 건물이나 시설 등의 철거, 벌목이나 수목 식재, 신축 건물의 부지 조성, 울타리 가설, 진입로 개설 등 건물 신축의 준비행위를 공사의 개시로 보지 않으며 굴착 및 축조 등의 공사가 개시되어야 착수를 인정하고 있다(대법원 2018두35049, 2018. 5. 15.).

⑦ 다른 법률에 따라 산업단지로 의제된 경우 지방세 감면 대상인 산업단지로 볼 수 있는지

구 지방세특례제한법 제54조 제1항은 과세특례 대상자를 "관광진흥법 제55조 제1항에 따른 관광단지 개발 사업시행자"로 규정하고 있고, 관광진흥법 제55조 제1항은 "조성계획의 승인을 받아 조성계획 사업을 시행하는 자"를 관광단지개발 사업시행자로 규정하고 있는바, 위 조항들에 따르면 구 지방세특례제한

법 제54조 제1항의 과세특례 대상자는 "관광진흥법에 따른 조성계획 승인을 받아 조성계획 사업을 시행하는 자"라고 할 것이고, 다른 법률에 따른 개발사업 시행자가 조성계획 승인을 받은 것으로 의제되는 경우까지 포함하는 것으로 확장 해석하는 것은 조세법률주의의 엄격해석 원칙에 반한다(대법 2018두 38499, 2018. 6. 28.).

2) 실무해설

(1) 감면율

사업시행자 외의 산업단지 입주기업이 산업단지 등[28]에서 취득하는 다음 부동산에 대해서는 다음과 같이 2022. 12. 31.까지 지방세를 경감한다.

ㄱ 산업용 건축물 등을 신축하기 위하여 취득하는 토지와 신축 또는 증축하여 취득하는 산업용 건축물 등(공장용 건축물(「건축법」 제2조 제1항 제2호에 따른 건축물을 말한다)을 신축 또는 증축하여 중소기업자에게 임대하는 경우를 포함한다)은 100분의 50을 경감한다.

ㄴ 산업단지 등에서 대수선(「건축법」 제2조 제1항 제9호에 해당하는 경우로 한정한다)하여 취득하는 산업용 건축물등.

ㄷ 제1항의 부동산에 대해서는 해당 납세의무가 최초로 성립하는 날부터 5년간 재산세의 100분의 35를 경감(수도권 외의 지역에 있는 산업단지의 경우에는 100분의 75를 경감)한다.

검토사항	검토내용	관련서류
취득지역	• 관련법에 근거한 산업단지 등 해당 여부	• 분양(매매)계약서
취득물건	• 산업용 건축물 해당 여부	• 입주계약서 • 사업계획서

제4항에 따라 취득세를 경감하는 경우 지방자치단체의 장은 해당 지역의 재정여건 등을 고려하여 100분의 25(같은 항 제2호 나목에 따라 취득세를 경감하는 경우에는 100분의 15)의 범위에서 조례로 정하는 율을 추가로 경감할 수 있다.

자치단체별 취득세 추가 감면 적용사례	감면율
• 부산, 대구, 광주, 대전, 울산광역시, 세종특별자치시, 경기도, 강원도, 충청북도, 충청남도, 전라북도, 전라남도, 경상북도, 경상남도	취득세 25%(대수선의 경우 15%)를 추가 경감

---

[28] 산업단지 등: 「산업입지및개발에관한법률」에 따라 지정된 산업단지, 「산업집적활성화및공장설립에관한법률」에 따른 유치지역, 「산업기술단지지원에관한특례법」에 따라 조성된 산업기술단지

(2) 사후관리(제78⑤)

감면 추징 요건	확인 방법
• 정당한 사유 없이 그 취득일로부터 3년이 경과할 때까지 해당 용도로 직접 사용하지 아니하는 경우 • 해당 용도로 직접 사용한 기간이 2년 미만인 상태에서 매각(해당 산업 단지관리기관 또는 산업기술단지관리기관이 환매하는 경우는 제외한다)·증여하거나 다른 용도로 사용하는 경우	• 현장조사 • 등기부등본

4 연도별 감면율

1 산업단지개발사업 시행자 등의 단지조성용 부동산에 대한 감면(제78조①)

구분	2015	2016	2017	2018	2019	2020
취득세	35%	35%	35%	35%	35%	35%
농특세	과세	과세	과세	과세	과세	과세
최소납부	미적용	미적용	미적용	미적용	미적용	미적용

구분	2015	2016	2017	2018	2019	2020
재산세	35% (또는 60%)	35% (또는 60%)	35% (또는 60%)	35% (또는 60%)	35% (또는 60%)	35% (또는 60%)
농특세	비과세	비과세	비과세	비과세	비과세	비과세
최소납부	미적용	미적용	미적용	미적용	미적용	미적용

2 산업단지 등 조성 후 산업용 건축물 등의 분양 또는 임대용 부동산에 대한 감면(제78조②)

구분	2015	2016	2017	2018	2019	2020
취득세	35%	35%	35%	35%	35%	35%
농특세	과세	과세	과세	과세	과세	과세
최소납부	미적용	미적용	미적용	미적용	미적용	미적용

구분	2015	2016	2017	2018	2019	2020
재산세	35% (또는 60%)	35% (또는 60%)	35% (또는 60%)	35% (또는 60%)	35% (또는 60%)	35% (또는 60%)
농특세	비과세	비과세	비과세	비과세	비과세	비과세
최소납부	미적용	미적용	미적용	미적용	미적용	미적용

3 산업단지 등 조성 후 산업용 건축물 등 신·증축에 대한 감면(제78조③)

구분	2015	2016	2017	2018	2019	2020
취득세	35%	35%	35%	35%	35%	35%
농특세	과세	과세	과세	과세	과세	과세
최소납부	미적용	미적용	미적용	미적용	미적용	미적용

구분	2015	2016	2017	2018	2019	2020
재산세	35% (또는 60%)	35% (또는 60%)	35% (또는 60%)	35% (또는 60%)	35% (또는 60%)	35% (또는 60%)
농특세	비과세	비과세	비과세	비과세	비과세	비과세
최소납부	미적용	미적용	미적용	미적용	미적용	미적용

4 산업단지 등에서 산업용 건축물 등 신·증축(건축)과 대수선에 대한 감면(제78조④)

구분	2015	2016	2017	2018	2019	2020
취득세(신·증축)	50%	50%	50%	50%	50%	50%
취득세(대수선)	25%	25%	25%	25%	25%	25%
농특세	과세	과세	과세	과세	과세	과세
최소납부	미적용	미적용	미적용	미적용	미적용	미적용

구분	2015	2016	2017	2018	2019	2020
재산세	35%	35%	35%	35%	35%	35%
재산세(수도권 외 산단)	75%	75%	75%	75%	75%	75%
농특세	비과세	비과세	비과세	비과세	비과세	비과세
최소납부	미적용	미적용	미적용	미적용	미적용	미적용

▶ 부칙에 따라 종전 법률 적용되는 경우 취득세, 재산세(대수선 제외) 감면율

산업단지 입주기업이 사업시행자와 2015. 12. 31.까지 분양계약을 체결하고 제78조④의 산업용 건축물을 취득하는 경우에는 2017. 12. 31.까지 종전 법률을 적용한다. 이에 따른 연도별 감면율은 다음과 같다. 해당 부칙은 종전 법률을 적용하는 것으로 규정하므로, 최소납부세제 규정도 적용되지 않는 것으로 해석된다.

> **부칙 (2014. 12. 31. 법률 제12955호) 제25조 【산업단지 입주기업 등에 대한 경감세율 특례】**
> 제78조 제1항에 따른 사업시행자와 2015년 12월 31일까지 분양계약을 체결하고 제78조 제4항 제1호의 대상지역에서 산업용 건축물등을 건축 [공장용 건축물(「건축법」 제2조 제1항 제2호에 따른 건축물을 말한다)을 건축하여 중소기업자에게 임대하려는 자를 포함한다] 또는 대수선 하려는 자가 제78조 제4항에 따라 취득하는 부동산에 대해서는 이 법 개정 법률에도 불구하고 2017년 12월 31일까지 종전의 법률을 적용한다.

구분	2015	2016	2017	2018	2019	2020
취득세(신·증축)	면제	면제	면제	50%	50%	50%
취득세(대수선)	50%	50%	50%	25%	25%	25%
농특세	과세	과세	과세	과세	과세	과세
최소납부	미적용	미적용	미적용	미적용	미적용	미적용

구분	2015	2016	2017	2018	2019	2020
재산세	50%	50%	50%	35%	35%	35%
재산세(수도권 외 산단)	면제	면제	면제	75%	75%	75%
농특세	비과세	비과세	비과세	비과세	비과세	비과세
최소납부	미적용	미적용	미적용	미적용	미적용	미적용

▷ 부칙에 따른 추가감면율

제78조④ 감면의 경우, 지방자치조례에서 추가감면 있는 경우 이를 반영해야함 {100분의 25(같은 항 제2호 나목에 따라 취득세를 경감하는 경우에는 100분의 15)의 범위에서 추가 경감 가능}

자치단체별 취득세 추가 감면 적용사례
• 부산, 대구, 광주, 대전, 울산광역시, 세종특별자치시, 경기도, 강원도, 충청북도, 충청남도, 전라북도, 전라남도, 경상북도, 경상남도

PART

08

법인의 지방이전에
대한 감면(제79조)

법인의 지방 이전에 대한 감면(제79조)

1 현행규정

법 제79조(법인의 지방 이전에 대한 감면)

① 과밀억제권역에 본점 또는 주사무소를 설치하여 사업을 직접 하는 법인이 해당 본점 또는 주사무소를 매각하거나 임차를 종료하고 대통령령으로 정하는 대도시(이하 이 절에서 "대도시"라 한다) 외의 지역으로 본점 또는 주사무소를 이전하는 경우에 해당 사업을 직접 하기 위하여 취득하는 부동산에 대해서는 취득세를 2021년 12월 31일까지 면제하고, 재산세의 경우 그 부동산에 대한 재산세의 납세의무가 최초로 성립하는 날부터 5년간 면제하며 그 다음 3년간 재산세의 100분의 50을 경감한다. 다만, 다음 각 호의 어느 하나에 해당하는 경우에는 감면한 취득세 및 재산세를 추징한다.

1. 법인을 이전하여 5년 이내에 법인이 해산된 경우(합병·분할 또는 분할합병으로 인한 경우는 제외한다)와 법인을 이전하여 과세감면을 받고 있는 기간에 과밀억제권역에서 이전 전에 생산하던 제품을 생산하는 법인을 다시 설치한 경우

2. 해당 사업에 직접 사용한 기간이 2년 미만인 상태에서 매각·증여하거나 다른 용도로 사용하는 경우

② 대도시에 등기되어 있는 법인이 대도시 외의 지역으로 본점 또는 주사무소를 이전하는 경우에 그 이전에 따른 법인등기 및 부동산등기에 대해서는 2021년 12월 31일까지 등록면허세를 면제한다.

③ 제1항 및 제2항에 따른 대도시 외의 지역으로 이전하는 본점 또는 주사무소의 범위와 감면 등의 적용기준은 행정안전부령으로 정한다.

영 제39조(대도시의 범위)

법 제79조 제1항 본문에서 "대통령령으로 정하는 대도시"란 과밀억제권역(「산업집적활성화 및 공장설립에 관한 법률」을 적용받는 산업단지는 제외한다)을 말한다.

규칙 제7조(대도시 외의 지역으로 이전하는 본점 또는 주사무소에 대한 감면 등의 적용기준)

① 법 제79조 제1항 본문에 따라 대도시(영 제39조에 따른 대도시를 말한다. 이하 같다) 외의 지역으로 본점 또는 주사무소를 이전(移轉)하여 해당 사업을 직접 하기 위하여 취득하는 부동산의 범위는 법인의 본점 또는 주사무소로 사용하는 부동산과 그 부대시설용 부동산으로서 다음 각 호의 요건을 모두 갖춘 것으로 한다.

1. 대도시 외의 지역으로 이전하기 위하여 취득한 본점 또는 주사무소용 부동산으로서 사업을 시작하기 이전에 취득한 것일 것

2. 과밀억제권역 내의 본점 또는 주사무소를 대도시 외의 지역으로 이전하기 위하여 사업을 중단한 날까지 6개월(임차한 경우에는 2년을 말한다) 이상 사업을 한 실적이 있을 것

3. 대도시 외의 지역에서 그 사업을 시작한 날부터 6개월 이내에 과밀억제권역 내에 있는 종전의 본점 또는 주사무소를 폐쇄할 것

4. 대도시 외의 지역에서 본점 또는 주사무소용 부동산을 취득한 날부터 6개월 이내에 건축공사를 시작하거나 직접 그 용도에 사용할 것. 다만, 정당한 사유가 있는 경우에는 6개월 이내에 건축공사를 시작하지 아니하거나 직접 그 용도에 사용하지 아니할 수 있다.

② 제1항에 따른 감면대상이 되는 본점 또는 주사무소용 부동산 가액의 합계액이 이전하기 전의 본점 또는 주사무소용 부동산 가액의 합계액을 초과하는 경우 그 초과액에 대해서는 취득세를 과세한다. 이 경우 그 초과액의 산정방법과 적용기준은 다음 각 호와 같다.

1. 이전한 본점 또는 주사무소용 부동산의 가액과 이전하기 전의 본점 또는 주사무소용 부동산의 가액이 각각 「지방세법」 제10조 제5항에 따른 사실상의 취득가격 및 연부금액으로 증명되는 경우에는 그 차액

2. 제1호 외의 경우에는 이전한 본점 또는 주사무소용 부동산의 시가표준액(「지방세법」 제4조에 따른 시가표준액을 말한다. 이하 같다)과 이전하기 전의 본점 또는 주사무소용 부동산의 시가표준액의 차액

2 개정연혁

1 2016년 개정 내용

□ 지방이전 법인 및 공장 추징규정 보완

개정 전	개정 후
제79조(법인의 지방 이전에 대한 감면) ① 과밀억제권역에 본점 또는 주사무소를 설치하여 사업을 직접 하는 법인이 해당 본점 또는 주사무소를 매각하거나 임차를 종료하고 대통령령으	제79조(법인의 지방 이전에 대한 감면) ① -------------------- -- --

개정 전	개정 후
로 정하는 대도시(이하 이 절에서 "대도시"라 한다) 외의 지역으로 본점 또는 주사무소를 이전하는 경우에 해당 사업을 직접 하기 위하여 취득하는 부동산에 대하여는 2015년 12월 31일까지 취득세를 면제하고, 재산세의 경우 그 부동산에 대한 재산세의 납세의무가 최초로 성립하는 날부터 5년간 면제하며 그 다음 3년간 재산세의 100분의 50을 경감한다. 다만, 법인을 이전하여 법인이 해산된 경우(합병·분할 또는 분할합병으로 인한 경우는 제외한다)와 법인을 이전하여 과세감면을 받고 있는 기간에 과밀억제권역에서 이전 전에 생산하던 제품을 생산하는 법인을 다시 설치한 경우에는 감면한 취득세 및 재산세를 추징한다. 〈신설〉 〈신설〉 ② 대도시에 등기되어 있는 법인이 대도시 외의 지역으로 본점 또는 주사무소를 이전하는 경우에 그 이전에 따른 법인등기 및 부동산등기에 대하여는 2015년 12월 31일까지 등록면허세를 면제한다. ③ (생략) 제80조(공장의 지방 이전에 따른 감면) ① 대도시에서 공장시설을 갖추고 사업을 직접 하는 자가 그 공장을 폐쇄하고 대도시 외의 지역으로서 공장 설치가 금지되거나 제한되지 아니한 지역으로 이전한 후 해당 사업을 계속하기 위하여 취득하는 부동산에 대하여는 2015년 12월 31일까지 취득세를 면제하고, 재산세의 경우 그 부동산에 대한 납세의무가 최초로 성립하는 날부터 5년간 면제하고 그 다음 3년간 재산세의 100분의 50을 경감한다. 다만, 공장을 이전하여 과세감면을 받고 있는 기간에 대도시에서 이전 전에 생산하던 제품을 생산하는 공장을 다시 설치한 경우에는 감면한 취득세 및 재산세를 추징한다. 〈신설〉 〈신설〉 ② (생략)	-- -- -- -- -- ------------------- 대해서는 취득세를 2018년 12월 31일까지 ------------------- -- -- -- -------------------. 다만, 다음 각 호의 어느 하나에 해당하는 경우에는 감면한 취득세 및 재산세를 추징한다. 1. 법인을 이전하여 5년 이내에 법인이 해산된 경우(합병·분할 또는 분할합병으로 인한 경우는 제외한다)와 법인을 이전하여 과세감면을 받고 있는 기간에 과밀억제권역에서 이전 전에 생산하던 제품을 생산하는 법인을 다시 설치한 경우 2. 해당 사업에 직접 사용한 기간이 2년 미만인 상태에서 매각·증여하거나 다른 용도로 사용하는 경우 ② -- -- -- ----------------- 대해서는 2018년 12월 31일-----------------. ③ (현행과 같음) 제80조(공장의 지방 이전에 따른 감면) ① ----------------- -- -- -- -- ------------- 대해서는 취득세를 2018년 12월 31일까지 ------------- -- -- -- -----------------------------------. 다만, 다음 각 호의 어느 하나에 해당하는 경우에는 감면한 취득세 및 재산세를 추징한다. 1. 공장을 이전하여 지방세를 감면받고 있는 기간에 대도시에서 이전 전에 생산하던 제품을 생산하는 공장을 다시 설치한 경우 2. 해당 사업에 직접 사용한 기간이 2년 미만인 상태에서 매각·증여하거나 다른 용도로 사용하는 경우 ② (현행과 같음)

개정이유 ▶

● 추징규정을 개선하여 법인을 이전하여 5년 이내에 법인이 해산된 경우와 해당 용도로 직접 사용한 기간이 2년 미만인 상태에서 매각·증여하거나 다른 용도로 사용하는 경우에 추징하도록 보완

적용요령 ▶

● 이 법 시행('16. 1. 1.) 후부터 적용

▶ 개정 연혁 요약[29]

2016. 1. 1. 시행, 지방세특례제한법 개정으로 법인을 이전하여 5년 이내에 법인이 해산된 경우와 해당 용도로 직접 사용한 기간이 2년 미만인 상태에서 매각·증여하거나 다른 용도로 사용하는 경우에 추징하도록 추징규정을 보완하였다.

2019. 1. 1. 시행, 지방세특례제한법 개정으로 지방이전 법인에 대한 지방세 감면의 일몰 기한을 지방의 고용창출을 고려하여 2021. 12. 31.까지 3년간 연장하였다.

3 해석사례 및 실무해설

1 해석사례

① 본점용 토지를 매입하였으나 건축계획변경 등으로 인하여 신축공사의 착공시기 등이 지연되어 임시로 임차사업장에 본점을 이전하였다가 신축공사를 착공하여 쟁점건축물이 완공됨에 따라 본점을 이전한 경우 감면 해당 여부

대도시 외의 지역에 소재하고 있는 임차사업장에서 쟁점건축물로 본점을 이전한 것으로 나타나는 점 등에 비추어 쟁점건축물이 「지방세특례제한법」 제79조에서 규정하고 있는 법인의 지방 이전에 대한 감면적용 대상에 해당하지 않는다(조심2015지183 4, 2015. 12. 11.).

② 과밀억제권역 내에서 건물을 신축하여 방송사 본사가 뉴스제작을 위하여 사용하는 경우 취득세 중과세 범위 및 사업장이 본사 건물과 함께 있는지에 따라 중과기준이 달리 적용되는지 여부

본점이라 함은 법인의 중추적인 의사결정 등 주된 기능을 수행하는 장소를 말하고, 취득세 중과대상 본점 사업용 부동산인지 여부의 판단은 본점등기를 기준으로 판단하는 것이 아니므로, 본사의 조직이나 중추적인 관리기능 없이 단순히 방송프로그램 제작 등의 용도로 사용되고 있다면 본사와 같은 건물 내에 위치하고 있더라도 중과대상으로 보기 어렵다(안전행정부 지방세운영과-167, 2016. 1. 15.).

2 실무해설

(1) 법인 본점 또는 주사무소의 지방 이전에 대한 취득세 및 재산세 감면

과밀억제권역에서 본점 또는 주사무소를 설치하여 사업을 직접 하는 법인이 해당 본점 또는 주사무소

---

29) 오정의 외 2, 지방세 4법 해설과 실무사례, 삼일인포마인, 2020, 1844~1845쪽

를 매각하거나 임차를 종료하고 대도시 외의 지역으로 본점 또는 주사무소를 이전하는 경우, 해당 사업을 직접 하기 위하여 취득하는 부동산에 대한 취득세 및 재산세를 면제 또는 감면한다.

(2) 법인 본점 또는 주사무소의 지방 이전에 대한 등록면허세 면제

대도시에 등기되어 있는 법인이 대도시 외의 지역으로 본점 또는 주사무소를 이전하는 경우 2018년 12월 31일까지 등록면허세를 면제한다.

(3) 용어 설명

① 과밀억제권역

인구와 산업이 지나치게 집중되었거나 집중될 우려가 있어 이전하거나 정비할 필요가 있는 지역(서울특별시, 인천광역시(강화군, 옹진군, 서구 대곡동·불로동·마전동·금곡동·오류동·왕길동·당하동·원당동, 인천경제자 유구역 및 남동 국가산업단지는 제외한다), 의정부시, 구리시, 남양주시(호평동, 평내동, 금곡동, 일패동, 이패동, 삼패동, 다산동, 수석동, 지금동 및 도농동만 해당한다), 하남시, 고양시, 수원시, 성남시, 안양시, 부천시, 광명시, 과천시, 의왕시, 군포시, 시흥시[반월특수지역(반월특수지역에서 해제된 지역을 포함한다)은 제외한다])(「수도권정비계획법」 제6조 제1항 제1호, 동법 시행령 제9조)

② 본점 또는 주사무소

법인의 본점 또는 주사무소의 사무소로 사용하는 부동산과 그 부대시설용 부동산(기숙사, 합숙소, 사택, 연수시설, 체육시설 등 복지후생시설과 예비군 병기고 및 탄약고는 제외한다)(「지방세법시행령」 제25조)

③ 대도시

과밀억제권역에서 「산업집적활성화 및 공장설립에 관한 법률」를 적용받는 산업단지를 제외한 지역 (「지방세특례제한법시행령」 제39조)

(4) 감면적용 요령

검토사항	검토내용	관련서류
(구)본점소재지 및 해당 여부	• 과밀억제권역 소재 여부 • 본점 또는 주사무소의 기능 수행 여부	• 법인등기부등본 • 사업자등록증
(신)본점소재지	• 대도시 지역 해당 여부	• 법인등기부등본 • 사업자등록증
(신)본점취득시기	• 사업 시작 이전 취득 여부	• 계약서
(구)본점운영기간	• (직접 소유)6개월 이상 • (임차)2년 이상 계속 조업 실적	• 부가가치세증명원 • 임대차계약서
(구)본점폐쇄시기	• (신)본점에서 그 사업을 시작한 날부터	• 공장폐쇄사실확인원

검토사항	검토내용		관련서류
(신)본점운영조건	6월 이내 (구)본점 폐쇄 여부		• 현장조사
	• 토지취득	• 6월 이내 건축공사 여부	• 건축허가자료
	• ·토지+건물 취득	• 6월 이내 직접 그 용도 사용 여부	• 현장조사
	• 정당사유	• 미이행시 정당한 사유 여부	• 미이행사유서
(신)본점 용도 사용 범위	• 본점 용도 이외 창고, 공장시설 해당 여부		• 건축물대장 • 현장조사서
취득가액	• 사실상 취득가액 입증 여부(초과분 과세)		• 법인 장부 등

(5) 사후관리

감면 추징 요건	확인 방법
• 법인을 이전하여 5년 이내에 법인이 해산된 경우(합병·분할 또는 분할합병으로 인한 경우는 제외)	• 법인등기부등본
• 법인을 이전하여 과세감면을 받고 있는 기간에 과밀억제권역에서 이전 전에 생산하던 제품을 생산하는 법인을 다시 설치한 경우	• 현장조사
• 해당 사업에 직접 사용한 기간이 2년 미만인 상태에서 매각·증여하거나 다른 용도로 사용하는 경우	• 현장조사 • 부동산 등기
• (토지만 취득한 경우) 취득일로부터 6개월 이내에 정당한 사유 없이 건축공사를 시작하지 아니한 경우	• 현장조사
• (토지+건물 취득한 경우) 취득일로부터 6개월 이내에 정당한 사유 없이 사업을 시작하지 아니한 경우	• 현장조사

4 연도별 감면율

구분	2015	2016	2017	2018	2019	2020
취득세	면제	면제	면제	면제	면제	면제
농특세	비과세	비과세	비과세	비과세	비과세	비과세
최소납부	미적용	미적용	미적용	미적용	적용	적용

구분	2015	2016	2017	2018	2019	2020
재산세(최초 5년)	면제	면제	면제	면제	면제	면제
재산세(그 다음 3년)	50%	50%	50%	50%	50%	50%
농특세	비과세	비과세	비과세	비과세	비과세	비과세
최소납부	미적용	미적용	미적용	미적용	적용	적용

PART

09

공장의 지방 이전에 따른 감면
(제80조)

PART 09
공장의 지방 이전에 따른 감면(제80조)

1 **현행규정**

법 제80조(공장의 지방 이전에 따른 감면)

① 대도시에서 공장시설을 갖추고 사업을 직접 하는 자가 그 공장을 폐쇄하고 대도시 외의 지역으로서 공장 설치가 금지되거나 제한되지 아니한 지역으로 이전한 후 해당 사업을 계속하기 위하여 취득하는 부동산에 대해서는 취득세를 2021년 12월 31일까지 면제하고, 재산세의 경우 그 부동산에 대한 납세의무가 최초로 성립하는 날부터 5년간 면제하고 그 다음 3년간 재산세의 100분의 50을 경감한다. 다만, 다음 각 호의 어느 하나에 해당하는 경우에는 감면한 취득세 및 재산세를 추징한다.

1. 공장을 이전하여 지방세를 감면받고 있는 기간에 대도시에서 이전 전에 생산하던 제품을 생산하는 공장을 다시 설치한 경우
2. 해당 사업에 직접 사용한 기간이 2년 미만인 상태에서 매각·증여하거나 다른 용도로 사용하는 경우

② 제1항에 따른 공장의 업종 및 그 규모, 감면 등의 적용기준은 행정안전부령으로 정한다

규칙 제8조(대도시 외의 지역으로 이전하는 공장의 범위와 적용기준)

① 법 제80조 제1항에 따른 공장의 범위는 「지방세법 시행규칙」 별표 2에서 규정하는 업종의 공장으로서 생산설비를 갖춘 건축물의 연면적(옥외에 기계장치 또는 저장시설이 있는 경우에는 그 시설물의 수평투영면적을 포함한다)이 200제곱미터 이상인 것을 말한다. 이 경우 건축물의 연면적에는 그 제조시설을 지원하기 위하여 공장 경계구역 안에 설치되는 종업원의 후생복지시설 등 각종 부대시설(수익사업용으로 사용되는 부분은 제외한다)을 포함한다.

② 법 제80조 제1항에 따라 감면 대상이 되는 공장용 부동산은 다음 각 호의 요건을 모두 갖춘 것이어야 한다.

1. 이전한 공장의 사업을 시작하기 이전에 취득한 부동산일 것
2. 공장시설(제조장 단위별로 독립된 시설을 말한다. 이하 같다)을 이전하기 위하여 대도시 내에 있는 공장의 조업을 중단한 날까지 6개월(임차한 공장의 경우에는 2년을 말한다) 이상 계속하여 조업한 실적이 있을 것. 이 경우 「수질 및 수생태계 보전에 관한 법률」 또는 「대기환경보전법」에 따라 폐수배출시설 또는 대기오염물질배출시설 등의 개선명령·이전명령·조업정지나 그 밖의 처분을 받아 조업을 중단하였을 때의 그 조업 중지기간은 조업한 기간으로 본다.
3. 대도시 외에서 그 사업을 시작한 날부터 6개월(시운전 기간은 제외한다) 이내에 대도시 내에 있는 해당 공장시설을 완전히 철거하거나 폐쇄할 것
4. 토지를 취득하였을 때에는 그 취득일부터 6개월 이내에 공장용 건축물 공사를 시작하여야 하며, 건축물을 취득하거나 토지와 건축물을 동시에 취득하였을 때에는 그 취득일부터 6개월 이내에 사업을 시작할 것. 다만, 정당한 사유가 있을 때에는 6개월 이내에 공장용 건축물 공사를 시작하지 아니하거나 사업을 시작하지 아니할 수 있다.

③ 제2항에 따른 감면대상이 되는 공장용 부동산 가액의 합계액이 이전하기 전의 공장용 부동산 가액의 합계액을 초과하는 경우 그 초과액에 대해서는 취득세를 과세한다. 이 경우 초과액의 산정기준은 다음 각 호와 같다.

1. 이전한 공장용 부동산의 가액과 이전하기 전의 공장용 부동산의 가액이 각각 「지방세법」 제10조 제5항에 따른 사실상의 취득가격 및 연부금액으로 증명되는 경우에는 그 차액
2. 제1호 외의 경우에는 이전한 공장용 부동산의 시가표준액과 이전하기 전의 공장용 부동산의 시가표준액의 차액

④ 제3항에 따른 부동산의 초과액에 대하여 과세하는 경우에는 이전한 공장용 토지와 건축물 가액의 비율로 나누어 계산한 후 각각 과세한다.

2 개정연혁

1 2016년 개정 내용

□ 지방 이전 법인 및 공장 추징규정 보완

개정 전	개정 후
제79조(법인의 지방 이전에 대한 감면) ① 과밀억제권역에 본점 또는 주사무소를 설치하여 사업을 직접 하는 법인이 해당 본점 또는 주사무소를 매각하거나 임차를 종료하고 대통령령으로 정하는 대도시(이하 이 절에서 "대도시"라 한다) 외의 지역으로 본점 또는 주사무소를 이전하는 경우에 해당 사업을 직접 하기 위하여 취득하는 부동산에 대하여는 2015년 12월 31일까지 취득세를 면제하고, 재산세의 경우 그 부동산에 대한	제79조(법인의 지방 이전에 대한 감면) ① ------------------------- -- -- -- -- -- -- --

개정 전	개정 후
재산세의 납세의무가 최초로 성립하는 날부터 5년간 면제하며 그 다음 3년간 재산세의 100분의 50을 경감한다. 다만, 법인을 이전하여 법인이 해산된 경우(합병·분할 또는 분할합병으로 인한 경우는 제외한다)와 법인을 이전하여 과세감면을 받고 있는 기간에 과밀억제권역에서 이전 전에 생산하던 제품을 생산하는 법인을 다시 설치한 경우에는 감면한 취득세 및 재산세를 추징한다. 〈신설〉	-- 대해서는 취득세를 2018년 12월 31일까지 -- -- -- -- ----------------------. 다만, 다음 각 호의 어느 하나에 해당하는 경우에는 감면한 취득세 및 재산세를 추징한다. 1. 법인을 이전하여 5년 이내에 법인이 해산된 경우(합병·분할 또는 분할합병으로 인한 경우는 제외한다)와 법인을 이전하여 과세감면을 받고 있는 기간에 과밀억제권역에서 이전 전에 생산하던 제품을 생산하는 법인을 다시 설치한 경우
〈신설〉	2. 해당 사업에 직접 사용한 기간이 2년 미만인 상태에서 매각·증여하거나 다른 용도로 사용하는 경우
② 대도시에 등기되어 있는 법인이 대도시 외의 지역으로 본점 또는 주사무소를 이전하는 경우에 그 이전에 따른 법인등기 및 부동산등기에 대하여는 2015년 12월 31일까지 등록면허세를 면제한다.	② -- -- -- ---------------------- 대해서는 2018년 12월 31일----------------.
③ (생략)	③ (현행과 같음)
제80조(공장의 지방 이전에 따른 감면) ① 대도시에서 공장시설을 갖추고 사업을 직접 하는 자가 그 공장을 폐쇄하고 대도시 외의 지역으로서 공장 설치가 금지되거나 제한되지 아니한 지역으로 이전한 후 해당 사업을 계속하기 위하여 취득하는 부동산에 대하여는 2015년 12월 31일까지 취득세를 면제하고, 재산세의 경우 그 부동산에 대한 납세의무가 최초로 성립하는 날부터 5년간 면제하고 그 다음 3년간 재산세의 100분의 50을 경감한다. 다만, 공장을 이전하여 과세감면을 받고 있는 기간에 대도시에서 이전 전에 생산하던 제품을 생산하는 공장을 다시 설치한 경우에는 감면한 취득세 및 재산세를 추징한다.	제80조(공장의 지방 이전에 따른 감면) ① -- -- -- -- -- -- -- ---------------------- 대해서는 취득세를 2018년 12월 31일까지 -- -- ----------------------. 다만, 다음 각 호의 어느 하나에 해당하는 경우에는 감면한 취득세 및 재산세를 추징한다. 1. 공장을 이전하여 지방세를 감면받고 있는 기간에 대도시에서 이전 전에 생산하던 제품을 생산하는 공장을 다시 설치한 경우
〈신설〉	
〈신설〉	2. 해당 사업에 직접 사용한 기간이 2년 미만인 상태에서 매각·증여하거나 다른 용도로 사용하는 경우
② (생략)	② (현행과 같음)

개정이유 및 개정내용 ▶▶

● 추징규정을 개선하여 법인을 이전하여 5년 이내에 법인이 해산된 경우와 해당 용도로 직접 사용한 기간이 2년 미만인 상태에서 매각·증여하거나 다른 용도로 사용하는 경우에 추징하도록 보완

적용요령 ▶

● 이 법 시행('16. 1. 1.) 후부터 적용

▶ 개정 연혁 요약[30]

2019. 1. 1. 시행, 지방세특례제한법 개정으로 지방이전 법인에 대한 지방세 감면의 일몰 기한을 지방의 고용창출을 고려하여 2021. 12. 31.까지 3년간 연장하였다. 대도시 외로 이전하는 공장에 대한 감면범위를 산업단지 등 입주공장과 동일하게 수익사업으로 사용되는 부분은 제외토록 명확히 하였다(규칙 ①).

---

3 해석사례 및 실무해설

1 해석사례

① 도시형 업종의 공장을 한국수출산업공업단지(서울) 내로 이전·취득한 경우 취득세·등록세 면제대상에 해당하는지 여부

청구인이 공장을 이전할 목적으로 취득한 한국수출산업공업단지 내에 있는 이 건 부동산은 공업배치 및 공장설립에 관한 법률 제2조 제7호의 규정에 의한 국가공업단지에 해당되어 지방세법 제274조 소정의 대도시에 해당되지 아니하는 것이 명백하므로 이는 같은 조항 소정의 "대도시 외의 지역"에 해당하는 것이고, ○○○○시 ○○구 ○○동 299-38에 소재하는 종전의 임차공장을 1995. 5. 20. 폐쇄하였으므로 위 조항 소정의 감면요건에 해당된다고 하겠으며, 감면대상 공장의 범위를 규정한 지방세법시행규칙 제115조에서는 제1항 별표3에 규정한 업종의 모든 공장을 감면대상으로 규정하고 있어 도시형 업종의 공장을 그 대상에서 배제하지 아니하고 있는 바, 도시형 업종의 공장도 취득세 및 등록세 감면대상에 포함된다(감심96-0096, 1996. 5. 14.).

② 공장이전 전에 공장을 이전하기 위하여 취득하는 부동산의 경우 감면 해당 여부

대도시내 공장시설을 대도시외의 지역으로 이전 후 당해 사업을 영위하기 위해 취득한 부동산에 대해 취득세와 등록세를 면제한다고 규정하고 있으며, 당해 사업을 계속하기 위하여 공장이전 전에 취득한 부동산도 취득세와 등록세 면제 부동산의 범위에 포함된다(행정자치부 지방세정과-1441, 2007. 4. 27.).

③ 대도시내에서 공장시설을 갖추고 사업을 영위하던 자가 같은 대도시내에 있는 산업단지로 공장을 이전하는 경우 대도시내 공장의 지방이전으로 보아 취득세를 면제할 수 있는지 여부

---

30) 오정의 외 2, 지방세 4법 해설과 실무사례, 삼일인포마인, 2020, 1847쪽

대도시내서 공장시설을 갖추고 사업을 하던 자가 같은 대도시내에 있는 산업단지로 공장을 이전하는 경우 취득세와 등록세의 면제대상에 해당되지 않는다(행정자치부 지방세정과-41, 2008. 1. 4).

④ 공장을 지방이전하고 유예기간 이내 법인전환시 재산세 감면 여부

대도시에서 공장시설을 갖추고 사업을 직접 하는 자가 그 공장을 폐쇄하고 대도시 외의 지역으로서 공장 설치가 금지되거나 제한되지 아니한 지역으로 이전한 후 해당 사업을 계속하기 위하여 취득하는 부동산에 대하여 재산세 등을 감면하도록 규정한 것은 대도시에 소재하는 공장을 대도시 외의 지역으로 이전하도록 유도함으로써 대도시의 인구집중을 억제하고 지역 간의 균형발전을 도모하려는 데 그 취지가 있으므로, 이미 대도시 외의 지역으로 이전하여 부동산을 취득한 개인사업자로부터 법인전환으로 그 부동산을 승계취득한 법인에 대하여도 당연히 재산세 등이 경감되는 것으로 볼 것은 아니라 할 것이다 (대법원2015두51798, 2016. 1. 14.).

⑤ 공장의 지방이전에 따른 감면범위를 산정하기 위하여 「지방세특례제한법 시행규칙」 제8조 제3항 제1호를 적용할 때에 이전하기 전의 공장용 부동산의 사실상 취득가액을 지방이전 시점에 감정평가한 가액으로 하여야 한다는 청구주장의 당부

청구법인은 이 건 이전공장으로 이전할 당시(2014년 10월경)뿐만 아니라 이 건 이전토지를 취득할 당시(2012. 11. 21.) 청구법인의 법인장부상 계상된 종전부동산의 장부가액은 그 당시 시세를 반영하지 못하였으므로 "사실상의 취득가격"으로 볼 수 없다고 주장하나, 「지방세법」 제10조 제5항에 따른 "사실상의 취득가격"이란 금융회사의 금융거래 내역 또는 감정평가서 등 객관적 증거서류에 의하여 법인이 작성한 원장 등에 의해 확인되면 되는 것이고, 여기서 "객관적 증거서류"란 법인장부가 객관적이고 신뢰할 수 있는 자료에 의하여 작성된 것인지 판단하기 위한 증빙일 뿐이며, 청구법인의 법인장부에 기재된 종전부동산의 가액이 그 취득 당시의 가액이 아니라고 입증할 만한 증빙을 제시하지 못한다면 그 가액은 해당 과세대상물건의 취득가격이라 할 것이고, 조세법규의 엄격해석의 원칙상 그 취득가격이 이 건 이전공장으로 이전할 당시의 시세와 차이가 많이 난다고 하여 이를 부인할 수 없다 할 것이다.

또한, 청구법인은 종전부동산의 가액을 평가하는 시점에 대하여 이 건 이전공장으로 실제 이전이 이루어진 시점으로 하여야 한다고 주장하나, 종전부동산의 취득가격(유상승계취득의 경우 매매가격, 원시취득의 경우 신축가격 등)은 이를 평가하는 시점마다 달라지는 것이 아니므로 이를 다툴 실익도 없다 하겠다.

다만, 처분청은 2011사업연도 법인장부상 전체 토지 계정의 합계액 ○○○과 전체 건물 계정의 합계액 ○○○을 산정하였으나, 공장의 지방 이전에 따른 감면의 취지상 폐쇄되는 공장만이 종전부동산에 포함되어야 하는 것이고, 그 가액 또한 감가상각누계액을 차감하기 전의 취득가격으로 해야 할 것이다(조심 2015지0580, 2016. 6. 21.).

2 실무해설

대도시에서 공장시설을 갖추고 사업을 직접 하는 자가 그 공장을 폐쇄하고 대도시 외의 지역으로 공장 설치가 금지되거나 제한되지 아니한 지역으로 이전한 후 해당 사업을 계속하기 위하여 취득하는 부동산에 대해 취득세 및 재산세를 면제 또는 감면한다.

- 대도시: 「산업집적활성화 및 공장설립에 관한 법률」을 적용받는 산업단지를 제외한 과밀억제권역 (「지방세특례제한법 시행령」제39조)

- 공장: 「지방세법 시행규칙」별표 2에서 규정하는 업종의 공장으로서 생산설비를 갖춘 건축물의 연면적(옥외에 기계장치 또는 저장시설이 있는 경우에는 그 시설물의 수평 투영면적을 포함한다)이 200제곱미터 이상인 것으로, 이 경우 건축물의 연면적에는 그 제조시설을 지원하기 위하여 공장 경계구역 안에 설치되는 종업원의 후생복지시설 등 각종 부대시설을 포함(지방세특례제한법 시행규칙」 제8조 제1항)

(1) 감면요건(지특법 제80조②, 지특칙 제8조②)

① 이전한 공장의 사업을 시작하기 이전에 취득한 부동산일 것

② 공장시설(제조장 단위별로 독립된 시설을 말한다. 이하 같다)을 이전하기 위하여 대도시 내에 있는 공장의 조업을 중단한 날까지 6개월(임차한 공장의 경우에는 2년을 말한다) 이상 계속하여 조업한 실적이 있을 것. 이 경우 「수질 및 수생태계 보전에 관한 법률」 또는 「대기환경보전법」에 따라 폐수배출시설 또는 대기오염물질배출시설 등의 개선명령·이전명령·조업정지나 그 밖의 처분을 받아 조업을 중단하였을 때의 그 조업 중지기간은 조업한 기간으로 본다.

이때에 조업기간은 통산하는 것이 아니라 조업중단일부터 소급하여 계속 6개월 또는 2년이기 때문에 조업을 중단한 날부터 소급하여 계속 6개월 또는 2년 이상 조업한 실적이 없는 경우에는 면제대상이 되지 않는다.

③ 대도시 외에서 그 사업을 시작한 날부터 6개월(시운전 기간은 제외한다) 이내에 대도시 내에 있는 해당 공장시설을 완전히 철거하거나 폐쇄할 것. 여기서 "완전히 철거하거나 폐쇄하여야 한다"라 함은 종전의 공장을 사실상 가동할 수 없는 상태로 만들어야 한다는 것을 의미하는 것이기 때문에 공장시설을 철거하거나 폐쇄한 것으로 족하고 철거한 당해 공장시설을 매각하더라도 이에 영향을 미치지 않는다고 보아야 한다.

부가가치세법 시행령 제6조에서는 사업개시일의 기준을 제조업은 제조장별로 재화의 제조를 시작하는 날, 광업은 사업장별로 광물의 채취·채광을 시작하는 날, 기타 사업은 재화나 용역의 공급을 시작하는 날로 규정하고 있다.

④ 토지를 취득하였을 때에는 그 취득일부터 6개월 이내에 공장용 건축물 공사를 시작하여야 하며, 건축물을 취득하거나 토지와 건축물을 동시에 취득하였을 때에는 그 취득일부터 6개월 이내에 사업을 시

작할 것. 다만, 정당한 사유가 있을 때에는 6개월 이내에 공장용 건축물 공사를 시작하지 아니하거나 사업을 시작하지 아니할 수 있다.

이 경우 토지만을 취득한 경우에는 6개월 이내에 착공만 하면 족하고, 공사를 중단하거나 일정한 기간 내에 건축을 완료해야 하는 등의 조건은 충족하지 않아도 된다.

(2) 감면 적용 요령

검토사항	검토내용		관련서류
(구)공장소재지 해당 여부	• 대도시 소재 여부 • 공장설치 금지·제한 해당 여부		• 법인등기부등본 • 토지이용계획확인원
(구, 신)공장 적격 여부	• 지방세법시행규칙 별표 2 업종 여부 • 연면적 200제곱미터 이상 여부		• 공장등록증명서 • 건축물대장
(신)공장 설치 가능 여부	• 공장설치 금지·제한 해당 여부		• 토지이용계획확인원
(신)공장취득시기	• 사업 시작 이전 취득 여부		• 계약서
(구)공장운영기간	• (직접 소유)6개월 이상 • (임차)2년 이상 계속 조업 실적		• 부가가치세증명원 • 임대차계약서
(구)공장 폐쇄시기	• (신)공장에서 그 사업을 시작한 날부터 6월 이내 (구)공장 폐쇄 여부		• 공장폐쇄사실확인원 • 현장조사
(신)공장운영조건	• 토지취득	• 6월 이내 건축공사 여부	• 건축허가자료
	• 토지+건물 취득	• 6월 이내 직접 그 용도 사용 여부	• 현장조사
	• 정당사유	• 미이행시 정당한 사유 여부	• 미이행사유서
취득가액	• 사실상 취득가액 입증 여부(초과분 과세)		• 법인 장부 등

(3) 사후관리

감면 추징 요건	확인 방법
• 공장을 이전하여 지방세를 감면 받고 있는 기간에 대도시에서 이전 전에 생산하던 제품을 생산하는 공장을 다시 설치한 경우	• 현장조사
• 해당 사업에 직접 사용한 기간이 2년 미만인 상태에서 매각·증여하거나 다른 용도로 사용하는 경우	• 현장조사 • 등기부
• (토지만 취득한 경우) 취득일로부터 6개월 이내에 정당한 사유 없이 건축공사를 시작하지 아니한 경우	• 현장조사
• (토지+건물 취득한 경우) 취득일로부터 6개월 이내에 정당한 사유 없이 사업을 시작하지 아니한 경우	• 현장조사

4 **연도별 감면율**

구분	2015	2016	2017	2018	2019	2020
취득세	면제	면제	면제	면제	면제	면제
농특세	비과세	비과세	비과세	비과세	비과세	비과세
최소납부	미적용	미적용	미적용	미적용	적용	적용

구분	2015	2016	2017	2018	2019	2020
재산세(최초 5년)	면제	면제	면제	면제	면제	면제
재산세(그다음 3년)	50%	50%	50%	50%	50%	50%
농특세	비과세	비과세	비과세	비과세	비과세	비과세
최소납부	미적용	미적용	미적용	미적용	적용	적용

5 **참고자료**

■ 지방세특례제한법 시행규칙 [별지 제6호서식]　　　　　　　　　　　　　　　　　　　　(앞쪽)

<table>
<tr><td colspan="3" align="center">공장의 지방 이전에 따른 지방세 감면 신청서</td><td colspan="2">처리기간</td></tr>
<tr><td colspan="3"></td><td colspan="2">7일</td></tr>
<tr><td rowspan="2">신 청 인</td><td colspan="2">① 성 명 (법 인 명)</td><td>② 주 민 (법 인) 등 록 번 호</td><td></td></tr>
<tr><td colspan="2">③ 주 소 (영 업 소)</td><td colspan="2"></td></tr>
<tr><td rowspan="5">취 득
부 동 산</td><td colspan="2">④　소　재　지</td><td colspan="2"></td></tr>
<tr><td colspan="2">⑤ 구　　　　조</td><td>⑥개별공시지가</td><td>⑦ 지　　목</td></tr>
<tr><td colspan="2">⑧ 취 득 연 월 일</td><td>⑨ 연 　면　 적</td><td>⑩ 취 득 자</td></tr>
<tr><td colspan="2">⑪그 밖의 참고사항</td><td colspan="2"></td></tr>
</table>

「지방세특례제한법」 제80조 및 같은 법 시행규칙 제8조·제9조에 따라 위와 같이 지방세 감면을 신청합니다.

년　　　　월　　　　일

신청인　　　　　　　(서명 또는 인)

시장·군수·구청장　귀하

구비 서류	1. 이전하기 전의 공장 규모와 조업실적을 증명할 수 있는 서류(시장·군수·구청장의 공장시설 및 조업 　확인서 등을 말합니다) 2. 이전하기 전의 공장용 토지의 지목이 둘 이상이거나 그 토지가 두 필지 이상인 경우 또는 건물이 여러 　동일 경우에는 그 명세서 3. 이전한 공장용 토지의 지목이 둘 이상이거나 그 토지가 두 필지 이상인 경우 또는 건물이 여러 동일 　경우에는 그 명세서	수수료 없음

이전하기 전 의 공장규모

⑫ 소　재　지		
건　　　물　⑬구　　조	⑭ 용　　도	
토　　　지　⑮지　　목	⑯ 개 별 공 시 지 가	
기　　　타　⑰ 부 대 시 설	⑱그 밖의 과세대상 부 동 산	

가　　액	⑲ 계	⑳ 건 물	㉑토 지	㉒부 대 시 설	㉓ 기 타

㉔업　　종	㉕가 동 기 간 　.　.　.　~　.　.　.

공 장 신 설 계 획

규 모	건　물	㉖구　　조	㉗용　　도
	기　타	㉘부 대 설 비	㉙구　축　물
㉚업　　종			㉛사 업 시 작 예 정 일
㉜착 공 예 정 일			㉝준　공　예　정　일
㉞그 밖의 참고사항			

210mm×297mm(일반용지 60g/㎡(재활용품))

(뒤쪽)

작성방법

□ **신청인**

① 성명(법인명): 개인사업자는 대표자 성명을, 법인은 법인명을 적습니다.

② 주민(법인)등록번호: 개인(내국인)은 주민등록번호, 법인은 법인등록번호, 외국인은 외국인등록번호를 적습니다.

③ 주소(영업소):

- 개인: 주민등록표상의 주소를 원칙으로 하되, 주소가 사실상의 거주지와 다른 경우 거주지를 적을 수 있습니다.

- 법인 또는 개인사업자: 법인은 주사무소 소재지, 개인사업자는 주된 사업장 소재지를 적습니다. 다만, 주사무소 또는 주된 사업장 소재지와 분사무소 또는 해당 사업장의 소재지가 다를 경우 분사무소 또는 해당 사업장의 소재지를 적을 수 있습니다.

□ **취득 부동산**

④ ~ ⑦ 이전한 공장의 사업을 시작하기 위하여 취득한 부동산의 소재지, 구조, 개별공시지가, 지목을 적습니다.

⑧ ~ ⑨ 감면 신청 대상 부동산의 취득일과 부동산 면적을 적습니다.

⑩ 취득자가 개인사업자인 경우에는 대표자 성명과 상호명을, 법인인 경우에는 법인명을 적습니다.

⑪ 그 밖의 참고사항: 공장 이전에 관한 사항 중 지방세 과세와 관련되는 참고 내용을 구체적으로 적습니다.

□ **이전하기 전의 공장 규모**

⑫ 이전하기 전에 조업한 공장 등의 소재지를 말합니다.

⑬ ~ ⑱ 이전하기 전의 공장 등에 대한 건물의 구조 및 용도와 토지의 지목 및 개별공시지가를 적고, 부대시설과 그 밖의 과세대상 부동산을 적습니다.

⑲ ~ ㉓ 이전하기 전의 부동산 가액이 「지방세법」 제10조제5항에 따라 법인장부 등에 의하여 증명되는 경우에는 사실상의 취득가격 또는 연부금액을 적고, 사실상의 취득가액 또는 연부금액이 증명되지 않는 경우에는 시가표준액에 의한 취득가액을 적습니다.

㉔ 업종: 「지방세법 시행규칙」 별표 2에서 규정하는 공장의 업종을 적습니다.

㉕ 가동기간: 이전하기 전에 조업한 공장 등의 가동기간을 적습니다.

□ **공장신설계획**

㉖ ~ ㉙ 공장신설계획에 따른 규모 및 용도를 적습니다.

㉚ 업종: 「지방세법 시행규칙」 별표 2에서 규정한 공장의 업종을 적습니다.

㉛ ~ ㉝ 공장 등의 신설계획에 따라 일정별로 발생되는 예정일을 적습니다.

㉞ 그 밖의 참고사항: 공장 이전에 관한 사항 중 지방세 과세와 관련되는 참고 내용을 적습니다.

[별표 1] 〈개정 2017. 6. 20.〉 과밀억제권역, 성장관리권역 및 자연보전권역의 범위(제9조 관련)

과밀억제권역	성장관리권역	자연보전권역
1. 서울특별시 2. 인천광역시[강화군, 옹진군, 서구 대곡동·불로동·마전동·금곡동·오류동·왕길동·당하동·원당동, 인천경제자유구역(경제자유구역에서 해제된 지역을 포함한다) 및 남동 국가산업단지는 제외한다] 3. 의정부시 4. 구리시 5. 남양주시(호평동, 평내동, 금곡동, 일패동, 이패동, 삼패동, 가운동, 수석동, 지금동 및 도농동만 해당한다) 6. 하남시 7. 고양시 8. 수원시 9. 성남시 10. 안양시 11. 부천시 12. 광명시 13. 과천시 14. 의왕시 15. 군포시 16. 시흥시[반월특수지역(반월특수지역에서 해제된 지역을 포함한다)은 제외한다]	1. 인천광역시[강화군, 옹진군, 서구 대곡동·불로동·마전동·금곡동·오류동·왕길동·당하동·원당동, 인천경제자유구역(경제자유구역에서 해제된 지역을 포함한다) 및 남동 국가산업단지만 해당한다] 2. 동두천시 3. 안산시 4. 오산시 5. 평택시 6. 파주시 7. 남양주시(별내동, 와부읍, 진전읍, 별내면, 퇴계원면, 진건읍 및 오남읍만 해당한다) 8. 용인시(신갈동, 하갈동, 영덕동, 구갈동, 상갈동, 보라동, 지곡동, 공세동, 고매동, 농서동, 서천동, 언남동, 청덕동, 마북동, 동백동, 중동, 상하동, 보정동, 풍덕천동, 신봉동, 죽전동, 동천동, 고기동, 상현동, 성복동, 남사면, 이동면 및 원삼면 목신리·죽릉리·학일리·독성리·고당리·문촌리만 해당한다) 9. 연천군 10. 포천시 11. 양주시 12. 김포시 13. 화성시 14. 안성시(가사동, 가현동, 명륜동, 숭인동, 봉남동, 구포동, 동본동, 영동, 봉산동, 성남동, 창전동, 낙원동, 옥천동, 현수동, 발화동, 옥산동, 석정동, 서인동, 인지동, 아양동, 신흥동, 도기동, 계동, 중리동, 사곡동, 금석동, 당왕동, 신모산동, 신소현동, 신건지동, 금산동, 연지동, 대천동, 대덕면, 미양면, 공도읍, 원곡면, 보개면, 금광면, 서운면, 양성면, 고삼면, 죽산면 두교리·당목리·칠장리 및 삼죽면 마전리·미장리·진촌리·기솔리·내강리만 해당한다) 15. 시흥시 중 반월특수지역(반월특수지역에서 해제된 지역을 포함한다)	1. 이천시 2. 남양주시(화도읍, 수동면 및 조안면만 해당한다) 3. 용인시(김량장동, 남동, 역북동, 삼가동, 유방동, 고림동, 마평동, 운학동, 호동, 해곡동, 포곡읍, 모현면, 백암면, 양지면 및 원삼면 가재월리·사암리·미평리·좌항리·맹리·두창리만 해당한다) 4. 가평군 5. 양평군 6. 여주시 7. 광주시 8. 안성시(일죽면, 죽산면 죽산리·용설리·장계리·매산리·장릉리·장원리·두현리 및 삼죽면 용월리·덕산리·율곡리·내장리·배태리만 해당한다)

[별표 1] 〈개정 2011.3.9〉

과밀억제권역, 성장관리권역 및 자연보전권역의 범위(제9조 관련)

과밀억제권역	성장관리권역	자연보전권역
● 서울특별시 ● 인천광역시(강화군, 옹진군, 서구 대곡동·불로동·마전동·금곡동·오류동·왕길동·당하동·원당동, 인천경제자유구역 및 남동 국가산업단지는 제외한다) ● 의정부시 ● 구리시 ● 남양주시(호평동, 평내동, 금곡동, 일패동, 이패동, 삼패동, 가운동, 수석동, 지금동 및 도농동만 해당한다) ● 하남시 ● 고양시 ● 수원시 ● 성남시 ● 안양시 ● 부천시 ● 광명시 ● 과천시 ● 의왕시 ● 군포시 ● 시흥시[반월특수지역(반월특수지역에서 해제된 지역을 포함한다)은 제외한다]	● 동두천시 ● 안산시 ● 오산시 ● 평택시 ● 파주시 ● 남양주시(와부읍, 진접읍, 별내면, 퇴계원면, 진건읍 및 오남읍만 해당한다) ● 용인시(신갈동, 하갈동, 영덕동, 구갈동, 상갈동, 보라동, 지곡동, 공세동, 고매동, 농서동, 서천동, 언남동, 청덕동, 마북동, 동백동, 중동, 상하동, 보정동, 풍덕천동, 신봉동, 죽전동, 동천동, 고기동, 상현동, 성복동, 남사면, 이동면 및 원삼면 목신리·죽릉리·학일리·독성리·고당리·문촌리만 해당한다) ● 연천군 ● 포천시 ● 양주시 ● 김포시 ● 화성시 ● 안성시(가사동, 가현동, 명륜동, 숭인동, 봉남동, 구포동, 동본동, 영동, 봉산동, 성남동, 창전동, 낙원동, 옥천동, 현수동, 발화동, 옥산동, 석정동, 서인동, 인지동, 아양동, 신흥동, 도기동, 계동, 중리동, 사곡동, 금석동, 당왕동, 신모산동, 신소현동, 신건지동, 금산동, 연지동, 대천동, 대덕면, 미양면, 공도읍, 원곡면, 보개면, 금광면, 서운면, 양성면, 고삼면, 죽산면 두교리·당목리·칠장리 및 삼죽면 마전리·미장리·진촌리·기솔리·내강리만 해당한다) ● 인천광역시 중 강화군, 옹진군, 서구 대곡동·불로동·마전동·금곡동·오류동·왕길동·당하동·원당동, 인천경제자유구역, 남동 국가산업단지 ● 시흥시 중 반월특수지역(반월특수지역에서 해제된 지역을 포함한다)	● 이천시 ● 남양주시(화도읍, 수동면 및 조안면만 해당한다) ● 용인시(김량장동, 남동, 역북동, 삼가동, 유방동, 고림동, 마평동, 운학동, 호동, 해곡동, 포곡읍, 모현면, 백암면, 양지면 및 원삼면 가재월리·사암리·미평리·좌항리·맹리·두창리만 해당한다) ● 가평군 ● 양평군 ● 여주군 ● 광주시 ● 안성시(일죽면, 죽산면 죽산리·용설리·장계리·매산리·장릉리·장원리·두현리 및 삼죽면 용월리·덕산리·율곡리·내장리·배태리만 해당한다)

PART

10

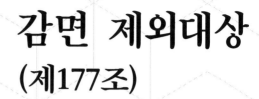

감면 제외대상
(제177조)

PART 10
감면 제외대상(제177조)

1 현행규정

법 제177조 【감면 제외대상】

이 법의 감면을 적용할 때 다음 각 호의 어느 하나에 해당하는 부동산등은 감면대상에서 제외한다. (2020. 1. 15. 개정)

1. 별장: 주거용 건축물로서 늘 주거용으로 사용하지 아니하고 휴양·피서·놀이 등의 용도로 사용하는 건축물과 그 부속토지(「지방자치법」 제3조 제3항 및 제4항에 따른 읍 또는 면에 있는, 「지방세법 시행령」 제28조 제2항에 따른 범위와 기준에 해당하는 농어촌주택과 그 부속토지는 제외한다). 이 경우 별장의 범위와 적용기준은 「지방세법 시행령」 제28조 제3항에 따른다. (2020. 1. 15. 신설)

2. 골프장: 「체육시설의 설치·이용에 관한 법률」에 따른 회원제 골프장용 부동산 중 구분등록의 대상이 되는 토지와 건축물 및 그 토지 상(上)의 입목. 이 경우 등록을 하지 아니하고 사실상 골프장으로 사용하는 부동산을 포함한다. (2020. 1. 15. 신설)

3. 고급주택: 주거용 건축물 또는 그 부속토지의 면적과 가액이 「지방세법 시행령」 제28조 제4항에 따른 기준을 초과하거나 해당 건축물에 67제곱미터 이상의 수영장 등 「지방세법 시행령」 제28조 제4항에 따른 부대시설을 설치한 주거용 건축물과 그 부속토지 (2020. 1. 15. 신설)

4. 고급오락장: 도박장, 유흥주점영업장, 특수목욕장, 그 밖에 이와 유사한 용도에 사용되는 건축물 중 「지방세법 시행령」 제28조 제5항에 따른 건축물과 그 부속토지 (2020. 1. 15. 신설)

5. 고급선박: 비업무용 자가용 선박으로서 「지방세법 시행령」 제28조 제6항에 따른 기준을 초과하는 선박 (2020. 1. 15. 신설)

2 개정연혁

1 20년 개정 내용

□ 감면 제외대상 범위 명확화

개정 전	개정 후
제177조【감면 제외대상】 이 법의 감면을 적용할 때 「지방세법」 제13조 제5항에 따른 부동산 등은 감면대상에서 제외한다.	**제177조【감면 제외대상】** 이 법의 감면을 적용할 때 다음 각 호의 어느 하나에 해당하는 부동산등은 감면대상에서 제외한다. 1. 별장: 주거용 건축물로서 늘 주거용으로 사용하지 아니하고 휴양·피서·놀이 등의 용도로 사용하는 건축물과 그 부속토지(「지방자치법」 제3조 제3항 및 제4항에 따른 읍 또는 면에 있는, 「지방세법 시행령」 제28조 제2항에 따른 범위와 기준에 해당하는 농어촌주택과 그 부속토지는 제외한다). 이 경우 별장의 범위와 적용기준은 「지방세법 시행령」 제28조 제3항에 따른다. 2. 골프장: 「체육시설의 설치·이용에 관한 법률」에 따른 회원제 골프장용 부동산 중 구분등록의 대상이 되는 토지와 건축물 및 그 토지 상(上)의 입목. 이 경우 등록을 하지 아니하고 사실상 골프장으로 사용하는 부동산을 포함한다. 3. 고급주택: 주거용 건축물 또는 그 부속토지의 면적과 가액이 「지방세법 시행령」 제28조 제4항에 따른 기준을 초과하거나 해당 건축물에 67제곱미터 이상의 수영장 등 「지방세법 시행령」 제28조 제4항에 따른 부대시설을 설치한 주거용 건축물과 그 부속토지 4. 고급오락장: 도박장, 유흥주점영업장, 특수목욕장, 그 밖에 이와 유사한 용도에 사용되는 건축물 중 「지방세법 시행령」 제28조 제5항에 따른 건축물과 그 부속토지 5. 고급선박: 비업무용 자가용 선박으로서 「지방세법 시행령」 제28조 제6항에 따른 기준을 초과하는 선박

개정내용 ▶

● 개정 전 규정상 회원제골프장은 최초로 설치하는 경우에만 중과세 대상으로 규정되어 있어 이후 승계 취득하는 회원제골프장(이후 보유시 과세되는 재산세 포함)이 지방세 감면 제외대상인지가 불분명하였음.

● 이에 대해 「지방세법」 제13조 제5항에 따른 부동산을 「지방세법」 제13조 제5항 각 호의 부동산을 원용함으로써 감면 제외대상 범위를 명확히 함. 그에 따라 회원제골프장은 취득 원인에 관계없이 지특법 전반의 지방세 감면 대상에서 제외됨.

3 해석사례 및 실무해설

1 해석사례

(1) 취득 및 합병 이후 사치성 재산이 된 경우 세율 적용[31]

① 취득 이후 사치성 재산이 된 경우 세율 적용

당초 주택 취득 시에는 고급주택에 해당되지 아니하였다면 그 당시 법률에 의하여 감면대상이 되어 감면을 적용받았을 것이다. 그 감면받은 후 고급주택이 된다고 하여 종전 감면세액을 추징한다는 규정이 별도로 없는 바, 추징대상이 되지 아니할 것이므로 취득 후에 고급주택이 된 경우에는 고급주택이 된 시점에는 중과세율에서 일반세율을 차감한 세율(8%)을 적용하여 중과세하여야 할 것이다. 중과(추징)의 경우 중과(추징) 사유발생일의 현황에 의하여 부과하여야 할 것이므로 중과(추징) 사유발생일의 현황에 따라 중과세율을 적용하고 기납부세액을 차감하여야 할 것이다. 「지방세법」 제20조 제2항에 따르면 이미 납부한 세액을 공제한 금액을 세액으로 하여 신고납부하도록 규정되어 있는 바, 감면 후의 납부세액으로 보아야 하는 것으로 해석할 수 있으나, 취득 당시에는 주택으로 감면대상이 된 것이고, 추징사유 또한 별도로 없으므로 기납부세액을 감면 전의 산출세액으로 해석하여야 할 것이다.

② 합병 이후 사치성 재산이 된 경우 세율 적용

상기 사치성 재산에 대한 감면배제 규정은 취득 당시의 현황에 의하여 감면배제를 하지만, 이와 달리 취득 당시의 현황이 아니라 취득 이후의 현황에 따라 세율특례 적용이 배제되는 경우가 있다. 「지방세법」 제15조 제1항 제3호에 따르면 법인의 합병으로 인한 취득은 취득세 중 구 취득세분이 면제된다. 다만, 법인의 합병으로 인하여 취득한 과세물건이 합병 후에 「지방세법」 제16조[구 취득세분 중과-사치성 재산(별장, 골프장, 고급주택, 고급오락장)이 되거나 공장의 신증설, 본점 또는 주사무소의 사업용 부동산]의 규정에 따른 과세물건에 해당하게 되는 경우에는 그러하지 아니한다. 즉 합병으로 인하여 취득한 과세물건이 합병 후에 사치성 재산(별장, 골프장, 고급주택, 고급오락장)이 되거나 공장의 신증설, 본점 또는 주사무소의 사업용 부동산이 된 때에는 취득세를 중과 추징하게 되는 것이나 합병 당시에 중과세대상 물건이 있는 경우에는 구 취득세분이 면제되는 것이며 중과세 추징대상에서 제외되는 것이다. 이 경우에는 추징의 성격이 강하므로 세율특례 적용이 없었던 것으로 하여 중과세율을 적용하는 것이다. 즉 중과세율(6% 또는 10%) 전체를 적용하여 중과세하여야 할 것이다.

(2) 기타 해석사례

① 회원제골프장업을 감면대상 업종으로 볼 수 없음

「관광진흥법 시행령」 제2조 제1항 제3호 가목의 전문휴양업에 해당하려면, 관광객의 휴양이나 여가

---

31) 박광현, 지방세 이해와 실무, 삼일인포마인, 2020, 2605쪽

선용을 위하여 숙박업시설이나 「식품위생법 시행령」 제21조 제8호 가목·나목 또는 바목에 따른 휴게음식점 영업, 일반음식점 영업 또는 제과점 영업의 신고에 필요한 시설(이하 "음식점시설"이라 한다)을 갖추고 골프장 등 별표1 제4호 가목 (2)(타)의 전문휴양시설을 갖추어야 하나, 이 건 토지상의 골프장은 심판청구일 현재까지 건설 중에 있으므로 위 규정에 따라 관할 관청에 영업신고를 한 숙박업시설이나 음식점시설을 갖추지 않고 있는 것으로 확인되고 있으므로, 비록 골프장이 전문휴양시설에 해당된다 할지라도 「조세특례제한법」상 창업 업종에 해당하는 전문휴양업으로 볼 수는 없다 할 것이다. 또한, 전문휴양업을 규정하고 있는 「관광진흥법」은 관광여건을 조성하고 관광자원을 개발하며 관광사업을 육성하여 관광진흥에 이바지하는 것을 목적으로 하고 있으며, 골프장을 규정하고 있는 「체육시설의 설치·이용에 관한 법률」은 체육시설의 설치·이용을 장려하고 체육시설업을 건전하게 발전시켜 국민의 건강 증진과 여가 선용에 이바지하는 것을 목적으로 하고 있고, 그 이용대상도 관광객과 골프장 회원으로 각각 서로 다른 측면이 있으므로, 양 법의 입법목적, 이용대상 측면에 비추어 보면, 회원제골프장업을 「조세특례제한법」 제6조에서 규정하고 있는 창업 업종에 해당하는 것이라고 보기도 어렵다(조심2011지0682, 2011. 12. 2.).

② 감면 제외대상과 감면된 세액의 추징

구 지방세특례제한법은 제87조 제2항 제1호에서 "새마을금고가 고유 업무에 직접 사용하기 위하여 취득하는 부동산에 대하여는 취득세를 면제한다."는 취지로 규정하고 있고, 제93조에서 "이 법의 감면을 적용할 때 구 지방세법 제13조 제5항에 따른 부동산 등(이하 '사치성 재산'이라 한다)은 감면대상에서 제외한다"고 규정하고 있으며, 제94조는 "부동산에 대한 감면을 적용할 때 이 법에서 특별히 규정한 경우를 제외하고는 취득일부터 1년 이내에 정당한 사유 없이 해당 용도로 직접 사용하지 아니하는 경우 또는 그 사용일부터 2년 이상 해당 용도로 직접 사용하지 아니하고 매각·증여하거나 다른 용도로 사용하는 경우에 해당 부분에 대하여는 감면된 취득세를 추징한다"고 규정하고 있다. 이 같은 관련법령의 체계와 내용을 유기적으로 해석하여 보면, 구 지방세특례제한법 제93조는 사치성 재산을 위 법에 따른 감면대상에서 제외하고 있는 반면 같은 법 제94조는 해당 부동산이 감면대상에 해당함을 전제로 취득일부터 1년 이내에 해당 용도로 직접 사용하지 않을 경우 감면된 취득세를 추징하도록 정하고 있고, 구 지방세특례제한법 제93조는 제94조에 규정된 "이 법에서 특별히 규정한 경우"에 해당하므로, 애당초 감면대상이 될 수 없는 사치성 재산의 경우에는 1년의 유예기간을 설정해 둔 같은 법 제94조가 적용될 수 없다(서울행정법원2014구합20742, 2015. 7. 24.).

③ 현물출자에 대한 취득세 면제 후 감면배제업종 영위시 추징

한편, 현물출자에 대한 취득세 면제 규정은 개인기업의 법인으로의 전환을 장려하기 위하여 둔 규정으로 그 속에는 현물출자 전후를 통하여 그 부동산이 사치성 재산에 사용되지 않는 것을 당연한 전제조건으로 내재하고 있다 할 것이고, 사치성 재산에 대하여 취득세 중과세를 규정한 지방세법 제13조 제5항 규정은 부동산 취득 후 5년 이내에 사치성 재산으로 사용하는 경우에는 취득세를 중과세 하겠다는 것이므로, 현물출자를 통해 일단 취득세를 면제 받았다고 하여도 그 면제가 절대적인 것이 아니라고 할 것임(같은 취지 대법원 1992. 5. 12. 선고, 91누9015 판결 참조). 따라서 귀 질의 경우, 현물출자로 전환된 법인이 취득하는 부동산이 지방세법 제13조 제5항 각호에 해당하는 경우에는 지방세특례제한법 제177조의 규정에 따라 감면대상에서 제외되어 추징대상이고, 취득한 후 5년 이내에 지방세법 제13조제5항 각호에 해당하는 경우에는 지방세법 제16조 제1항에 따라 추징대상이 되는 것이므로 기 면제받은 취득세를 포함하여 중과세율을 적용하여 산출된 취득세를 신고납부 하여야 할 것임. 다만, 이에 해당하는 지의 여부는 과세권자가 사실관계 등을 종합하여 최종 판단할 사항임(서울세제-17606, 2016. 12. 9.).

④ 감면 제외대상 해당 여부

청구법인은 「지방세특례제한법」 제177조에서 규정한 「지방세법」 제13조 제5항에 따른 부동산등이라 함은 그 문언대로 「지방세법」 제13조 제5항을 적용받아 취득세 중과대상이 되는 부동산등을 의미하는 것인 바, 회원제 골프장을 승계취득하는 경우에는 취득세 중과대상에 해당하지 아니하므로 「지방세특례제한법」 제177조에 따른 감면 제외대상에 해당하지 않는다고 주장하나, 「지방세특례제한법」 제177조는 2011. 1. 1. 「지방세법」의 전부개정으로 감면과 관련된 내용을 「지방세특례제한법」으로 이관하면서 종전에 「지방세법」 제291조에서 규정하였던 감면 제외대상을 옮겨 적은 것에 불과하므로 그 의미가 달라졌다고 보기 어렵고, 이 건 부동산이 종전 「지방세법」 제291조에 따른 감면 제외대상에 해당한다는 점에 대하여 청구법인과 처분청 사이에 별다른 이견은 없어 보이므로 이 건 부동산은 「지방세특례제한법」 제177조에 따른 감면 제외대상에 해당한다고 판단된다(조심2019지1708, 2020. 3. 12.).

2 **실무해설[32]**

「지방세법」 제13조 제5항에 따른 부동산의 경우에는 지특법상에서 원천적으로 감면대상 부동산에서 제외가 되는 것이며 이 규정에 따라 새로운 유형의 감면도 신설이 불가능한 의무조항에 해당된다. 이뿐만이 아니라 지방자치단체 감면조례도 이 규정에 근거하여 지특법 제4조 제2항 제1호에서 「지방세법」 제13조 및 제28조 제2항에 따른 중과세의 배제를 통한 지방세 감면조례 신설을 금지하도록 하고 있다. 따라서 사치성재산에 해당되는 부동산에 대해서는 지특법 및 지방자치단체의 감면조례 어디에도 지방세 감면의 특례를 적용할 수 없다.

---

32) 구본풍 외 2, 지방세특례제한법 이론과 실무, 삼일인포마인, 2020, 1989쪽

한 권으로 끝내는
산업단지 입주기업
지방세 감면실무

한 권으로 끝내는
산업단지 입주기업
지방세 감면실무

PART
11

지방세 감면
특례의 제한
(제177조의2)

PART 11
지방세 감면 특례의 제한(제177조의2)

1　현행규정

법　제177조의2 【지방세 감면 특례의 제한】

① 이 법에 따라 취득세 또는 재산세가 면제(지방세 특례 중에서 세액감면율이 100분의 100인 경우와 세율경감률이 「지방세법」에 따른 해당 과세대상에 대한 세율 전부를 감면하는 것을 말한다. 이하 이 조에서 같다)되는 경우에는 이 법에 따른 취득세 또는 재산세의 면제규정에도 불구하고 100분의 85에 해당하는 감면율(「지방세법」 제13조 제1항부터 제4항까지의 세율은 적용하지 아니한 감면율을 말한다)을 적용한다. 다만, 다음 각 호의 어느 하나에 해당하는 경우에는 그러하지 아니하다. (2016. 12. 27. 항번개정)

1. 「지방세법」에 따라 산출한 취득세 및 재산세의 세액이 다음 각 목의 어느 하나에 해당하는 경우 (2014. 12. 31. 신설)

   가. 취득세: 200만원 이하 (2014. 12. 31. 신설)

   나. 재산세: 50만원 이하(「지방세법」 제122조에 따른 세 부담의 상한을 적용하기 이전의 산출액을 말한다) (2014. 12. 31. 신설)

2. 제7조부터 제9조까지, 제11조 제1항, 제13조 제3항, 제16조, 제17조, 제17조의 2, 제20조 제1호, 제29조, 제30조 제3항, 제33조 제2항, 제35조의 2, 제36조, 제41조 제1항부터 제6항까지, 제50조, 제55조, 제57조의 2 제2항(2020년 12월 31일까지로 한정한다), 제57조의 3 제1항, 제62조, 제63조 제2항·제4항, 제66조, 제73조, 제76조 제2항, 제77조 제2항, 제82조, 제84조 제1항, 제85조의 2 제1항 제4호 및 제92조에 따른 감면 (2018. 12. 24. 개정)

② 제4조에 따라 지방자치단체 감면조례로 취득세 또는 재산세를 면제하는 경우에도 제1항을 따른다. 다만, 「조세특례제한법」의 위임에 따른 감면은 그러하지 아니하다. (2017. 12. 26. 단서신설)

③ 제2항에도 불구하고 제1항의 적용 여부와 그 적용 시기는 해당 지방자치단체의 감면조례로 정할 수

있다. (2016. 12. 27. 신설)

부칙 (2014. 12. 31. 법률 제12955호)

제177조의 2의 개정규정은 다음 각 호의 구분에 따른 시기부터 적용한다.

1. 제11조 제1항, 제13조 제2항 제1호·제2호·제3호·제5호, 제13조 제3항, 제18조, 제23조, 제26조, 제27조 제2항, 제30조 제1항·제3항, 제31조의 3 제1항 제1호, 제33조 제2항, 제36조, 제40조, 제42조 제1항·제2항, 제44조, 제45조 제1항, 제52조 제1항, 제53조, 제54조 제5항 제1호, 제57조의 3, 제64조 제1항, 제67조 제1항·제2항, 제68조 제1항, 제70조 제3항, 제75조, 제83조 제1항·제2항, 제85조 제1항 및 제86조: 2016년 1월 1일

2. 제15조 제2항, 제63조 제4항 및 제85조의 2 제2항: 2017년 1월 1일

3. 제6조 제4항, 제16조 및 제82조: 2019년 1월 1일

4. 제22조 제1항·제2항, 제72조 제1항·제2항, 제89조 및 제90조: 2020년 1월 1일

5. 제1호부터 제4호까지에서 규정한 면제 외의 면제: 2015년 1월 1일

부칙(2015. 12. 29. 법률 제13637호)

제177조의 2의 개정규정은 다음 각 호의 구분에 따른 시기부터 적용한다.

1. 제30조 제2항, 제37조, 제38조 제3항, 제40조의 3 제1호, 제57조의 2 제9항, 제64조의 2, 제65조, 제68조 제2항 및 제88조 제1항: 2017년 1월 1일

2. 제22조의 2, 제43조, 제54조 제6항, 제57조의 2 제3항 제5호·제7호, 같은 조 제4항·제5항, 제60조 제3항 제1호의 2, 제73조의 2, 제74조 제3항 제4호·제5호, 제79조 및 제80조: 2019년 1월 1일

3. 제74조 제1항·제2항: 2020년 1월 1일

4. 제1호부터 제3호까지에서 규정한 면제 외의 면제: 2016년 1월 1일

부칙(2016. 12. 27. 법률 제14477호)

제177조의 2 제1항의 개정규정은 법률 제12955호 지방세특례제한법 일부개정법률 부칙 제12조 및 법률 제13637호 지방세특례제한법 일부개정법률 부칙 제5조에도 불구하고 다음 각 호의 구분에 따른 시기부터 적용한다.

1. 제22조의 2, 제42조 제2항, 제43조, 제53조, 제54조 제6항, 제57조의 2 제3항 제5호·제7호, 같은 조 제4항·제5항·제6항 제3호, 제60조 제3항 제1호의 2, 제70조 제3항, 제73조의 2, 제74조 제3항 제4호·제5호, 제79조, 제80조 및 제83조 제2항: 2019년 1월 1일

2. 제15조 제2항, 제22조 제1항·제2항, 제63조 제5항, 제72조 제1항·제2항, 제74조 제1항, 제85조의 2 제2항, 제88조 제1항, 제89조 및 제90조: 2020년 1월 1일

3. 제1호 및 제2호에서 규정한 면제 외의 면제: 2017년 1월 1일

부칙(2017. 12. 26. 법률 제15295호)

제177조의 2 제1항의 개정규정은 법률 제12955호 지방세특례제한법 일부개정법률 부칙 제12조, 법률 제13637호 지방세특례제한법 일부개정법률 부칙 제5조 및 법률 제14477호 지방세특례제한법 일부개정법률 부칙 제9조에도 불구하고 다음 각 호의 구분에 따른 시기부터 적용한다.

1. 제22조의 2, 제42조 제2항, 제43조, 제53조, 제57조의 2 제3항 제5호·제7호, 제57조의 2 제4항·제5항, 제60조 제3항 제1호의 2, 제70조 제3항, 제73조의 2, 제74조 제3항 제4호·제5호, 제79조, 제80조 및 제83조 제2항: 2019년 1월 1일

2. 제22조 제1항·제2항, 제72조 제1항·제2항, 제74조 제1항, 제85조의 2 제2항, 제88조 제1항, 제89조 및 제90조: 2020년 1월 1일

3. 제15조 제2항, 제63조 제5항: 2022년 1월 1일

4. 제1호부터 제3호까지에서 규정한 면제 외의 면제: 2018년 1월 1일

---

2 **개정연혁**

1 **2016년 개정 내용**

☐ **최소납부세 규정 개선**

개정조문 ▶

개정 전	개정 후
제177조의2(지방세 감면 특례의 제한) 이 법에 따라 취득세 또는 재산세가 면제(지방세 특례 중에서 세액감면율이 100분의 100인 경우와 세율경감율이 「지방세법」에 따른 해당 과세대상에 대한 세율 전부를 감면하는 것을 말한다. 이하 이 조에서 같다)되는 경우에는 이 법에 따른 취득세 또는 재산세의 면제규정에도 불구하고 100분의 85 에 해당하는 감면율(「지방세법」 제13조제1항부터 제4항까지의 세율은 적용하지 아니한 감면율을 말한다)을 적용한다. 다만, 다음 각 호의 어느 하나에 해당하는 경우에는 그러하지 아니하다.	제177조의2(지방세 감면 특례의 제한) ―― 세율경감률―――.
1. (생략)	1. (현행과 같음)
2. 제7조부터 제9조까지, 제13조제3항, 제14조제3항, 제16조, 제17조, 제17조의2, 제20조제1호, 제29조, 제30조제2항, 제35조의2, 제37조, 제38조제3항, 제41조제1항부터 제6항까지, 제43조, 제50조, 제55조, 제57조의2, 제62조, 제63조제1항 단서, 같은 조 제3항, 제65조, 제66조, 제68조제2항, 제73조, 제74조, 제76조제2항, 제77조제2항, 제79조, 제80조, 제81조, 제82조, 제84조제1항, 제85조의2제1항제4호, 제87조, 제88조제1항 및 제92조에 따른 감면	2. ―――― 제9조까지, 제11조제1항――――――――――――――――――――――――――― 제30조제3항, 제33조제2항, 제35조의2, 제36조, 제41조제1항부터 제6항까지, 제50조, 제55조, 제57조의2제2항, 제57조의3제1항―――――――――――――― 제66조, 제73조―――――――――――――――――――――――――― 제82조, 제84조제1항, 제85조의2제1항제4호, 제87조 및 ―――――――――――――――

개정이유 ▶▶

● 지방세 감면 전액면제는 과세 자체를 원천적으로 차단하고, 성실히 조세를 부담하는 타 납세자와의 형평에 맞지 않으므로 감면 필요성이 있더라도 지방공공재 사용에 따른 최소한의 비용 지불 필요

- 최소납부세제 도입 취지에 따라 취약계층, 서민지원 등에 대한 감면규정은 적용대상에서 제외하도록 규정을 개선·보완

개정내용 ▶▶

● 최소납부세제 면세점(취득세 2백만원, 재산세 50만원) 이상의 감면을 받는 경우에는 감면율 상한을 85%로 제한하여 최소한 15% 이상은 지방세 납부토록 규정하도록 한 규정으로,

- 농어민, 취약계층, 대체취득, 형식적 취득에 대한 감면은 적용 예외

2 2017년 개정 내용

□ 최소납부세 규정 개선

개정조문 ▶▶

개 정 전	개 정 후
제177조의2(지방세 감면 특례의 제한) 이 법에 따라 취득세 또는 재산세가 면제(지방세 특례 중에서 세액감면율이 100분의 100인 경우와 세율경감률이 「지방세법」에 따른 해당 과세 대상에 대한 세율 전부를 감면하는 것을 말한다. 이하 이 조에서 같다)되는 경우에는 이 법에 따른 취득세 또는 재산세의 면제규정에도 불구하고 100분의 85에 해당하는 감면율(「지방세법」제13조제1항부터 제4항까지의 세율은 적용하지 아니한 감면율을 말한다)을 적용한다. 다만, 다음 각 호의 어느 하나에 해당하는 경우에는 그러하지 아니하다.	제177조의2(지방세 감면 특례의 제한) ① ----------------------- -- -- -- -- -------------------. ----------------------------- -----.
1. (생 략)	1. (현행과 같음)
2. 제7조부터 제9조까지, 제11조제1항, 제13조제3항, 제14조제3항, 제16조, 제17조, 제17조의2, 제20조제1호, 제29조, 제30조제3항, 제33조제2항, 제35조의2, 제36조, 제41조제1항부터 제6항까지, 제50조, 제55조, 제57조의2제2항, 제57조의3제1항, 제62조, 제63조제1항 단서, 같은 조 제3항, 제66조, 제73조, 제76조제2항, 제77조제2항, 제82조, 제84조제1항, 제85조의2제1항제4호, 제87조 및 제92조에 따른 감면	2. -- -- -- -- 제 <u>63조제2항·제4항</u>--------------------------------- --
〈신설〉	② 제4조에 따라 지방자치단체 감면조례로 취득세 또는 재산세를 면제하는 경우에도 제1항을 따른다.
〈신설〉	③ 제2항에도 불구하고 제1항의 적용 여부와 그 적용 시기는 해당 지방자치단체의 감면 조례로 정할 수 있다.

개정이유 ▶▶

● 지방세 전액 면제 규정은 과세 자체를 원천적으로 차단하는 것으로,

- 성실히 조세를 부담하는 타 납세자와의 형평에 맞지 않고,

- 감면 필요성이 있더라도 지방공공재 사용에 따른 최소한의 비용을 지불해야 할 필요가 있으므로 취약계층, 서민지원 등에 대한 감면규정을 제외하고 도입취지에 따라 전액 면제 규정에 대해 최소 납부세제를 적용하도록 관련 규정 개정

  * 전액면제 되는 금액이 취득세(200만원 초과), 재산세(50만원 초과)의 경우 감면율 상한을 85%로 제한하여 최소한 15% 이상은 지방세 납부

개정내용 ▶▶

● (제1항) 한국철도시설공단이 취득하는 철도차량과 국가로 귀속되는 부동산에 대한 감면 규정을 분리·신설함에 따른 관련조문 개정

  ※ (종전)제63조 제1항 단서 → 제2항, (종전)제3항 → 제4항

● (제2항) 「지방세특례제한법」 제4조에 따라 자치단체에서 감면조례로 취득세 또는 재산세를 면제하는 경우도 최소납부세제를 적용할 수 있도록 근거 마련

- (제3항) 다만, 그 적용 여부 및 적용 시기는 해당 지방자치단체의 감면 조례로 정하도록 규정함

적용요령 ▶▶

● 종전의 최소납부제세 적용에 관한 부칙을 개정하여, 최종적으로 "법률 제14477호 지방세특례제한법 일부개정법률 부칙 제9조"에 따라 적용 시기를 정하도록 개정

  ※ 종전 부칙: "법률 제12955호 지방세특례제한법 일부개정법률 부칙 제12조"
    "법률 제13637호 지방세특례제한법 일부개정법률 부칙 제5조"

3 ▶ **2018년 개정 내용**

□ 자치단체 감면조례 최소납부세제 적용 개선 등

개정조문 ▶▶

개정 전	개정 후
제177조의2(지방세 감면 특례의 제한) ① 이 법에 따라 취득세 또는 재산세가 면제(지방세 특례 중에서 세액감면율이 100분의 100인 경우와 세율경감률이 「지방세법」에 따른 해당 과세대상에 대한 세율 전부를 감면하는 것을 말한다. 이하 이 조에	제177조의2(지방세 감면 특례의 제한) ① --

개정 전	개정 후
서 같다)되는 경우에는 이 법에 따른 취득세 또는 재산세의 면제규정에도 불구하고 100분의 85에 해당하는 감면율(「지방세법」 제13조제1항부터 제4항까지의 세율은 적용하지 아니한 감면율을 말한다)을 적용한다. 다만, 다음 각 호의 어느 하나에 해당하는 경우에는 그러하지 아니하다.	--- --. ------.
1. (생 략)	1. (현행과 같음)
2. 제7조부터 제9조까지, 제11조제1항, 제13조제3항, 제14조제3항, 제16조, 제17조, 제17조의2, 제20조제1호, 제29조, 제30조제3항, 제33조제2항, 제35조의2, 제36조, 제41조제1항부터 제6항까지, 제50조, 제55조, 제57조의2제2항, 제57조의3제1항, 제62조, 제63조제2항·제4항, 제66조, 제73조, 제76조제2항, 제77조제2항, 제82조, 제84조제1항, 제85조의2제1항제4호, 제87조 및 제92조에 따른 감면	2. ---------------------- 제13조제3항, -------------------- --- --- --- ------------------------ 및 제92조 --------------
② 제4조에 따라 지방자치단체 감면조례로 취득세 또는 재산세를 면제하는 경우에도 제1항을 따른다. 〈단서 신설〉	② --- -----------. 다만, 「조세특례제한법」의 위임에 따른 감면은 그러하지 아니하다.

개정이유 ▶

● 「지방세특례제한법」에 따라 취득세 및 재산세가 면제되는 경우 외에 자치단체 감면 조례로 면제되는 경우에도 최소납부세제*를 적용 중(제177조의2조 제2항)

   * 정책적 목적에 따라 면제혜택을 부여하더라도, 납세능력 있는 일부에 대해서는 면제세액의 15%를 부담하는 제도(취득세 200만원, 재산세 50만원 이하 제외)

● 최소납부세제 도입 취지 상 외국인투자기업에 대한 감면의 경우, 기존 투자기업에 대한 신뢰보호를 위해 「조세특례제한법」에 따라 취득세 등이 면제되는 경우에는 최소납부세제를 배제하고 있음

● 다만, 「조세특례제한법」 규정을 근거로 자치단체 감면조례로 취득세 등을 면제하는 경우 최소납부세제 적용여부에 대해 명확히 할 필요

개정내용 ▶

● 「조세특례제한법」에 따라 자치단체 감면조례로 취득세·재산세를 100% 면제하는 경우 최소납부세제를 적용하지 않도록 명확히 개정

적용요령 ▶

● 해당 규정을 명확히 규정한 사항이므로 종전과 동일하게 적용

해석사례 및 실무해설

해석사례

① 지방세법과 지방세특례제한법 각각에서 세율 특례를 적용받아 전액감면을 받는 경우 최소납부세액의 부과

합병의 경우 무상증여 세율인 3.5% 중 「지방세법」에서 2%의 세율특례를 적용받고, 「지방세특례제한법」 제57조의2에서 1.5%의 세율을 적용하여 산출한 세액을 전액 감면받을 경우, ⋯ 「지방세특례제한법」 제177조의2에서 최소납부세제 적용에 대하여 "이 법에 따라 취득세 또는 재산세가 면제되는 경우"라고 규정하고 있어, 합병의 경우 같은 법 제57의2에 의해 산출된 과세표준액에 취득세율(1.5%)을 적용하여 산출한 세액에 대해 100분의 85에 해당하는 감면율을 적용하는 것이 타당함(지방세특례제도과-1534, 2016. 7. 5.).

② 취득세 면제 대상이면서 동시에 취득세 중과 대상에 해당하는 경우 최소납부세제의 계산 : 최소납부세액 산출에 일반세율을 적용

(질의) *******고는 2018. 2. 1. 지점설치 목적으로 사무용 건물을 1,000,000,000원에 매매로 취득하였고, 「지방세법」 제13조 제2항 "지점 또는 분사무소를 설치하는 경우"에 해당하여 취득세 중과대상임. 이 법인은 「지방세특례제한법」 제87조 제2항 제1호에 따라 취득세 면제 대상이지만 2018. 1. 1.부터 같은 법 제177조의2에 따라 "지방세 감면 특례의 제한'적 용대상임. 「지방세특례제한법」 제177조의2 제1항에서"이 법에 따른 취득세의 면제규정에도 불구하고 100분의 85에 해당하는 감면율(「지방세법」 제13조 제1항부터 제4항까지의 세율은 적용하지 아니한 감면율을 말한다)에 대하여 ( )안의 내용을 어떻게 해석하여 부담할 세액을 계산해야 하는지 여부

(회신) 최소납부세제의 입법 취지는 정책적 목적에 따라 면제혜택을 부여하더라도 납세능력있는 일부에 대해서는 일부 납세의무를 부담하게하여 지방공공재 사용에 따른 최소한의 비용을 지불해야 할 필요가 있고 성실히 조세를 부담하는 타 납세자와의 조세형평에도 부합하게 하기 위한 것으로, 취득세가 중과세 되어 면제되는 경우 납부하여야 할 최소납부세액의 산출에 일반세율을 적용하여 산출하도록 규정한 것임(서울세제-4489, 2018. 4. 4.).

③ 재산세가 최소납부세제 적용기준의 이하인 경우 취득세에 대한 최소납부세제 적용 여부

「지방세특례제한법」 제177조의2 제1항 제1호 나목에서 재산세 OOO만원 이하인 경우를 최소납부세제의 적용제외대상으로 규정하고 있고, 해당 아파트의 재산세가 OOO만원 이하로 부과되었으므로, 아파트의 취득세에 대해서도 최소납부세제를 ㅈ거용할 수 없다고 주장하나, 해당 규정은 취득세가 OOO만원 이하인 경우에 대해서 최소납부세제를 적용하지 아니한다고 규정하고 있고, 아파트의 취득세는 OOO만원을 초과하는 것으로 확인되므로 청구주장을 받아들이기 어려움(조심2018지0614, 2019. 6. 12.).

④ 공동주택의 각 세대별로 최소납부세제에 해당하는지 판단 여부

청구인은 이 건 주택은 각 세대별로 개별등기를 하는 공동주택이므로 각 세대별로 「지방세특례제한법」 제177조의2 제1항 제1호 가목을 적용하여야 한다고 주장하나, 「지방세특례제한법」 제31조 제1항에서 「민간임대주택에 관한 특별법」에 따른 임대사업자가 임대 목적으로 공동주택을 건축하는 경우에는 그 공동주택에 대하여 감면한다고 규정하고 있고, 「주택법」 제2조 제3호에서 "공동주택"을 건축물의 벽·복도·계단이나 그 밖의 설비 등의 전부 또는 일부를 공동으로 사용하는 각 세대가 하나의 건축물 안에서 각각 독립된 주거생활을 할 수 있는 구조로 된 주택을 말한다고 규정하고 있어, 다세대주택인 청구인의 이 건 주택에 대한 건축사업계획, 착공 및 사용승인을 각 세대별로 받을 수는 없고, 전체로 하여 사업을 추진·완료 할 수 밖에 없는 점, 청구인은 이 건 주택 건축을 위해 주식회사 ○○○과 이 건 주택 신축을 위하여 각 세대별로 도급계약을 체결하지 않고 이 건 주택을 전체로 하여 도급계약을 체결한 점, 청구인은 이 건 주택을 신축한 후 각 세대별로 과세표준, 세액 및 감면세액 등을 신고하지 않고, 이 건 주택을 전체로 하여 이 건 취득세 등의 신고 및 감면을 신청한 점, 하나의 취득행위에 대하여 「지방세특례제한법」 제31조 및 제177조의2를 적용하면서 별도의 근거 규정없이 달리 적용하는 것은 일반적 법 해석기준에 부합되지 않는 점 등에 비추어 처분청이 이 건 경정청구를 거부한 처분은 달리 잘못이 없다고 판단된다(조심2019지2543, 2020. 3. 18.).

2 ▶ 실무해설

2015년부터 도입된 최소납부세액 제도는 지특법 개별규정에서 전액 면제 규정에도 불구하고 제177조의2 규정에 따라 최소납부세율에 해당하는 상당세액에 대해서는 지방세를 납부하여야 하는 것이다. 여기서 지방세란 취득세 및 재산세를 말한다. 취득세의 경우 산출세액이 200만원을 초과하는 경우 최소납부세율 15%를 적용하며, 200만원 이하인 경우 면세이다. 재산세의 경우는 산출세액이 50만원을 초과하는 경우 동일한 15%의 최소납부세율을 적용하며, 50만원 이하인 경우 면세이다.

최소납부세액은 제도시행(2015. 1. 1.)에 맞추어 일괄적으로 적용하는 것은 아니고, 법률의 부칙 규정에 따라 지특법 개별 규정에서 정하고 있는 일몰도래분부터 순차적으로 적용하고 있다. 이는 납세자 신뢰보호 원칙에 따라 일몰 도래 시까지는 종전 규정의 전액 면제 기득권을 보호할 필요가 있기 때문이라고 할 수 있다.[33]

---

33) 구본풍 외 2, 지방세특례제한법 이론과 실무, 삼일인포마인, 2020, 1994쪽

(1) 감면 조항별 최소납부제 적용시기

감면내용	조문	세목		적용시기
		취득세	재산세	
어린이집 및 유치원 부동산	제19조	○	○	'15.1.1.
청소년단체 등에 대한 감면	제21조	○	○	
한국농어촌공사(경영회생 지원 환매취등)	제13조②2	○		'16.1.1.
대한법률구조공단, 법률구조법인	제23조①	○	○	
한국소비자원	제23조②	○	○	
노동조합	제26조	○	○	
임대주택(40㎡ 이하, 60㎡ 이하)	제31조①1,③1	○	○	
준공공임대주택(40㎡ 이하)	제31조의3①1		○	
행복기숙사용 부동산	제42조①	○	○	
평생교육시설('19년도까지만 적용)	제44조	○	○	
박물관, 미술관, 도서관, 과학관	제44조의2	○	○	
학술연구단체, 장학단체, 과학기술진흥단체	제45조①	○	○	
문화예술단체, 체육진흥단체	제52조①	○	○	
여수엑스포(재단)	제54조⑤	○	○	
한국자산관리공사 구조조정을 위한 취득	제57조의3②	○		
경차	제67조①,②	○		
지방이전 공공기관 직원 주택(85㎡ 이하)	제81조③2	○		
시장정비사업 사업시행자	제83조①	○		
한국법무보호복지공단, 갱생보호시설	제85저①	○	○	
내진설계건축물(대수선)	제47조의4①	○	○	'17.1.1.
국제선박	제64조①,②,③	○		
매매용 중고자동차	제68조①	○		
수출용 중고자동차	제68조③	○		
한국농어촌공사 농업기반시설	제13조②1의2호		○	'18.1.1.
농협·수협·산림조합의 고유업무부동산	제14조③	○	○	
기초과학연구원, 과학기술연구기관	제45조의2	○	○	
신협·새마을금고 신용사업 부동산 등	제87조①,②	○	○	
지역아동센터	제19조의2	○	○	
창업중소기업(창업 후 3년 내) 재산세	제58조의3		○	

감면내용	조문	세목		적용시기
		취득세	재산세	
다자녀 양육자 자동차	제22조의2	○		'19.1.1.
학생실험실습차량, 기계장비, 항공기등	제42조②	○	○	
평생교육단체(19년까지 적용)	제43조	○	○	
문화유산·자연환경 국민신탁법인	제53조	○	○	
공공기관 상법상회사 조직변경	제57조의2③7	○		
부실금융기관 등 간주 취득세	제57조의2⑤	○		

감면내용	조문	세목		적용시기
		취득세	재산세	
학교등 창업보육센터용 부동산	제60조③1의2호		○	
여객운송사업용 천연가스버스('20년까지 적용)	제70조③	○		
반대급부 있는 기부채납용 부동산('20년까지 적용)	제73조의2	○		
주택재개발사업 시행자로부터 취득하는 주택(85㎡ 이하)	제74조③4	○		
주거환경개선사업 시행자로부터 취득하는 주택(85㎡ 이하)	제74조③5	○		
법인의 지방이전	제79조①	○	○	
공장의 지방이전	제80조①	○	○	
시장정비사업(입주상인)	제83조②	○		
평택이주 주한미군 한국인근로자	제81조의2	○		
사회복지법인	제22조①,②	○	○	
장학단체 고유업무 부동산	제45조②1	○	○	
수소·전기버스	제70조④	○		
별정우체국	제72조①,②		○	'20.1.1.
도시개발사업	제74조①	○		
외국인 투자기업 감면(조특법 적용대상 제외)	제78조의3	○		
지방공단	제85조의2②	○	○	
새마을운동조직	제88조①	○	○	
정당	제89조	○	○	
마을회	제90조	○	○	
지방농수산물공사	제15조②	○	○	'22.1.1.
도시철도공사	제63조⑤	○	○	

(2) 최소납부제 적용 제외 대상

조문	제외대상	조문	제외대상
제7조	농기계류	제50조	종교 및 제사단체
제8조	농지확대개발	제55조	문화재
제9조	자영어민	제57조의2②	농협 등 금융기관 합병('20. 12. 31. 한)
제11조①	농업법인	제57조의3①	금융기관 등의 부실기관 정리
제13조③	농어촌공사(국가무상 귀속)	제62조	광업지원
제16조	농어촌주택개량	제63조②	철도차량, 국가무상귀속
제17조	장애인자동차	제63조④	철도건설부지 편입토지
제17조의2	한센인 정착농원	제66조	교환자동차
제20조 1호	무료노인복지시설	제73조	토지수용 대체취득
제29조	국가유공자	제76조②	LH공사(국가무상귀속)
제30조③	독립기념관	제77조②	수자원공사(국가무상귀속)

조문	제외대상	조문	제외대상
제33조②	서민주택(40㎡, 1억원 미만)	제82조	개발제한구역 내 주택개량
제35조의2	농업인 노후생활안정자금 농지	제84조①	사권제한 도시계획용지
제36조	한국사랑의집짓기운동연합회	제85조의2①④	지방공기업(국가무상귀속)
제41조①~⑥	학교	제92조	천재지변 대체취득

(3) 적용예시 (2015년 재산세 최소납부세액 적용기준 및 운용요령 통보: 지방세특례제도과-1661, 2015. 6. 24.)

2015년부터 지방세 감면특례 제한 규정(「지방세특례제한법」 제177조의2)이 도입됨에 따라, 재산세 부과·감면업무의 원활한 추진을 위하여 「재산세 최소납부세액 적용기준 및 운용요령」을 붙임과 같이 통보하오니 각 지방자치단체에서는 관련내용을 숙지하여 업무처리 및 민원안내에 철저를 기하여 주시기 바랍니다.

주요내용 ▶

- 2015년부터 최소납부세액 과세대상에 포함되는 청소년시설, 영유아 어린이집 및 유치원에 대한 재산세 세액계산

관련규정 ▶

- (지방세특례제한법 제177의2) 재산세가 면제되는 경우, 전액면제 규정에도 불구하고 100분의 85에 해당하는 감면율을 적용

  - 재산세 산출세액이 50만원 초과하는 경우에 한하며, 면제세액의 85%를 감면적용하고 15%는 부과 (최소납부세액)

적용기준 ▶

◆ 과세대상(건축물·토지·주택)별 산출세액이 50만원 초과시 각각 적용
(건축물·주택) 1구별 세액산출 → 감면조문별 적용
(토지) 과세대상구분별(종합, 별도, 분리) 구분 세액산출 → 감면조문별 적용

예시 ▶

[1] 단독소유한 경우

① (건축물·주택) 1구별 면제세액이 50만원 초과시 면제세액의 15% 부과

【예시】 甲이 건축물A, 건축물B(면제대상)를 보유한 경우
☞ 건축물A의 산출세액이 400,000원, 건축물B의 산출세액이 600,000원인 경우
• 산출세액 : 건축물A = 400,000원(←최소납부 여부와 무관)
  건축물B(면제대상) = 600,000원(←50만원 초과, 최소납부대상)
• 납부세액 : 건축물A(400,000원) + {건축물B(600,000원) × 15%}
  = 490,000원

② (토지) 대상 토지 면제세액*이 50만원 초과시 면제세액의 15% 부과

* 재산세 면제세액 계산은 과세대상구분(종합, 별도, 분리)별 합산하여 누진세율을 적용한 세액

【예시】 甲이 별도합산 대상 토지A와 토지B(면제대상)를 모두 보유한 경우
※ 산출세액은 별도합산 누진세율 적용
☞ 토지A의 산출과표가 3억원, 토지B(면제대상)의 산출과표가 2억원인 경우
• 산출세액 : 당초과표 = 3억원 + 2억원 = 5억원
  당초세액 = 400,000원 + (5억원 - 2억원) × 0.3%* = 1,300,000원
  재산세 세율(지방세법 제111조①1호 나목)
  토지B(면제대상)의 안분(2억원 ÷ 5억원 = 40%)세액은
  = 1,300,000원 × 40% = 520,000원(←50만원 초과, 최소납부대상)
• 납부세액 : 적용과표 = 3억원 + (2억원 × 15%) = 3억3천만원
  적용세액 = 400,000원 + (3억3천만원 - 2억원) × 0.3% = 790,000원

[2] 공동소유자이며 모두 면제대상자인 경우

① (건축물·주택) 해당 부동산의 면제세액이 50만원을 초과하는 경우 보유지분에 따라 안분한 개인별 면제세액의 15% 부과

【예시】 甲과 乙이 건축물A(면제대상)를 50% 지분씩 공동보유한 경우
☞ 건축물A의 산출세액이 600,000원인 경우
• 산출세액 : 건축물A(면제대상): 600,000원(←50만원 초과, 최소납부대상)
• 납부세액 : (甲·乙 각각) {건축물A(600,000원) × 50%} × 15% = 45,000원

② (토지) 해당 부동산의 면제세액*이 50만원을 초과하는 경우 면제 세액의 15% 부과

* 재산세 면제세액 계산은 과세대상구분(종합, 별도, 분리)별 합산하여 누진세율을 적용한 세액

【예시】 甲과 乙이 별도합산 대상 토지A를 지분 50%로 보유한 경우
※ 甲은 별도합산 대상 토지B를 추가보유(별도합산 누진세율 적용)
☞ 토지A의 산출과표가 4억원, 토지B의 산출과표가 3억원인 경우
• 산출세액(甲) : 당초과표 = (4억원 × 50%) + 3억원 = 5억원
  당초세액 = 400,000원 + (5억원 - 2억원) × 0.3% = 1,300,000원

* 재산세 세율(지방세법 제111조①1호 나목)
토지A(면제대상)의 안분(2억원 ÷ 5억원 = 40%)세액은
= 1,300,000원 × 40%
= 520,000원(←50만원초과, 최소납부대상)
• 납부세액(甲) : 적용과표 = (4억원 × 50%) × 15% + 3억원 = 3억3천만원
  적용세액 = 400,000원 + (3억3천만원 - 2억원) × 0.3% = 790,000원
• 산출세액(乙) : 당초과표 = 4억원 × 50% = 2억원
  당초세액 = 2억원 × 0.2% = 400,000원
토지A의 안분(2억원 ÷ 2억원 = 100%)세액이 400,000원(←50만원 이하)
• 납부세액(乙) : 적용과표 = (4억원 × 50%) * 0% = 0원
  적용세액 = 0원

[3] 공동소유자이며 일부만 면제대상자인 경우

① (건축물·주택) 해당 부동산의 면제세액 중 면제대상자 지분에 따라 안분한 세액이 50만원 초과시 해당 면제세액의 15% 부과

【예시】 면제대상자甲과 일반대상자乙이 건축물A(일부면제 대상)를 지분 50%씩 함께 보유한 경우
☞ 건축물의 산출세액이 1,500,000원인 경우
• 산출세액(甲) : 건축물A(면제대상) : 1,500,000원 × 50%
= 750,000원(←50만원 초과, 최소납부대상)
• 납부세액(甲) : 750,000원 × 15% = 112,500원
• 산출세액(乙) : 건축물A : 1,500,000원 × 50% = 750,000원(←일반과세)
• 납부세액(乙) : 750,000원

② (토지) 해당 부동산의 면제세액이 50만원을 초과하는 경우 면제 세액에 15% 부과

* 재산세 면제세액 계산은 과세대상구분(종합, 별도, 분리)별 합산하여 누진세율을 적용한 세액

【예시】 면제대상자 甲과 일반대상자 乙이 별도합산 대상 토지A를 지분 50%를 보유한 경우
※ 甲은 별도합산 대상 토지B를 추가보유(산출세액은 별도합산 누진세율 적용)
☞ 토지A의 산출과표가 4억원, 토지B의 산출과표가 3억원인 경우
• 산출세액(甲) : 당초과표 = (4억원 × 50%) + 3억원 = 5억원
  당초세액 = 400,000원 + (5억원 - 2억원) × 0.3% = 1,300,000원
  * 재산세 세율(지방세법 제111조①1호 나목)
토지A(면제대상)의 안분(2억원 ÷ 5억원 = 40%)세액은
= 1,300,000원 × 40%
= 520,000원(←50만원 초과, 최소납부대상)
• 납부세액(甲) : 적용과표 = (4억원 × 50%) × 15% + 3억원 = 3억3천만원
  적용세액 = 400,000원 + (3억3천만원 - 2억원) × 0.3% = 790,000원
• 산출세액(乙) : 당초과표 = 4억원 × 50% = 2억원
  당초세액 = 2억원 × 0.2% = 400,000원
• 납부세액(乙) : 적용과표 = 4억원 × 50% = 2억원
  적용세액 = 2억원 × 0.2% = 400,000원

※ 〈참고〉 지방세특례제한법 제177조의2(지방세 감면 특례의 제한)
이 법에 따라 취득세 또는 재산세가 면제(지방세 특례 중에서 세액감면율이 100분의 100인 경우와 세율경감율이 「지방세법」에 따른 해당 과세대상에 대한 세율 전부를 감면하는 것을 말한다. 이하 이 조에서 같다)되는 경우에는 이 법에 따른 취득세 또는 재산세의 면제규정에도 불구하고 100분의 85에 해당하는 감면율(「지방세법」 제13조 제1항부터 제4항까지의 세율은 적용하지 아니한 감면율을 말한다)을 적용한다. 다만, 다음 각 호의 어느 하나에 해당하는 경우에는 그러하지 아니하다.

1. 「지방세법」에 따라 산출한 취득세 및 재산세의 세액이 다음 각 목의 어느 하나에 해당하는 경우

가. 취득세: 200만원 이하

나. 재산세: 50만원 이하(「지방세법」 제122조에 따른 세 부담의 상한을 적용하기 이전의 산출액을 말한다)

2. 제7조부터 제9조까지, 제13조 제3항, 제14조제3항, 제16조, 제17조, 제17조의2, 제20조 제1호, 제29조, 제30조 제2항, 제35조의2, 제37조, 제38조 제3항, 제41조 제1항부터 제6항까지, 제43조, 제50조, 제55조, 제57조의2, 제62조, 제63조 제1항 단서, 같은 조 제3항, 제65조, 제66조, 제68조 제2항, 제73조, 제74조, 제76조 제2항, 제77조 제2항, 제79조, 제80조, 제81조, 제82조, 제84조 제1항, 제85조의2 제1항 제4호, 제87조, 제88조 제1항 및 제92조에 따른 감면

PART

12

감면된 취득세의 추징 (제178조)

PART 12

감면된 취득세의 추징 (제178조)

1 현행규정

법 제178조 【감면된 취득세의 추징】

① 부동산에 대한 감면을 적용할 때 이 법에서 특별히 규정한 경우를 제외하고는 다음 각 호의 어느 하나에 해당하는 경우 그 해당 부분에 대해서는 감면된 취득세를 추징한다. (2020. 1. 15. 항번개정)

　1. 정당한 사유 없이 그 취득일부터 1년이 경과할 때까지 해당 용도로 직접 사용하지 아니하는 경우 (2014. 1. 1. 신설)

　2. 해당 용도로 직접 사용한 기간이 2년 미만인 상태에서 매각·증여하거나 다른 용도로 사용하는 경우 (2014. 1. 1. 신설)

② 이 법에 따라 부동산에 대한 취득세 감면을 받은 자가 제1항 또는 그 밖에 이 법의 각 규정에서 정하는 추징 사유에 해당하여 그 해당 부분에 대해서 감면된 세액을 납부하여야 하는 경우에는 대통령령으로 정하는 바에 따라 계산한 이자상당액을 가산하여 납부하여야 하며, 해당 세액은 「지방세법」 제20조에 따라 납부하여야 할 세액으로 본다. 다만, 파산 등 대통령령으로 정하는 부득이한 사유가 있는 경우에는 이자상당액을 가산하지 아니한다. (2020. 1. 15. 신설)

영 제123조의2 【감면된 취득세의 추징에 관한 이자상당액의 계산 등】

① 법 제178조 제2항 본문에 따라 가산하여 납부해야 하는 이자상당액은 감면된 세액에 제1호의 기간과 제2호의 율을 곱하여 계산한 금액으로 한다. (2020. 1. 15. 신설)

　1. 당초 감면받은 부동산에 대한 취득세 납부기한의 다음 날부터 추징사유가 발생한 날까지의 기간 (2020. 1. 15. 신설)

　2. 1일당 10만분의 25 (2020. 1. 15. 신설)

② 법 제178조 제2항 단서에서 "파산 등 대통령령으로 정하는 부득이한 사유"란 다음 각 호의 어느 하나에 해당하는 사유를 말한다. (2020. 1. 15. 신설)

1. 파산선고를 받은 경우 (2020. 1. 15. 신설)

2. 천재지변이나 그 밖에 이에 준하는 불가피한 사유로 해당 부동산을 매각·증여하거나 다른 용도로 사용한 경우 (2020. 1. 15. 신설)

2 개정연혁

1 2020년 개정 내용

□ 지방세 이자상당 가산액 도입

개정 전	개정 후
(신설) • 부동산에 대해 감면받은 취득세 추징 시 본세만 추징 • 이자상당액 적용 방법과 적용 제외 사유를 대통령령으로 위임	지방세 이자상당가산액 도입 • (대상세목) 취득세 - 부동산에 대해 감면받은 취득세 추징 시 본세에 이자상당액을 가산하여 추징 • (적용제외) 파산 등 대통령령으로 정하는 부득이한 경우 적용제외 - 파산선고를 받은 경우 - 천재지변, 그밖에 이에 준하는 불가피한 사유로 매각·증여하거나 다른 용도로 사용하는 경우 • (이자율) 1일 10만분의 25 • (가산기간) 취득세 납부기한의 다음날 ~ 추징사유 발생일 • 경과조치) 이 법 시행 이후 취득세 감면을 받는 경우부터 적용

개정내용 ▶

● 취득세 감면을 추징 시 본세만 추징하여 감면기간 동안 이자 및 부동산 시세차익 등을 향유할 수 있어 성실 납세자와의 불형평성 초래

 ※ 감사원, 취득세 감면세액 추징 시 "이자상당가산액"을 부과토록 제도개선 지적('18년)

● 이에 감면제도의 실효성 확보 및 성실납세자와의 형평성 제고를 위해 이자상당가산액을 도입하여 감면의 사전·사후관리를 강화

● 추징사유가 발생하여 감면 세액을 추징하는 경우 감면기간 동안 부당하게 향유한 이익에 상당하는 금액을 본세에 부가하여 추징

 - (적용이자율) 1일 10만분의 25(연 9.125%) ※ 국세와 동일

 - (가산기간) 취득세는 당초 감면받은 부동산에 대한 취득세 납부기한의 다음 날부터 추징사유가 발생한 날까지의 기간까지 설정

〈이자상당가산액 도입에 따른 차이〉

현행			개정		
		60日(지방세법제20조③)	**이자상당가산액**		60日(지방세법제20조③)
본세		**수시분 자진신고·납부기한**	**본세**		**수시분 자진신고·납부기한**
취득일	추징사유발생일	추징사유 자진신고·납부기한	취득일	추징사유발생일	추징사유 자진신고·납부기한
추징 시 **본세만** 신고·납부			추징 시 **본세 및 이자상당액** 신고·납부		

※ 추징사유가 발생한 날을 확인할 수 없는 경우에는 세무공무원이 추징사유 발생을 인지한 날을 추징사유가 발생한 날로 간주

- (가산예외) 파산선고를 받거나 천재지변, 그밖에 이에 준하는 불가피한 사유로 매각·증여하거나 다른 용도로 사용하는 경우(시행령 제123조-2)

적용요령 ▶

● 기존에 감면을 받은 납세자들에 대한 신뢰보호를 위해 **법 시행 이후 부동산**에 대한 **취득세 감면을 받는 경우**부터 **적용**(부칙 제7조)

- 감면통지 시 추징사유가 발생할 경우 본세와 함께 **이자상당액을 가산하여 신고·납부해야 함**을 납세자에게 사전에 **안내**

> **「이자상당가산액」안내문 예시(감면통지서)**
>
> 「지방세특례제한법」에 따라 부동산에 대한 취득세를 감면받은 자가 같은 법 제178조 제1항 또는 그 밖의 각 규정에서 정하는 추징 사유에 해당하는 경우 감면된 세액에 이자상당액을 가산하여 납부하여야 한다.
> - 이자상당액: 감면된 취득세 × 가산기간 × 이자율(1일 10만분의 25)
> - 가산 기간: 취득세 납부기한의 다음 날부터 추징사유가 발생한 날까지
> - 근거 법령: 「지방세특례제한법」제178조 제2항 및 같은 법 시행령 제123조의2

적용례 ▶

> ① 당초 감면요건을 **충족하지 않은 경우**, 이자상당액이 발생하는지?

● 당초 취득한 날부터 추징사유가 발생한 것으로 **이자상당가산액은 발생하지 않고** 가산세 적용대상임

> ② 당초 감면요건을 충족하였으나 **사후적으로** 매각·증여 등으로 인해 감면요건을 충족하지 않아 **추징사유가 발생**하여 「지방세법」 제20조 제3항에 따른 **납부기한 내에** 세액을 **납부한 경우**?

● 취득일 납부기한부터 추징사유 발생일까지 이자상당가산액은 적용대상

- 당초 추징사유 발생일로부터 60일 이내 신고 및 납부하여 신고 및 납부불성실 가산세 적용대상 아님

> ③ 당초 감면요건을 충족하였으나 **사후적으로** 매각·증여 등으로 인해 감면요건을 충족하지 않아 **추징사유가 발생**하여 「지방세법」 제20조 제3항에 따른 납부기한 내 **신고하였으나 납부는 하지 못한 경우**?

● 취득일 납부기한부터 추징사유 발생일까지 이자상당가산액은 적용대상

- 당초 추징사유 발생일로부터 60일 이내 신고하여 신고불성실 가산세 적용대상은 아니며, 납부불성실 가산세(납부기한의 다음날부터 부과결정일(or 자진납부일)의 기간) 적용대상

개정조문 ▶

개정 전	개정 후
제178조(감면된 취득세의 추징) (생략)	제178조(감면된 취득세의 추징) ① (현행 제목 외의 부분과 같음)
〈신설〉	② 이 법에 따라 부동산에 대한 취득세 감면을 받은 자가 제1항 또는 그 밖에 이 법의 각 규정에서 정하는 추징 사유에 해당하여 그 해당 부분에 대해서 감면된 세액을 납부하여야 하는 경우에는 대통령령으로 정하는 바에 따라 계산한 이자상당액을 가산하여 납부하여야 하며, 해당 세액은 「지방세법」 제20조에 따라 납부하여야 할 세액으로 본다. 다만, 파산 등 대통령령으로 정하는 부득이한 사유가 있는 경우에는 이자상당액을 가산하지 아니한다.
〈신설〉	제123조의2(감면된 취득세의 추징에 관한 이자상당액의 계산 등) ① 법 제178조 제2항 본문에 따라 가산하여 납부해야 하는 이자상당액은 감면된 세액에 제1호의 기간과 제2호의 율을 곱하여 계산한 금액으로 한다. 1. 당초 감면받은 부동산에 대한 취득세 납부기한의 다음 날부터 추징사유가 발생한 날까지의 기간 2. 1일당 10만분의 25 ② 법 제178조제2항 단서에서 "파산 등 대통령령으로 정하는 부득이한 사유"란 다음 각 호의 어느 하나에 해당하는 사유를 말한다. 1. 파산선고를 받은 경우 2. 천재지변이나 그 밖에 이에 준하는 불가피한 사유로 해당 부동산을 매각·증여하거나 다른 용도로 사용한 경우

3 해석사례 및 실무해설

1 해석사례

① 등기일로부터 1년 이내에 사업에 직접 사용하지 아니한 경우

여기서 등록세를 당초 비과세하였다가 위 규정에 의하여 다시 과세하기 위하여는 등기일로부터 1년 이내에 정당한 사유없이 사업에 직접 사용하지 아니할 경우에 한한다 할 것이고, 어떤 토지에 대하여 등기 당시부터 관계법령의 규정에 의한 사용의 제한 또는 금지가 있었던 경우에는 그 제한 또는 금지가 계속되는 한에 있어서는 사업에 직접 사용하지 못함에 정당한 사유가 있다고 할 것이며, 그러한 경우에는 관계법령에 의한 사용의 제한 또는 금지가 해제된 날로부터 1년 이내에 정당한 사유없이 그 사업에

직접 사용하지 아니하고 위 기간을 경과할 때 비로서 과세할 수 있다(대법원91누13281, 1992. 6. 23.).

② 추징처분이 조감법상의 추징요건을 갖추지 못하였다면 위법한 처분이 됨

추징처분은 특별부가세를 면제받은 자가 당초 면제받은 취지에 합당한 사용을 하지 않은 것을 요건으로 한 처분으로서 본래의 특별부가세 부과처분과는 그 요건을 달리하는 별개의 처분이라고 할 것이므로, 추징처분이 조감법상의 추징요건을 갖추지 못하였다면 그 추징처분은 위법한 처분이 되는 것이고, 면제요건을 갖추지 못하여 본래의 부과처분을 할 사유가 있다고 하더라도 그와 같은 사정이 위법한 추징처분을 적법한 것으로 할 사유가 될 수는 없다고 할 것임(대법원97누1846, 1998. 8. 21.).

③ 부과제척기간이 경과하여 면제된 취득세와 등록세의 경우

고유업무에 사용한 날부터 5년이 경과한 후 수익사업에 사용한 경우 부과제척기간이 경과하여 면제된 취득세와 등록세는 추징대상이 아님(구 지방세법 제290조 제1항)(세정-345, 2005. 1. 20.).

④ 직접 사용 유예기간 내 임대 또는 방치한 경우 추징 가능 여부

이 사건 조례 제28조 본문은 입주자가 위 산업단지 안에서 부동산을 취득하여 직접 유치대상업종을 영위하는 경우만을 규정하는 것이다. 따라서 입주자가 부동산을 취득하여 이를 타인에게 임대하는 경우에는 설령 그 타인이 임차하여 유치대상업종을 영위한다 하더라도 입주자는 임대사업을 하는 것이 되어 (임차인의 영업을 입주자의 영업과 동일시할 수 있는 등의 특별한 사정이 없는 한 입주자는 임대업을 영위하거나 임대로 인한 이익을 누리는 것에 불과하고, 간접적으로도 유치대상업종을 영위하는 지위에 있다고 볼 수 없다), 이 사건 조례 제28조 단서 소정의 "다른 용도로 사용하는 경우"에 해당한다. ...(중략)...

"다른 용도로 사용한 경우"라 함은 다른 용도로의 적극적 사용뿐만 아니라 유치대상업종에 이용할 수 있는 상태임에도 정당한 사유 없이 소극적으로 방치하는 경우도 포함하는 것으로 해석함이 타당하다(대법원2012두25200, 2013. 3. 14.).

⑤ 건축중인 경우, 직접사용으로 볼 수 있는지 여부

구 지방세법 시행령 제230조가 "법 제5장 중 토지에 대한 재산세의 감면규정을 적용함에 있어 직접 사용의 범위에는 당해 법인의 고유업무에 사용할 건축물을 건축 중인 경우를 포함한다"고 규정하고 있으나, 반대해석상 이러한 규정을 두고 있지 않은 취득세·등록세의 경우에는 직접 사용의 범위에 건축물을 건축 중인 경우가 포함되지 않는 것으로 해석함이 타당한 점 ...(중략)... 공장을 신축할 목적으로 토지를 취득한 경우에는 공장에 대한 사용승인을 받은 시점부터 그 토지를 직접 사용하는 것으로 보는 것이 타당하다(대구고등법원2014누4499, 2014. 9. 19., 대법원2014두43752, 2015. 2. 12.로 상고기각 확정).

⑥ 착공신고를 한 경우 추징가능한지 여부

착공신고를 한 이후 공사를 한 기간은 이 사건 토지를 목적사업에 직접 사용하는 행위라기보다는 이를 위한 준비행위에 지나지 않는 것이므로, 위 기간 동안 이 사건 부동산을 목적사업에 사용하였다고 볼 수도 없다. 결국 원고는 2007. 3. 30. 이 사건 토지 취득 후 이 사건 건물에 관한 사용승인을 받은 2010. 6. 10. 이후에야 이 사건 토지를 목적사업에 사용하기 시작하였다고 봄이 타당하므로, 이를 이유로 한 과세처분은 적법하고, 이에 어긋나는 원고 주장은 이유 없다(창원지방법원2013구합1988, 2014. 2. 11., 대법원2014두46560, 2015. 4. 9. 상고기각으로 확정).

2 실무해설[34]

2011. 1. 1. 분법시 지특법상에 일반적 추징규정(제94조)를 신설하였다. 부동산에 대한 감면을 적용할 때, 이 법에서 특별히 규정한 경우를 제외하고는 일반적인 추징규정을 적용토록 하였다. 기존의 감면세액 추징이 조문마다 달리 규정되어 이어 추징의 일반화를 위해 별도의 추징조문을 마련한 것이다.

---

34) 오정의 외 2, 지방세4법 해설과 실무사례, 삼일인포마인, 2020, 1891~1894쪽

PART

13

토지에 대한 재산세의 경감율 적용(제179조)

PART 13

토지에 대한 재산세의 경감율 적용(제179조)

1 현행규정

법 제179조 【토지에 대한 재산세의 경감율 적용】

이 법 또는 다른 법령에서 토지에 대한 재산세의 경감규정을 둔 경우에는 경감대상 토지의 과세표준액에 해당 경감비율을 곱한 금액을 경감한다.

영 제123조 【직접 사용의 범위】 (2014. 3. 14. 조번개정)

법 또는 다른 법령에서의 토지에 대한 재산세의 감면규정을 적용할 때 직접 사용의 범위에는 해당 감면대상 업무에 사용할 건축물을 건축 중인 경우를 포함한다. (2010. 9. 20. 제정)

2 실무해설

토지에 대한 재산세 경감규정 적용은 경감대상 토지의 산출세액이 아닌 과세표준액에 경감비율을 곱하여 산정하도록 하고 있다.

일반적인 조세의 과세체계에서는, 면제 및 경감이 있는 경우 과세표준과 세율을 적용하여 산출세액을 도출한 후 면제 및 경감율을 적용하여 최종납부세액을 계산한다.

그런데 토지의 재산세액은 과세대상분류(종합합산, 별도합산, 분리과세)에 따라서 토지의 과세표준을 합산하고 그 합산가액을 기준으로 초과누진세율이 적용된다. 따라서 과세표준 단계에서 면제 및 경감을 적용하지 아니하면 합산누진과세체계로 인해 납세자의 세부담이 증가한다. 따라서 토지분 재산세는 과세표준액 산정단계에서 해당 경감비율을 적용하는 것이다.

2010년까지는 구 지방세법 제293조에서 규정되었다가 2011년 지특법이 제정되면서 제95조로 이동하였으며 다시 2014년에는 지방소득세 규정이 신설(제93조~제176조)됨에 따라 현재의 제179조로 이관되었다.[35]

---

35) 구본풍 외2, 지방세특례제한법 이론과 실무, 삼일인포마인, 2019, 1846쪽

PART

14

중복 감면의 배제(제180조)

PART 14
중복 감면의 배제(제180조)

1 현행규정

법 제180조 【중복 감면의 배제】

동일한 과세대상에 대하여 지방세를 감면할 때 둘 이상의 감면 규정이 적용되는 경우에는 그중 감면율이 높은 것 하나만을 적용한다. 다만, 제73조, 제74조, 제92조 및 제92조의 2의 규정과 다른 규정은 두 개의 감면규정(제73조, 제74조 및 제92조 간에 중복되는 경우에는 그중 감면율이 높은 것 하나만을 적용한다)을 모두 적용할 수 있다. (2014. 1. 1. 신설)

2 해석사례 및 실무해설

1 해석사례

① **지방세법에 의한 감면대상과 시도세 감면조례에 의한 감면대상이 된 경우에 중복적용 여부**

동일한 과세대상물건에 대하여 지방세법에 의한 감면대상과 시도세감면조례에 의한 감면대상이 된 경우에는 그중 감면율이 높은 것 하나만 적용 타당함(행자부 세정-9, 2004. 1. 3.).

② **중복감면 적용배제는 세목별이 아닌 각각의 조문 중에서 어느 하나를 선택하는 것임**

㉮ 지방세법 제294조의 규정에 의거 동일한 과세대상에 대하여 지방세를 감면함에 있어 2이상의 감면규정이 적용되는 경우에는 그 중 감면율이 높은 것 하나만을 적용토록 규정하고 있으므로, 귀문의 경우 귀사가 취득한 산업단지조성용 토지가 지방세법 제276조 제3항에 의해서도 감면대상이 되고, 제289조 제2항의 규정에 의거 감면대상이 되는 경우라면 감면율이 높은 조항을 선택하여 적용할

수 있음(행자부 세정-1431, 2003. 10. 8.).

㉯ 동일과세대상에 대해 두 개 이상의 감면규정을 중복 적용할 수 없도록 규정하고 있으며, 이는 두 개 이상의 감면규정을 모두 적용할 경우 발생할 수 있는 조세부담의 불공평성을 방지하면서 과다한 조세지원을 조절하여 세수를 확보하고 조세감면의 체계적인 관리를 유지하기 위한 것(대법원 1996. 10. 11. 선고, 96누1337 판결 참조)으로, 연금공단의 동일과세대상(임대주택)에 대해 두 개의 감면조문을 모두 적용(두 개의 조문을 중복 적용하여 유리한 세목을 선택)하는 것은 「지특법」 제96조의 입법취지 및 조세공평성에 배치되는 것으로 타당하지 않음. 또한, 중복감면 배제 원칙을 적용함에 있어 「지특법」 제73조, 제74조, 제92조 및 제92조의2의 감면규정과 다른 규정은 두 개의 감면조문을 적용할 수 있도록 예외 규정을 두고 있는 바, 연금공단에 대한 감면규정(제24조)은 이에 해당되지 않음. 따라서 동일과세대상에 대해 둘 이상의 감면조문에 해당하는 경우는 「지특법」 제96조의 중복감면 배제원칙에 따라 "그중 감면율이 높은 하나의 조항만을 적용하는 것"(행정자치부 지방세정-1431, 2003. 10. 8. 참조)이 타당함(행안부 지방세운영과-4924, 2011. 10. 20.).

③ 하나의 물건에 대하여 중복감면규정에 해당되는 경우에 있어서 감면 및 추징의 판단기준

당초 감면결정의 감면사유가 인정되지 않는다면 거기에서 나아가 그 추징처분의 바탕이 된 감면규정에 정한 감면사유 및 추징사유의 존부를 가려 그 처분의 위법여부를 판단하여야 할 것이다. 그리고 이 경우 그 추징처분이 적법하기 위해서 그 전제가 되는 감면결정이 먼저 있어야 하는지 여부는 해당법령의 성격 등을 따져서 할 것인 바, 그 감면결정에 당사자의 감면신청이 필요적 요건이 아니라면 따로 감면결정이 없었더라도 곧바로 추징처분을 할 수 있다고 볼 것이다. 이러한 법리에 비추어 보면, 이 사건에서 피고가 당초에 한 면제결정의 내용대로 법 제289조 제1항에 정한 면제요건이 충족된다면, 설령 법 제269조 제1항을 전제로 한 제269조 제1항의 추징요건이 충족된다고 하더라도 그 추징처분은 위법한 것이 되고, 반대로 이 사건 면제결정이 법 제289조 제1항에 정한 면제사유에 대한 착오나 법리오해 등으로 잘못 이루어진 것이라면 나아가 법 제269조 제1항과 제3항의 요건에 해당하는지 여부를 심리하여 이 사건 추징처분의 위법여부를 판단하여야 할 것이다. 그리고 법 제292조의 취지 등 관련규정에 비추어 보면 법 제269조 제1항에 의한 면제의 경우에는 납세의무자의 면제신청이나 과세관청의 면제결정이 필요적 요건이라고 할 수 없고 위 규정에 의한 면제요건이 충족되면 당연히 면제된다고 할 것이므로, 이 사건 토지의 취득이 법 제289조 제1항의 면제요건에는 해당하지 않지만 법 제269조 제1항의 면제요건과 제3항의 추징요건에 해당한다면 법 제269조 제1항에 의한 면제결정이 없었다 하더라도 같은 조 제3항에 의한 추징처분을 할 수 있다고 봄이 상당하다(대법원2010두26414, 2012. 1. 27.).

④ 어느 하나의 감면규정에 정한 감면요건이 충족되고 그에 따른 추징규정이 없거나 추징사유가 발생하지 아니하였다면 다른 감면규정에 의한 추징처분은 허용되지 아니함

동일한 과세대상에 대하여 조세를 감면할 근거규정이 둘 이상 존재하는 경우에 어느 하나의 감면규정에 정한 감면요건이 충족되고 그 규정에 따른 감면에 대해서는 추징규정이 없거나 추징사유가 발생하지 아니하였다면 나머지 다른 감면규정에 의한 추징처분을 하는 것은 허용되지 아니하는바, 피고가 감면조 례에 따라 이 사건 취득세와 등록세를 감면하였거나 추징한 것이 아니라 하더라도, 원고의 이 사건 토지 취득이 감면조례의 감면요건에 해당하는 한, 구 지방세법 제269조 제3항에 의한 추징처분은 허용되지 아니함(대법원2012두27213, 2013. 3. 28.).

⑤ 임대주택으로 공동주택을 취득하여 취득세를 감면받은 후 유예기간 내에 매각한 경우 주택유상거 래에 대한 취득세 감면(100분의 50)을 적용할 수 있음

이 건 공동주택은 청구법인이 취득할 당시 임대주택에 대한 감면을 규정하고 있는 「충청남도 도세감 면조례」 제12조 제2항과 주택유상거래에 대한 감면을 규정하고 있는 「지방세법」 제273조의2의 감면요건 을 모두 충족하였으나, 「지방세법」 제294조에 따라 감면율이 높은 임대주택에 대한 감면을 적용한 것인 바, 임대주택에 대한 취득세를 감면 받은 후에 추징사유가 발생하였다하더라도 주택유상거래에 대한 감 면사유가 존재하는 이상, 주택유상거래에 대한 취득세 감면까지 배제 되는 것은 아님(조심2013지0851, 2014. 2. 13.).

⑥ 지방세법상 기부채납 비과세의 경우 지특법상 중복감면의 배제 대상에 해당하지 아니함

공사의 경우 동일한 과세대상인 하나의 사업지구 토지에 대하여 두 개의 조문(제31조 및 제85조의2) 을 선택적으로 중복 적용하는 것은 지특법 제96조의 입법취지 및 조세공평성에 배치되는 것으로 타당하 지 않다고 판단됨. 다만, 기부채납에 의한 비과세의 경우 지방세법에서 별도로 규정하고 있어 지방세특 례제한법상의 중복감면의 배제 규정 대상에 해당하지 않으므로, 사업지구 전체 토지 면적 중 기부채납 부분에 대하여는 우선적으로 비과세 규정을 적용한 후, 나머지 토지에 대하여는 감면율이 높은 하나의 조항만을 적용함이 타당하다 사료됨(지방세특례제도과-1199, 2014. 8. 1.).

⑦ 취득세 감면과 지방세 중과세율 적용 배제가 동시에 해당될 경우에는 같은 법 제180조에 따른 중복감면 배제 대상에 해당되므로 감면율이 높은 감면 규정을 적용함이 타당

지방세 감면에 대한 정의 규정이 없는 상황에서 「지방세특례제한법」 제180조의 중복감면 배제 조항의 중복감면에 대도시내 취득세 중과세율 적용 배제도 포함할 것인지에 대하여는 첫째, "감면"의 개념을 사전적 의미로 해석하더라도 중과세율 적용 배제를 통하여 조세부담을 덜어주는 것으로 감면의 범주로 볼 수 있는 점, 둘째, 구 조세특례제한법에서 규정하고 있던 감면 조항이 「지방세특례제한법」으로 이관되 면서 취득세 감면규정은 일몰로 종료하고 취득세 중과세율 적용 배제 규정만 존치하게 된 점, 셋째, 「지 방세특례제한법」 제180조의2 외에 개별조항에서도 중과세율 적용 배제 규정이 존재하고 있으므로 동일 하게 적용되어야 하는 점 등 「지방세특례제한법」 제180조의2 중과세율 적용 배제 규정만 특별히 같은 법 제180조(중복 감면 배제) 규정을 적용받지 아니하여야 할 사유를 찾아볼 수 없음. 따라서, 부동산투

자회사가 현물출자로 취득하는 재산에 대하여 「지방세특례제한법」 제57조의2제3항 제3호의 규정에 따른 취득세 감면과 같은 법 제180조의2 지방세 중과세율 적용 배제가 동시에 해당될 경우에는 같은 법 제180조에 따른 중복감면 배제 대상에 해당되므로 감면율이 높은 감면 규정을 적용함이 타당하다고 하겠으나 이에 해당되는지 여부는 과세권자가 사실관계를 조사하여 결정할 사항임(지방세특례제도과-249, 2020. 2. 6.).

2 ▶ 실무해설[36]

종전에는 지방세 감면이 주로 면제 위주로 운영되었기 때문에 납세자 측면에서 보면 중복 감면을 배제하는 방식에 있어 실익이 없었으나 최근에는 지방 재정건전성 강화를 위해 점차적으로 감면을 축소하는 추세에 있음을 고려할 때 중복감면을 적용하는 방법이 두 개의 감면 규정 중 감면대상자에게 유리한 어느 하나의 규정을 적용하느냐 아니면 두 개의 규정 중 감면대상자가 유리한 세목별로 각각 선택해서 감면적용을 해야 하는지에 대해 논란이 있을 수 있다. 이에 대해 살펴보면 중복 감면을 배제하는 근거조문인 법 제96조를 보면 둘 이상의 감면규정이 적용되는 경우에는 그중 감면율이 높은 것 하나만을 적용하되, 제73조, 제74조, 제92조 및 제92조의2 규정과 다른 규정은 두 개의 감면규정(제73조, 제74조, 및 제92조 간에 중복되는 경우네는 그중 감면율이 높은 것 하나만을 적용)을 모두 적용할 수 있다고 하여 비록 일부이긴 하지만 비교적 구체적으로 중복되는 각각의 감면규정을 열거하여 규정하고 있다. 이는 지특법에서 중복되는 감면규정을 일일이 열거하여 규정하고 있지 않을 뿐이지 그 실상은 중복되는 각각의 규정별로 그중에 감면율이 높은 것을 적용하라는 것으로 보여지며, 이와 관련한 국세의 중복감면 배제의 경우도 조특법 제127조의 규정에서 감면적용이 중복되는 각각의 감면규정을 열거하여 그중 하나만의 규정을 적용토록 하고 있음을 고려할 때 중복감면 배제의 기준은 각각의 세목별이라기보다는 각각의 조문 중 납세자에게 유리한 어느 하나의 조문만을 감면대상으로 보는 것이 보다 합리적일 것으로 본다.

---

36) 구본풍 외 2, 지방세특례제한법 이론과 실무, 삼일인포마인, 2020, 2024쪽

PART

15

감면신청 등
(제183조)

PART 15

감면신청 등(제183조)

1 현행규정

법 제183조 【감면신청 등】

① 지방세의 감면을 받으려는 자는 대통령령으로 정하는 바에 따라 지방세 감면 신청을 하여야 한다. 다만, 지방자치단체의 장이 감면대상을 알 수 있을 때에는 직권으로 감면할 수 있다. (2014. 1. 1. 신설)

② 제1항에 따른 지방세 감면 신청을 받은 지방자치단체의 장은 지방세 감면 여부를 결정하여야 하고, 감면에 따른 의무사항을 위반하는 경우 감면받은 세액이 추징될 수 있다는 내용과 함께 그 결과를 서면으로 통지하여야한다. 이 경우 상대방이 전자적 통지를 요청하는 경우에는 전자적 방법으로 통지할 수 있다. (2018. 12. 24. 후단신설)

영 제126조 【감면 신청】

① 법 제183조 제1항 본문에 따라 지방세의 감면을 신청하려는 자는 다음 각 호에서 정하는 기간에 행정안전부령으로 정하는 감면신청서를 관할 시장·군수·구청장에게 제출하여야 한다. (2017. 7. 26. 직제개정; 행정안전부와 그 소속기관 직제 부칙)

1. 취득세: 감면대상을 취득한 날부터 60일 이내 (2010. 9. 20. 제정)

2. 등록면허세: 등록에 대한 등록면허세는 등록을 하기 전까지, 면허에 대한 등록면허세는 면허증서를 발급받거나 송달받기 전까지 (2010. 9. 20. 제정)

3. 주민세: 균등분은 과세기준일부터 10일 이내, 재산분은 과세기준일부터 30일 이내, 종업원분은 급여지급일의 다음달 10일 이내 (2014. 8. 20. 개정)

4. (삭제, 2014. 8. 20.)

5. 재산세 및 지역자원시설세: 과세기준일부터 30일 이내 (2010. 9. 20. 제정)

6. 자동차세: 과세기준일부터 10일 이내 (2010. 9. 20. 제정)

② 제1항에도 불구하고 자동차에 대한 취득세를 감면하려는 경우에는 해당 자동차의 사용본거지를 관할하지 아니하는 시장·군수·구청장도 제1항에 따른 업무를 처리할 수 있다. 이 경우 그 업무는 사용본거지를 관할하는 시장·군수·구청장이 처리한 것으로 본다. (2016. 12. 30. 개정)

③ 해당 자동차의 사용본거지를 관할하지 아니하는 시장·군수·구청장이 제2항에 따른 업무를 처리하였을 때에는 관련 서류 전부를 해당 자동차의 사용본거지를 관할하는 시장·군수·구청장에게 즉시 이송하여야 한다. (2016. 12. 30. 개정)

규칙 제9조 【감면 신청】

① 영 제126조에 따른 지방세 감면 신청은 별지 제1호 서식에 따른다. (2014. 12. 31. 개정)

② 법 제80조에 따라 공장의 지방 이전에 따른 지방세 감면을 신청하려는 자는 제1항에도 불구하고 별지 제6호 서식에 다음 각 호의 서류를 첨부하여 시장·군수·구청장에게 제출하여야 한다. (2016. 12. 30. 개정)

1. 이전하기 전의 공장 규모와 조업실적을 증명할 수 있는 서류 (2010. 12. 23. 제정)

2. 이전하기 전의 공장용 토지의 지목이 둘 이상이거나 그 토지가 두 필지 이상인 경우 또는 건물이 여러 동일 경우에는 그 명세서 (2010. 12. 23. 제정)

3. 이전한 공장용 토지의 지목이 둘 이상이거나 그 토지가 두 필지 이상인 경우 또는 건물이 여러 동일 경우에는 그 명세서 (2010. 12. 23. 제정)

③ 법 제183조 제2항에 따른 통지는 별지 제2호서식에 따른다. (2014. 12. 31. 개정)

2 개정연혁

1 2019년 개정 내용

□ 감면통지서 통지 방식 다양화

개정 전	개정 후
제183조(감면신청 등) ① (생략) ② 제1항에 따른 지방세 감면 신청을 받은 지방자치단체의 장은 지방세 감면 여부를 결정하여야 하고, 감면에 따른 의무사항을 위반하는 경우 감면받은 세액이 추징될 수 있다는 내용과 함께 그 결과를 서면으로 통지하여야한다.	제183조(감면신청 등) ① (현행과 같음) ② -- -- 이 경우 상대방이 전자적 통지를 요청하는 경우에는 전자적 방법으로 통지할 수 있다

개정내용 ▶▶

● 납세자 편의 및 송달효율성 등 고려 납세자 요청이 있는 경우 전자적 방법으로 감면통지 가능하도록 개선

적용요령 ▶▶

● 이 법 시행('19. 1. 1.) 후부터 적용

4 해석사례 및 실무해설

1 해석사례

① 면제신청이 면제의 요건이라고 볼 수는 없음

조례에서 과세면제를 받고자 하는 자는 그 사실을 증명할 수 있는 서류를 갖추어 관할관청에 신청하여야 한다고 규정하고 있더라도 위의 면제신청에 관한 규정은 면제처리의 편의를 위한 사무처리절차를 규정한 것에 불과한 것일 뿐 그 신청이 면제의 요건이라고 볼 수는 없다(대법원2001두10639, 2003. 6. 27.).

② 취득세 및 등록세 신고서를 제외한 지방세 감면신청서의 취득세 자진신고 해당 여부

지방세감면신청서(별지 제1호 서식)에는 "신청인"으로 성명, 주민등록번호 등을, "감면대상"으로 감면대상내역 중 종류(토지, 건축물, 법인등기 등 과세객체의 종류를 기재함), 면적(수량)

[토지의 경우 면적(㎡), 등기의 경우 건수 등을 기재함] 등을, "감면세액"으로 감면세목, 과세연도, 과세표준액, 당초결정세액, 감면을 받고자 하는 세액 등을, 그리고 그 밖의 관계증빙서류 등을 각각 기재하고 관련된 구비서류를 첨부하도록 되어 있는 점, 선행처분이 없는 상태에서의 지방세감면신청은 취득세의 자진신고를 전제로 하는 것으로서 위 지방세감면신청서의 기재사항 등으로도 신청인이 자진신고를 하고자 하는 취득세액 등을 확정할 수 있다면, 위 지방세감면신청서 이외에 반드시 별도로 지방세신고서를 제출하도록 할 필요는 없을 것으로 보이는 점 등에 비추어 보면, 신청인이 지방세감면신청서를 제출함으로써 취득세를 자진신고한 것으로 보아야 할 것이고, 그에 따라 신청인의 조세채무가 확정되었다고 할 것이다(법제처 08-0003, 2008. 4. 2.).

③ 과세권자가 감면대상임을 알 수 있는 때 직권감면 가능한지 여부

귀문의 경우 영유아보육시설을 설치·운영하기 위하여 부동산을 취득하여 그 취득일부터 30일 이내에 취득세 등의 감면신청을 하지 않고, 감면신청기간 이후에 감면신청을 한 경우라면, 지방세법 제292조

및 같은 법 시행령 제231조 규정에 의해 감면대상 부동산을 취득한 날부터 30일 이내에 지방세 감면신청서를 관할 과세권자에게 제출하여야 하는 것이나, 동 신청기간이 경과하였다 하더라도 같은 법 같은 조 단서규정에 의하여 과세권자가 감면대상임을 알 수 있는 때에는 이를 직권감면할 수 있는 것이다(도세정과-391, 2008. 4. 10.).

④ 다른 감면규정에 의한 감면대상에 해당하고 그에 관하여 추징사유가 발생하지 않는 경우

어떠한 과세대상이 당초 감면을 받은 규정에 의한 감면대상에 해당하지 않는다고 하더라도, 다른 감면규정에 의한 감면대상에 해당하고 그에 관하여 추징사유가 발생하지 아니하였다면 다른 규정에 따른 감면사유가 여전히 존재하는 이상 추징처분을 하는 것은 허용되지 않는다고 할 것이다(대법원 2013두18582, 2014. 2. 13.).

⑤ 지방세감면 불가 건에 대하여 담당공무원 착오로 감면결정 통지를 한 경우에 가산세 감면의 정당한 사유가 인정될 수 있는지 여부

납세자는 해당 감면조항에 대한 부지 자체보다는 처분청의 감면결정 통지사실을 신뢰하여 그 납세의무를 불이행하게 된 것이라 보는 것이 타당하므로 납세자가 납세의무를 이행하지 아니한 것에 정당한 사유가 있었다고 봄이 타당할 것임. 다만, 이에 해당하는지 여부는 과세관청에서 구체적인 사실관계 등을 확인하여 판단하여야 할 것이다(지방세특례제도과-2221, 2019. 6. 12.).

2 실무해설[37]

지방세감면에 대한 신청 방법, 신청기한 등 절차를 규정하고 있다. 지방세 감면을 받으려는 자는 지방세 감면신청을 하도록 규정하고 있으나, 지방자치단체의 장이 감면대상임을 알 수 있을 때에는 직권으로도 감면할 수 있도록 하고 있다. 납세의무자의 감면 또는 면제 신청이 사후 추징과정에서 부과처분의 적법여부를 판단함에 있어 필요적 요건으로는 볼 수 없다(대법원 2010두26414, 2012. 1. 27.).

한편 지방자치단체의 장이 감면신청을 받아 감면 여부를 결정한 경우 감면에 따른 의무사항을 위반하는 경우 감면받은 세액이 추징될 수 있다는 내용을 통지하도록 하는 법적근거를 마련함으로써, 납세자가 감면 의무이행 사항을 몰라 추진되는 사례가 없도록 사전안내를 강화하고 있다.

---

37) 오정의 외 2, 지방세4법 해설과 실무사례, 삼일인포마인, 2020, 1902~1905쪽

4 **참고자료**

[별지 제1호서식] (2020. 1. 17. 개정)

지방세 감면 신청서

※ 뒤쪽의 작성방법을 참고하시기 바라며, 색상이 어두운 난은 신청인이 적지 않습니다.　　　　　　　　(앞쪽)

접수번호		접수일		처리기간　　5일	
신청인	성명(대표자)			주민(법인)등록번호	
	상호(법인명)			사업자등록번호	
	주소 또는 영업소				
	전자우편주소			전화번호 (휴대전화번호)	
감면대상	종류			면적(수량)	
	소재지				
감면세액	감면세목		과세연도	기분	
	과세표준액		감면구분		
	당초 결정세액		감면받으려는 세액		
감면 신청 사유					
감면 근거규정	「지방세특례제한법」 제　　　조 및 같은 법 시행령 제　　　조				
관계 증명 서류					
감면 결정 통지 방법	직접교부[　]　　등기우편[　]　　전자우편 [　]				

　　신청인은 본 신청서의 유의사항 등을 충분히 검토했고, 향후에 신청인이 기재한 사항과 사실이 다른 경우에는 감면된 세액이 추징되며 별도의 가산세가 부과됨을 확인했습니다.

　「지방세특례제한법」제183조, 같은 법 시행령 제126조 및 같은 법 시행규칙 제9조에 따라 위와 같이 지방세 감면을 신청합니다.

년　　　월　　　일

신청인　　　　　　　　(서명 또는 인)

시장·군수·구청장 귀하

첨부서류	감면받을 사유를 증명하는 서류	수수료 없음

210mm×297mm [백상지(80/㎡) 또는 중질지(80/㎡)]